U0117633

錫伯族西遷與滿洲語文的傳承

——以《錫漢會話》為中心

莊 吉 發校注

滿　語　叢　刊

文史哲出版社印行

國家圖書館出版品預行編目資料

錫伯族西遷與滿洲語文的傳承：以《錫漢會話》為中心 / 莊吉發校注. -- 初版. -- 臺北市：文史哲，民 105.11
面：公分（滿語叢刊；24）
ISBN 978-986-314-335-2（平裝）

1.滿語 2.讀本

802.918　　105014520

滿 語 叢 刊　24

錫伯族西遷與滿洲語文的傳承
——以《錫漢會話》為中心

校注者：莊吉發
出版者：文史哲出版社
http:// www.lapen.com.tw
e-mail:lapen@ms74.hinet.net
登記證字號：行政院新聞局版臺業字五三三七號
發行人：彭正雄
發行所：文史哲出版社
印刷者：文史哲出版社
臺北市羅斯福路一段七十二巷四號
郵政劃撥帳號：一六一八〇一七五
電話886-2-23511028・傳真886-2-23965656

實價新臺幣五六〇元

二〇一六年（民一〇五）十一月初版

ISBN 978-986-314-335-2　65124

錫伯族西遷與滿洲語文的傳承

——以《錫漢會話》為中心

目　　次

錫伯族西遷與滿洲語文的傳承

——以《錫漢會話》為中心——

導　讀

我國歷代以來，就是一個多民族的國家，各兄弟民族多有自己的民族語言和文字。滿洲先世，出自女眞，蒙古滅金後，女眞遺族散居於混同江流域，開元城以北，東濱海，西接兀良哈，南鄰朝鮮。由於元朝蒙古對東北女眞的長期統治，以及地緣的便利，在滿洲崛起以前，女眞與蒙古的接觸，已極密切，蒙古文化對女眞產生了很大的影響，女眞地區除了使用漢文外，同時也使用蒙古語言文字。明代後期，滿族的經濟與文化，進入迅速發展階段，但在滿洲居住的地區，仍然沒有自己的文字，其文移往來，主要使用蒙古文字，必須「習蒙古書，譯蒙古語通之。」使用女眞語的滿族書寫蒙古文字，未習蒙古語的滿族則無從了解，這種現象實在不能適應新興滿族共同體的需要。明神宗萬曆二十七年（1599）二月，清太祖努爾哈齊命巴克什額爾德尼等人創造滿文。滿文本《清太祖武皇帝實錄》記載清太祖努爾哈齊與巴克什額爾德尼等人的對話，先將滿文影印如後，並轉寫羅馬拼音，照錄漢文內容。

《清太祖武皇帝實錄》滿文	
[illegible]	
羅馬拼音	juwe biyade. taidzu sure beile monggo bithe be kūbulime, manju gisun i araki seci, erdeni baksi, g'ag'ai jargūci hendume, be monggoi bithe be taciha dahame sambi dere. julgeci jihe bithe be te adarame kūbulibumbi seme marame gisureci. taidzu sure beile hendume： nikan gurun i bithe be hūlaci, nikan bithe sara niyalma, sarkū niyalma gemu ulhimbi. monggo gurun i bithe be hūlaci, bithe sarkū niyalma inu gemu ulhimbikai. musei bithe be monggorome hūlaci musei gurun i bithe sarkū niyalma ulhirakū kai. musei gurun i gisun i araci adarame mangga. encu monggo gurun i gisun adarame ja seme henduci. g'ag'ai jargūci, erdeni baksi jabume： musei gurun i gisun i araci sain mujangga. kūbulime arara be meni dolo bahanarakū ofi marambi dere. taidzu sure beile hendume, a sere hergen ara. a i fejile ma sindaci ama wakao. e sere hergen ara. e i fejile me sindaci eme wakao. mini dolo gūnime wajiha. suwe arame tuwa ombikai seme emhun marame monggorome hūlara bithe be manju gisun i kūbulibuha. tereci taidzu sure beile manju bithe be fukjin deribufi manju gurun de selgiyehe[1].
譯漢內容	二月，太祖欲以蒙古字編成國語，榜識厄兒得溺、剛蓋對曰：「我等習蒙古字，始知蒙古語，若以我國語編創譯書，我等實不能。」太祖曰：「漢人念漢字，學與不學者皆知；蒙古之人念蒙古字，學與不學者亦皆知。我國之言，寫蒙古之字，則不習蒙古語者，

1 《清太祖武皇帝實錄》，滿文本（北京，民族出版社，2016 年 4 月），卷二，頁 1-3。

譯漢內容	不能知矣，何汝等以本國言語編字爲難，以習他國之言爲易耶？」剛蓋、厄兒得溺對曰：「以我國之言編成文字最善，但因翻編成句，吾等不能，故難耳。」太祖曰：「寫阿字下合一媽字，此非阿媽乎（阿媽，父也）？厄字下合一脉字，此非厄脉乎（厄脉，母也）？吾意決矣，爾等試寫可也。」于是自將蒙古字編成國語頒行，創製滿洲文字，自太祖始[2]。

前引「國語」，即滿洲語；榜識厄兒得溺，即巴克什額爾德尼；剛蓋，即扎爾固齊噶蓋。清太祖，滿文作“taidzu sure beile”，漢字音譯作「太祖淑勒貝勒」。清太祖努爾哈齊爲了文移往來及記注政事的需要，即命巴克什額爾德尼等仿照老蒙文創製滿文，亦即以老蒙文字母爲基礎，拼寫女眞語音，聯綴成句。例如將蒙古字母的「」（a）字下接「」（ma）字就成「」（ama），意即父親。將老蒙文字母的「」（e）字下接「」（me），就成「」（eme），意即母親。這種由畏兀兒體老蒙文脫胎而來的初期滿文，在字旁未加圈點，僅稍改變老蒙文的字母形體。這種未加圈點的滿文，習稱老滿文，使用老滿文記注的檔案，稱為無圈點檔。臺北國立故宮博物院典藏無圈點檔最早的記事，始自明神宗萬曆三十五年（1607），影印二頁如下。

2 《清太祖武皇帝實錄》，漢文本，（臺北，國立故宮博物院），卷二，頁1。

無圈點老滿文檔	丁未年（1607）

由老蒙文脫胎而來的無圈點老滿文，是一種拼音系統的文字，用來拼寫女真語音，有其實用性，學習容易。但因其未加圈點，不能充分表達女真語音，而且因滿洲和蒙古的語言，彼此不同，所借用的老蒙文字母，無從區別人名、地名的讀音，往往彼此雷同。天聰六年（1632）三月，清太宗皇太極命巴克什達海將無圈點滿文在字旁加置圈點，使其音義分明。《清太宗文皇帝實錄》記載諭旨云：

> 上諭巴克什達海曰：「國書十二頭字，向無圈點，上下字雷同無別，幼學習之，遇書中尋常語言，視其文義，易於通曉。若至人名地名，必致錯誤，爾可酌加圈點，以分析之，則音義明曉，於字學更有裨益矣[3]。

3　《清太宗文皇帝實錄》，卷十一，頁 13。天聰六年三月戊戌，上諭。

引文中「國書十二頭字」，即指滿文十二字頭。達海是滿洲正藍旗人，九歲即通滿、漢文義，曾奉命繙譯《大明會典》、《素書》、《三略》等書。達海遵旨將十二字頭酌加圈點於字旁，又將滿文與漢字對音，補所未備。舊有十二字頭為正字，新補為外字，其未盡協者，則以兩字合音為一字，至此滿文始大備[4]。達海奉命改進的滿文，稱為加圈點滿文，習稱新滿文。

滿洲文字的創製，是清朝文化的重要特色。滿洲文，清朝稱爲清文，滿洲語稱爲國語。民初清史館曾經纂修《國語志稿》，共一百冊，第一冊卷首有奎善撰〈滿文源流〉一文，略謂：

> 滿洲初無文字，太祖己亥年二月，始命巴克什（師也）額爾德尼、噶蓋，以蒙古字改制國文，二人以難辭。上曰，無難也，以蒙古字合我國語音，即可因文見義焉，遂定國書，頒行傳布。其字直讀與漢文無異，但自左而右，適與漢文相反。案文字所以代結繩，無論何國文字，其糾結屈曲，無不含有結繩遺意。然體制不一，則又以地勢而殊。歐洲多水，故英法諸國文字橫行，如風浪，如水紋。滿洲故里多山林，故文字矗立高聳，如古樹，如孤峯。蓋制造文字，本乎人心，人心之靈，實根於天地自然之理，非偶然也。其字分真行二種，其字母共十二頭，每頭約百餘字，然以第一頭為主要，餘則形異音差，讀之亦簡單易學。其拼音有用二字者，有用四、五字者，極合音籟之

---

4 《清史稿校註・達海傳》（臺北，國史館，1988年8月），第十冊，頁8001。

> 自然，最為正確，不在四聲賅備也。至其意蘊閎深，包孕富有，不惟漢文所到之處，滿文無不能到，即漢文所不能到之處，滿文亦能曲傳而代達之，宜乎皇王制作行之數百年而流傳未艾也。又考自入關定鼎以來，執政臣工或有未曉者，歷朝俱優容之，未嘗施以強迫。至乾隆朝雖有新科庶常均令入館學習國文之舉，因年長舌強，誦讀稍差，行之未久，而議遂寢，亦美猶有憾者爾。茲編纂清史伊始，竊以清書為一朝創製國粹，未便闕而不錄，謹首述源流大略，次述字母，次分類繙譯，庶使後世徵文者有所考焉[5]。

滿文的創製，有其文化、地理背景，的確不是偶然的。滿文義蘊閎深，漢文所到之處，滿文無不能到，都具有「文以載道」的能力。滿洲入關後，滿洲語文一躍而成為清朝政府的清文國語，對外代表國家，對內而言，滿文的使用，更加普遍，儒家經典，歷代古籍，多譯成滿文。各種文書，或以滿文書寫，或滿漢兼書。繙譯考試，也考滿文。皇帝召見八旗人員，多使用滿語。滿洲語文在清朝的歷史舞臺上扮演了重要的角色。

語言文字是思維的工具，也是表達思想的交流媒介。康熙年間，入京供職的西洋傳教士，大都精通滿洲語文，說寫純熟流利。因此，滿洲語文在中西文化交流舞臺上也扮演了十分重要的角色。

耶穌會傳教士巴多明神父致法蘭西科學院書信中，討論滿洲語文的內容，佔了很大篇幅。他指出，滿洲文字中每個字都有一

---

[5] 奎善撰〈滿文源流〉，《國語志稿》（臺北，國立故宮博物院，清史館檔），第一冊，頁 1。

筆自字首垂直貫通至字末的主筆畫，這一畫左側是表示元音「a、e、i、o」的鋸齒狀符號，由放在這一畫右側的附點的不同位置決定其發音。如在一個鋸齒對面放一個附點，就發元音「e」；如省略附點，則發元音「a」，如在字左側鋸齒旁放一附點，這一附點就充當了字母「n」，因而要讀作「na」。此外，字右側不是附點，而是放圈，這便是發送氣音的符號。書寫漢文，人們通常用毛筆書寫。巴多明神父指出，有些滿人使用一種竹製的，削成歐洲羽毛狀的筆。巴多明神父用了不到一年時間，就像一個上了年歲的滿人熟練地使用這種竹筆寫出好字。

耶穌會傳教士巴多明像，見杜赫德編、鄭德弟譯《耶穌會士中國書簡集》第二卷

康熙皇帝喜愛西學，即或臨幸暢春園，或巡幸塞外，必諭令張誠等隨行。或每日，或間日講授西學。巴多明神父在信中指出，康熙皇帝學習歐洲的科學，他自己選擇了算學、幾何學與哲學等等。康熙二十八年（1689）十二月二十五日，康熙皇帝召徐日昇、張誠、白晉、安多等至內廷，諭以自後每日輪班至養心殿，以滿語講授量法等西學，並將所講授的西學，繙譯滿文成書。神父們固然以滿語講解西學，同時也將天主教的祈禱詞譯出滿文。巴多明神父在書信中指出，天主教徒中的福晉們很少認得漢字，她們希望聽得懂祈禱詞的內容，而由巴多明神父負責將祈禱詞精華部分譯出滿文。《在華耶穌會士列傳》所載巴多明遺著目錄中第八種就是巴多明神父將法文〈教會祈禱文〉所譯出的滿文本，以

供蘇努家中信教婦女閱讀，在中西文化交流的過程中，滿洲語文扮演了舉足輕重的角色。

清太祖、太宗時期，滿洲記注政事及抄錄往來文書的檔冊，主要是以無圈點老滿文及加圈點新滿文記載的老檔，可以稱之爲《滿文原檔》。滿洲入關後，《滿文原檔》由盛京移至北京，由內閣掌管，內閣檔案中有老檔出納簿，備載閣僚借出卷冊時日，及繳還後塗銷的圖記。

乾隆六年（1741），清高宗鑒於內閣大庫所藏無圈點檔冊，年久鹘舊，所載字畫，與乾隆年間通行的新滿文不同，諭令大學士鄂爾泰等人按照新滿文，編纂《無圈點字書》，書首附有奏摺，其內容如下：

> 內閣大學士太保三等伯臣鄂爾泰等謹奏，爲遵旨事。乾隆六年七月二十一日奉上諭：「無圈點字原係滿文之本，今若不編製成書貯藏，日後失據，人將不知滿文肇端於無圈點字。著交鄂爾泰、徐元夢按照無圈點檔，依照十二字頭之順序，編製成書，繕寫一部。並令宗室覺羅學及國子監各學各鈔一部貯藏。欽此。」臣等詳閱內閣庫存無圈點檔，現今雖不用此體，而滿洲文字實肇基於是。且八旗牛彔之淵源，賞給世職之緣由，均著於斯。檔內之字，不僅無圈點，復有假借者，若不融會上下文字之意義，誠屬不易辨識。今奉聖旨編書貯藏，實爲注重滿洲文字之根本，不失其考據之至意。臣謹遵聖旨，將檔內之字，加設圈點讀之。除可認識者外，其有與今之字體不同，及難於辨識者，均行檢出，附註現今字體，依據十二字頭

> 編製成書，謹呈御覽。俟聖裁後，除內閣貯藏一部外，並令宗室覺羅學及國子監等學各鈔一部貯存，以示後人知滿洲文字肇端於此。再查此檔因年久殘闕，既期垂之永久，似應逐頁托裱裝訂，爲此謹奏請旨。乾隆六年十一月十一日，大學士太保三等伯鄂爾泰、尚書銜太子少保徐元夢奏。本日奉旨：「將此摺錄於書首，照繕三帙呈進，餘依議[6]。」

由鄂爾泰、徐元夢奏摺可知清高宗對《滿文原檔》的重視。內閣大庫所存《無圈點檔》就是《滿文原檔》中使用無圈點老滿文書寫的檔冊，記錄了八旗牛彔的淵源，及賞給世職的緣由等等。但因《無圈點檔》年久殘闕，所以鄂爾泰等人奏請逐頁托裱裝訂。鄂爾泰等人遵旨編纂的無圈點十二字頭，就是所謂《無圈點字書》（tongki fuka akū hergen i bithe）。

乾隆四十年（1775）二月十二日，軍機大臣具摺奏稱：「內閣大庫恭藏無圈點老檔，年久虧舊，所載字畫，與現行清字不同。乾隆六年奉旨照現行清字纂成無圈點十二字頭，以備稽考。但以字頭釐正字蹟，未免逐卷翻閱，且老檔止此一分，日久或致擦損，應請照現在清字，另行音出一分，同原本恭藏。」奉旨：「是，應如此辦理[7]。」所謂《無圈點老檔》，就是內閣大庫保存的原本，亦即《滿文原檔》。軍機大臣奏准依照通行新滿文另行音出一分後，即交國史館纂修等官，加置圈點，陸續進呈。惟其重抄工作進行緩慢，同年三月二十日，大學士舒赫德等又奏稱：「查老檔

6 張玉全撰〈述滿文老檔〉，《文獻論叢》（臺北，臺聯國風出版社，1967 年 10 月），論述二，頁 207。

7 《清高宗純皇帝實錄》，卷九七六，頁 28，乾隆四十年二月庚寅，據軍機大臣奏。

原頁共計三千餘篇，今分頁繕錄，並另行音出一分；篇頁浩繁，未免稽延時日。雖老檔卷頁，前經托裱；究屬年久勯舊，恐日久摸擦，所關甚鉅。必須迅速趲辦，敬謹尊藏，以昭慎重[8]。」重抄的本子有兩種：一種是依照當時通行的新滿文繕寫並加簽注的重抄本；一種是仿照無圈點老滿文的字體抄錄而刪其重複的重抄本。乾隆四十三年（1778）十月以前完成繕寫的工作，貯藏於北京大內，可稱之爲北京藏本。乾隆四十五年（1780）初，又按無圈點老滿文及加圈點新滿文各抄一分，齎送盛京崇謨閣貯藏。福康安於〈奏聞尊藏老檔等由〉一摺指出：

> 乾隆四十五年二月初四日，盛京戶部侍郎全魁自京回任，遵旨恭齎無圈點老檔前來，奴才福康安謹即出郭恭請聖安，同侍郎全魁恭齎老檔至內務府衙門，查明齎到老檔共十四包，計五十二套，三百六十本，敬謹查收。伏思老檔乃紀載太祖、太宗發祥之事實，理宜遵旨敬謹尊藏，以垂久遠。奴才福康安當即恭奉天命年無圈點老檔三包，計十套，八十一本；天命年加圈點老檔三包，計十套，八十一本，於崇謨閣太祖實錄、聖訓匱內尊藏。恭奉天聰年無圈點老檔二包，計十套，六十一本；天聰年加圈點老檔二包，計十套，六十一本。崇德年無圈點老檔二包，計六套，三十八本；崇德年加圈點老檔二包，計六套，三十八本，於崇謨閣太宗實錄、聖訓匱內尊藏，並督率經管各

[8] 徐中舒撰〈再述內閣大庫檔案之由來及其整理〉，《中央研究院歷史語言研究所集刊》，第三本，第四分（北平，中央研究院，1931 年），頁569。

員，以時晒晾，永遠妥協存貯[9]。

福康安奏摺已指出崇謨閣尊藏的抄本，分爲二種：一種是《無圈點老檔》，內含天命朝、天聰朝、崇德朝，共七包，二十六套，一百八十本；一種是《加圈點老檔》，內含天命朝、天聰朝、崇德朝，共七包，二十六套，一百八十本。福康安奏摺於乾隆四十五年（1780）二月初十日具奏，同年三月十七日奉硃批。福康安奏摺中所謂《無圈點老檔》和《加圈點老檔》，都是重抄本，不是《滿文原檔》，亦未使用《滿文老檔》的名稱。貯藏盛京崇謨閣的老檔重抄本，可以稱之爲盛京藏本。乾隆年間重抄本，無論是北京藏本或盛京藏本，其書法及所用紙張，都與滿洲入關前記錄的《滿文原檔》不同。北京藏本與盛京藏本，在內容及外形上並無差別，「唯一不同的是北平藏本中有乾隆朝在文裡很多難通晦澀的詞句間所加的附註，而盛京本沒有10。」為了比較無圈點檔與加圈點檔的異同，可將北京藏本太祖朝重抄本第一冊，第一、二頁節錄影印如下，並轉寫羅馬拼音，譯出漢文如後。

9 《軍機處檔・月摺包》，第2705箱，118包，26512號。乾隆四十五年二月初十日，福康安奏摺錄副。

10 陳捷先撰〈舊滿洲檔述略〉，《舊滿洲檔》（臺北，國立故宮博物院，1969年），第一冊，頁12。

<table>
<tr><td colspan="2">加圈點新滿文檔</td><td>丁未年</td></tr>
<tr><td colspan="3">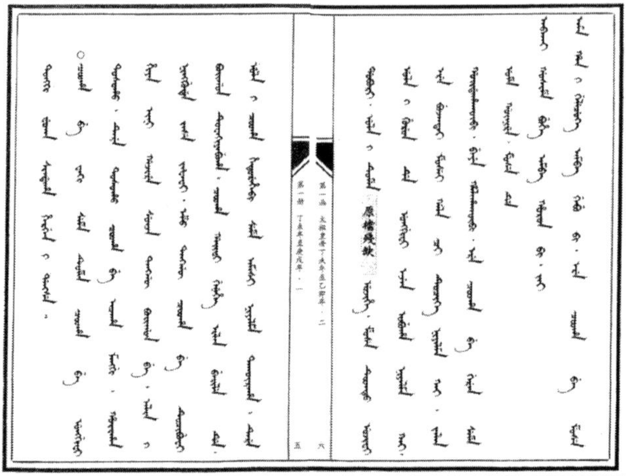</td></tr>
<tr><td>羅馬拼音（加圈點檔）</td><td colspan="2">tongki fuka sindaha hergen i dangse. cooha be waki seme tumen cooha be unggifi tosoho, tere tosoho cooha be acaha manggi, hūrhan hiya ini gajire sunja tanggū boigon be, alin i ninggude jase jafafi, emu tanggū cooha be tucibufi boigon tuwakiyabuha, cooha gaifi genehe ilan beile de, ula i cooha heturehebi seme amasi niyalma takūraha, tere dobori, ula i tumen……ujihe, muse tuttu ujifi ula i gurun de unggifi ejen obuha niyalma kai, ere bujantai musei gala ci tucike niyalma kai, jalan goidahakūbi, beye halahakūbi, ere cooha be geren seme ume gūnire, muse de abkai gosime buhe amba horon bi, jai ama han i gelecuke amba gebu bi, ere cooha be muse[11].</td></tr>
</table>

11 《內閣藏本滿文老檔》（瀋陽，遼寧民族出版社，2009 年 12 月），第一冊，頁 5。

漢文繙譯（加圈點檔）	欲殺我兵，發兵一萬截於路。遇其截路之兵後，扈爾漢侍衛將其收回之五百戶眷屬，結寨於山巔，派兵百名守護，並遣人回返，將烏喇兵截路情形報告領兵三位貝勒。是夜，烏喇之萬兵〔原檔殘缺〕收養之。我等如此豢養遣歸烏喇國為君之人哉！此布占泰乃從我等手中釋放之人啊！年時未久，其身猶然未

《滿文原檔》是使用早期滿文字體所記載的原始檔冊，對滿文由舊變新發展變化的過程，提供了珍貴的語文研究資料。乾隆年間，內閣大學士鄂爾泰等人已指出，滿文肇端於無圈點字，內閣大庫所保存的「無圈點檔」，檔內之字，不僅無圈點，復有假借者，若不融會上下文字的意義，誠屬不易辨識。因此，遵旨將檔內文字加設圈點，除可認識者外，其有難於辨識者，均行檢出，附註乾隆年間通行字體，依據十二字頭編製成書。張玉全撰〈述滿文老檔〉一文已指出，乾隆年間重抄的加圈點《滿文老檔》，將老滿字改書新體字，檔內有費解的舊滿語，則以新滿語詳加注釋，並將蒙文迻譯滿文，其功用較之鄂爾泰所編的《無圈點字書》，似覺更有價值，並非僅重抄而已。誠然，重抄本《滿文老檔》的價值，不僅是加圈點而已。《內閣藏本滿文老檔》對詮釋《滿文原檔》文字之處，確實值得重視。

清初諸帝，重視國語清文，已有居安思危的憂患意識。滿文是一種拼音文字，相對漢語的學習而言，學習滿洲語文，確實比學習漢語漢文容易，西洋傳教士以歐洲語音學習滿洲語文，更覺容易，口音也像。巴多明神父致法蘭西科學院書信中指出，康熙年間編纂《御製清文鑑》的工作進行得極為認真，倘若出現疑問，就請教滿洲八旗的老人；如果需要進一步研究，便垂詢剛從滿洲腹地前來的人員。誰發現了某個古老詞彙或熟語，便可獲獎。康熙皇帝深信《御製清文鑑》是重要寶典，只要寶典存在，滿洲語文便不至於消失。通過巴多明神父的描述，可知《御製清文鑑》的編纂，就是康熙皇帝提倡清文國語的具體表現，具有時代的意義。康熙十二年（1673）四月十二日，《起居注冊》記載康熙皇帝對侍臣所說的一段話：「此時滿洲，朕不慮其不知滿語，但恐後生子弟漸習漢語，竟忘滿語，亦未可知。且滿漢文義，照字翻譯，可通用者甚多。今之翻譯者，尚知辭意，酌而用之，後生子弟，未必知此，不特差失大意，抑且言語欠當，關係不小[12]。」「後生子弟漸習漢語，竟忘滿語」，就是一種憂患意識。

乾隆年間（1736-1795），滿洲子弟多忘滿語。乾隆七年（1742）八月二十二日，乾隆皇帝降諭云：「滿洲人等，凡遇行走齊集處，俱宜清語，行在處清語，尤屬緊要。前經降旨訓諭，近日在南苑，侍衛官員兵丁，俱說漢話，殊屬非是。侍衛官員，乃兵丁之標準，而伊等轉說漢話，兵丁等何以效法。嗣後凡遇行走齊集處，大臣侍衛官員，以及兵丁，俱著清語，將此通行曉諭知之[13]。」滿洲侍衛、官員、兵丁等在南苑或行走齊集處，不說滿語，轉說漢話，竟忘滿語，殊屬非是。乾隆十一年（1746）十月初十日，乾隆皇帝在所頒諭旨中指出，黑龍江地區是專習清語滿洲辦事地方，黑龍江將軍傅森竟不知穀葉生蟲的清語，傅森在奏摺內將穀葉生蟲清語，兩處誤寫[14]。乾隆十二年（1747）七月初六日，諭軍機大臣等，盛京補放佐領之新滿洲人等帶領引見，清語俱屬平常。乾隆皇帝在諭旨中指出，「盛京係我滿洲根本之地，人人俱能清語，今本處人員，竟致生疎如此，皆該管大臣官員等，平日未能留心

12　《清代起居注冊・康熙朝》（北京，中華書局，2009年9月），第二冊，頁B000657。

13　《清高宗純皇帝實錄》，卷一七三，頁15。乾隆七年八月戊申，諭旨。

14　《清高宗純皇帝實錄》，卷二七六，頁15。乾隆十一年十月壬申，諭旨。

教訓所致，將軍達勒當阿著傳旨申飭[15]。」黑龍江、盛京等處，都是滿洲根本之地，清語是母語，乾隆年間，當地滿洲人，其清語平常生疎如此，確實是一種隱憂。由於滿洲後世子孫缺乏居安思危的憂患意識，清初諸帝搶救滿洲語文的努力，確實效果不彰。

錫伯族的歷史與文化，源遠流長，西遷伊犁的錫伯族對於滿洲語文的傳習作出了極大的貢獻，回溯錫伯族西遷的歷史，具有時代意義。錫伯族是東北地區的少數民族之一，清太宗崇德年間（1636-1643），錫伯族同科爾沁蒙古同時歸附於滿洲，編入蒙古八旗。康熙三十一年（1692），將科爾沁蒙古所屬錫伯族編入滿洲八旗，從此以後，錫伯族開始普遍使用滿洲語文。康熙三十八年（1699）至四十年（1701）三年中，將齊齊哈爾、伯都訥、吉林烏拉三城披甲及其家眷南遷至盛京、京師等地。乾隆年間，清軍平定天山南北路後，隨即派兵屯種，欲使駐防兵丁口食有資，並使遠竄的厄魯特無從復踞舊地。乾隆二十七年（1762），設伊犁將軍。同年十月，以明瑞為伊犁將軍，伊犁成為新疆政治、軍事中心。為加強邊防，陸續由內地調派大批八旗兵丁進駐伊犁，其中駐守伊犁的錫伯兵，主要是從東三省抽調移駐的。錫伯兵及其眷屬西遷前夕的活動，在今日察布查爾的錫伯族，仍然記憶猶新，還編成錫伯文教材，代代相傳。乾隆二十九年（1764）四月十八日，西遷錫伯族在瀋陽太平寺祭告祖先，與留在故鄉的錫伯族共同聚會餐敘，翌日便啟程，前往伊犁守邊。當時西遷的錫伯兵是從東北三省十七城抽調出來的，官兵連同眷屬總計五千餘人。陰曆四月十八日，就是錫伯族的西遷節，尤其在新疆的錫伯族，每年到了四月十八日，家家戶戶，男女老少都穿上新衣服，聚在一

---

15 《清高宗純皇帝實錄》，卷二九四，頁 10。乾隆十二年七月甲午，諭旨。

起就餐、演奏樂器、跳貝倫舞（beilen）、玩遊戲、射箭、摔跤、賽馬等活動，四月十八日，就成了錫伯族特別的節日。錫伯官兵從東北家鄉遠赴新疆屯墾戍邊，也把滿洲語文帶了過去。這批錫伯官兵後代子孫，在進入二十一世紀的今日新疆，仍持續使用滿洲語文，這是錫、滿文化傳承歷史上值得關注的大事，察布查爾錫伯自治縣被稱為保存滿文的「活化石」地區[16]。

錫伯官兵到達新疆後，在伊犁河南岸一帶屯墾戍邊，乾隆三十一年（1766），編為八個牛彔，組成錫伯營。蘇德善先生撰〈錫伯族雙語教育的歷史回顧〉一文指出，錫伯營的單獨成立，對錫伯族來說，是政治地位的重大改變，從此凡涉及本族的重大事務，有了自主權，錫伯族在政治、軍事上的成就，均以本族名義被伊犁將軍奏聞朝廷記錄在案。西遷的錫伯族，借助錫伯營這個舞臺，演出了有聲有色的多幕悲喜劇，為發展民族經濟、文教、文學藝術，具備了主、客觀條件，可謂英雄有用武之地了[17]。乾隆三十一年（1766），伊犁將軍明瑞令每旗各設清書房一所。錫伯營有一所書房，有教習二人，分司教弓箭，學滿文、四書五經、千字文、旗訓等，年終由伊犁將軍府派員考課，考上者走上仕途。嘉慶七年（1802），伊犁將軍松筠以八旗子弟能讀書者甚多，就從各旗閒散童蒙中挑選聰慧者集中在一起，選派滿、漢教習分司教讀，並宣講《聖諭廣訓》，派滿營協領等管理。這種學校稱為敬業官學，伊犁僅有一所。在錫伯營各牛彔還有若干私塾，只有少數富家子弟就讀。在本旗接受軍訓的披甲，也要教授滿文。通過這些學堂和軍營教育，有相當一部分的人學會了滿文。

---

16 戈思明撰〈新疆錫伯族傳承滿文之研究〉（臺北，中國文化大學，2014年2月），頁14。

17 蘇德善撰〈錫伯族雙語教育的歷史回顧〉，《錫伯文化》，第三十五期，頁60。

嘉慶七年（1802），在伊犁察布查爾山口開鑿大渠，引進伊犁河水灌溉。嘉慶十三年（1808），大渠竣工，長達一百八十里，命名為察布查爾大渠，開墾了七萬八千多畝良田。光緒八年（1882），錫伯營總管色布喜賢呈請伊犁將軍金順撥款辦學。翌年，每個牛彔開始各設一所官辦義學。光緒十一年（1885），索倫營錫伯族成立一所義學。當時共有九所學校，小學生約九百名，實施單一的滿文教育。民國三年（1914），伊犁成立了尚學會，總部設在一、三牛彔。為紀念錫伯營總管色布喜賢，在尚學會屬下設立了色公學校，開始採用滿漢對照的課本教學。民國四年（1915），成立了興學會，為紀念曾任索倫營領隊大臣的錫吉爾渾，設立了錫公學校，採用漢文新學課本，實施雙語教學。一年級只學滿文，二年級開始實施滿、漢文教學。民國二十年（1931），在鞏留大營盤設立錫伯小學校，共三個班，教授滿漢文。民國三十三年（1944）秋，錫伯族聚居地區，計小學十三所，包括中心校五所，一般學校八所。民國三十六年（1947）十月，成立「三區錫伯索倫文化促進會」，簡稱「錫索文化促進會」，是年，召開學者大會，對滿文進行改革，並將滿文改稱錫伯文[18]。一九五四年三月，伊犁成立自治縣，廢除寧西舊稱，改用錫伯族喜愛的察布查爾渠名作自治縣的名稱，定名為察布查爾錫伯自治縣。各小學所採用的六年制錫伯文課本，基本上就是滿文教材。

伊克津太先生撰〈錫伯文教學之我見〉一文指出，錫伯語文是以滿文為基礎發展起來的，今天的錫伯文就是歷史上業已消失的滿文。五十年代在自治區人民出版社和教育出版社組建了錫伯文編輯室，大量地出版錫伯文圖書及教學課本，為民族教育和文化發展奠定了堅實的基礎。一九九一年，教育局開始在納達齊

18 《錫伯文化》，第三十五期，頁 68。

（nadaci）牛彔即第七牛彔鄉和堆依齊（duici）牛彔即第四牛彔鄉小學各指定一班實施「雙語教學實驗」。經過五年的實驗，結果表明實驗班學生的雙語能力都有大幅度的提高。為了總結實驗班的成果和促進雙語教學的進程，縣教育局於一九九五年召開了雙語教學工作會議。會議在總結實驗班教學成果的基礎上，提出了《錫伯族基礎教育整體改革方案》，並作出決議：「錫伯族雙語教學從實際出發，從幼兒教育入手，強化學前教育，低年級母語起步，集中學習錫伯語文，在學生具備一定基礎的母語思維能力後，再進入漢語學習階段，並使已經掌握的母語為漢語教學服務。」又把這個決議簡化為八字方針：「先錫後漢，以錫促漢」，使雙語教學有機地銜接，相互促進，實現雙語能力同步提高。據教育局一九九五年錫伯語文教學現狀調查顯示，烏珠（uju）牛彔即第一牛彔和齋（jai）牛彔即第二牛彔小學九個年級中有五個年級仍在使用第一冊錫伯文課本，而且在學習第一冊課本的五個年級學生中達到能讀寫的不足一半，錫伯族語文教學的情況可見一斑，並沒有起到「以錫促漢」的作用[19]。

奇車山先生撰〈察布查爾地區錫伯族語言文字使用現狀〉一文指出，二十世紀初，察布查爾地區還是個相對封閉的小社會，旗營制度還沒有退出歷史舞臺。因制度限制，僅有的漢族不能和錫伯族混住在一起。所以，在錫伯人和漢族人的交往不可能很多的情況下，漢語對錫伯語的影響就很小。更主要的一個在於錫伯人有重視教育的好傳統，各牛彔都有私辦或官辦學校，使學齡兒童都能進校學習錫伯語文。七十年代，錫伯語文恢復學習和使用，各錫伯族小學都恢復了錫伯語文課。相應的出版機構也重新開始出版錫伯文圖書和教科書。文中列表統計察布查爾錫伯自治縣有

---

[19] 伊克津太撰〈錫伯文教學之我見〉，《錫伯文化》，第三十五期，頁 34。

錫伯小學八所，其中烏珠牛彔（ujui niru）即第一牛彔中心校，計十二班；寨牛彔（jai niru）即第二牛彔中心校，計六班；依拉齊牛彔（ilaci niru）即第三牛彔中心校，計十九班；堆齊牛彔（duici niru）即第四牛彔中心校，計十五班；孫扎齊牛彔（sunjaci niru）即第五牛彔中心校，計十二班；寧固齊牛彔（ningguci niru）即第六牛彔中心校，計十一班；納達齊牛彔（nadaci niru）即第七牛彔中心校，計八班；扎庫齊（jakūci niru）即第八牛彔中心校，計十八班，合計共一〇一班。單純的錫伯班只有九個，其餘九十二個都是錫漢學生混合編班。從調查的狀況看，錫伯族小學在低年級基本使用錫伯語授課，中年級以錫伯語為主，部分使用漢語，高年級則是錫漢兼半[20]。

李樹蘭教授著《錫伯語口語語法概要》一書，是根據幾次語言調查的記錄寫成的，對錫伯語口語的語音和語法作了扼要的介紹。原書指出，錫伯語屬阿爾泰語系滿一通古斯語族滿語支。錫伯族的語言文字和滿族的語言文字很相近。錫伯文是一種拼音文字，是在滿文基礎上略加改動的[21]。

錫伯文共有四十個字母，其中包括六個元音字母：(a)(e)(i)(o)(u)(uu)；二十四個輔音字母：(n)(k)(g)(h)(k)(g)(h)(b)(p)(s)(sh)、(t)、(d)(l)(m)(ch)(zh)(y)(r)(f)(w)(ng)；十個拼音外來的字母(kk)(gg)(hh)(c)(cy)(z)(rr)(sy)(chy)(zhy)。

20 奇車山撰〈察布查爾地區錫伯族語言文字使用現狀〉，《錫伯文化》，第三十五期，頁7。

21 李樹蘭著《錫伯語口語語法概要》（北京，民族出版社，1982年12月），頁1。

字母的基本筆劃有（字）頭（uzhu）、（字）牙（argan）、（字）圈（fuka）、（字）點（tongki）、（字）尾（unchehen） 各種方向不同的撇和連接字母的豎線。書寫時，順序從上到下、行款從左到右，使用現代文字通用的標點符號。

同一個字母出現在不同的位置上大都有不同的字形，決定字形不同的位置有四種。

1.獨立。即處於不同其他字母相拼的位置，具有獨立字形的只有元音。

2.詞首。即處於詞的開頭位置。元音以及除 r、ng 以外的輔音都有詞首字形。

3.詞末。即處於詞的最末尾的位置。元音和能出現在詞末的輔音 n、k（舌根音）、k（小舌音）、b、s、t、l、m、r、ng 都有不同於出現在其他位置上的詞末字形。

4.詞中。除上述位置以外的所有位置。所有元音都有區別於獨立、詞首、詞末字形的詞中字形。

一九四七年以後，錫伯族的有關人士和語文工作者，在伊寧市成立了「錫伯索倫文化協會」（簡稱「錫索協會」）。在這期間，對個別字母的形體做了改動，增加了必要的音節拚寫形式。如：

1.滿文輔音字母 f 與元音 a、e 相拚時，是一種形體；與元音 i、o、u 相拼時，是另一種形體。錫伯文的 f 只有一種形體，即滿文 f 與元音 a、e 相拼時的那種形體。見下表：

文字 轉寫符號	滿　文	錫伯文
f（a、e）	ᡶ	ᡶ
f（i、o、u）	ᡶ	

2.滿文輔音字母 zh 出現在詞首的寫法同出現在音節中的寫法

不同，錫伯文的 zh 在上述兩種情況下，都用一種形體，即出現在詞首的那種形體。見下表：

轉寫符號／位置／文字		滿　文	錫伯文
zh	詞首	[illegible]	[illegible]
	音節首	[illegible]	

3.滿文出現在音節末的小舌音 k 的形體是兩個字牙，左邊帶兩個點兒。錫伯文的寫法不同，只有一個字牙，左邊帶兩個點兒。見下表：

轉寫符號／位置／文字		滿　文	錫伯文
k（小舌音）	音節末	[illegible]	[illegible]

4.滿文位於音節末的小舌音 k 同舌根音 k、在形體上有區別，錫伯文則沒有區別，都寫成小舌音 k 的形體。見下表：

轉寫符號／位置／文字		滿　文	錫伯文
k（小舌音）	音節末	[illegible]	[illegible]
k（舌根音）		[illegible]	

5.增加一些必要的音節。滿文有音節 wa、we，但沒有音節 wi、wo、wu，後者在錫伯語裡"有音無字"，因此，在錫伯文裡增加了這三個音節。見下表：

文字 轉寫符號	滿　文	錫伯文
w（a、e）	ᠸ	ᠸ
w（i、o、u）	—	

錫伯族的口語，與滿語雖然有不少差異，但其書面語，與滿語基本相同。

搶救滿文，久已成為錫伯族的共識，執教於察布查爾師範進修學校專授錫伯文的郭秀昌先生編寫《錫伯語語匯》（sibe gisun isamjan），一九九〇年，由新疆人民出版社出版。原書凡例說明語匯所收詞語以現代錫伯語常用詞語為主，為兼顧閱讀和繙譯的需要，也酌收清代滿文典籍中比較常見而現在仍有使用價值的詞語。另外，也收錄了部分錫伯語口語詞彙。為提供錫伯族小學師生教學錫伯文之用，楊震遠、伊津太、富倫泰三位先生編譯《錫漢教學詞典》，一九九六年九月，由新疆人民出版社出版。詞典中所收詞彙多採自小學語文課本，並增加了一些常用詞彙，適合於初學者查閱。

同步提高錫漢雙語能力，是錫伯族的共同願望。金炳喆、金寧兩位先生著《錫漢會話》（sibe nikan gisun tacire bithe），一九九二年七月，由新疆人民出版社出版。原書會話，以錫伯文為基礎，同時對譯漢語，具有高度的實用性，對提昇錫漢雙語能力，作出了重要貢獻。錫伯族重視外部文化的選擇與改造，為適應環境及加強實用性，錫伯文新詞彙的創造及各民族語言借詞的使用，都有助於錫伯文的發展。在《錫漢會話》中出現頗多錫伯文創新的詞彙，可舉例列表如下。

《錫漢會話》創新詞彙簡表

頁次	錫伯文詞彙	羅馬拼音 詞義	備註	頁次	錫伯文詞彙	羅馬拼音 詞義	備註
12		sukdujen 汽車		15		deyetun 飛機	
17		maššasi 專家		33		bargiyara temgetu 收據	
36	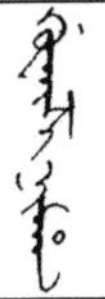	guwaidz nimha 鯉魚		36		fu nimha 草魚	
44	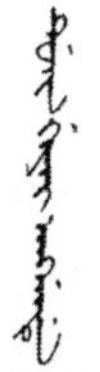	duin giyai anggade 十字路口		51	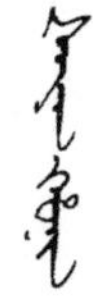	šayan honin 種羊	
54		antaha juwere sejen 客運汽車		58	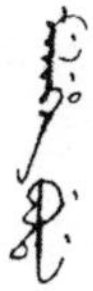	melehe buda 抓飯	

頁次	錫伯文詞彙	羅馬拼音	備註	頁次	錫伯文詞彙	羅馬拼音	備註
		詞義				詞義	
69		erai hal hali baita 真不好意思		87		kūtang 胃	
94		banjirman yamun 衛生局		95		gus gabtara kuren 射箭館	
97		mergen gabtasi 神箭手		103		helmefin 電影	
117		kuwariyang 漂亮		122		funiyehe akū toro 光桃	
157		kar cai 清茶		161		arasi 作家	
161		k'otacin 科學		161		merkicun 幻想	

頁次	錫伯文詞彙	羅馬拼音 詞義	備註	頁次	錫伯文詞彙	羅馬拼音 詞義	備註
202		eye mama 爺爺奶奶		214		afaha jurgan 義務	
223		mukenecin 水平					

資料來源：金炳喆、金寧著《錫漢會話》(sibe nikan gisun tacire bithe)，烏魯木齊，新疆人民出版社，1992 年 7 月。

察布查爾縣城交通，乘坐汽車，四通八達。表中「汽車」，錫伯文作 "sukdujen" ，是「汽」(sukdun) 與「車」(sejen) 的結合詞彙。表中「飛機」，錫伯文作"deyetun"，是「飛」(deyembi) 與「器」(tetun) 的結合詞彙。錫伯文"mašangga"，意即「在行的」，「行家」，錫伯文作"mašangga niyalma"。表中"maššasi"，《錫漢教學詞典》作"mašasi"，意即「專家」，是錫伯文"mašangga"，與"si"的結合詞彙。表中"bargiyara temgetu"，意即「收到的證據」，就是「收據」。「鯉魚」，滿文作"mujuhu"，又作"hardakū"，錫伯文作"hardakū"，錫伯語作"guwaidz nimha"。表中"fu nimha"，漢語作「草魚」。滿文"fu nimha"，意即「草根魚」，就是「黑鯉魚」。漢語「十字路口」，錫伯文作"duin giyai anggade"，意即「四條街口」。種羊是公綿羊，滿文作"buka"，表中錫伯語 "šayan honin" ，意即「白綿羊」。「客運汽車」，錫伯文作"antaha juwere sejen"，意即「運送客人的車」。錫伯文"melembi"，意即「飲水」，"buda melembi"，意即「燜抓飯」。表中"melehe buda"，意即「抓飯」。表中"erai hal hali baita"，意即「真不好意思」。漢語「胃」，滿文作"guwejihe"，

《錫漢教學詞典》同，《錫伯語語匯》作“kūta”，《錫漢會話》作“kūtang”。漢語「生」，滿文作“banjimbi”;「保衛」，滿文作“karman”，錫伯文“banjirman”，意即「衛生」，就是“banjimbi”，與“karman”的結合詞彙。“banji”是動詞詞根，“banjirman”是在根詞的基礎上添加詞綴構詞成分形成的派生詞。漢語「箭靶子」，滿文、錫伯文俱作“aigan”，錫伯語作“gus”，一義二詞。「射箭」，《錫伯語語匯》作“gus gabtambi”，《錫漢會話》中「射箭館」，錫伯文作“gus gabtara kuren”，句中“gus”，就是「箭靶子」。滿文“mergen”，詞義可作「賢哲的」、「明智的」、「巧的」、「神明的」、「非凡的」等解。漢語「巧匠」，滿文作“mergen faksi”；“mergen fakjingga kūwaran”，意即「神機營」。《錫漢會話》中“mergen gabtasi”，意即「神箭手」、「神射手」。「影子」，滿文作“helmen”，「玩」、「戲」，滿文作“efin”。表中「電影」，錫伯文作“helmefin”，意即「影戲」，是“helmen”與“efin”的結合詞彙。

漢語「漂亮」，錫伯文作“hocikon”，又作“kuwariyang”，一義多詞。其中“kuwariyang”，《錫伯語語匯》作“kuwariyangga”，“kuwariyang obumbi”，意即「美化」。kuwariyang”，或“kuwariyangga”，是根據口語的發音和傳統的拼寫習慣形成的書面語。表中“光桃”，錫伯文作“funiyehe akū toro”，意即「無毛的桃」。「清茶」，滿文作“kara cai”，錫伯文作“kar cai”。「寫作」，滿文作“arambi”。表中「作家」，錫伯文作“arasi”，是“arambi”的詞根“ara”添加“si”的結合詞彙。「科」，錫伯文作“k'o”，「學」錫伯文作“tacin”，「科學」(k'otacin)，就是新創的結合詞彙。漢語「幻象」，滿文作“melken”。表中「幻想」，錫伯文作“merkicun”。《錫漢會話》中「爺爺」、「奶奶」，是併列詞組，其中「爺爺」，錫伯語或作“eye”，或作“eyi”，或作“yeye”，一義多詞。漢語「義」，滿文作“jurgan”；「責任」，滿文作“afaha tušan”。表中「義務」，錫伯文作“afaha jurgan”，就是以“afaha tušan”與“jurgan”為基礎形成的創新詞彙。表中「水平」，錫伯文作“mukenecin”，是「水」（muke）與「平」（necin）的結合詞彙。由於錫伯語文大量創造新詞彙，而更加強它的實用性，確實有助於錫伯語文的發展，對滿文的傳承也有不可忽視的貢獻。

為充實及豐富詞彙，錫伯文中含有頗多漢語音譯的詞彙，習稱漢語借詞。薩蒙等著《錫伯語通論》（sibe gisun i hafu leolen）指出，「根據借入時間的先後，可分為早期借詞和近期借詞。借入時間的劃分主要是錫伯族西遷以前和西遷以後來劃分的。錫伯族西遷以前在滿語中就有一批借詞，這批借詞在錫伯語中一直保留著；錫伯族西遷以後，在屯墾戍關、革命、生產、生活和與其他民族相互交往的過程中，又借來了新詞[22]。」為了便於說明，可將《錫漢會話》中的借詞按照原書的頁次先後舉例列表如後。

錫伯文借詞詞彙簡表

頁次	漢語暨 借詞拼音	錫伯語	備註	頁次	漢語暨 借詞拼音	錫伯語	備註
1	好 hoo	ᡥᠣᠣ		3	吧 ba	ᠪᠠ	
7	幢（棟）樓 dungse leose	ᡩᡠᠩᠰᡝ ᠯᡝᠣᠰᡝ		9	灰 hūiša	ᡥᡡᡳᡧᠠ	
9	西服 sifu	ᠰᡳᡶᡠ		10	縣 siyan	ᠰᡳᠶᠠᠨ	

[22] 薩蒙等著《錫伯語通論》（烏魯木齊，新疆人民出版社，2010 年 9 月），頁 134。

頁次	漢語暨借詞拼音	錫伯語	備註	頁次	漢語暨借詞拼音	錫伯語	備註
10	醫生 daifu	[illegible]		10	醫院 daifuran ba	[illegible]	
11	郵電局 io diyan yamun	[illegible]		12	分鐘 fen jung	[illegible]	
13	出版社 cubanše	[illegible]		14	大西門 da si men	[illegible]	
14	中醫 jung i	[illegible]		20	行李 singli	[illegible]	
20	箱包 siyangse	[illegible]		20	票 piyoo	[illegible]	
25	號 hoo	[illegible]		26	電話 diyanhūwa	[illegible]	
26	號碼 nomir	[illegible]		26	電視機 diyan ši ji	[illegible]	

頁次	漢語暨借詞拼音	錫伯語	備註	頁次	漢語暨借詞拼音	錫伯語	備註
27	熨 yungtuleme	[illegible]		28	綠洲 lioi jeo	[illegible]	
31	星期 singci	[illegible]		31	航空公司 hang kung gungsy	[illegible]	
32	賬 jang	[illegible]		36	黃魚 hūwang ioi	[illegible]	
38	伊寧 gūlja	[illegible]		41	燈 dengjan	[illegible]	
41	公里 gungli ba	[illegible]		43	米 miyeter	[illegible]	
45	廣播電視局 guwang bo diyan ši jioi	[illegible]		53	報 boolambi	[illegible]	
53	場 cangse	[illegible]		58	包子 boose	[illegible]	

頁次	漢語暨借詞拼音	錫伯語	備註	頁次	漢語暨借詞拼音	錫伯語	備註
58	綠洲 bostan			60	啤酒 piwo		
60	餛飩 jiyoose			61	茶 cai		
64	黃瓜 hūwangg'a			64	辣椒 cinjiyo		
72	號碼 hooma			73	批評 pipingleme		
77	教授 jiyoošeo			77	副教授 fu jiyoošeo		
77	工程師 gungcengši			78	差 calabumbi		
83	班 banse			93	護士 hūši		
94	方針 fangjen			95	點（鐘） jungken		

頁次	漢語暨借詞拼音	錫伯語	備註	頁次	漢語暨借詞拼音	錫伯語	備註
96	平方 pingfang			98	廳 tinggin		
98	漂亮 kuwariyang			100	功夫 gungfu		
102	攻 gungleme			104	電影院 diyan ing yuwan		
104	堂 tanggin			107	照片 joopiyan		
108	照 joolabuki			115	斤 gin		
115	點心 diyansin			115	商店 puseli		
117	歲 se			123	公斤 gungjin		
124	馬奶葡萄 manaidz puto			125	毛 moo		

頁次	漢語暨 借詞拼音	錫伯語	備註	頁次	漢語暨 借詞拼音	錫伯語	備註
127	稱 gingleme			128	克 germa		
130	錶 biyoo			134	格子 gedz		
137	東北 dungbei			137	火車 hoce		
141	先生 siyanšeng			141	夫人 fužin		
149	公分 gungfen			150	裙子 ciyonse		
153	公安局 gung an yamun			157	咖啡 k'afei		
159	糖 šatan			163	單 danse		
169	布鞋 bosoi sabu			191	盒子 hiyase		

頁次	漢語暨 借詞拼音	錫伯語	備註	頁次	漢語暨 借詞拼音	錫伯語	備註
191	鋼筆 g'angbi			191	鉛筆 ciyambi		
194	釐米 limi			197	電臺 diyantai		
197	三十度 gūsin du			199	蠶豆 dadu		
209	籃球 lancio			210	參觀 ts'anguwaleme		
212	釣魚 nimha goholome			214	孝順 siyoošungga		
217	板凳 bandande			219	排球 paicio		
220	象棋 siyangci			224	本領 bengšen		

229	烟 dambaku			238	自行車 dzisingce		

資料來源：金炳喆、金寧著《錫漢會話》(sibe nikan gisun tacire bithe)，烏魯木齊，新疆人民出版社，1992 年 7 月。

錫伯文漢語借詞中，最常見的是純粹借詞。《錫漢會話》中的純粹漢語借詞，就是漢語音譯的詞彙。漢語「好」，滿文作"sain"；「俏麗」、「嬌美」，滿文作"hojo"。《錫漢會話．問候》有一段對話，雅琴芝（yacinjy）問：「你好嗎？」（si hojo na?）文格（wenggel）答：「好，你呢？」（hoo seme, sini beye absi?）對話中"hoo"與"hojo"並用。扎魯阿（jalungga）問：「你給我介紹一下吧！」（si minde emdan takabucina！）句中"cina"是"takabumbi"的後綴成分，表示「吧」、「呢」的語氣，在滿語中十分常見。薩拉蘇（sarasu）問：「老婆孩子都好吧？」（sini hehe juse gemu baita akū ba?）句中"ba"是漢語「吧」的音譯借詞。伯克德蘇（bekdesu）答：「在窗戶旁邊站着的那位穿灰西服的中年人。」句中「西服」，錫伯文作"sifu"，是漢語「西服」音譯的借詞。「察布查爾縣」，錫伯文作"cabcal siyan"，漢語「縣」，滿文作"hiyan"，此"siyan"，是漢語「縣」音譯的借詞。「醫生」，滿文、錫伯文俱讀作"daifu"，是漢語「大夫」音譯的借詞。「郵電局」（io diyan yamun），句中"io diyan"是漢語「郵電」音譯的借詞。「再走五分鐘」，句中「分鐘」，錫伯文音譯作"fen jung”。「人民出版社」，句中「出版社」，錫伯文音譯作“cubanše”。「在大西門那兒有個中醫診所」，句中「大西門」，錫伯文音譯作“da si men”；「中醫」，音譯作“jung i”。「提起行李箱包」，句中「行李」，錫伯文音譯作“singli”。

「請大家拿出票來」，錫伯文作“ererengge gerenofi sejen piyoo be tucibu”，意即「請大家拿出車票來」。句中“piyoo”，是漢語「票」音譯的借詞。「三樓的 301 和 306、314 號房間」（ilaci jergi i 301 jai 306、314 ci hoo boo inu），句中“hoo”，是漢語「號」音譯的借詞。房間內的“diyanhūwa”、“diyan ši ji”，是漢語「電話」、「電視機」的音譯借詞。「綠洲賓館」，錫伯文作“lioi jeo i antaha tatan”，句中“lioi jeo”，是漢語「綠洲」的音譯借詞。「還有一個星期呢」（geli emu singci erin bi），句中“singci”，是漢語「星期」的音譯借詞。錫伯文“hang kung gungsy”，是漢語「航空公司」的音譯借詞。「請把賬結一下」（bahaci jang be emdan bodoreo），句中“jang”，是漢語「賬」的音譯借詞。伊犁河出產的「黃魚」，錫伯文音譯作“hūwang ioi”。「廣播電視局」，錫伯文音譯作“guwang bo diyan ši jioi”。「園子裡摘來的黃瓜和辣椒」，句中「黃瓜」，錫伯文音譯作“hūwangg'a”；「辣椒」，錫伯文作“cinjiyo”，是漢語「青椒」的音譯借詞。「我叫華里亞蘇，電話號碼是 2781」，錫伯文作“mini gebube hūwaliyasu sembi, diyanhūwa hooma oci 2781”，句中“diyanhūwa hooma”，是漢語「電話號碼」的音譯借詞；“2781”按漢語讀作“el ci ba yoo”。高級知識分子中的「教授」、「副教授」、「工程師」，錫伯文音譯作“jiyoošeo”、 "fu jiyoošeo"、"gungcengši"，都是漢語音譯借詞。醫院的醫護人員中的「醫生」(daifu)、「護士」(hūši)，都是漢語音譯借詞。「衛生保健的方針」，句中「方針」，錫伯文音譯作"fangjen"。射箭館「總面積達八百多平方米」，句中「平方」，錫伯文據漢語音譯作"pingfang"。「練成真功夫」，句中「功夫」，錫伯文音譯作"gungfu"。「人民電影院」，錫伯文作"niyalma irgen diyan ing yuwan"，句中"diyan ing yuwan"，是漢語「電影院」的音譯借詞。「兩張一寸照片」，錫伯文作"emu jurhun amba joopiyan juwe"，句中"joopiyan"，是漢語「照片」的音譯借詞。「二斤點心」，錫伯文作"juwe gin diyansin"。漢語「斤」，滿文作"ginggen"，錫伯文作"gin"；"diyansin"，是漢語「點心」的音譯借詞。「你女兒幾歲了？」，錫伯文作"sini sarganjui udu se ohobi?"漢語「歲」，滿文作"se"，錫伯文沿用作"se"。「我買兩公斤這種桃子」，錫伯文作"bi ere toro be juwe gungjin gaiki"，句中"gungjin"，是漢語「公斤」的音譯借詞。「這種馬奶葡萄味道很好」，錫伯文作"ere manaidz puto i amtan jaci sain"，句中"manaidz puto"，是漢語「馬奶子葡萄」的音譯借詞。「兩塊六毛錢」，錫伯文作"juwe yuwan ninggun moo jiha"，句中"moo"，是漢語「毛」的音譯借詞。「你的錶幾點了？」，錫伯文作"sini biyoo ya gese erin ohobi?"，句中"biyoo"，是漢語「錶」的音譯借詞。「請在這個格子裡填上你的出生日期」，錫伯文作"ere gedz i dorgide beyei banjiha aniya jai inenggi biya be araki"，句中"gedz"，是漢語「格子」的音譯借詞。「東北三省」，句中「東北」，錫伯文音譯作"dungbei"。「換乘火車」，句中「火車」，錫伯文作"hoce"。「先生」，錫伯文音譯作"siyanšeng"。「夫人」，滿文、錫伯文俱音譯作"fužin"。「身高有一米六十公分」，句中「公分」，錫伯文音譯作"gungfen"。「公安局」，錫伯文作"gung an yamun"，句中"gung an"，是漢語「公安」的音譯借詞。「咖啡色的西裝」、「喝起咖啡來了」，句中「咖啡」，錫伯文音譯作"k'afei"。「糖」，滿文、錫伯文俱音譯作"šatan"，意即「砂糖」，或「白糖」。

《錫伯語通論》指出，錫伯語早期借詞和近期借詞在語音上有所差別，如漢語的「筆」，早期借詞為"fi"，而新借詞為"bi"。漢語「筆」，滿文音譯作"fi"。錫伯文中"g'angbi"、"ciyambi"，就是漢語「鋼筆」、「鉛筆」的音譯借詞。「一百釐米」，錫伯文作"tanggū limi"，句中"limi"，是漢語「釐米」的音譯借詞。「收聽電臺的天氣預報」，句中「電臺」，錫伯文作"diyantai"。氣溫超過三十度，句中「度」，錫伯文作"du"。「蠶豆」，錫伯文作"dadu"，是漢語「大豆」的音譯借詞。「籃球」、「排球」、「象棋」、「自行車」，錫伯文俱音譯作"lancio"、"paicio"、"siyangci"、"dzisingce"，都屬於純粹借詞。「請坐在板凳上」，句中「板凳」，滿文、錫伯文俱音譯作"bandan"，是屬於錫伯文的早期借詞。

除漢語音譯純粹借詞外，有些錫伯文詞彙是由漢語借詞成分添加一定的語音成分而構成特殊現象的借詞。表中"hūiša"，是由漢語「灰」（hūi）添加語音成分"ša"而構成。表中"siyangse"，是由漢語「箱」（siyang）添加語音成分"se"而構成。表中"cangse"、 “boose”、“jiyoose”、“ciyonse”、“danse”、“hiyase”，分別是由漢語借詞「場」(cang)、「包」(boo)、「餃」(jiyoo)、「裙」(ciyon)、「單」(dan)、「匣」(hiya)添加語音成分“se”而構成。

在錫伯語中，常見借詞的派生現象，即將漢語名詞借詞詞幹後面添加詞綴而構成。表中“daifuran”，是由「大夫」(daifu)添加詞綴“ran”而構成。表中“yungtuleme”，是由詞幹「熨」(yung)添加詞綴“tuleme”而構成。表中“pipingleme”，是由詞幹「批評」(piping)添加詞綴“leme”而構成。表中“boolambi”，是由詞幹「報」(boo)添加詞綴“lambi”而構成。表中“ts'anguwaleme”，是由詞幹「參觀」(ts'anguwan)省略“n”，添加詞綴“leme”而構成。其中詞綴添加“lambi”、“leme”的派生借詞多作動詞使用。

錫伯語文的借詞，除了大量來自漢語外，也有來自其他民族的借詞，「號碼」(nomir)，是俄羅斯語借詞。米、公尺，錫伯文讀作“miyeter”，又作“miter”，是俄羅斯語借詞。「啤酒」，錫伯文作“piwo”，也是俄羅斯語借詞。表中「綠洲」，錫伯文又作“bostan”，是維吾爾語借詞。表中「克」，錫伯文作“germa”，是外來語“gram”的音譯借詞。表中「伊寧」，錫伯文作“gūlja”，音譯作「固勒扎」，是蒙古語借詞，意即「盤羊」。“gūlja hoton”，清代稱為寧遠城，後稱伊寧市。

錫伯族西遷以後，對滿文的傳承作出了重要的貢獻，錫伯語文的書面語，基本上就是滿文。但是，由於種種因素，通行的錫伯文與傳統滿文，在書寫筆順、字形等方面，不盡相同。漢語「孝順」，滿文作“hiyoošun”，錫伯文作“siyoošun”。「妹妹」，滿文作“non”，錫伯文作“nun”。「碗櫃」，滿文作“sarhū”，錫伯文作“sarha”。漢語「梨」，滿文作“šulhe”；「蘋果」，滿文作“pingguri”，分別清楚，錫伯文中“šulhe”，意即「蘋果」。又如漢語「東」，滿文作“dergi”，「西」，滿文作“wargi”。錫伯文與滿文的「東」與「西」，恰恰相反。漢語「東」，錫伯文作“wargi”。東山墻邊有炕，滿文作“wargi nahan”；西山墻邊有炕，滿文作“dergi nahan”，又名“amba nahan”。錫伯文中“wargi”、“dergi”的詞義，或許是源自於滿文的炕文化概念。《錫漢會話》有一段對話：薩賓阿（sabingga）問：「到書店是往北嗎？」（bithei puseli de genere oci amasi yabumna?），伊克坦（iktan）回答說：「不，你走錯了。你應該朝東走。」（waka, si yabume tašarahabi. giyani wasi yabuci acanambi.），句中「朝東」，錫伯文作“wasi”。周清廉（jeo cingliyan）問：「你們北面三間正房是怎樣安排的？」（suweni amargi ergi ilan giyan amba boo be absi tebuneme icihiyahabi?），長明（cangming）回答說：「廚房在正房的東側，西耳房則是男孩們的寢室。」（budai boo amba boo i wargi ergide bi, dergi asha i dalbai boo oci hahajusei amgara boo inu.）句中「西邊」，錫伯文作“dergi ergide”，句中「東側」，錫伯文作“wargi ergi”；「西耳房」，錫伯文作“dergi asha i dalbai boo”。額芬圖（efintu）問：「到金泉去，在哪兒等車？」（aisin šeri de genere oci, aibide sejen aliyambi?），美芳（meifang）回答說：「等車的地方在西邊。」（sejen aliyara ba dergi ergide bi.）探討通行的錫伯文，不能忽視錫伯文與

傳統滿文的差異。《錫漢會話》一書，對認識錫伯文的特色，具有重要的參考價值。

清初諸帝提倡清文國語，深恐滿洲子弟漸習漢語，竟忘滿語，心懷憂患意識。由於滿洲後世子孫缺乏居安思危的憂患意識，清初諸帝搶救滿洲語文的努力，確實效果不彰。

宣統三年（1911）七月十八日辰刻，宣統皇帝溥儀開始讀書。書房先是在中南海瀛臺補桐書屋，後來移到紫禁城齋宮右側的毓慶宮。滿文是基本課程，但是，溥儀連字母也沒學會，就隨著老師伊克坦的去世而結束。溥儀的學業成績最糟的要數他的滿文。學了許多年，只學了一個字，這個字就是每當滿族大臣向他請安，跪在地上用滿語說了照例一句請安的話，意思是：「奴才某某跪請主子的聖安」之後，溥儀必須回答的那個：「伊立」[23]。滿語“ilimbi”，意思是：「起來」，「伊立」是“ili”的漢字音譯，就是“ilimbi”的命令式，意思是：「起來吧！」溥儀的「坦白」，令人鼻酸。

正當許多人為滿洲語文的即將消失而憂心忡忡的時候，西遷伊犁的錫伯族，都具有使命感，不忘記自己的語言文字，積極從事滿洲語文的教學及人才培養工作，錫伯族對滿洲語文的傳承、搶救與振興，都扮演了重要的角色。正當許多人為滿洲語文的即將消失而憂心忡忡的時候，西遷伊犁的錫伯族，都具有使命感，不忘記自己的語言文字，積極從事滿洲語文的教學及人才培養工作，錫伯族對滿洲語文的傳承、搶救與振興，都扮演了重要的角

---

[23] 愛新覺羅・溥儀著《我的前半生》（香港，文通書店，1994 年 4 月），第一冊，頁 61。

色。

正當許多人為滿洲語文的即將消失而憂心忡忡的時候，西遷伊犁的錫伯族，都具有使命感，不忘記自己的語言文字，積極從事滿洲語文的教學及人才培養工作，錫伯族對滿洲語文的傳承、搶救與振興，都扮演了重要的角色。

工欲善其事，必先利其器。為了充實滿文基礎教學，編寫滿文教材，特選錄《錫漢會話》滿漢對話內容，作為本文的附錄，對滿文的學習，或可提供一定的參考價值。本書滿文羅馬拼音及漢文，由國立中正大學博士班林加豐同學、中國文化大學博士班簡意娟同學打字排版，駐臺北韓國代表部連寬志先生、國立臺灣師範大學碩士班趙冠中同學、國立臺灣大學中文學系孟人玉同學協助校對，並承國立臺灣大學中文學系滿文班同學的熱心支持，在此一併致謝。

二〇一五年十月

莊 吉 發 謹識

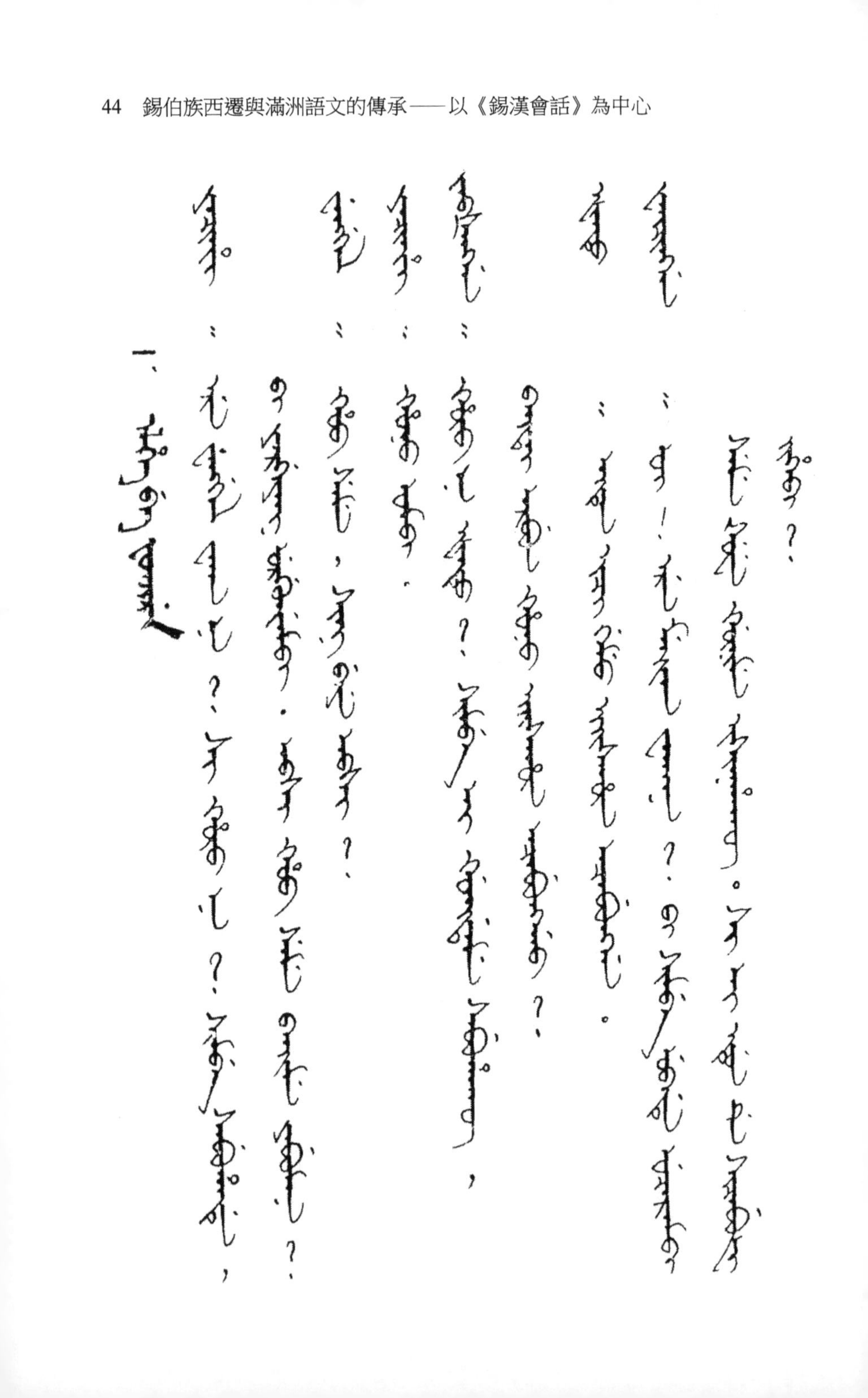

一、

一、elhe be fonjire

yacinjy: ere wenggel waka na? si hojo na? simbe sabuhade, bi yargiyani urgunjembi, absi hoo seme banjime yabumna?

wenggel: hoo seme, sini beye absi?

yacinjy: hono ombi.

jabšangga: hojo na efintu? simbe ai goidame sabuhakū, baitai arbun hono ijishūn acabunggao?

efintu: eiten ici gemu ijishūn acabungga.

faicingga: oi！ ere meijen wakana? bi simbe ubade ucarambi seme šuwe gūnime isinahakū. si ai edun de sicabufi jihebi?

一、問　候

雅琴芝：這不是文格嗎？你好嗎？見到你真高興。日子過得好嗎？

文格：好，你呢[1]？

雅琴芝：還好。

扎布尚阿：你好，額芬圖[2]？好久沒看見你了，事情還順心吧？

額芬圖：一切順利[3]。

法伊青阿：嘿！這不是美珍嗎？怎麼也想不到在這兒遇見[4]，是什麼風把你吹來的？

---

1 「你呢？」，錫伯文作“sini beye absi?”，意即「您怎麼樣？」

2 「你好，額芬圖？」，錫伯文作“hojo na efintu?”，意即「額芬圖好嗎？」

3 「一切順利」，錫伯文作“eiten ici gemu ijishūn acabungga”，意即「一切都順利」，此省略「都」。

4 「怎麼也想不到在這兒遇見你」，錫伯文作“bi simbe ubade ucarambi seme šuwe gūnime isinahakū”，意即「我也想不到竟然在這兒遇見你」。

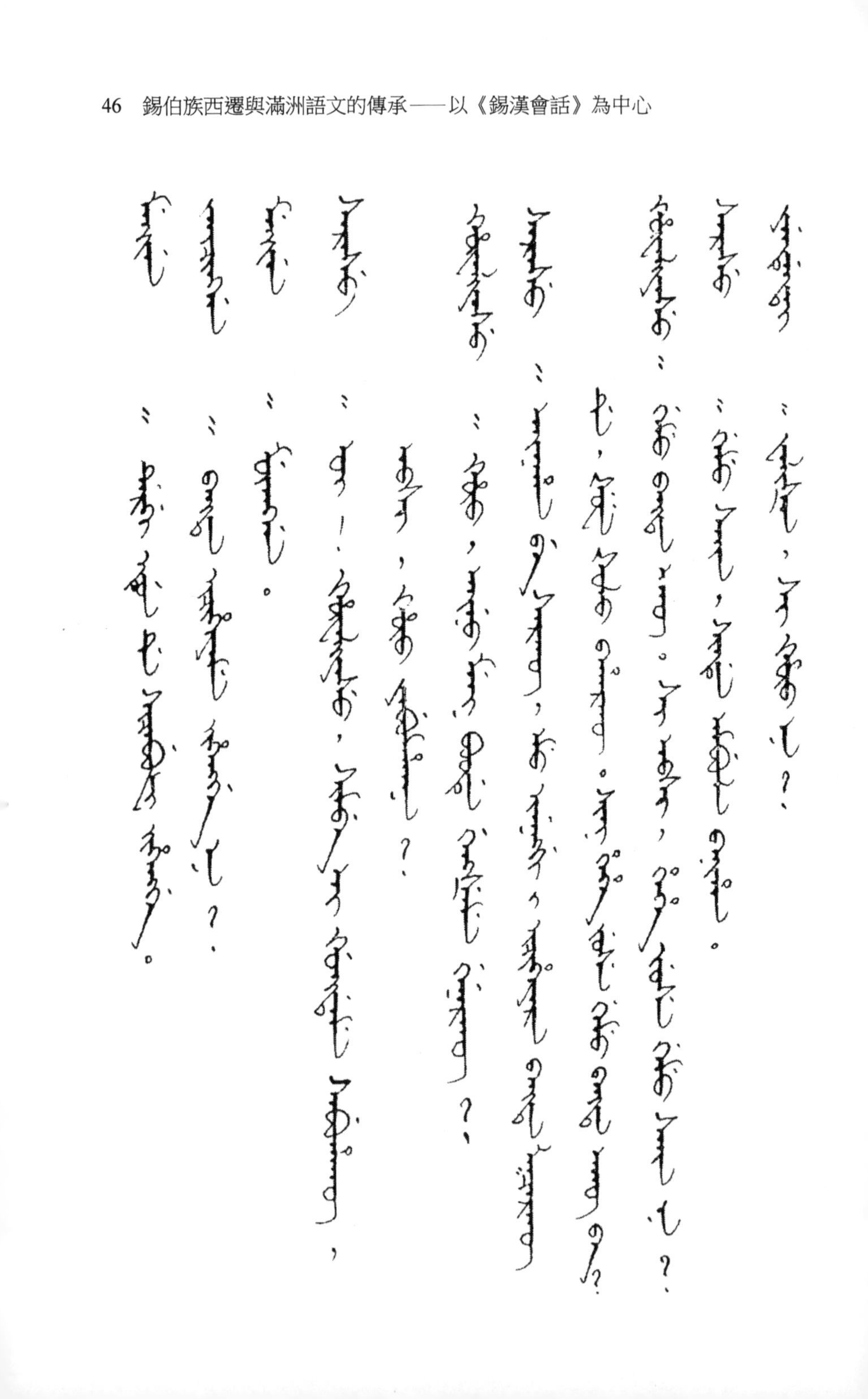

[illegible]

meijen: dergi edun de sicabufi jihengge.
faicingga: baita icihiyame jihengge na?
meijen: mujangga.
sarasu: oi！ hūwaliyasu, simbe ai goidame sabuhakū, absi, hojo yabumahana?
hūwaliyasu: hojo, ainu meni boode gengšeme generkū?
sarasu: ainaha be sarkū, emu inenggi i icihiyara baita lakcarkū de, šuwe šolo baharkū. sini hehe juse gemu baita akū ba?
hūwaliyasu: gemu baita akū. si absi, hehe juse gemu sain na?
sarasu: gemu sain, sinde ambula baniha.
yendentai: fališan, si hojo na?

美珍：是東風吹來的[1]。
法伊青阿：來這兒辦事嗎[2]？
美珍：是的。
薩拉蘇：喂！華里亞蘇，好久不見了[3]，怎麼樣，過得好嗎？
華里亞蘇：很好，怎麼不到我家來玩[4]？
薩拉蘇：不知怎麼搞的，一天事兒不斷，總沒空兒[5]。老婆孩子都好吧[6]？
華里亞蘇：都好。你怎麼樣，家裡老婆孩子都好嗎[7]？
薩拉蘇：多謝，都好。
尹登泰：法立善，你好嗎？

---

[1] 「是東風吹來的」，句中「東風」，錫伯文作“dergi edun”，《錫漢教學詞典》作「西風」解。

[2] 「來這兒辦事嗎？」，錫伯文作“baita icihiyame jihengge na?”，意即「來辦事嗎？」

[3] 「好久不見了」，錫伯文作“simbe ai goidame sabuhakū”，意即「好久不見你了」。

[4] 「怎麼不到我家來玩」，句中「玩」，錫伯文作“gengšeme”，意即「串門」、「遊玩」。

[5] 「一天事兒不斷，總沒空兒。」，錫伯文作“emu inenggi i icihiyara baita lakcarkū de, šuwe šolo baharkū.”，意即「一天辦的事兒不斷，竟然不得空兒。」

[6] 「老婆孩子都好吧？」，錫伯文作“sini hehe juse gemu baita akū ba?”，意即「你的老婆孩子都好吧？」

[7] 「家裡老婆孩子都好嗎？」，錫伯文作“hehe juse gemu sain na?”，意即「老婆孩子都好嗎？」

ᡶᠣᠨᠵᡳᠨ ᠄ ᠰᡳ ᠰᠠᡵᡴᡡ ᡝᠮᡠ ᠪᡳ? ᠪᡳ ᡤᡡᠨᡳᠮᡝ ᠪᠠᡥᠠᡵᠠᡴᡡ,
ᠶᠠᡵᡤᡳᠶᠠᠨ ᠰᡝᡵᡝ ᡤᡝᠯᡝᠴᡠᡴᡝ ᡠᡵᡤᡠᠨ ᡨᡝᠰᡝ ᠰᡝᡵᡝᠩᡤᡝ ᠪᡳ ᠰᡝᠮᡝ ᠵᡳᠯᡤᠠᠨ ᠪᡳ.
ᠵᠠᠪᡠᠨ ᠄ ᠪᡳ ᡝᡵᡝ ᡳᠨᡠ ᠰᡝᡵᡝ ᠪᡳᠴᡳ?
ᡶᠣᠨᠵᡳᠨ ᠄ ᡤᡡᠨᡳᡥᡝ ᡥᠣᠰᡳᠩᡤᠠ ᡝᡳᠮᡝᡩᡝᡥᡝ, ᡝᠮᡠ ᡨᡝ ᠪᠣᠣᡳ ᡤᡡᠨᡳᠮᡝ ᡠᡵᡤᡠᠨᠵᡝᡥᡝ?
ᠵᠠᠪᡠᠨ ᠄ ᡤᠣᠰᡳᡥᠠ ᠪᠣᠣᡳ ᡤᡝᠮᡠ ᡤᡝᡵᡳᠪᡳ ᡤᠣᠰᡳᡥᠠ ᠪᠠᡥᠠᠪᡠᡥᠠ. ᡤᡝᠨᡝᡥᡝ, ᡤᡡᠨᡳᠮᡝ ᡤᡝᡵᡳᠪᡳ
ᡨᡝ ᡨᡝᠰᡝ ᡤᠣᡥᠣᠰᡳᡥᠠ ᠪᡳ?
ᡶᠣᠨᠵᡳᠨ ᠄ ᠪᡳ ᡠᡵᡤᡠᠨᠵᡝᡥᡝ, ᡤᠣᡥᠣᠰᡳᡥᠠ ᡤᡝᡵᡳᠪᡳ ᡤᡝᡥᡝᠪᡠ. ᡤᡝᠪᡳ ᡤᡝᠮᡠ ᡥᠣᠰᡳᠩᡤᠠ ᡤᡝᡵᡳᠴᡳ ᠰᡝᡵᡝᡴᡠ ᠰᠣᡵᠣᡥᠣᠩᡤᡝ ᡥᠣᡴᠣᡥᠣᠩᡤᡝ?
ᠵᠠᠪᡠᠨ ᠄ ᡤᡡᠨᡳᠴᡳᠪᡝ ᠰᠠᡳᠰᠠᡵᠠ ᠰᠠᡳᡥᠠ. ᡤᠣᡥᠣ ᠪᠣᠣᡥᠠ ᡤᠠᡥᠠᠴᡳ ᡤᡝᠮᡠ ᡤᡝᡵᡝᡴᡠᠩᡤᡝ
ᠠᠮᡨᠠᠨ ᠪᠣᠴᠣᠩᡤᠣ.

fališan: ere yendentai waka na? bi hontoho falan tuwahangge, sinde adališara gese geli adališarkū adali.

yendentai: bi waka geli we ombi?

fališan: goidame sabuhakū, si ai bide genehengge?

yendentai: dorgi bade emdan torgifi jihengge. absi, musei ubade ai ice kūbulin bi?

fališan: da durun, umai kūbulin akū, dorgi ba i arbun absi?

yendentai: kūbulin umesi amba. šolo bihe erinde jai narhūšame alame donjibuki.

法立善：這不是尹登泰嗎？我看了老半天，覺得好像是你，又好像不是你。

尹登泰：不是我，還會是誰呢？

法立善：好久不見，你跑哪兒去了[1]？

尹登泰：去口裡轉了一趟[2]。怎麼樣，咱們這兒有什麼新變化？

法立善：老樣子，沒什麼變化。口裡情況怎麼樣？

尹登泰：變化很大。什麼時候有空，我詳細地講給你聽。

---

1 「你跑哪兒去了？」，錫伯文作“si ai bide genehengge?”，意即「你到哪兒去了？」

2 「去口裡轉了一趟。」，錫伯文作“dorgi bade emdan torgifi jihengge”，意即「去內地轉了一趟來的。」

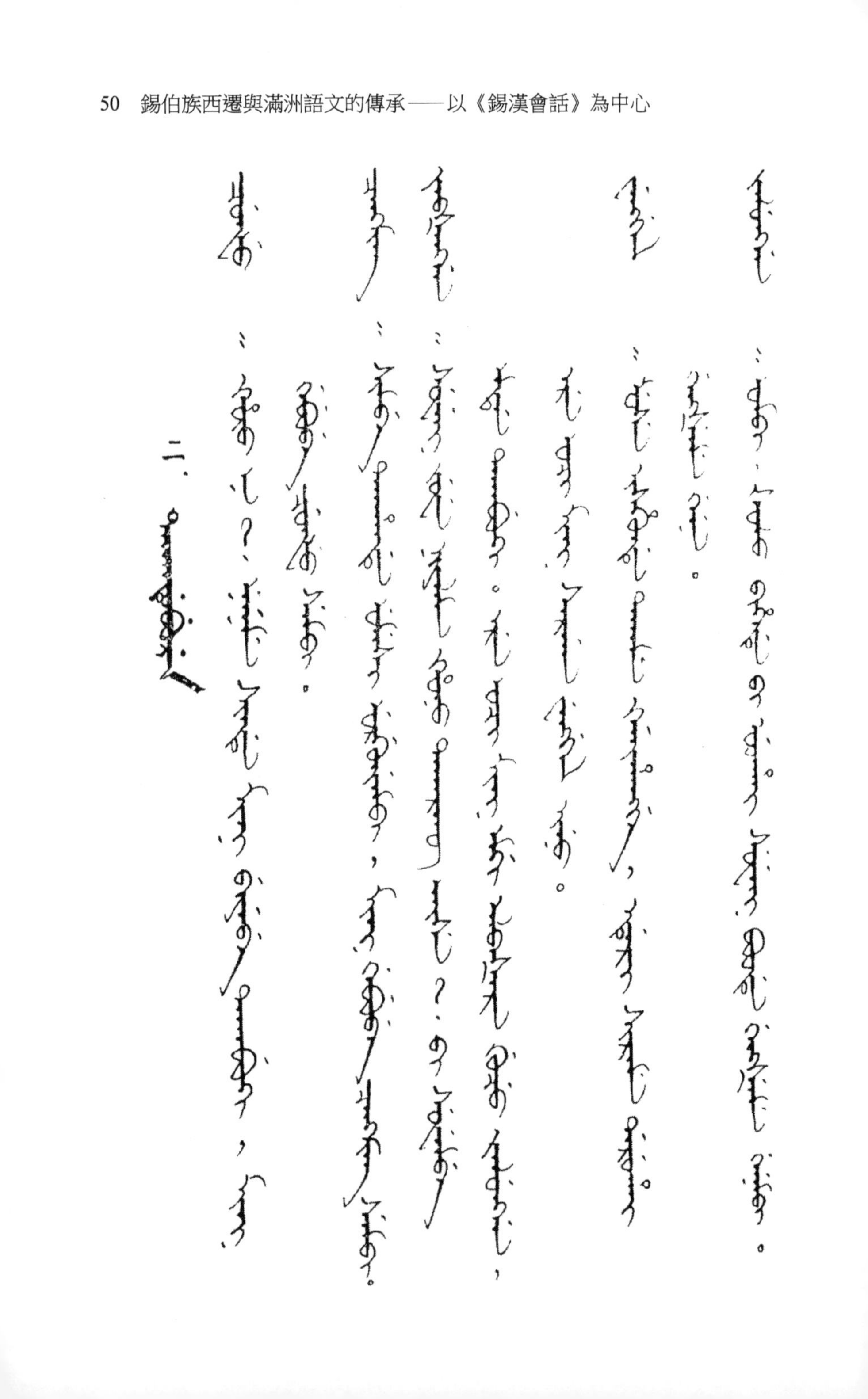

二、

二、takandubure

cunfu: hojo na? neneme sinde mini beyebe takabuki, mini gebube cunfu sembi.

cangming: simbe takahade umesi urgunjembi, mini gebube cangming sembi.

jabšangga: suweni juwe niyalma hono takarkū aise? bi suwembe emdan takabuki. ere oci mini emgi albašara gucu jalungga, ere oci mini sargan wenggel inu.

wenggel: muse ishunde takame gaihangge, ederi sirame daruhai gengšeme gene.

jalungga: ombi, šolo bihede bi uthai suweni boode gengšeme genembi.

二、介　紹

春夫：你好[1]！先讓我自我介紹一下。我叫春夫[2]。

長明：認識你，我很高興[3]。我的名字叫長明。

扎布尚阿：你們二人好像還不認識吧？讓我來介紹一下。這位是我的同事扎魯阿，這是我妻子文格。

文格：咱們彼此認識了，今後請常來玩。

扎魯阿：行啊，有空兒我就去你們家串門兒。

---

1 「你好！」，錫伯文作“hojo na?”，意即「好嗎？」

2 「我叫春夫」，錫伯文作“mini gebube cunfu sembi”，意即「我的名字叫春夫」。

3 「我很高興」，錫伯文作“umesi urgunjembi”，意即「很高興」。

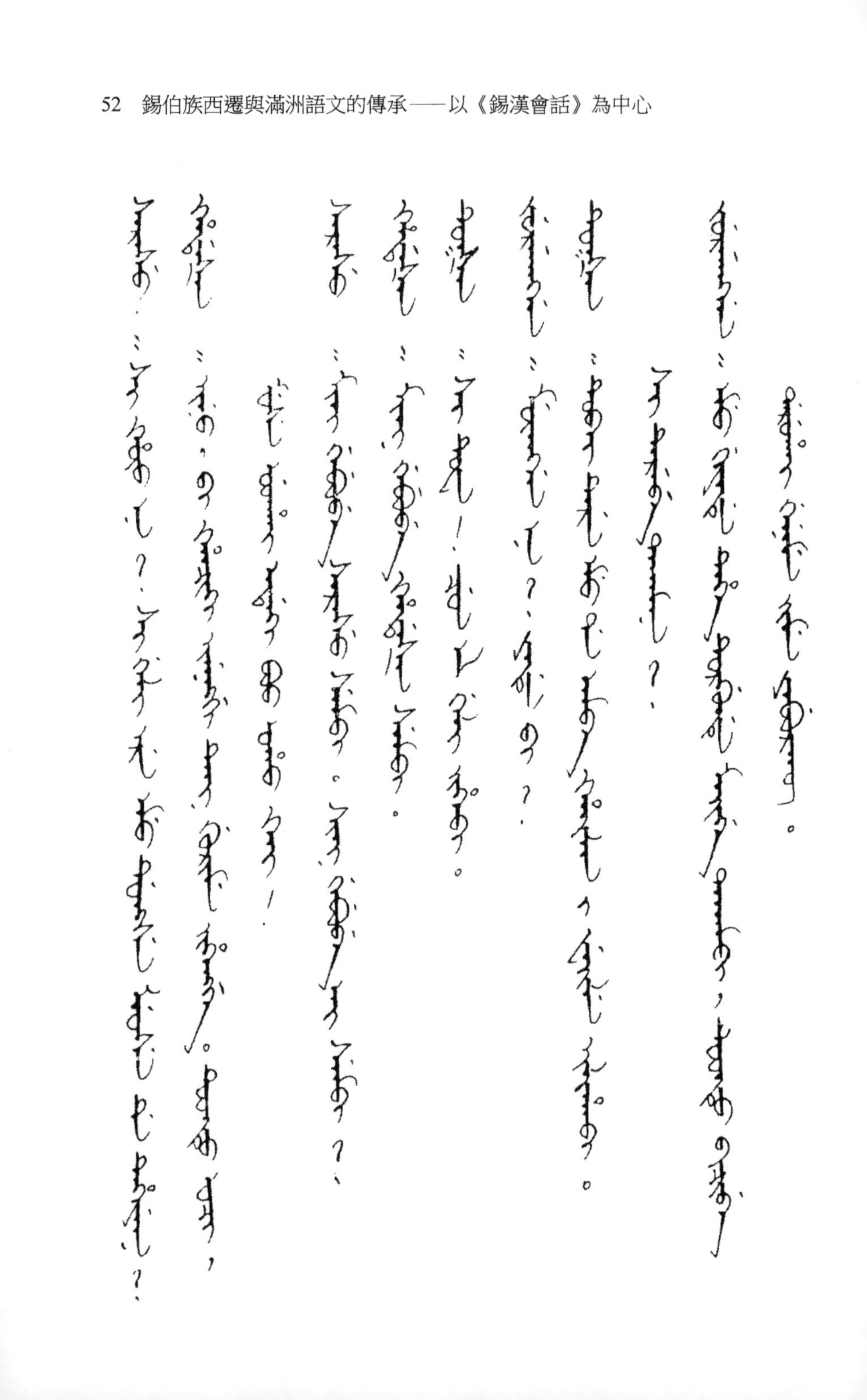

sarasu: si hojo na? si geli ere emu dungse leose de teheyena?

hadašan: inu, bi hanciki inenggi teni gurime jihengge. tuttu oci, muse uthai adaki boo oho kai！

sarasu: mini gebube sarasu sembi, sini gebube ai sembi?

hadašan: mini gebube hadašan sembi.

tukšan: si tuwa！ cun el geli jihebi.

jurgangga: mujangga na? yade bi?

tukšan: tubai tere emu da amba hailan i fejile ilihabi. si terebe takamna?

jurgangga: emu giyade tehe turgunde majige takambi, tuttu bicibe daruhai geneme jime yaburkū.

薩拉蘇：你好[1]！你也住在這幢樓上嗎？

哈達善：是啊，我才搬來不久[2]，這麼說咱們是鄰居了。

薩拉蘇：我叫薩拉蘇，你呢[3]？

哈達善：我叫哈達善。

圖克善：瞧，春納也來了[4]。

朱爾尕阿：是嗎？在哪兒？

圖克善：在那邊那棵大樹底下[5]。你認識他？

朱爾尕阿：都住在一條街上，算是認識，可是經常不怎麼來往。

---

1 「你好」，錫伯文作“si hojo na?”，意即「你好嗎？」

2 「我才搬來不久」，錫伯文作“bi hanciki inenggi teni gurime jihengge”，意即「我近日才搬來的」。

3 「你呢？」，錫伯文作“sini gebube ai sembi?”，意即「你的名字叫什麼？」

4 「瞧，春納也來了。」，錫伯文作“si tuwa！ cun el geli jihebi.”，意即「你瞧，春兒也來了。」

5 「在那邊那棵大樹底下」，錫伯文作“tubai tere emu da amba hailan i fejile ilihabi.”，意即「在那邊站在那棵大樹底下。」

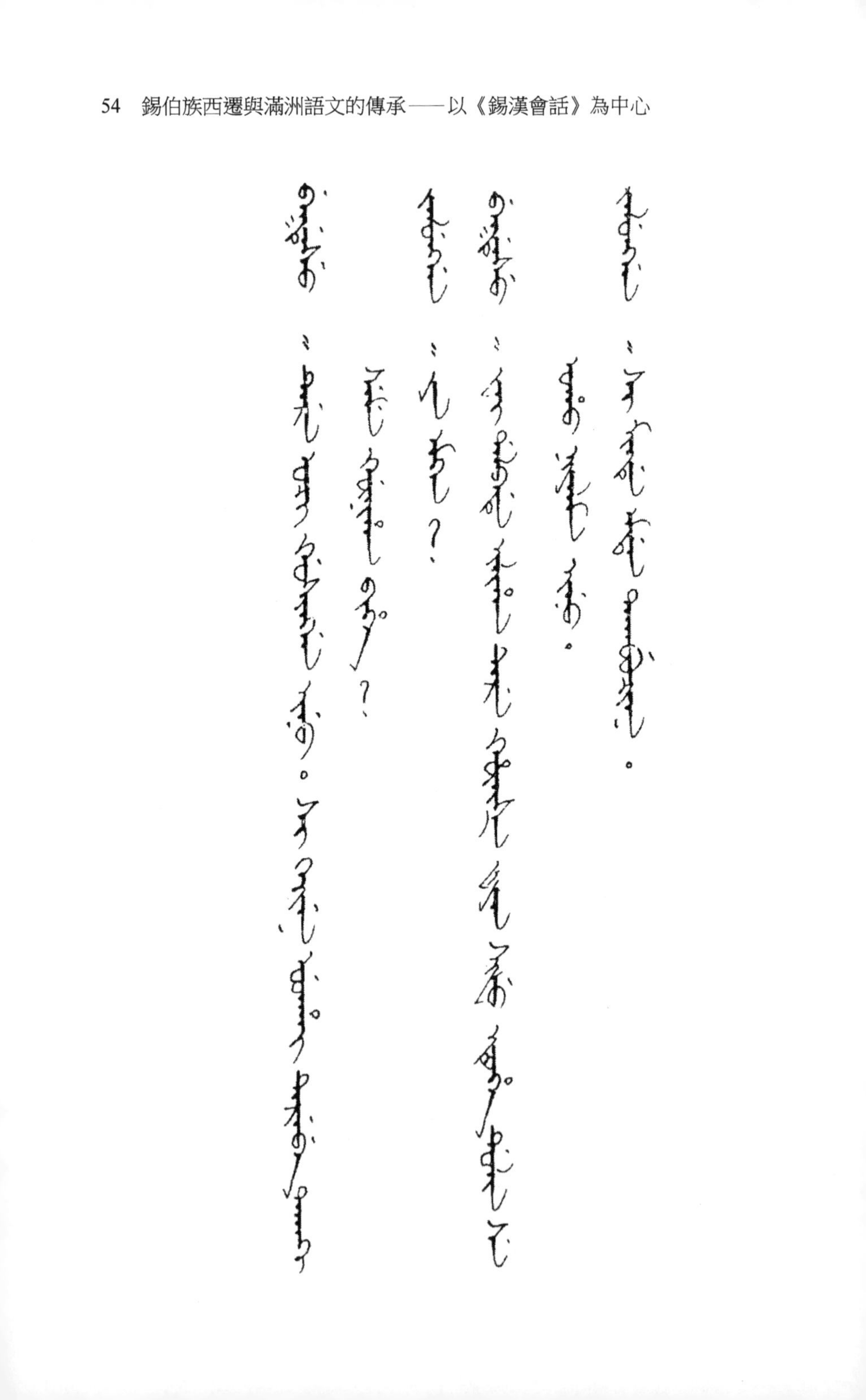

[illegible]

[illegible]

[illegible]

[illegible]

[illegible]

[illegible]

bekdesu: tere oci gosingga inu. si kejine uthai terebe takaki seme gūniha bihe?

jalungga: ya emken?

bekdesu: fai dalbade iliha tere hūiša fiyan sifu etuhe dulin se oho niyalma inu.

jalungga: si minde emdan takabucina.

伯克德蘇：那邊那位是郭興阿[1]。你不是早就想認識他嗎？

扎魯阿：哪一個呀？

伯克德蘇：在窗戶旁邊站着的那位穿灰西服的中年人。

扎魯阿：你給我介紹一下吧。

---

1 「那邊那位是郭興阿」，錫伯文作"tere oci gosingga inu"，意即「那位是郭興阿」。

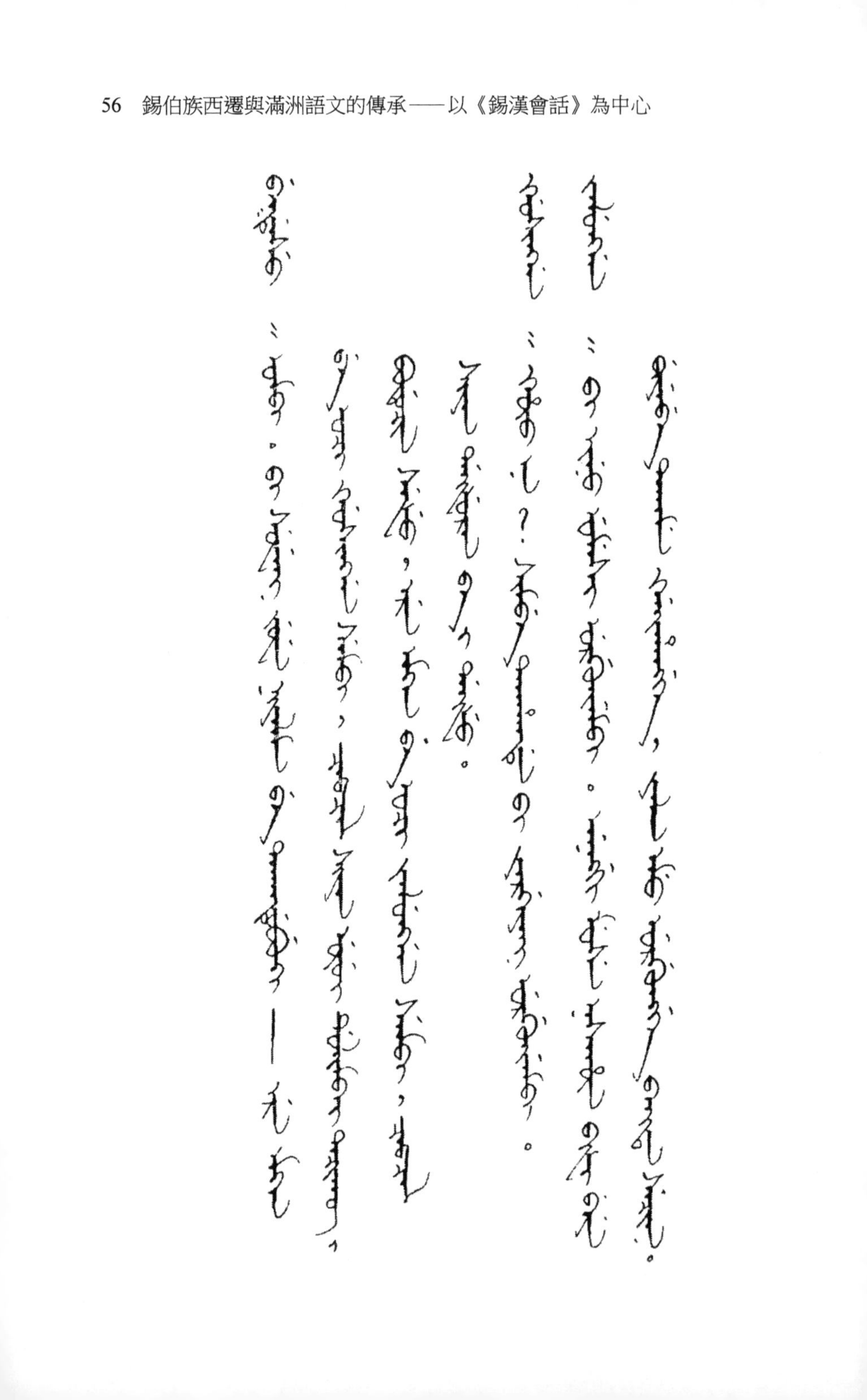

[illegible]

bekdesu: ombi. bi suweni juwe niyalma be takandubuki — ere emken be oci gosingga sembi, cabcal siyan ujui dulimbai tacikū i bodocin sefu, ere emken be oci jalungga sembi, cabcal siyan daifuran ba i daifu.

gosingga: hojo na? simbe takahade bi yargiyani urgunjembi.

jalungga: bi inu umesi urgunjembi. enenggi muse nashūn bifi beye beyebe takame gaihangge, yala emu urgungge baita secina.

伯克德蘇：行。我給你們兩人介紹一下。這位是郭興阿，是察布查爾一中（第一中學）的數學老師[1]。這位呢，是扎魯阿，是察布查爾縣醫院的醫生。

郭興阿：你好[2]？能認識你，真高興。

扎魯阿：我也很高興。我們今天有機會相識，是件喜事。

---

1 「察布查爾一中的數學老師」，句中「察布查爾」，錫伯文作"cabcal siyan"。按：漢字「縣」，滿文作"hiyan"，此作"siyan"，異。

2 「你好」，錫伯文作"hojo na?"，意即「好嗎？」

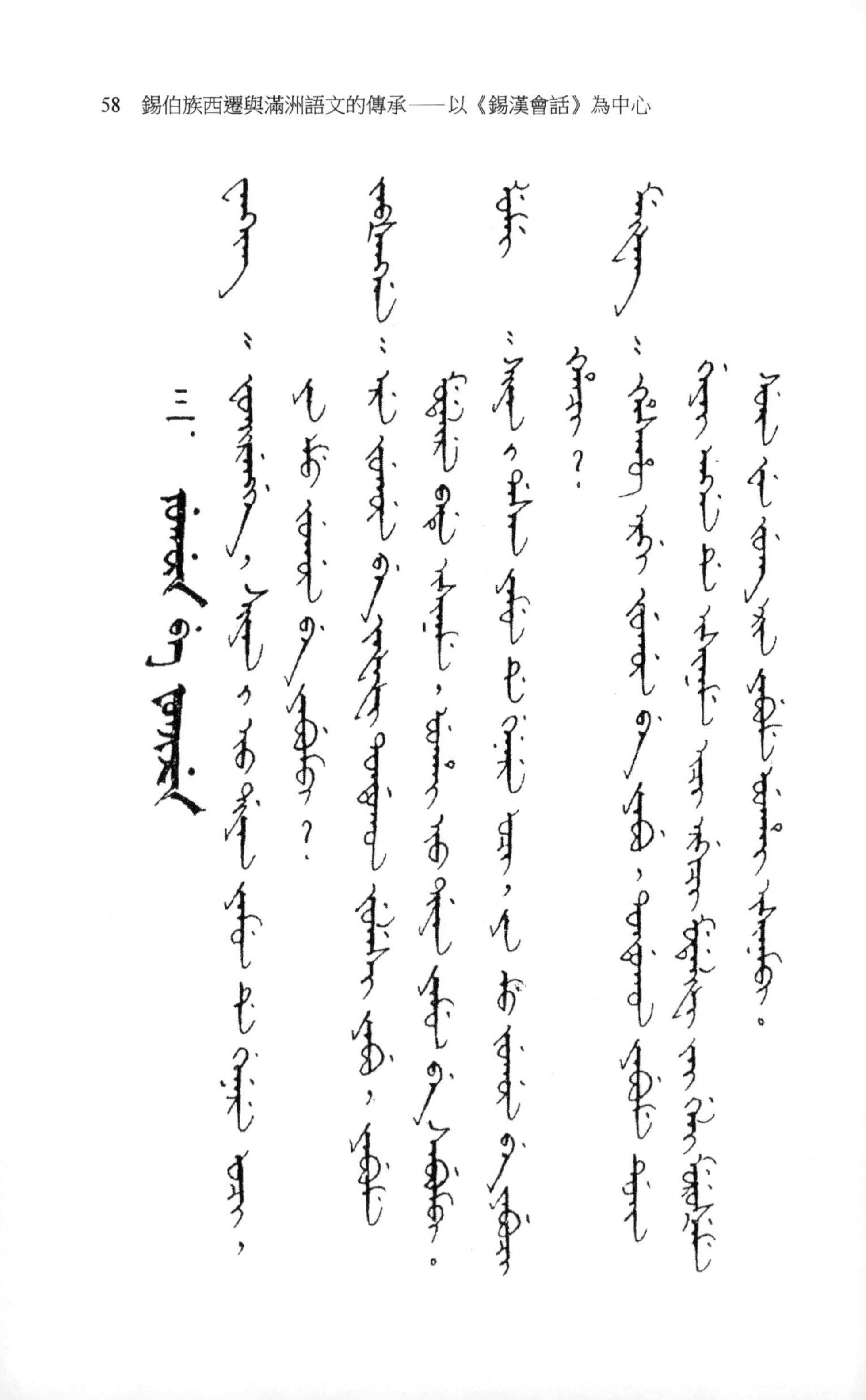

[illegible]

三.

[illegible]

三、jugūn be fonjire

wanging: fonjirengge, siyan i io diyan yamun de genere oci, ya emu jugūn be yabumbi?

jabšangga: ere jugūn be jafafi tondokon julesi yabu, yabume mudalire bade isiname, uthai io diyan yamun be sabumbi.

lumei: siyan i dasan yamun de genere oci, ya emu jugūn be yabuci hanci?

meifang: hashū ergi jugūn be yabu, tondokon yabume duin giyai angga de isiname ici ergici mudalifi jai geli murušeme sunja fen jung erin yabume uthai isinambi.

三、問路

王英：請問到縣郵電局怎麼走[1]？

扎布尚阿：沿着這條街一直往前走[2]，走到拐角處，你就看見了[3]。

魯梅：到縣政府，走哪一條路近？

美芳：朝左走，一直走到十字路口，往右拐，再走五分鐘左右就到了。

---

1 「縣郵電局」，句中「縣」，滿文作"hiyan"，錫伯文作"siyan"。

2 「沿着這條街」，句中「這條街」，錫伯文作"ere jugūn"，意即「這條路」。

3 「你就看見了」，錫伯文作"uthai io diyan yamun be sabumbi"，意即「就看見郵電局了」。

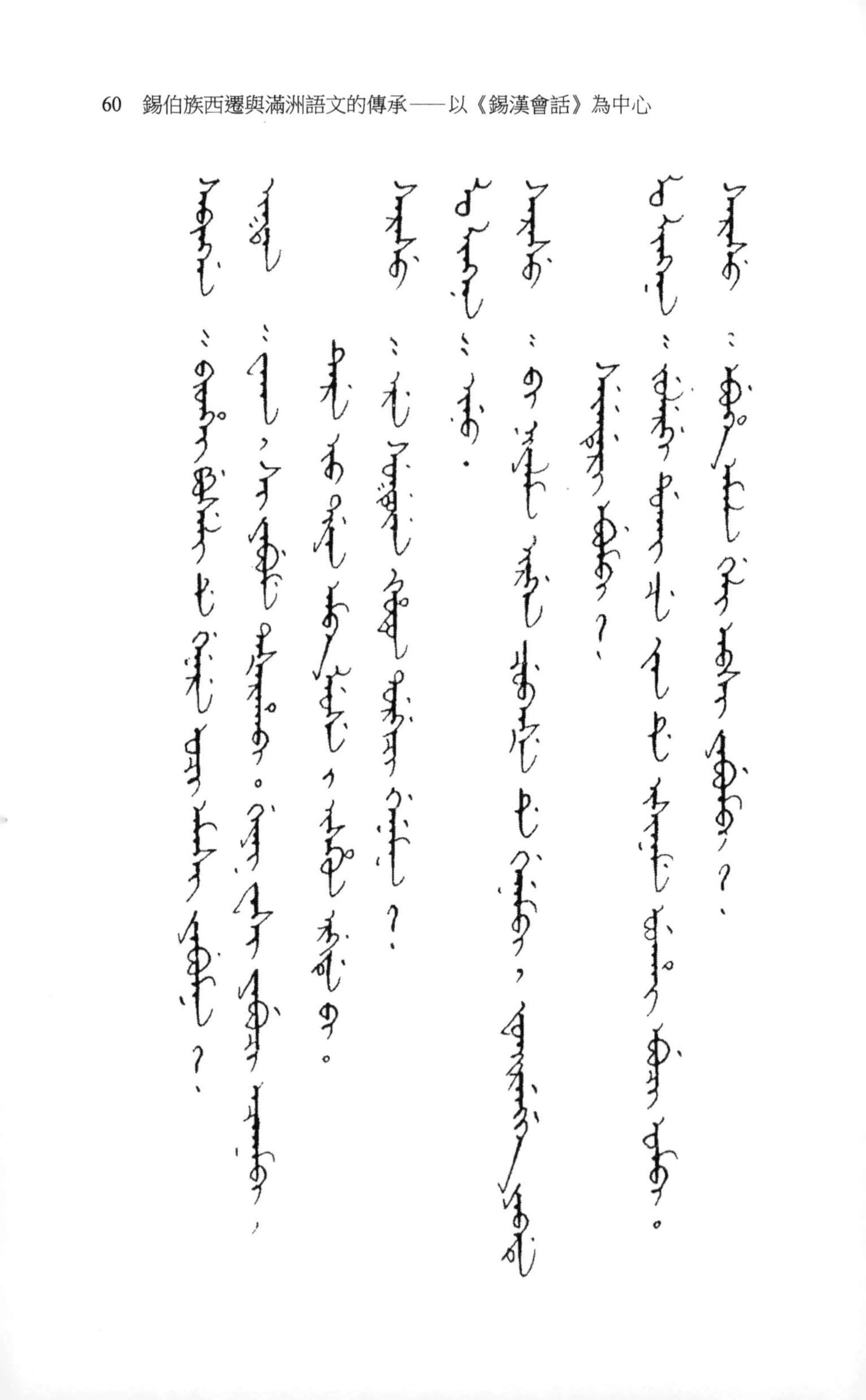

[illegible]

[illegible]

[illegible]

[illegible]

[illegible]

[illegible]

[illegible]

[illegible]

[illegible]

sabingga: bithei puseli de genere oci amasi yabumna?

iktan: waka, si yabume tašarahabi. giyani wasi yabuci acanambi, tere io diyan amba leose i ishun ergide bi.

sarasu: ere sukdujen hoton dorgici genemna?

lo lingnan: inu.

sarasu: bi niyalma irgen cubanše de genembi, fonjirengge yabade sejenderi ebumbi?

lo lingnan: julergi dukai ce jan de isiname uthai ebuci ombi.

sarasu: ebuhe amala geli absi yabumbi?

薩賓阿：到書店是往北嗎？

伊克坦：不，你走錯了。你應該朝東走，郵電大樓的對面就是書店[1]。

薩拉蘇：這輛汽車是開往市內的嗎？

羅嶺南：是的。

薩拉蘇：我要去人民出版社，請問在哪兒下車？

羅嶺南：在南門車站下車就行了。

薩拉蘇：下車以後再怎麼走？

---

[1] 「郵電大樓的對面就是書店」，錫伯文作“tere io diyan amba leose i ishun ergide bi”，意即「在那郵電大樓的對面」。

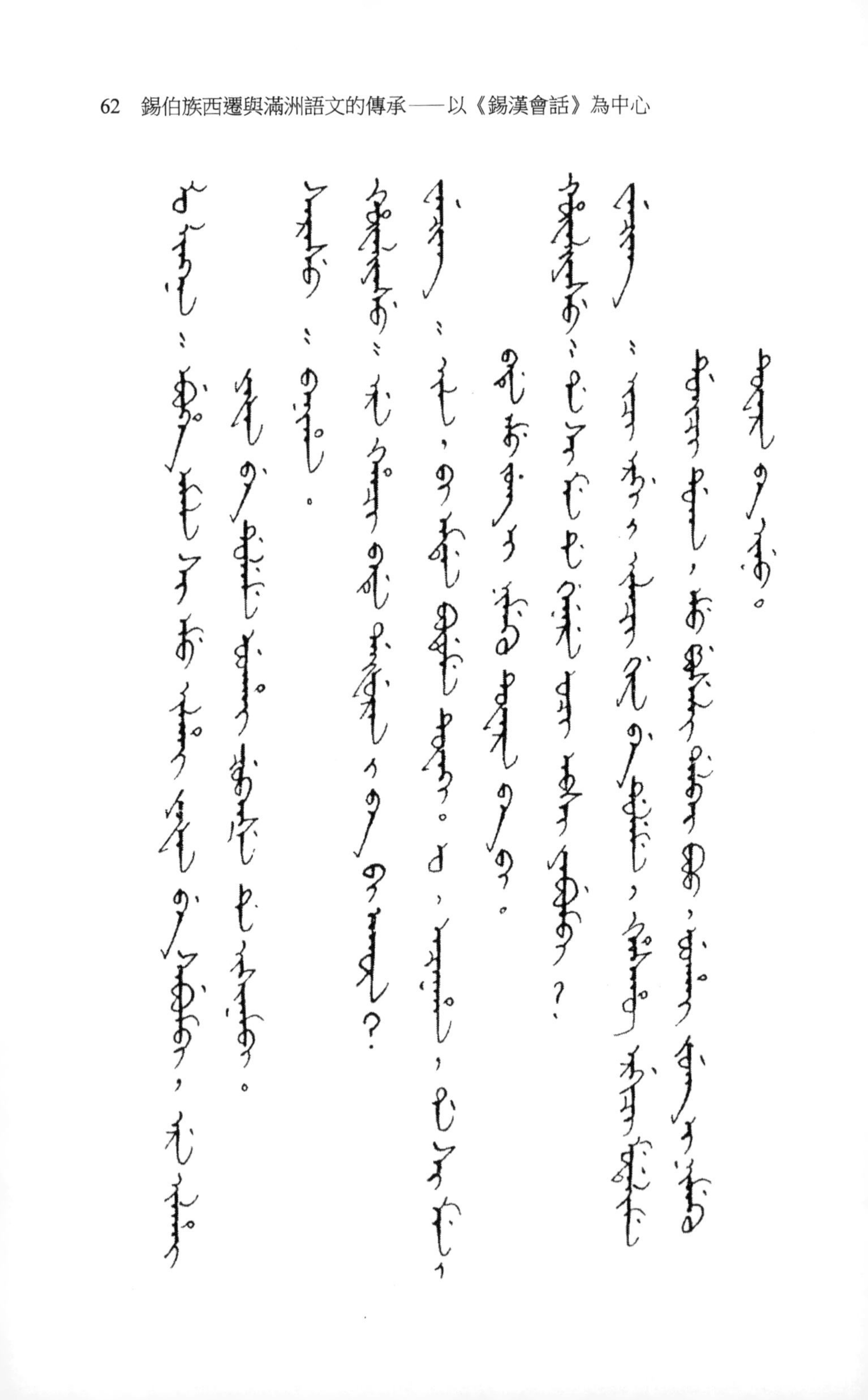

lo lingnan: ebuhe amala si emu ilhai yafan be sabumbi. ere ilhai yafan be duleme uthai cubanše de isinambi.

sarasu: baniha.

hūwaliyasu: ere hanci bade daifuran i ba bi akūn?

wencing: ila, bi emdan bodome tuwaki. o, acanaha, da si men i bade emu jung i nimeku tuwara ba bi.

hūwaliyasu: da si men de genere oci absi yabumbi?

wencing: ici ergi i ilaci giya be duleme, hashū ergici mudalime duici duka, emu puseli dalbai boo, uthai jung i nimeku tuwara ba inu.

羅嶺南：下車以後，你會看到一個花園，過這座花園，就到了出版社。

薩拉蘇：謝謝。

華里亞蘇：這附近地方有沒有醫院？

文清：等等，讓我想一想。噢，對了，在大西門那兒有個中醫診所。

華里亞蘇：去大西門怎麼走呢？

文清：走過右邊第三條街，朝左拐，第四個門，一家商店的隔壁[1]，就是中醫診所。

---

1 「隔壁」，錫伯文作“dalbai boo”，《錫漢教學詞典》作“dalba adaki”，又做“adaki boo”。

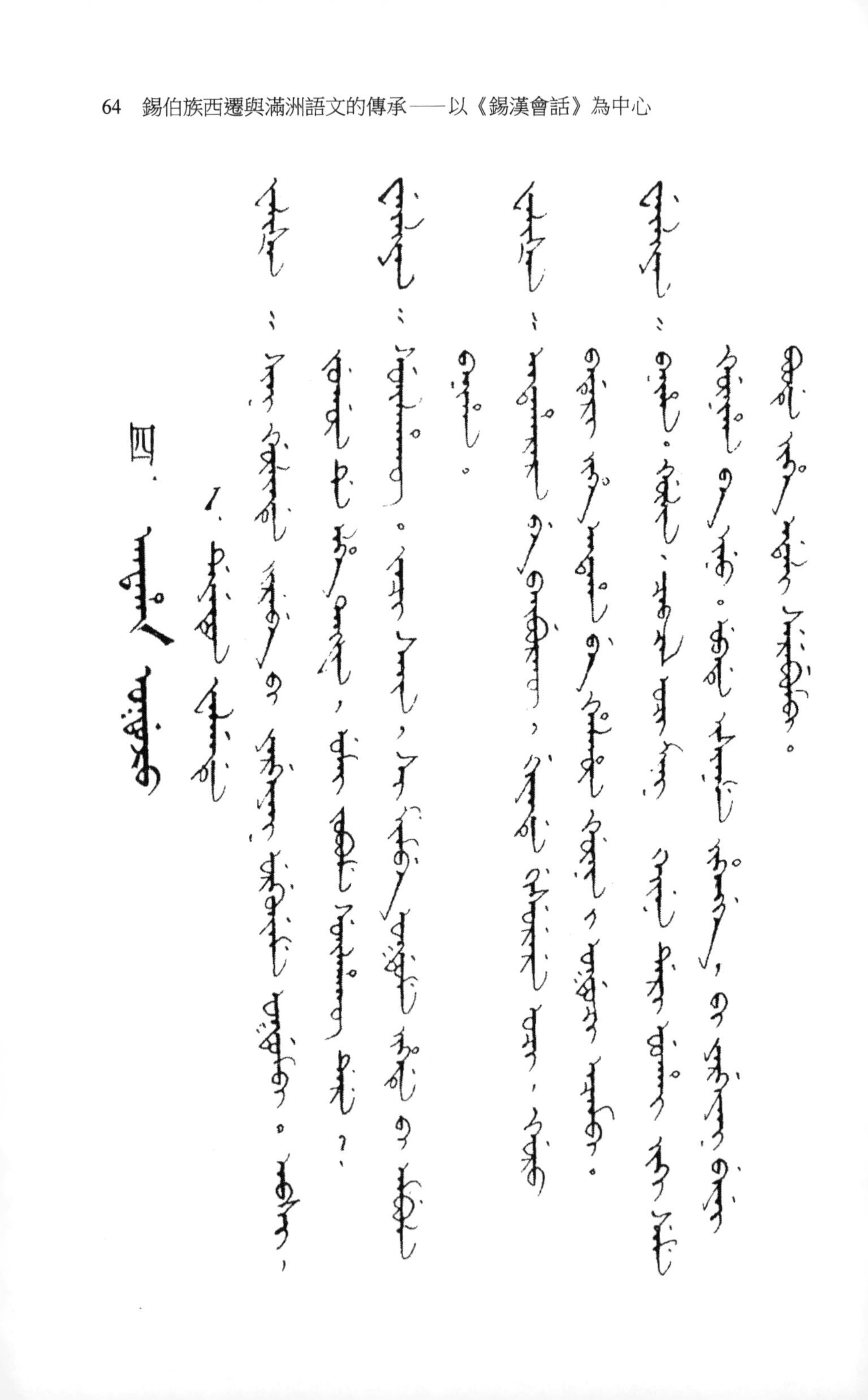

四. [illegible]

1. [illegible]

[illegible]

[illegible]

[illegible]

[illegible]

[illegible]

[illegible]

[illegible]

[illegible]

四、antaha okdoro

1.deyetun falgade

fališan: sini gūljade jirebe bi yargiyani urgunjeme okdombi. absi, jugūn de elhe taifin, umai jobome suilahakū dere?

weiliyan: suilahakū. jaci sain, si mimbe okdome jihede bi ambula baniha.

fališan: antaharara be baiburkū, giyande gisurere oci, goro baderi jihe antaha be halhūn gūnin i okdoci acambi.

weiliyan: baniha. gūlja、cabcal oci mini kejine deri uthai jiki seme gūniha ba inu. ubade isiname jihengge, bi yargiyani beyei boode jihe adali serebumbi.

四、迎客

1.在飛機場

法立善：真歡迎您到伊犁來[1]。怎麼樣，一路上平安，沒受什麼罪吧！

威廉：沒有什麼辛苦的。太好了，您來接我，我太感謝了。

法立善：不客氣，按理說，對遠方來的客人，我們就應該熱情接待。

威廉：謝謝。伊犁和察布查爾是我嚮往已久的地方。到了這裡，我真覺得好像是到了自己的家。

---

1 「真歡迎您到伊犁來」，錫伯文作“sini gūljade jirebe bi yargiyani urgunjeme okdombi”，意即「真高興歡迎您到伊寧來」，此脫「高興」字樣。句中「伊犁」，錫伯文作“gūlja”，漢字音譯作「固勒扎」，係蒙古語，義為盤羊；即今新疆伊寧市，清代稱為寧遠城。

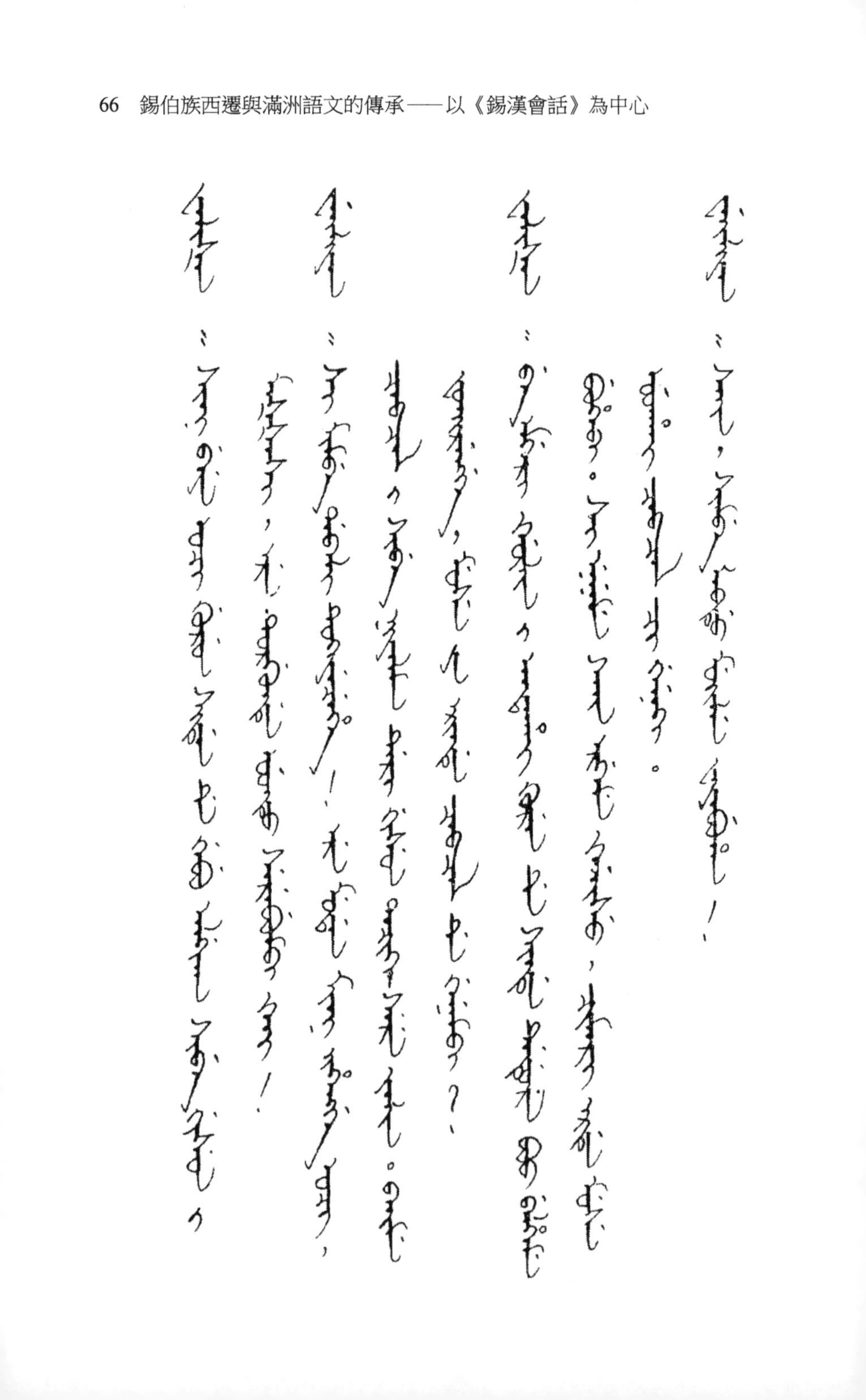

[illegible]

[illegible]

[illegible]

[illegible]

[illegible]

[illegible]

[illegible]

[illegible]

[illegible]

fališan: sini beye oci gurun siden de gebu alkika sibe gisun i maššasi, ere turgunde uttu serebumbi kai！

weiliyan: si mimbe dabali tukiyecehe！ ere mudan mini jihengge oci, cabcal i sibe niyalma deri gisun taciki sere jalin. baime fonjirengge, muse ya erinde cabcal de genembi?

fališan: be emgeri gūlja i antahai kuren de sinde dedure boo belheme buhebi. si neneme sain ergeme gaisu, cimari erde muse uthai cabcal ci geneki.

weiliyan: sain, simbe labdu mujilen fayabuha！

法立善：您是國際上著名的錫伯語專家[1]，所以您有這種感覺。

威廉：您過獎了，我這次來，是向察布查爾人學習語言的[2]。請問，咱們什麼時候去察布查爾？

法立善：我們已經在伊犁賓館為您安排了房間，您先好好休息一下，明天一早我們就去察布查爾。

威廉：好啊，讓您太費心了。

---

1 「專家」，《錫漢教學詞典》作“mašasi”，此作“maššasi”，異。

2 「察布查爾人」，錫伯文作“cabcal i sibe niyalma”，意即「察布查爾錫伯人」，此脫落「錫伯」字樣。

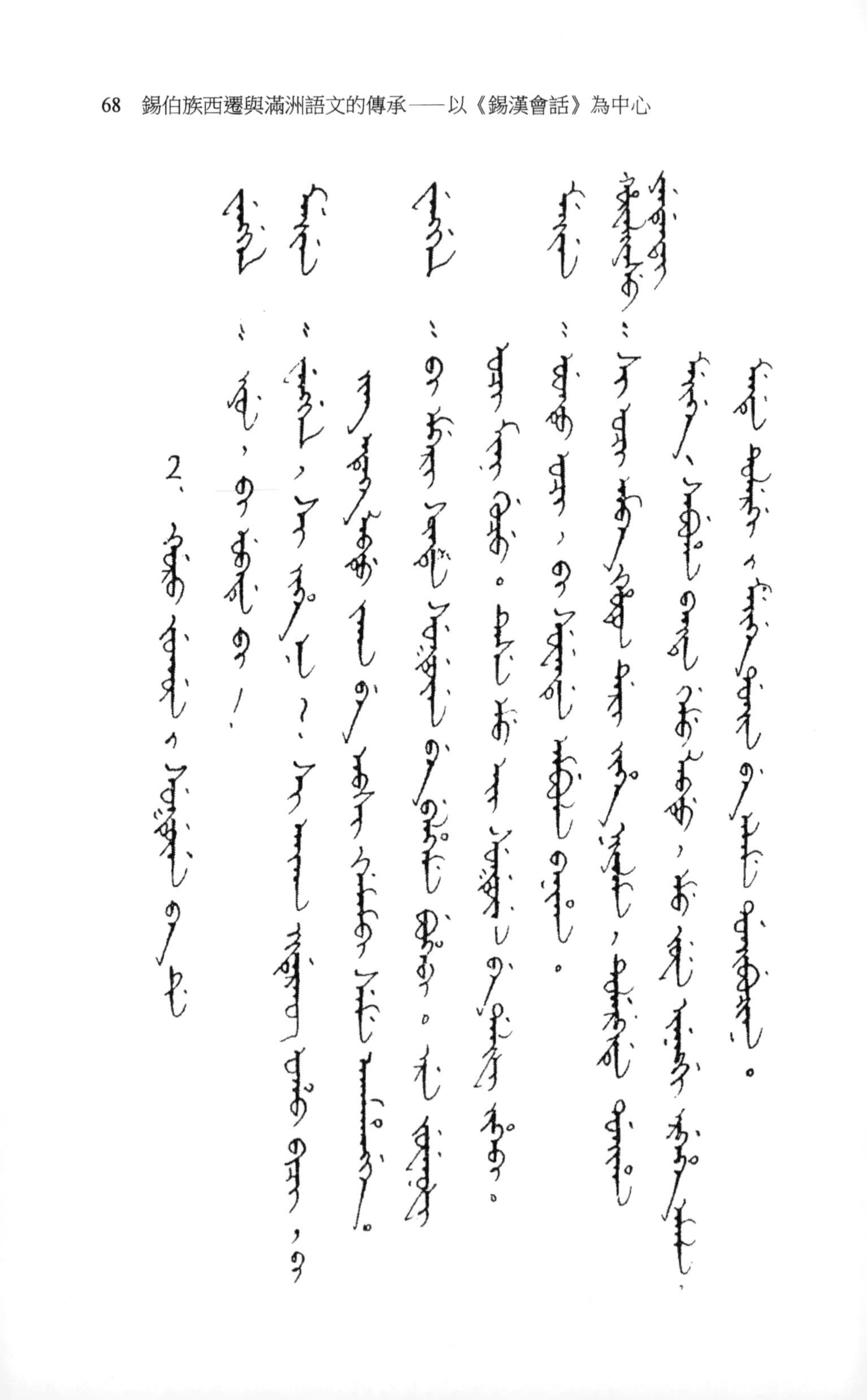

2、

2.goro jugūn i sukdujen ba de

wenggel: eyun, bi ubade bi！

meijen: wenggel, si jihe na? si aika jiderkū oho bici, bi jing enteke labdu jaka be absi gamambi seme akamahangge.

wenggel: bi emgeri sinde sukdujen be belheme buhebi. ere juwenofi oci mini gucu. tese emu aji sukdujen be dalifi jihebi.

meijen: uttu oci, bi suwende ambula baniha.

hūwaliyasu、yendentai: si oci amba hoton deri jihe niyalma, tulergide donjiha mejige、 sabuha baita gemu labdu, emu juwe inenggi ergehe amala, mende tulergi i mejige donjin be alame donjibucina.

2.在長途汽車站

文格：姐姐，我在這兒呢！

美珍：文格，你來了[1]？你要是不來，這麼多東西，我正愁著怎麼拿呢！

文格：我已經給你準備了汽車。這兩位是我的朋友。他們開了一輛小汽車來。

美珍：這樣的話，我太感謝你們了。

華里亞蘇、尹登泰：你是從大城市回來的人，在外面聽到的消息，見到的事都多，休息一兩天以後，給我們講講外

---

1 「你來了」，錫伯文作“si jihe na?”，意即「你來了嗎？」

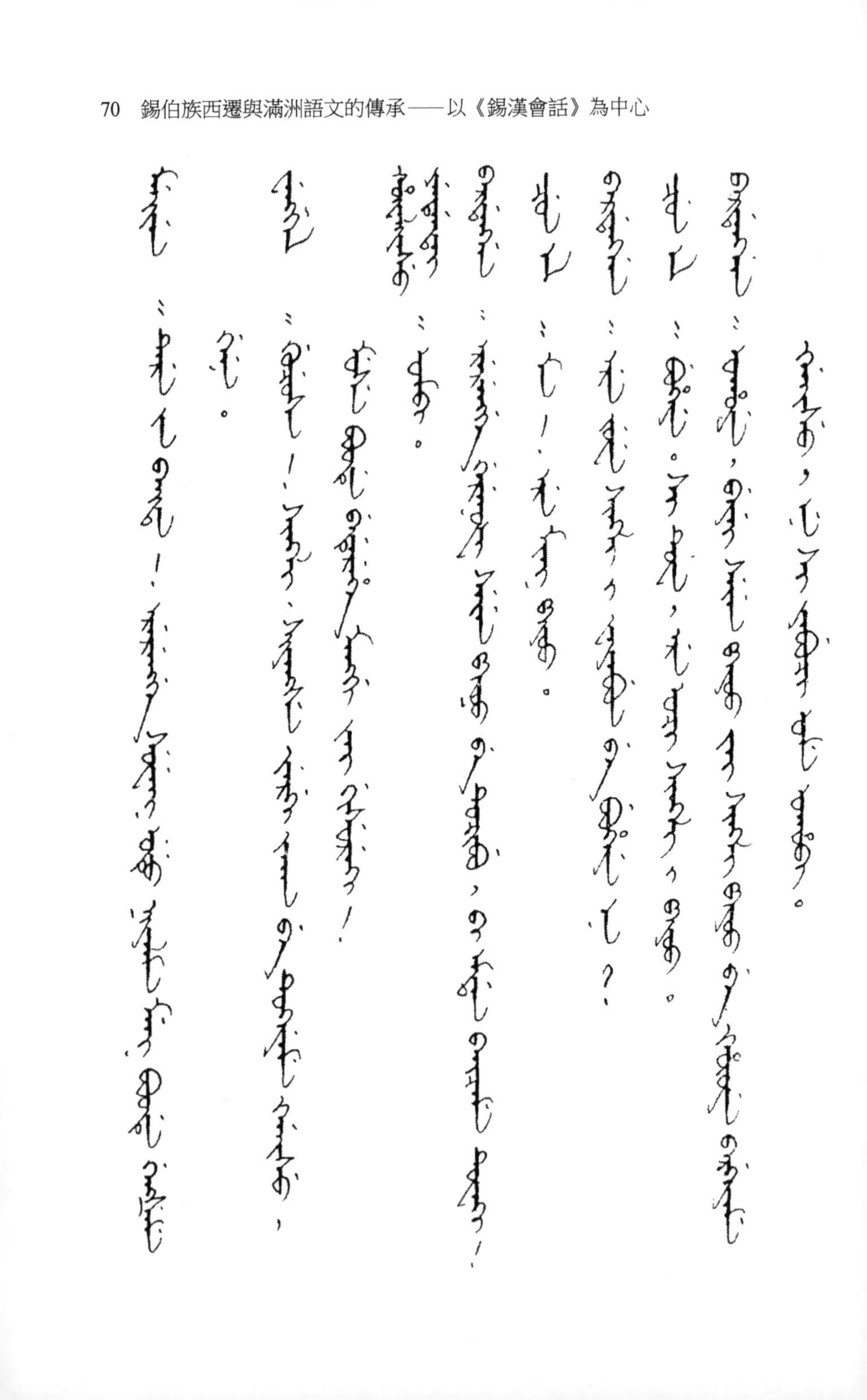

[illegible]

meijen: tere ja baita！ ererengge suweni udu niyalma meni boode gengšeme gene.

wenggel: gucusa！ singli、 siyangse jergi jaka be tukiyeme gaisu, muse boode bederehe manggi jai gisureki！

hūwaliyasu、yendentai: ombi.

bardangga: ererengge gerenofi sejen piyoo be tucibu, bi emdan baicame tuwaki！

cun el: ma！ ere mini piyoo.

bardangga: ere juwe singli i fayabun be buheye na?

cun el: buheye. si tuwa, ere oci singli i piyoo.

bardangga: ohoye, beyei sejen piyoo jai singli piyoo be hojoye bargiyame gaisu, ne si yabuci ome ohobi.

美珍：那好辦！希望你們幾位明天到我們家來玩[1]！

文格：朋友們，提起行李箱包。咱們回家再說吧！

華里亞蘇、尹登泰：行啊！

巴爾當阿：請大家拿出票來[2]，我看一下。

春兒：請看[3]，這是我的票。

巴爾當阿：這兩件行李付了運費了嗎？

春兒：付過了。你看這是行李票。

巴爾當阿：好了，請把您的車票和行李票收好，您可以走了。

---

1 「明天到我們家來玩」，錫伯文作“meni boode gengšeme gene”，意即「到我們家來玩」。

2 「拿出票來」，錫伯文作“sejen piyoo be tucibu”，意即「拿出車票來」。

3 「請看」，錫伯文作“ma”，修訂本《蒙漢詞典》：“ma”，作情感詞，意即「給（對方）」。

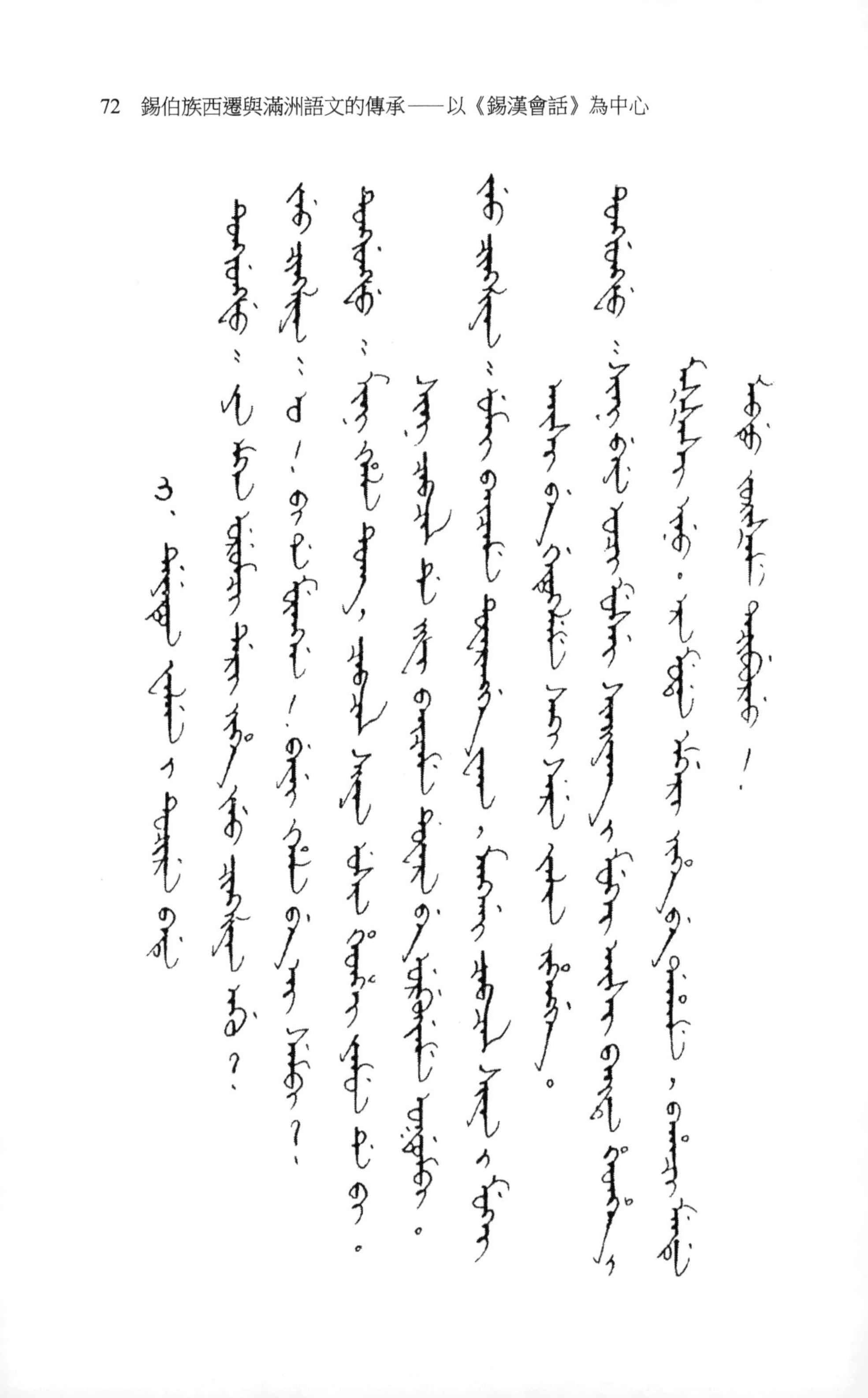

[illegible]

3、 [illegible]

3.deyetun falga i tucire bade

tungjungfu: ya emken urumci deri jihe jeo cingliyan agu?

jeo cingliyan: o！ bi da mujangga！ beyei hala be ai sembi?

tungjungfu: mini hala tung, cabcal siyan usin hethei yamun de bi, sini cabcal de jifi baicame tuwara be urgunjeme okdombi.

jeo cingliyan: umai baicame tuwarangge waka, manggai cabcal siyan i mukei aisi be getukeleme saki sere jalin jihengge.

tungjungfu: sini beye oci musei sinjiyang i mukei aisi baita hethe i maššasi inu. ere mudan emgeri jihe be dahame, bahaci mende labdu jorišame tacibureo！

3.在飛機場出口

佟中福：哪位是從烏魯木齊來的周清廉先生？

周清廉：噢！我就是。請問您貴姓？

佟中福：我姓佟，是察布查爾縣農業局的[1]。歡迎你到察布查爾來考察。

周清廉：談不上考察[2]，不過是來了解一下察布查爾縣的水利。

佟中福：您是我們新疆水利事業方面的老專家。您這次既然來了，就請您給我們多多指教。

---

1 「農業局的」，錫伯文作“usin hethei yamun de bi”，意即「在農業局」。

2 「談不上考察」，錫伯文作“umai baicame tuwarangge waka”，意即「並不是考察的」。

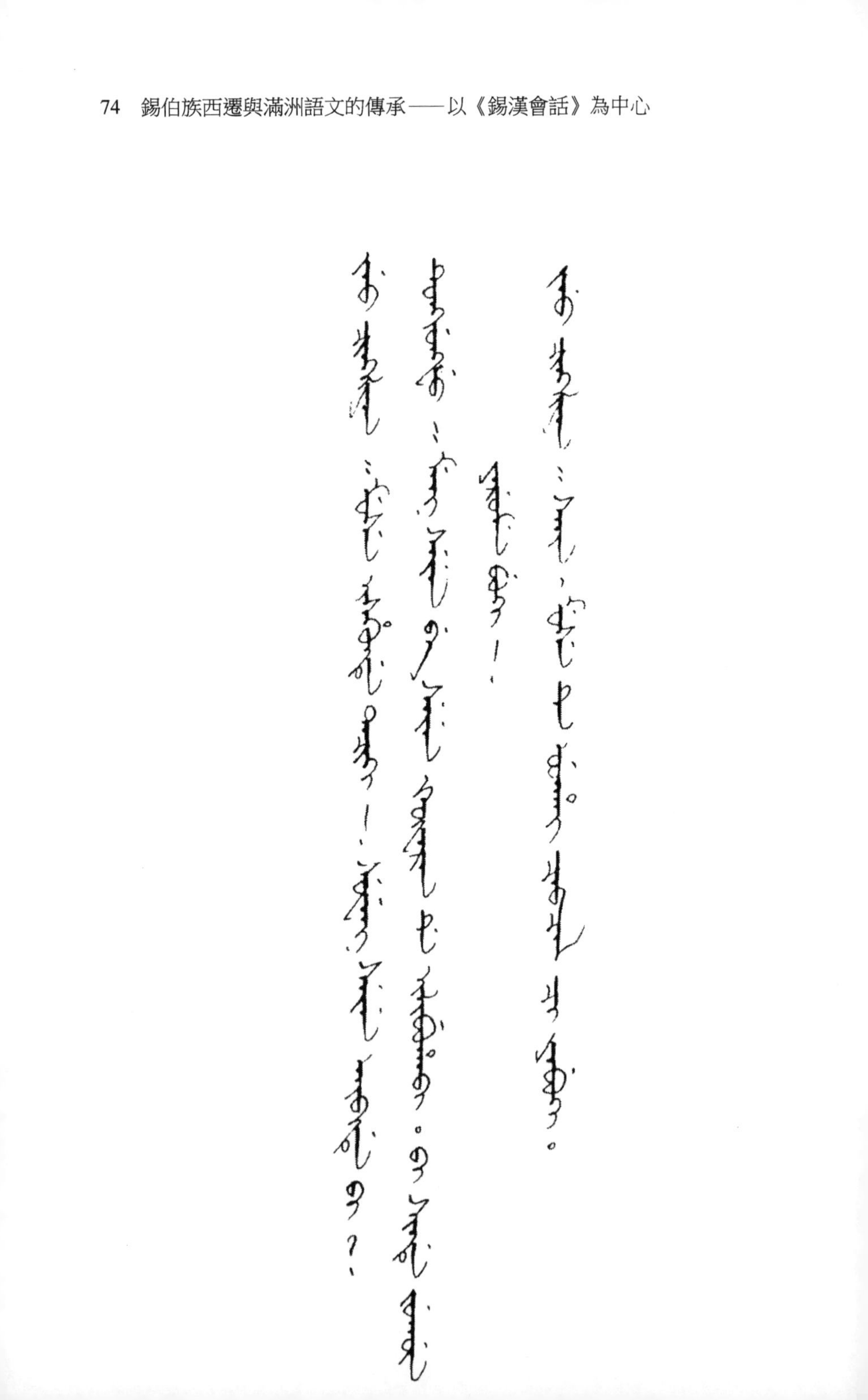

jeo cingliyan: muse ishunde taciki！ suweni sejen aibide bi?

tungjungfu: meni sejen be sejen kūwaran de ilibuhabi. bi sinde jugūn yarume buki！

jeo cingliyan: sain, muse te uthai cabcal ci yabuki.

周清廉：咱們互相學習吧！你們的車在哪兒？

佟中福：我們的車在停車場上，我來給你帶路。

周清廉：好，咱們現在就到察布查爾去。

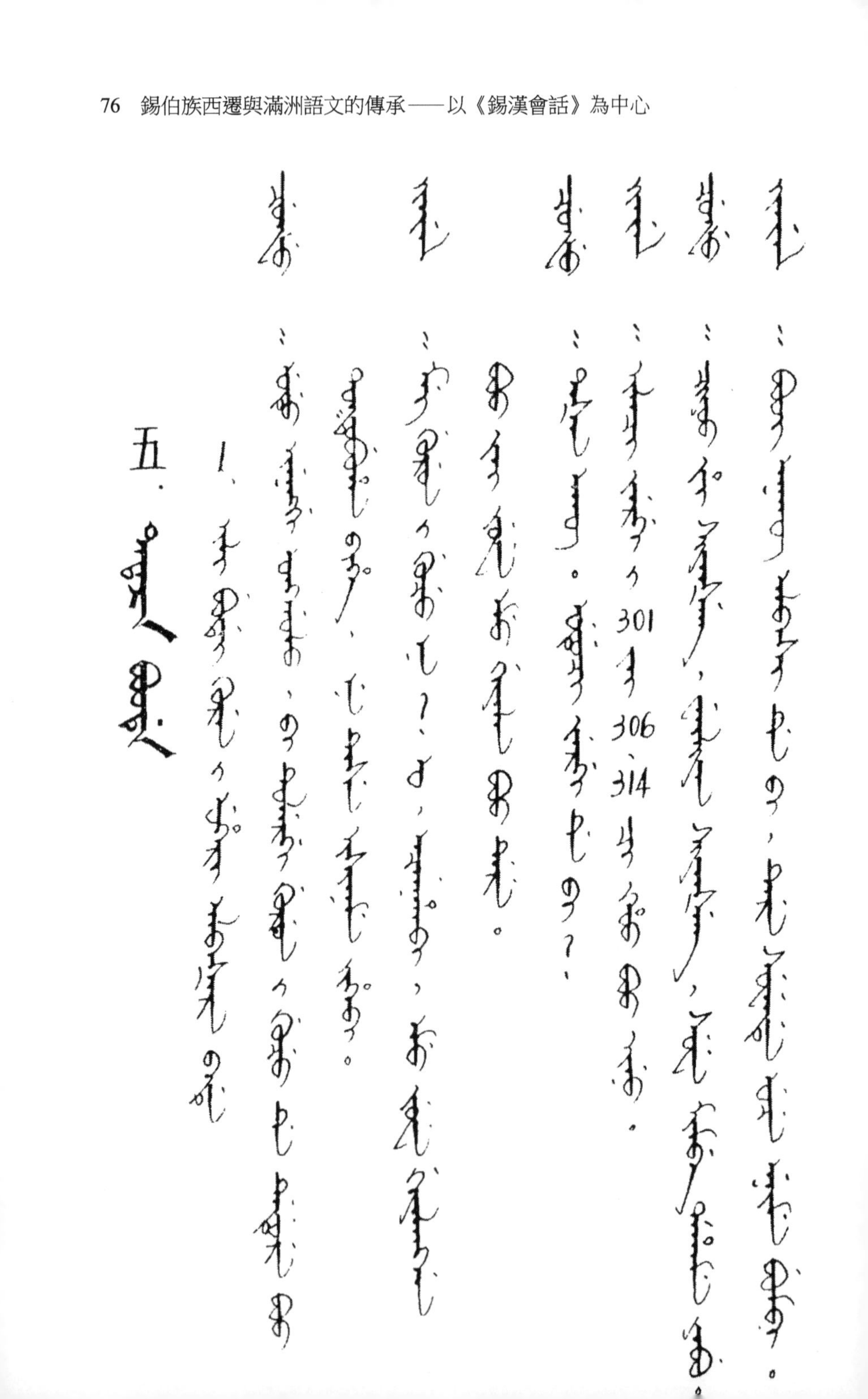

301 306 314

五.

1、

五、tatara boode

1.ili budai kuren i uheri albašara bade

cunfu: udu inenggi onggolo, bi tulergi gurun i gucu de dedure boo toktobuha bihe, ne tese isiname jihebi.

jinjel: mei gurun i gucu na? o, acanahabi, emu juwe giyalangga boo jai juwe emu giyalan boo dere.

cunfu: tašan akū, uduci jergi de bi?

jinjel: ilaci jergi i 301 jai 306、314 ci hoo boo inu.

cunfu: ciyoo jy siyanšeng, weiliyan siyanšeng, suwe mimbe dahame yabu.

jinjel: booi anakū albasi de bi, tere suwende uce neime bumbi.

五、在旅館

1.在伊犁飯店總服務臺[1]

春夫：幾天前，我為外國朋友訂了房間，現在他們到了。

錦貞[2]：是美國朋友嗎？噢，對了，一個套間和兩個單間。

春夫：沒錯。在幾樓？

錦貞：三樓的 301 和 306、314 號房間。

春夫：喬治先生、威廉先生，請你們跟我來。

錦貞：房間的鑰匙在服務員手裡，她會給你們開門的。

---

1 「伊犁」，錫伯文或作“gūlja”，此作“ili”，異。

2 「美珍」，音譯作“meijen”。「錦貞」，音譯當作“jinjen”，此作“jinjel”，疑誤。

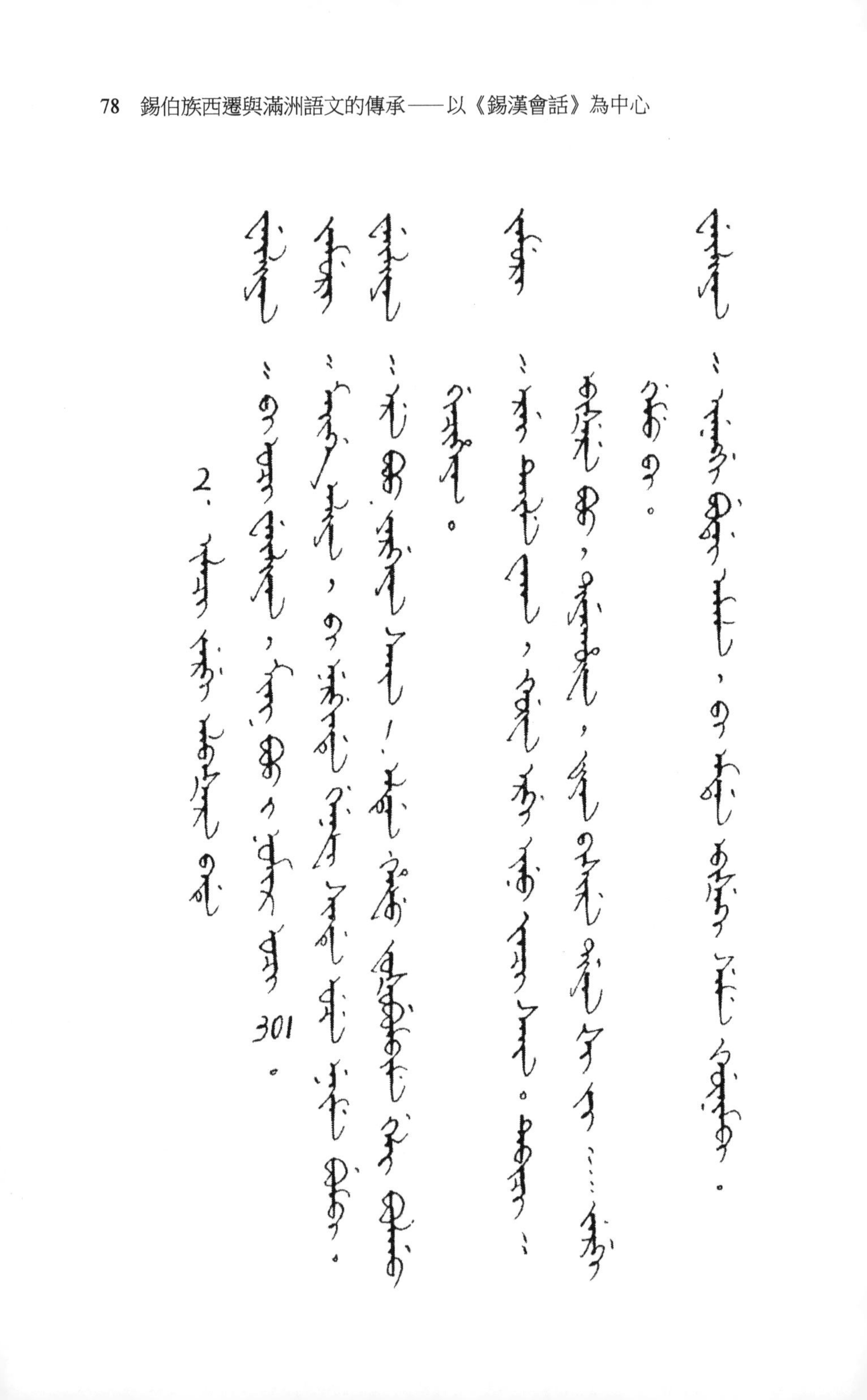

2. [illegible]

[illegible] 301。

[illegible]

[illegible]

[illegible]

[illegible]

[illegible]

2.ilaci jergi albašara bade

weiliyan: bi oci weiliyan, mini boo i nomir oci 301.

jamuri: majige aliya, bi nerginde genefi sinde uce neime bumbi.

weiliyan: ere boo yargiyan sain！ elden hafu fošobumbime geli bolgo gincihiyan.

jamuri: erei teile waka, gūwa ergi inu jaci sain. tebici, ebišere boo、 diyanhūwa、 fiyan bisire diyan ši ji… jergi gemu bi.

weiliyan: inenggi budai amala, bi emdan ebišeki seme gūnimbi.

2.三樓服務臺

威廉：我叫威廉，我的房間號碼是 301。

札木麗：請稍等，我馬上去給您開門。

威廉：這房間太棒了！光線充足，窗明几淨[1]。

札木麗：不光這個，其它方面也挺好。比方說，洗澡間、電話、彩色電視機，等等[2]……

威廉：午飯後，我想洗個澡。

---

1 「窗明几淨」，錫伯文作"geli bolgo gincihiyan"，意即「又清潔」。

2 「等等」，錫伯文作"jergi gemu bi"，意即「等等都有」。

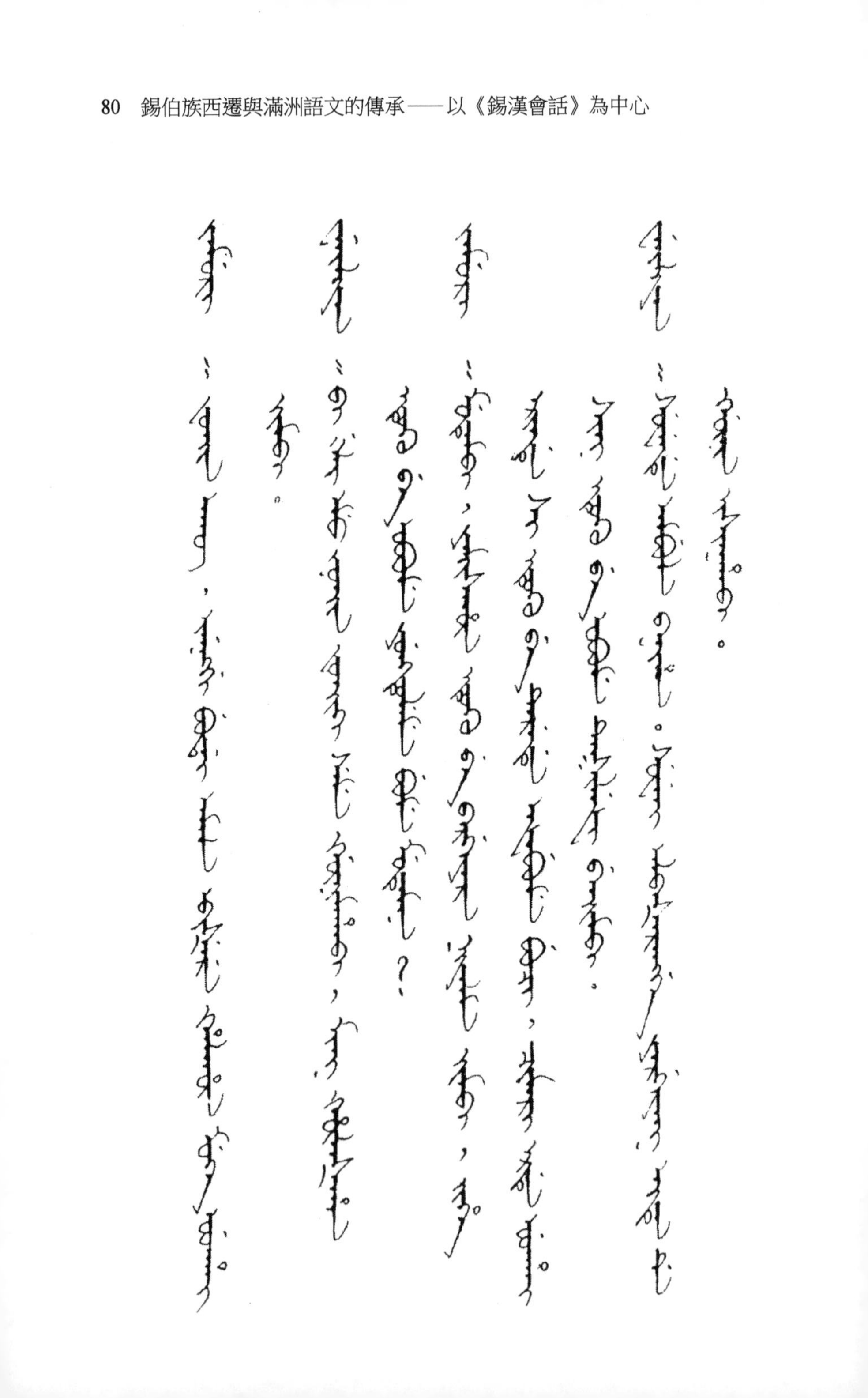

[illegible]

[illegible]

[illegible]

[illegible]

[illegible]

[illegible]

[illegible]

[illegible]

jamuri: fonjin akū, inenggi budai amala ebišere halhūn muke uthai jimbi.

weiliyan: bi geli emu fonjin fonjiki seme gūnimahabi, mini hūlašaha etuku be obome yungtuleme bume mutemna?

jamuri: mutembi, yamjishūn etuku be bargiyara niyalma jimbi, jihe erinde si etuku be terede afabume buci, cimari erde uthai sini etuku be obome teksilefi benjimbi.

weiliyan: suwende ambula baniha. suweni albašarangge yargiyani eiten de gūnin isinahabi.

札木麗：沒問題，午飯後有熱水供給洗澡[1]。

威廉：我想問個問題[2]——換下來的衣服可以替我洗淨熨好嗎？

札木麗：可以，傍晚會有人來收衣服，來了以後，您把衣服交給他，明天早上就會把洗淨熨展的衣服給您送來。

威廉：多謝你們。你們真是想得太周到了[3]。

---

1 「有熱水供給洗澡」，錫伯文作"ebišere halhūn muke uthai jimbi"，意即「洗澡的熱水就來」。

2 「我想問個問題」，錫伯文作"bi geli emu fonjin fonjiki seme gūnimahabi"，意即「我還有一個問題正想問」。

3 「你們真是想得太周到了」，錫伯文作"suweni albašarangge yargiyani eiten de gūnin isinahabi"，意即「你們的服務真是想得太周到了」。

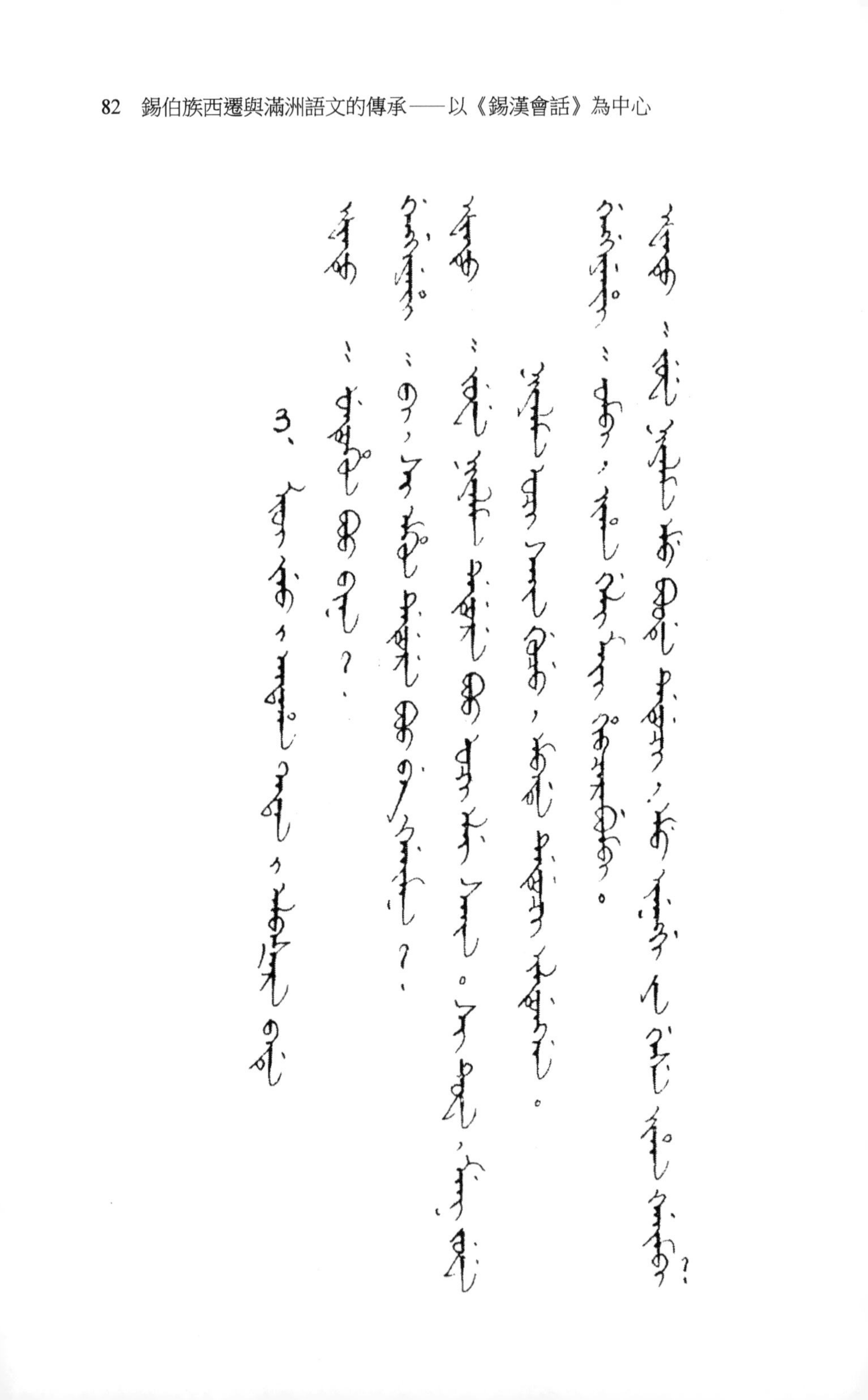

3.lioi jeo i antaha tatan i albašara bade

efintu: untuhun boo bina?

genggiyenjy: bi, si emhun dedure boo be gaimna?

efintu: juwe niyalma dedure boo oci elei sain. si tuwa, meni juwe niyalma oci sain gucu, embade deduci ildungga.

genggiyenjy: ombi, jiha geli maji hibcarabumbi.

efintu: juwe niyalma emu boode deduci, emu inenggi ya gese jiha gaimbi?

3.綠洲賓館服務臺

額芬圖：有空房間嗎？

格恩芝：有，你要單人房間嗎？

額芬圖：有雙人房間更好。你看，我們兩人是好朋友，住一起方便。

格恩芝：對[1]，還可以省些錢。

額芬圖：兩人住一間，一天要多少錢。

---

[1] 「對」，錫伯文作“ombi”，意即「行」，或作「可以」。

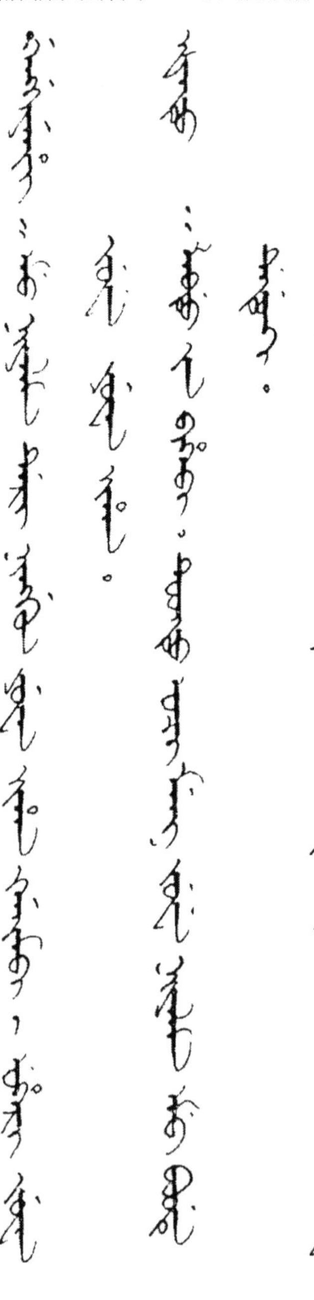
224

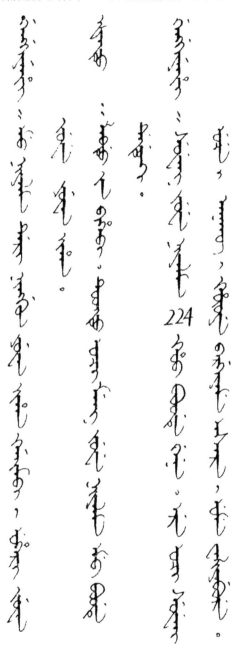

genggiyenjy: emu niyalma deri ninggun yuwan jiha gaimbi, uheri juwan juwe yuwan jiha.

efintu: labdu ja bihebi. tuttu oci meni juwe niyalma emu boode deduki.

genggiyenjy: suweni juwe niyalma 224 hoo boode gene. ere oci suweni uce i anakū, hojoye bargiyame asara, ume waliyabure.

格恩芝：一人收六元錢，總共十二元錢。

額芬圖：夠便宜的。那麼，我們倆就住一個房間。

格恩芝：你們二人去 224 號房間住。這是你們房間的鑰匙[1]，請收好，不要丟了。

---

[1] 「這是你們房間的鎖匙」，句中「房間」，錫伯文作"uce"，意即「房門」。

ᠰᡳ ᠠᡳ ᡝᡵᡳᠨᡩᡝ ᠪᠣᠣᠴᡳ ᡨᡠᠴᡳᠮᡝ ᡤᡝᠨᡝᠮᠪᡳᠣ ?

ᠰᡝᡶᡠ : ᠪᡳ ᠨᠠᡩᠠᠨ ᡝᡵᡳᠨᡩᡝ ᠪᠣᠣᠴᡳ ᡨᡠᠴᡳᠮᡝ ᡤᡝᠨᡝᠮᠪᡳ ᡝᡵᡩᡝ ᡤᡝᠨᡝᠮᠪᡳ 。

ᡧᡠᠸᡝ ᡧᡝᠩ : ᠰᡳ ᡝᡵᡩᡝ ᡝᡵᡳᠨᡩᡝ ᠶᠠᠪᡠᠮᡝ , ᡨᠠᠴᡳᡴᡡ ᡩᡝ ᡤᡝᠨᡝᠮᠪᡳ ᡤᡝᠨᡝᠮᠪᡳ 。

ᠰᡝᡶᡠ : ᠰᡳ ᠶᠠᠪᡠᠮᡝ ᡳᠰᡳᠨᠠᠮᠪᡳ , ᠶᠠ ᠪᠠᡩᡝ ᡤᡝᠨᡝᠮᠪᡳᠣ ?

ᡨᡠᠴᡳᡴᡝ ᠪᡳᡥᡝᡴᡡ ?

ᡧᡠᠸᡝ ᡧᡝᠩ : ᠶᠠᠪᡠᠮᡝ ᡳᠰᡳᠨᡩᠠᠮᠪᡳ ᠪᠣᠣᠴᡳ ᡨᡠᠴᡳᠮᡝ ᠣᡴᠰᡳᠯᠠᠮᡝ ᡤᡝᠨᡝᠮᠪᡳ

4. ᠰᡝᠯᡝ ᠶᠠᠪᡠᠨ ᡳ ᡝᡵᡳᠨ ᠪᡝ ᡤᡝᠯᡝᠨ

4.cabcal siyan i antahai tatan de

jeo cingliyan: tatan ergi deri deyetun piyoo be antahai funde toktobume udame bumbio?

yacinjy: si teniken jifi, ainu uttu ekšembi?

jeo cingliyan: umai ekšerengge waka, damu erdekeni toktobuki seme gūnimbi.

yacinjy: juwan inenggi dorgi i piyoo be gemu erin onggolo toktobuci ombi. si ya inenggi i piyoo be toktobuki sembi?

4.在察布查爾縣賓館

周清廉：賓館可以代訂機票嗎？

雅琴芝：您才來，幹嘛這麼急？

周清廉：倒不是急，我只是想早些預訂。

雅琴芝：十天以內，票都可以預訂，您要訂哪天的[1]？

1 「您要訂哪天的？」，錫伯文作"si ya inenggi i piyoo be toktobuki sembi?"，意即「您要訂哪天的票？」

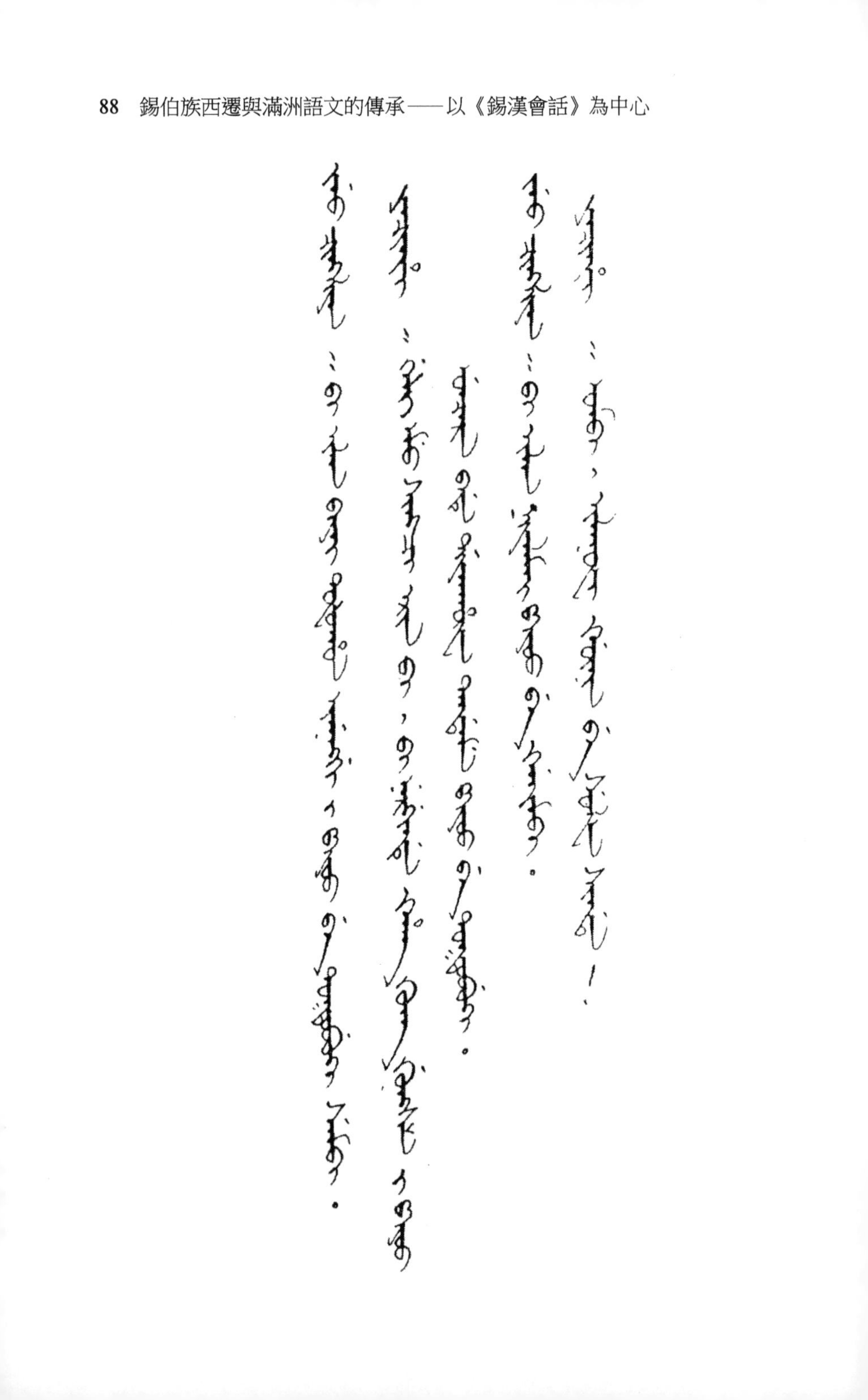

jeo cingliyan: bi ilan biyai tofohon inenggi i piyoo be toktobuki sembi.

yacinjy: geli emu singci erin bi, bi nerginde hang kung gungsy i piyoo uncara bade diyanhūwa tandame piyoo be toktobuki.

jeo cingliyan: bi ilan niyalmai piyoo be gaimbi.

yacinjy: ombi, ilanofi gūnin be sulfa sinda！

周清廉：我要訂三月十五日的機票。

雅琴芝：還有一個星期呢。我馬上就給航空公司售處打電話訂票[1]。

周清廉：我要訂三個人的票。

雅琴芝：行，三位放心好了。

---

[1] 「航空公司售處」，句中「售處」，錫伯文作"piyoo be uncara bade"，意即「售票處」，此脫落「票」。

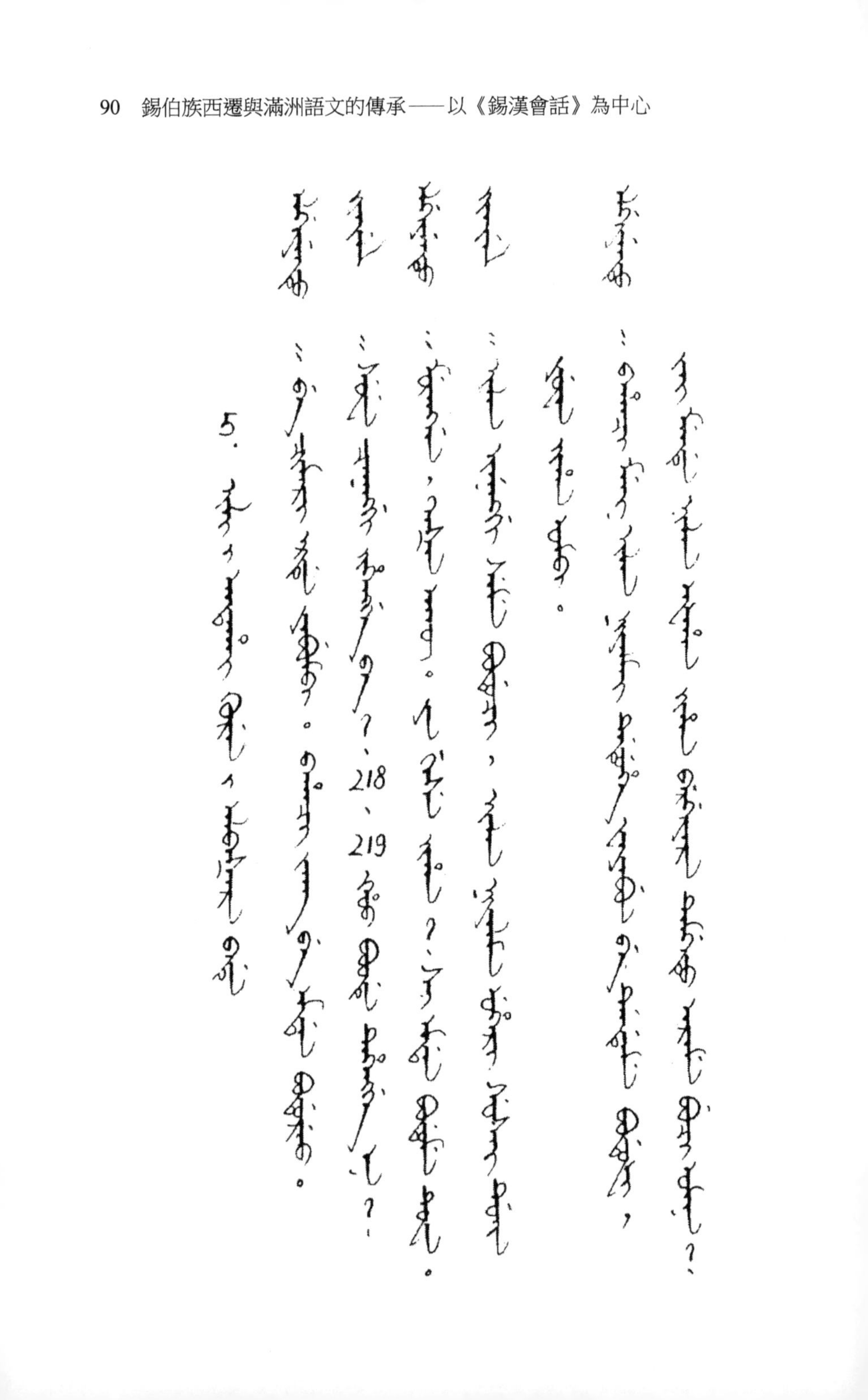

[illegible]

[illegible]

[illegible]

[illegible]

[illegible]

[illegible] 218、219 [illegible]

[illegible]

5. [illegible]

5.ili i antahai kuren i albašara bade

elgiyentu: be cimari erde yabumbi. bahaci jang be emdan bodoreo.

jinjel: suwe cananggi jihengge ba? 218、219 hoo boode tehengge na?

elgiyentu: mujangga, tašan akū. ya gese jiha? si emdan bodome tuwa.

jinjel: ilan inenggi seme bodoci, ilan niyalma uheri susai duin yuwan jiha ombi.

elgiyentu: bahaci meni ilan niyalmai deduhe fayabun be dendeme bodofi, jai mende ilan afaha jiha bargiyara temgetu arame buci omna?

5.伊犁飯店服務臺

厄爾金圖：我們明天早上走，請把賬結一下。

錦貞：你們是前天來的吧？住在 218、219 號[1]？

厄爾金圖：對，沒錯，多少錢？請你算算[2]。

錦貞：按三天算，三人總共五十四塊錢。

厄爾金圖：請把我們三個人的宿費分開算，再給我們開三張收據，好嗎？

---

1 「住在 218、219 號」，錫伯文作"218、219 hoo boode tehengge na?"，意即「住在 218、219 號房間嗎？」

2 「請你算算」，錫伯文作"si emdan bodome tuwa"，意即「請你算算看」。

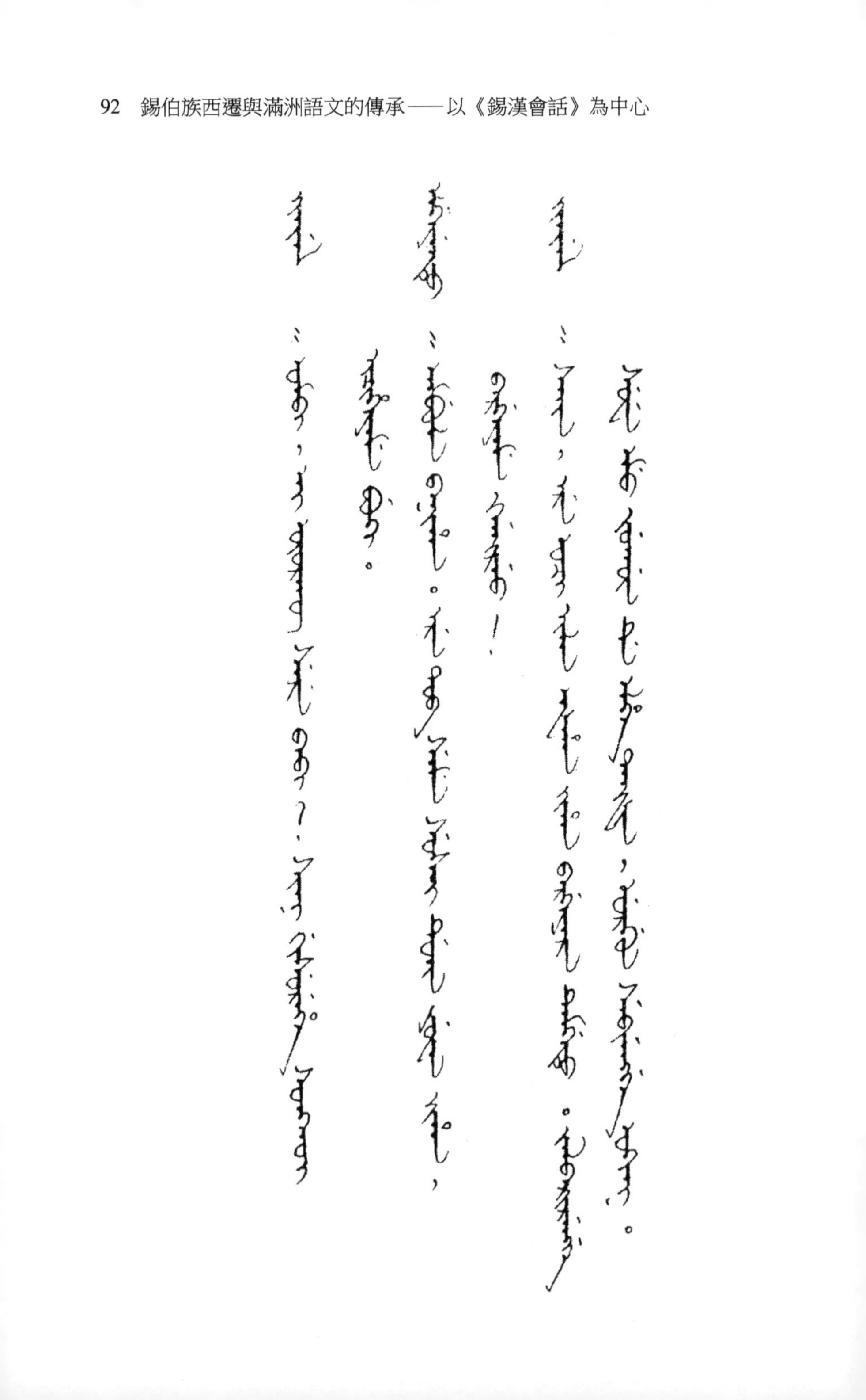

[illegible]

[illegible]

[illegible]

[illegible]

[illegible]

[illegible]

jinjel: ombi, ai ojorkū sere babi? sini gisurehe songkoi icihiyame buki.

elgiyentu: ambula baniha. ere tob seme susai duin yuwan jiha, bargiyame gaireo！

jinjel: sain, ere oci ilan afaha jiha bargiyara temgetu. jalbarirengge suwe emu jugūn de elhe taifin, urgun sebjengge okini.

錦貞：行，哪有不行的道理？照你說的辦。

厄爾金圖：多謝了，這正好是五十四塊錢，請收下。

錦貞：好，這是三張收據。祝你們一路平安，快快樂樂。

六、[illegible]

ᡧᠠᠪᡳ: [illegible]

ᠰᡝᡶᡠ: [illegible]

ᡧᠠᠪᡳ: [illegible]

ᠰᡝᡶᡠ: [illegible]

ᡧᠠᠪᡳ: [illegible]

ᠰᡝᡶᡠ: [illegible]

六、ili birai amba doohan ninggude

cunfu: ne muse ili birai amba doohan ninggude ilihabi.

wanging: doohan be duleme uthai cabcal sibe beye dasangga siyan oho ba?

cunfu: acanahabi. cabcal oci ili birai julergi de bi.

wanging: donjiha bade, ere doohan be juwan udu aniyai onggolo teni arame šanggabuha sembi.

cunfu: mujangga, terebe oci emu minggan uyun tanggū nadanju juweci aniya arame šanggabuhangge.

wanging: terei onggolo, jime genere niyalma jai sejen morin absi bira be dulembi?

六、在伊犁河大橋上

春夫：我們現在就站在伊犁河大橋上。

王英：過了橋，就是察布查爾錫伯自治縣了吧？

春夫：說得對，察布查爾縣就在伊犁河南面。

王英：聽說，這座橋是十幾年前才建成的。

春夫：是的，它是一九七二年建成的。

王英：在那以前，來往的人和車馬怎麼過河呢？

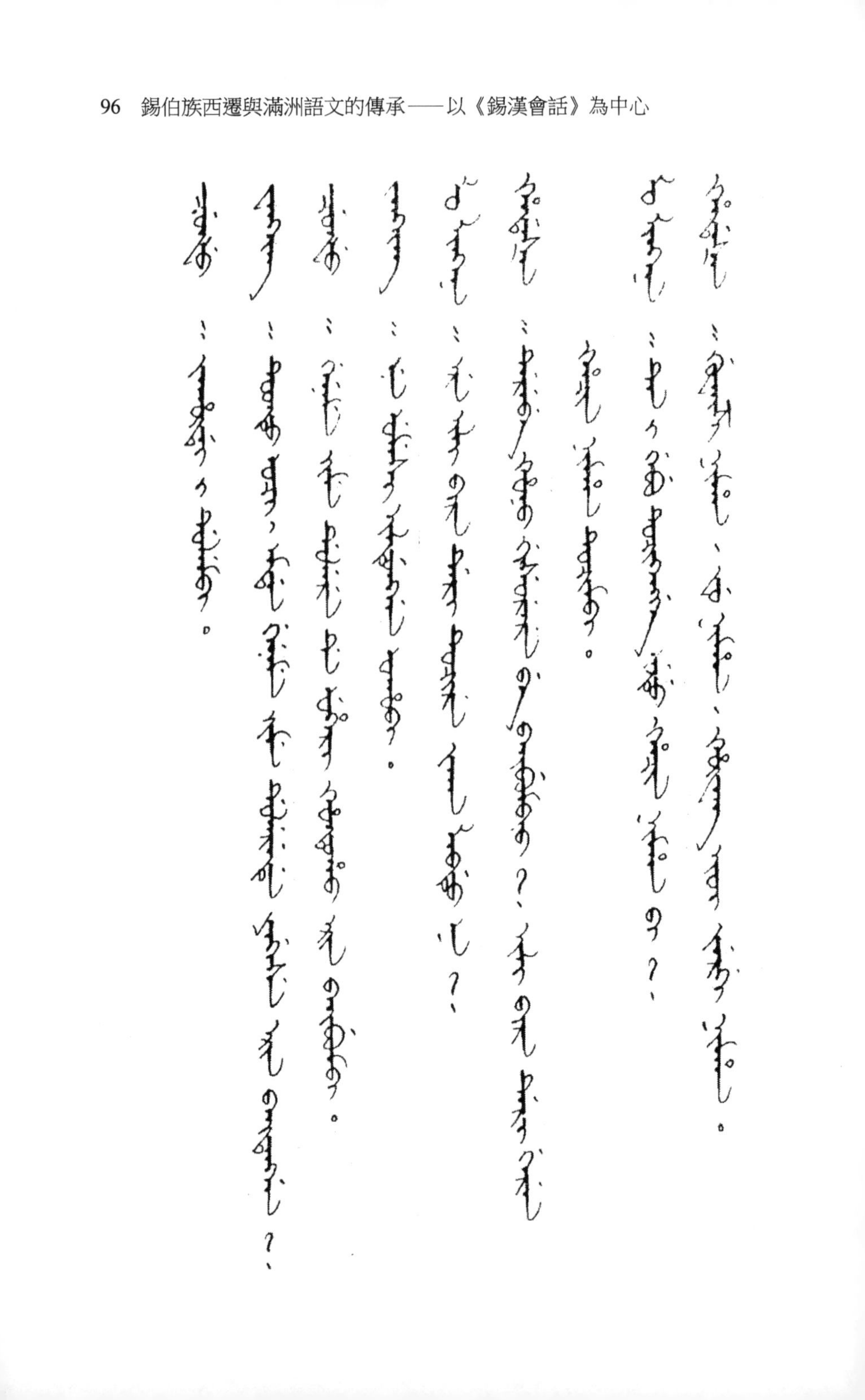

[illegible]

[illegible]

[illegible]

[illegible]

[illegible]

[illegible]

[illegible]

[illegible]

[illegible]

cunfu: jahūdai i dulembi.

wanging: tuttu oci, emdan geneme jime dulerede yagese erin baitangga?

cunfu: geneme jime dulere de uheri hontoho erin baibumbi.

wanging: ne umesi ildungga ohobi.

lo lingnan: ere ili bira deri tucire jaka labdu na?

hadašan: terebe hono gisurere be baibumbio? ili bira deri geren hacin nimha tucimbi.

lo lingnan: ten i gebu tucikengge udu hacin nimha bi?

hadašan: guwaidz nimha、fu nimha、hūwang ioi jergi nimha.

春夫：靠船渡過去[1]。

王英：那麼，往返一趟要多少時間呢？

春夫：往返總共要用半個小時。

王英：現在可是太方便了。

羅嶺南：我們這條伊犁河出產富嗎？

哈達善：那還用說，伊犁河出產許多種魚。

羅嶺南：最出名的有幾種魚？

哈達善：盛產鯉魚[2]、草魚[3]、黃魚等種。

---

1 「靠船渡過去」，錫伯文作“jahūdai i dulembi”，意即「用船渡過去」。

2 「鯉魚」，滿文作“mujuhu”，此作“guwaidz nimha”，異。

3 「草魚」，錫伯文作“fu nimha”。按：草魚，即「草根魚」，是一種黑鯉魚。

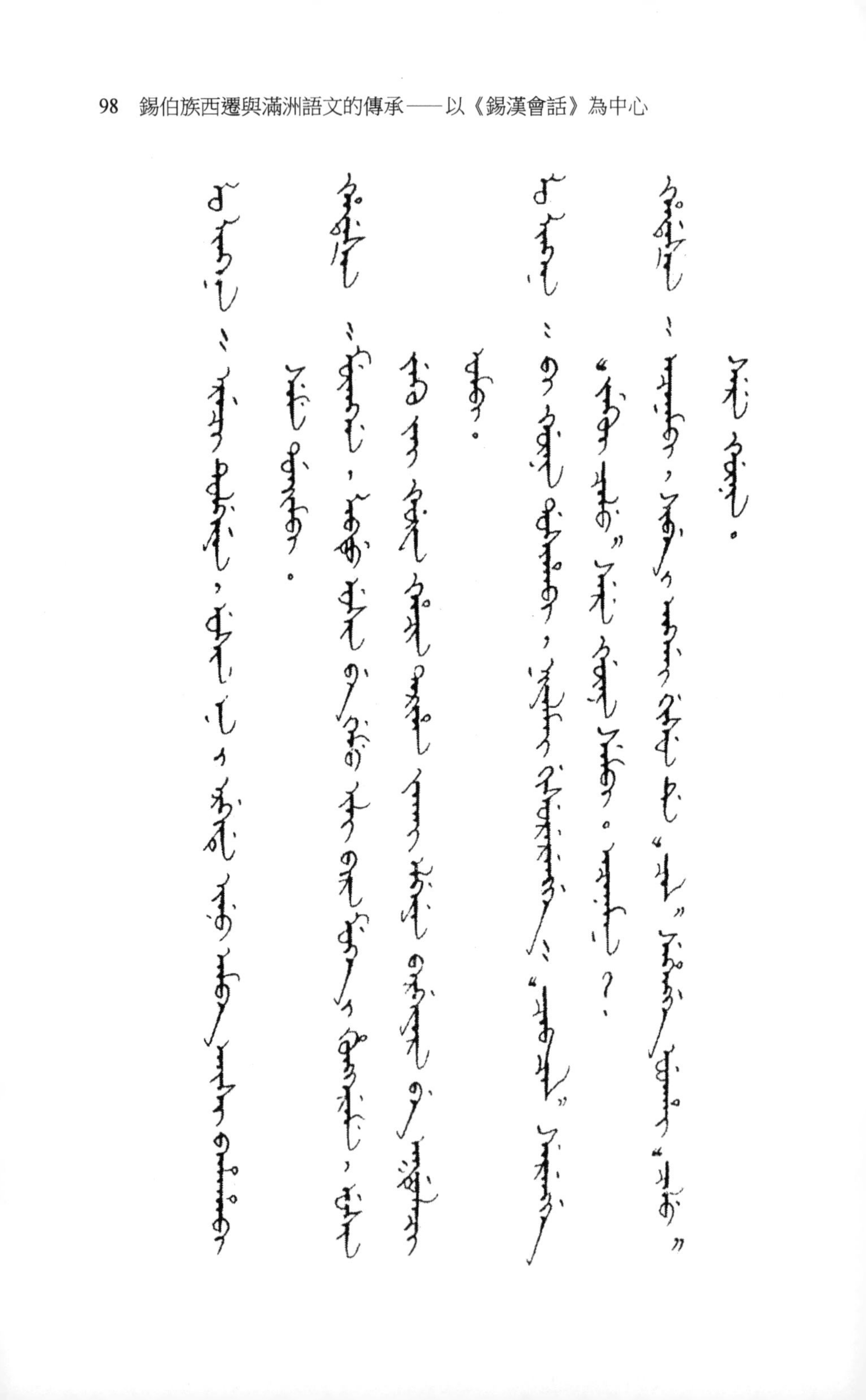

[illegible]

lo lingnan: ereci tulgiyen, usin na i ergide inu amba aisi bahahabi seme donjimbi.

hadašan: mujangga, labdu usin be gemu ili bira muke i hungkereme, usin jeku jai gūwa hacin tariha jakai elgiyen bargiyara be akdulaci ombi.

lo lingnan: bi gūnin dosihabi, niyalmai gisurerengge, “cabcal” serengge “jekui calu” sere gūnin sembi. acanamna?

hadašan: acanambi, sibe i anggai gisun de “cal” sehengge uthai “calu” sere gūnin.

羅嶺南：除此之外，聽說對農田也有很大好處。

哈達善：不錯，伊犁河水灌溉了許多農田[1]，可以保證糧食和其他作物的豐收。

羅嶺南：我想起來了，人們說：「察布查爾」有「糧倉」的意思，對嗎？

哈達善：可以這麼說，在錫伯口語裡，「查爾」就是「倉」的意思。

---

[1] 「伊犁河水灌溉了許多農田」，錫伯文作“labdu usin be gemu ili bira muke i hungkereme”，意即「許多農田都以伊犁河水灌溉」。

ᠨᡳᡴᠠᠨ ᠄ ᠰᡳᠪᡝ ᡤᡳᠰᡠᠨ ᡳ ᠮᡳᠨᡳ ᠮᡝᠨᡳ ᡨᡝᡵᡝ ᡝᠮᡠ ᠪᡳᠰᡳ ᠨᡳ?

ᠪᠣᡳᡥᠣᠯᡳ ᠄ ᡤᡳᠰᡠᠨ ᡤᡳᠰᡠᡵᡝᠮᠪᡳ, ᠰᡳᠪᡝ ᡝᠮᡠ ᠪᡳᠰᡳ ᡤᡳᠰᡠᡵᡝᠮᠪᡳ ᠪᡠᡥᡝ ᠪᡠᡥᡝ ᡝᠮᡠ

ᠪᡠᡵᡝ ᡤᡳᠰᡠᠨ ᡳ ᡨᡝᡵᡝ ᠪᡳᠰᡳ ᡨᡝᡵᡝᠮᡠ。

ᠨᡳᡴᠠᠨ ᠄ ᠰᡳᠪᡝ ᠪᡠᡥᡝ ᡤᡳᠰᡠᡵᡝ ᡨᡝᡵᡝ ᡳ ᠪᡳᡨᡥᡝ ᡝᠮᡠ ᡨᡝᠮᡝ?

ᠪᠣᡳᡥᠣᠯᡳ ᠄ ᠰᡳᠪᡝ ᡨᡝᡵᡝ ᡝᠮᡠ ᠪᡳᡨᡥᡝ ᡳᠰᡳᡥᠠ ᡤᡳᠰᡠᠨ ᠪᡳᠰᡳ, ᠰᡳᠪᡝ ᡨᡝᡵᡝ ᡨᡝᡵᡝᠮᠪᡳ ᠪᡠᡥᡝ

ᠪᡳ ᠪᡠᡥᡝ ᡤᡳᠰᡠᠨ ᠪᡳ, ᠪᡠᡥᡝ ᡨᡝᡵᡝ ᡨᡝᠮᡝ ᠪᡳᠰᡳ ᠪᡳ ᡳᠰᡳᡥᠠ ᠪᡳᠰᡳ ᠪᡳᠰᡳ ᡨᡝᡵᡝᠮᡠ。

ᠰᡳᠪᡝ ᠪᡳᠰᡳ ᡤᡳᠰᡠᠨ ᡳ ᡝᠮᡠ ᡨᡝᡵᡝ ᡝᠮᡠ ᠪᡳᠰᡳ ᠪᡳᠰᡳ ᠪᡳᠰᡳ ᡨᡝᡵᡝ,

ᠨᡳᡴᠠᠨ ᠄ ᠰᡳᠪᡝ ᡤᡳᠰᡠᠨ ᡳ ᠮᡝᠨᡳ ᡨᡝᡵᡝ ᠪᡳᡨᡥᡝ ᡝᠮᡠ ᡨᡝᡵᡝᠮᠪᡳ。

lumei: cabcal siyan i amargi ergi uthai ili bira na?

gosingga: mini sarade, cabcal ili bira giyalabume gūlja hoton jai hoceng siyan i emgi jecen adahabi.

lumei: terei gūwa ilan ergi ya babe adaki obuhabi?

gosingga: terei wargi ergide oci gung lio siyan bi, julergi ergide tekes jai joosu siyan bi, dergi ergi geli hasak be adaki obuhabi.

lumei: ili bira oci cabcal be eyeme duleke emu amba bira. bithe de henduhengge, cabcal i mukei sekiyen bayan elgiyen, umai emteli ili birai teile waka.

魯梅：察布查爾縣的北界就是伊犁河嗎？

郭興阿：我看，應該說，察布查爾隔著伊犁河與伊寧市和霍城縣相望。

魯梅：它的另外三面與哪些地方為鄰呢？

郭興阿：它的東面是鞏留縣，南面是特克斯和昭蘇縣，西面也與哈薩克為鄰[1]。

魯梅：伊犁河是流經察布查爾的一條大河。書上說，察布查爾水源豐富，不只是這條伊犁河。

---

[1] 原書郭興阿此句答話，缺漢文，特據錫伯文補譯漢文。

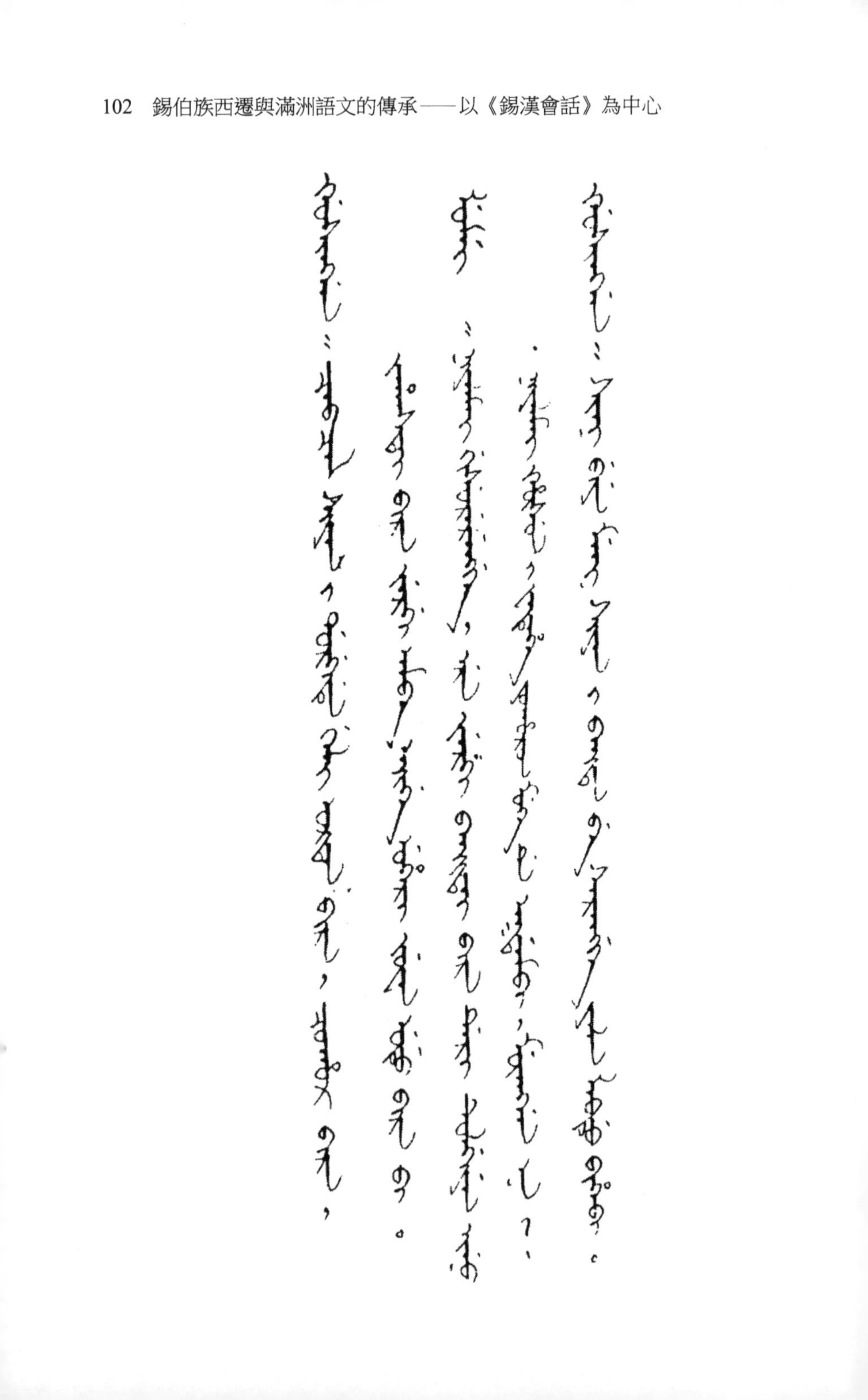

gosingga: cabcal siyan i dorgide geli ortan bira、 cohor bira、 jahastai bira jergi amba ajige uheri juwan udu bira bi.

lumei: niyalmai gisurerengge, ere jergi banjitai bira deri tulgiyen inu niyalmai hūsun i fetehe yohoron muke de akdambi, mujangga na?

gosingga: sini beye meni siyan i baita be sarangge yala labdu bihebi.

郭興阿：察布查爾縣境內還有奧爾坦河、綽霍爾河、扎闊斯台河[1]，大小十多條哩。

魯梅：人們說，除了這些天然河流之外，也還靠人工開鑿的水渠[2]，對不？

郭興阿：您對我們縣了解得真不少啊！

---

1 「扎闊斯台河」，錫伯文作"jahastai bira"，音譯當作「扎哈斯台河」。
2 「也還靠人工開鑿的水渠」，錫伯文作"inu niyalmai hūsun i fetehe yohoron muke de akdambi"，意即「也還靠人工開鑿水渠」。

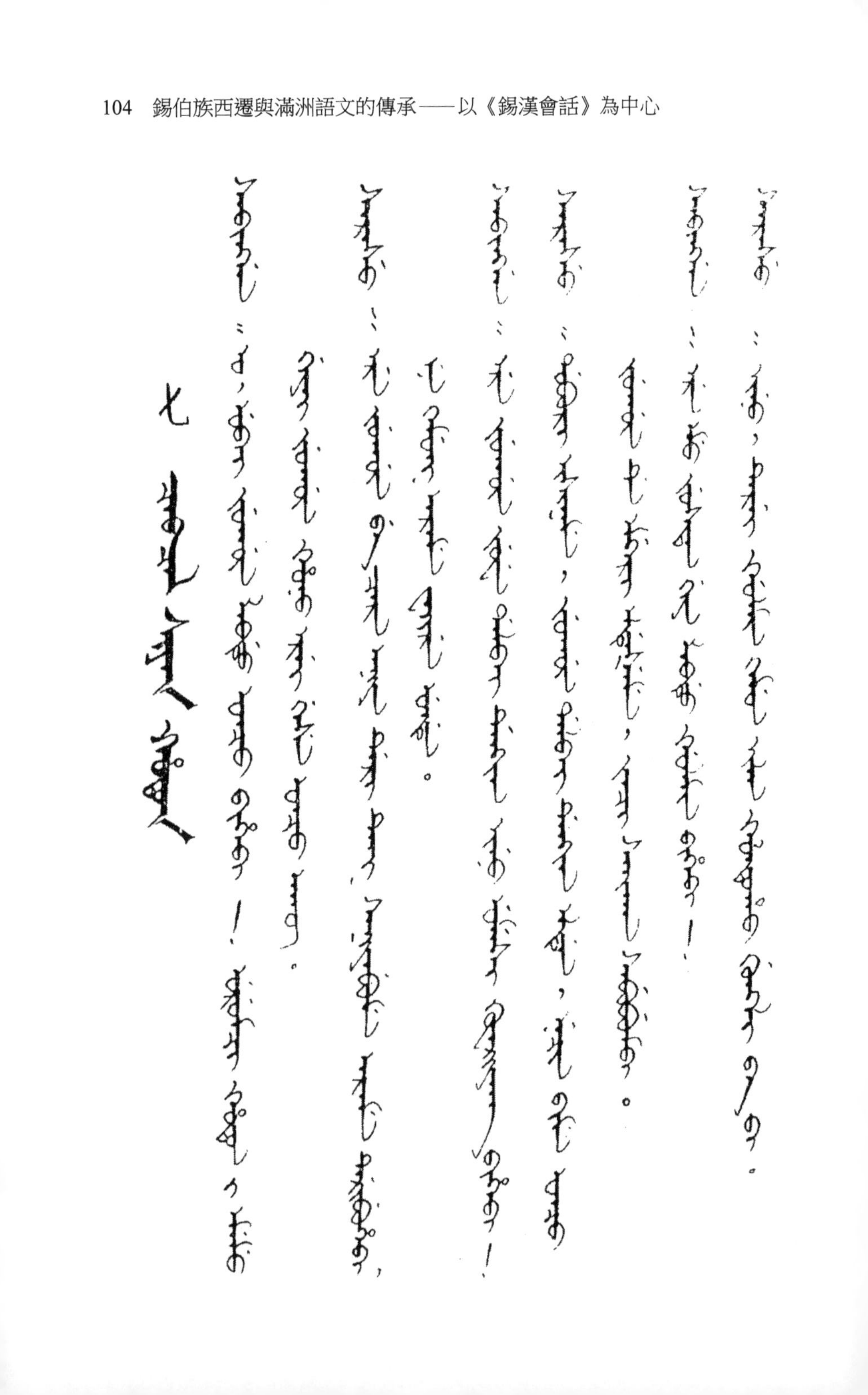

七 [illegible]

[illegible]

七、cabcal siyan hoton

sabingga: o, ubai jugūn labdu onco bihebi！urumci hoton i ememu giyai jugūn hono erei gese onco akū.

sarasu: ere jugūn be cara aniya deri teni saniyabume arame deribuhebi, ne kemuni arame wajire unde.

sabingga: ere jugūn juwe dalbai dengjan inu umesi kuwariyang bihebi！

sarasu: dobori isiname, jugūn dalbai dengjan elden, necin bime onco jugūn de emgeri eldešeme, jaci saikan sabubumbi.

sabingga: ere emu justan giya labdu golmin bihebi！

sarasu: inu, terei golmin kemun ilan hontoho gungli ba bi.

七、察布查爾縣城

薩賓阿：啊，這裡的馬路真寬！烏魯木齊市的街道有的還沒這麼寬呢！

薩拉蘇：這路是前年才開始擴建的，現在還沒完工呢。

薩賓阿：這條路兩邊的路燈也挺漂亮嘛！

薩拉蘇：到了夜晚，路邊的燈光映在平坦寬闊的路面上，漂亮得很。

薩賓阿：這條街很長哩！

薩拉蘇：是的，它的長度是三公里半。

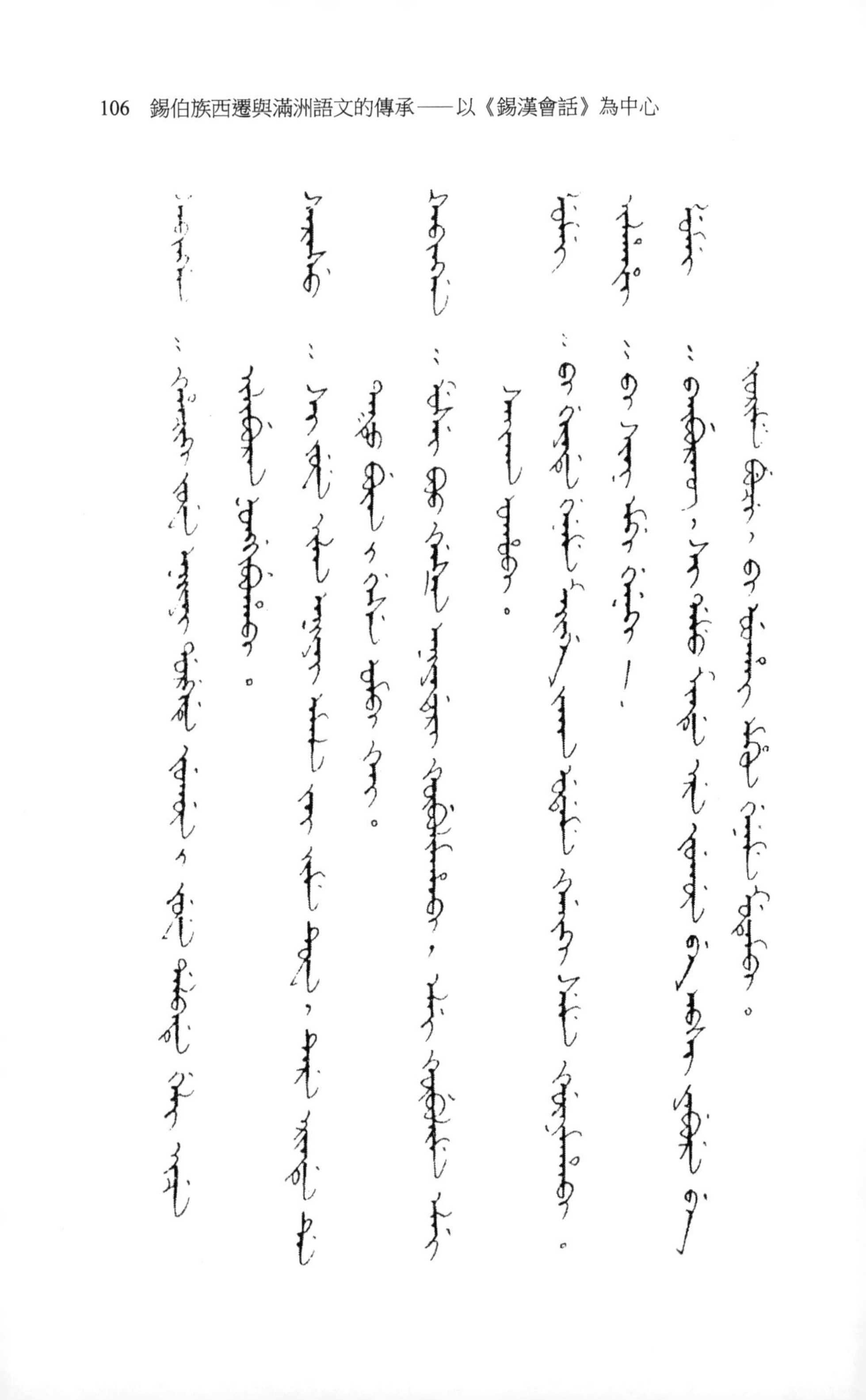

sabingga: hanciki juwe aniyai dorgide jugūn i juwe dalbade geli ice iliburan nonggibuhabi.

sarasu: si juwe ilan aniyai amala jai jime tuwa, tere erinde den taktu bujan i gese ombi kai.

sabingga: musei boo gašan aniyadari kūbulimahabi, elei kūbulime elei saikan ohobi.

lumei: bi giyade geneme majige jaka udame gaiki seme gūnimahabi.

ilhanjy: bi sini emgi geneki！

lumei: baiburkū, si damu minde ere jugūn be absi yabure be jorime buci, bi uthai emhun geneme mutembi.

薩賓阿：近兩年，路兩邊的新建築也增加了。

薩拉蘇：兩三年後你再來看，那時就成了高樓林立了。

薩賓阿：我們的家鄉年年在變，越變越美了。

魯梅：我想上街買點東西。

伊爾汗芝：我陪你去吧！

魯梅：不用了，你只要指給我這路怎麼走法，我一個人就能去了。

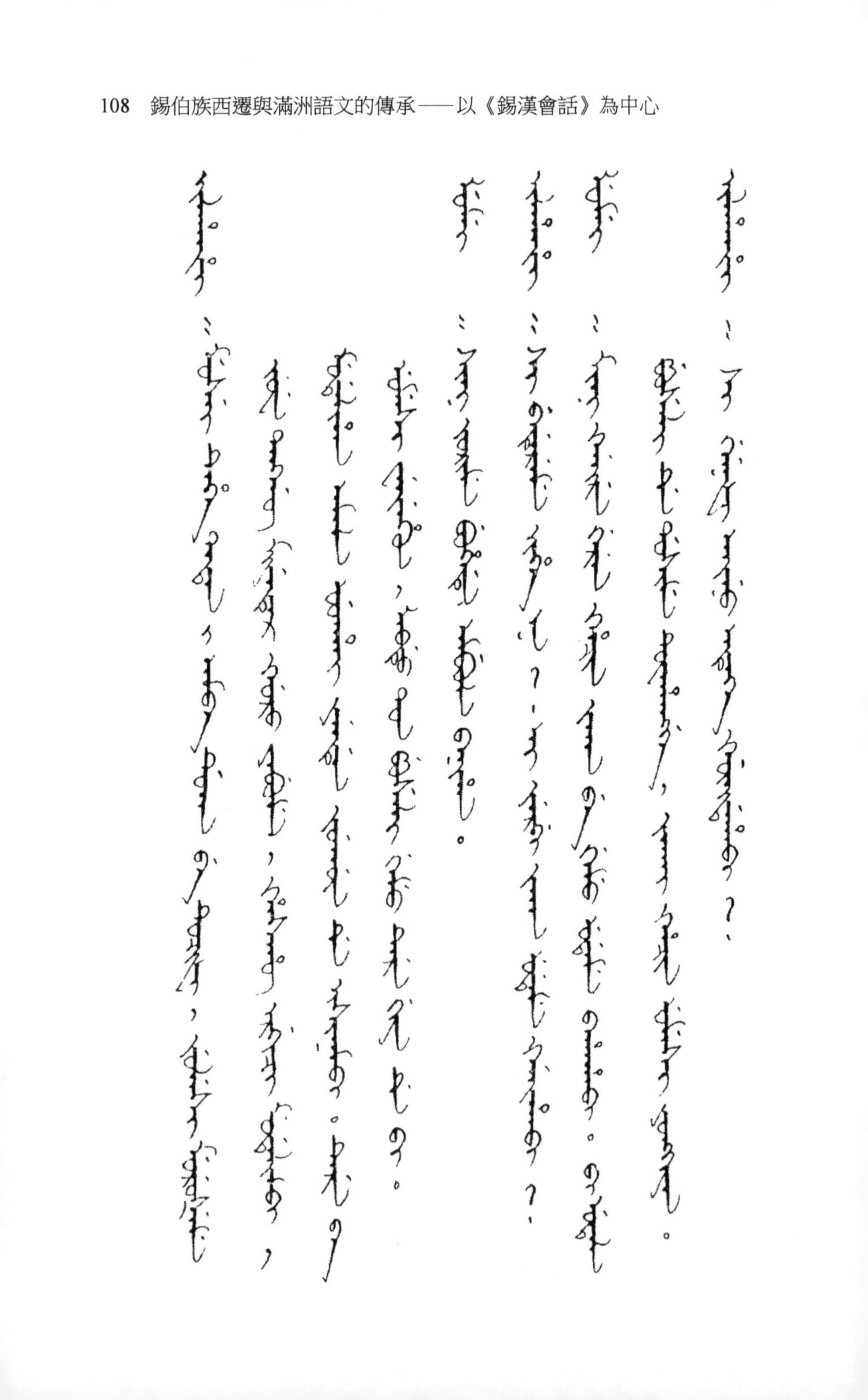

ilhanjy: musei tehe tatan i amba duka be tucifi, julesi murušeme juwe tanggū miyeter goro yabume, hashū ergici mudalimbi, mudaliha amala uthai yenden jugūn de isinambi. tere ba umesi wenjehun, labdu ton puseli gemu tere giya de bi.

lumei: sini jorime buhede ambula baniha.

ilhanjy: si bedereme jihe na? ai jergi jaka udame gaihabi?

lumei: mini gaire geren hacin jaka be gemu udame bahahabi. bi utala puseli de dosime tuwahangge, jakai hacin umesi yongkiyan.

ilhanjy: si genefi ainu enteke gūidahabi?

伊爾汗芝：從咱們住的賓館大門出去，向前大約走二百米，就往左拐，拐了彎，就到了殷登路。那裡很熱鬧，很多鋪子都在那條街上。

魯梅：多謝你的指引。

伊爾汗芝：你回來啦？都買了些什麼？

魯梅：我要買的各種東西都買到了。我逛了幾家商店[1]，貨色很齊全。

伊爾汗芝：你怎麼去了這麼半天呢[2]？

---

1 「我逛了幾家商店」，錫伯文作“bi utala puseli de dosime tuwahangge”，意即「我進入好多家商店去看了」。

2 「你怎麼去了這麼半天呢？」，句中「半天」，錫伯文作“gūidahabi”。漢字「久」，滿文作“goidahabi”，此作“gūidahabi”，誤。

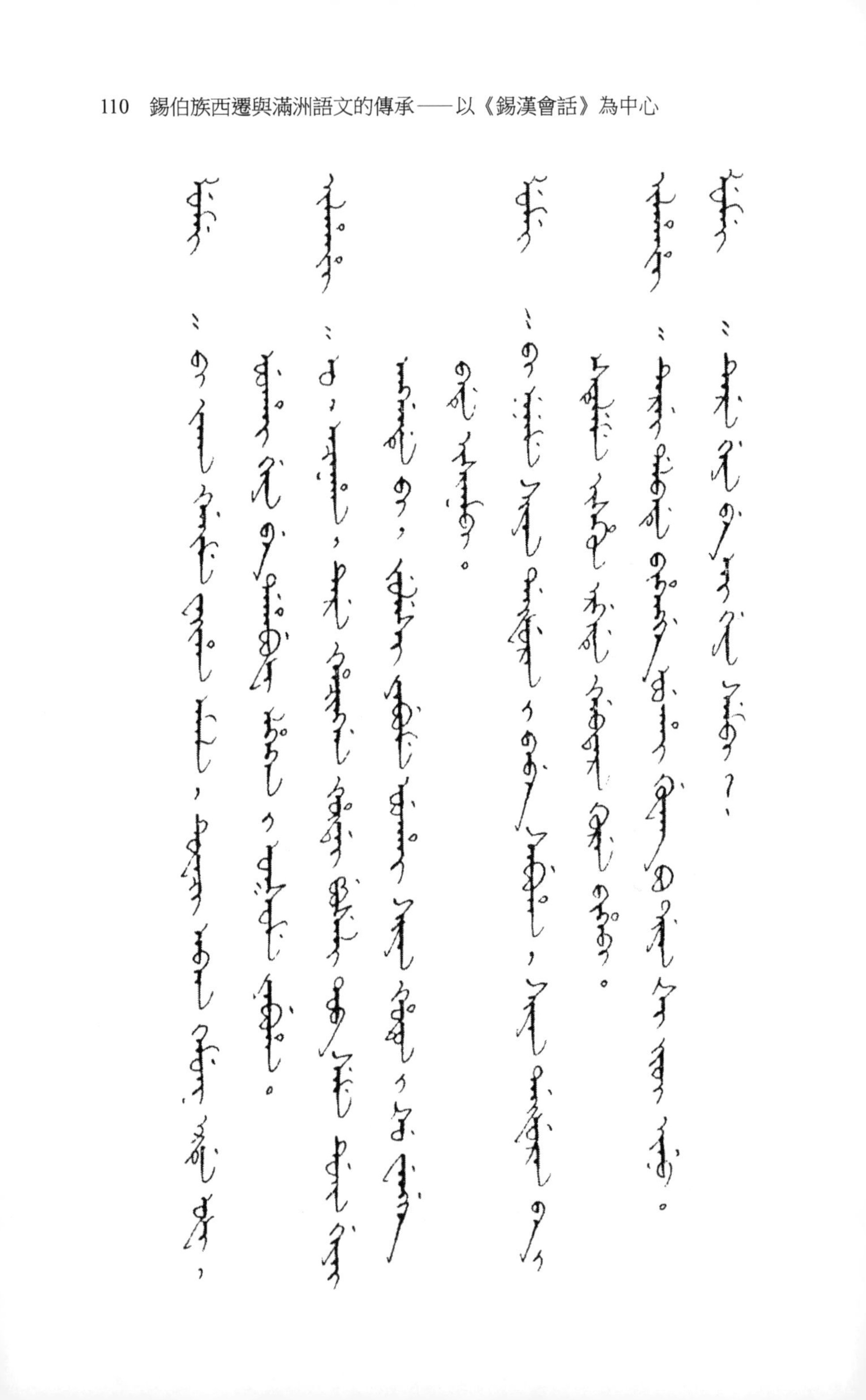

lumei: bi jaka gaime wajiha amala, tuwaci abka kemuni erde ofi, uthai giya be dahabufi elheken i oksome yabuha.

ilhanjy: o, acanaha, tere hacingga hūdai puseli tob seme duin giyai anggade bi, julesi yabume uthai siyan hoton i šu wengge bade isinambi.

lumei: bi neneme siyan daifuran i babe sabuha, siyan daifuran ba i esteleme ishun ergide gabtara kuren bihebi.

ilhanjy: terei dalbade bihengge uthai guwang bo diyan ši jioi inu.

lumei: tere giya be ai giya sembi?

魯梅：我買完東西，看天色還早，就沿著馬路慢慢走了走[1]。

伊爾汗芝：哦，對啦，那百貨商店正好在十字路口，往南走就是縣城的文化區[2]。

魯梅：我首先看到了縣醫院，縣醫院的斜對面是射箭館[3]。

伊爾汗芝：它的隔壁就是廣播電視局。

魯梅：那條街叫什麼街呀？

---

1 「就沿著馬路慢慢走了走」，句中「馬路」，錫伯文作“giya”，意即「街」。

2 「往南走就是縣城的文化區」，錫伯文作“julesi yabume uthai siyan hoton i šu wengge bade isinambi”，意即「往南走就到縣城的文化區」。

3 「斜對面」，句中「斜」，《錫漢教學詞典》作“ešembi”，此作“esteleme”，異。

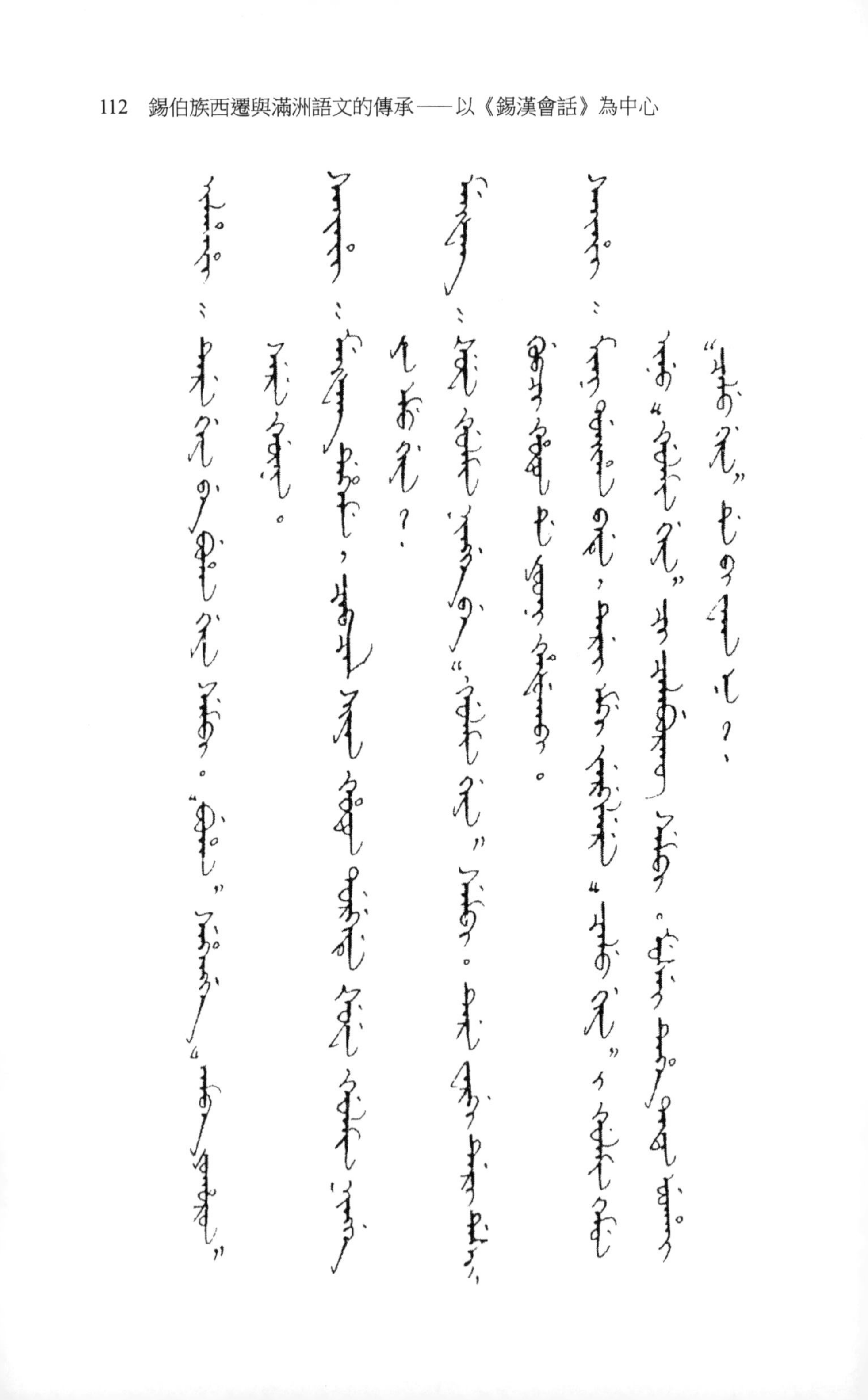

ilhanjy: tere giya be buha giya sembi. “buha” sehengge “amba yohoron” sere gūnin.

sainjy: meifang deheme, cabcal siyan hoton dorgide šuwe golmin ningge ya emu giya?

meifang: šuwe golmin ningge be “golmin giya” sembi. tere wargi deri desi gubci hoton de yooni hafukabi.

sainjy: mini donjiha bade, terei emgi jergilere “calu giya” i golmin kemun inu “golmin giya” ci calaburkū sembi. musei tehe tatan uthai “calu giya” de bi waka na?

伊爾汗芝：那條街叫布哈街。「布哈」就是「大渠」的意思。

賽因芝：美芳姨，察布查爾縣裡最長的是哪條街？

美芳：最長的路叫「果爾敏路」。它自東而西貫穿全城。

賽因芝：我聽說，跟它平行的查魯蓋路，長度也跟果爾敏路差不多。我住的賓館不就在查魯蓋路嗎[1]？

---

[1] 「我住的賓館」，錫伯文作“musei tehe tatan”，意即「咱們住的賓館」。

ᠨᡳᠶᠠᠯᠮᠠ ᠄ [illegible] ᠈ [illegible] “ᠮᠠᠨᠵᡠ ᡤᡳᠰᡠᠨ” [illegible]

[illegible] ᠄ [illegible] ᠉

[illegible] ?

ᠨᡳᠶᠠᠯᠮᠠ ᠄ [illegible] ᠉ [illegible]

[illegible] ᠉

meifang: esi, ere “calu giya” i jugūn be gisurere oci “golmin giyai” jugūn deri hono sain, teb teksin bime neb necin.

sainjy: golmin giya gemu desi wasi yabuhangge oci, julesi amasi yabuha giya gemu maji foholon waka na?

meifang: mujangga, cabcal hoton dorgii jugūn giya, amba muru gemu julesi amasi foholon, desi wasi golmin.

美芳：對啊，要說這查魯蓋路的路面，比果爾敏路還好，筆直而又平坦。

賽因芝：長街都是東西走向的，那南北走向的街是不是短些？

美芳：是這樣，察布查爾縣城裡的路[1]，大體上是南北短，東西長。

---

[1] 「察布查爾縣城裡的路」，句中「路」，錫伯文作“jugūn giya”，《錫漢教學詞典》作「街道」，此作「路」，異。

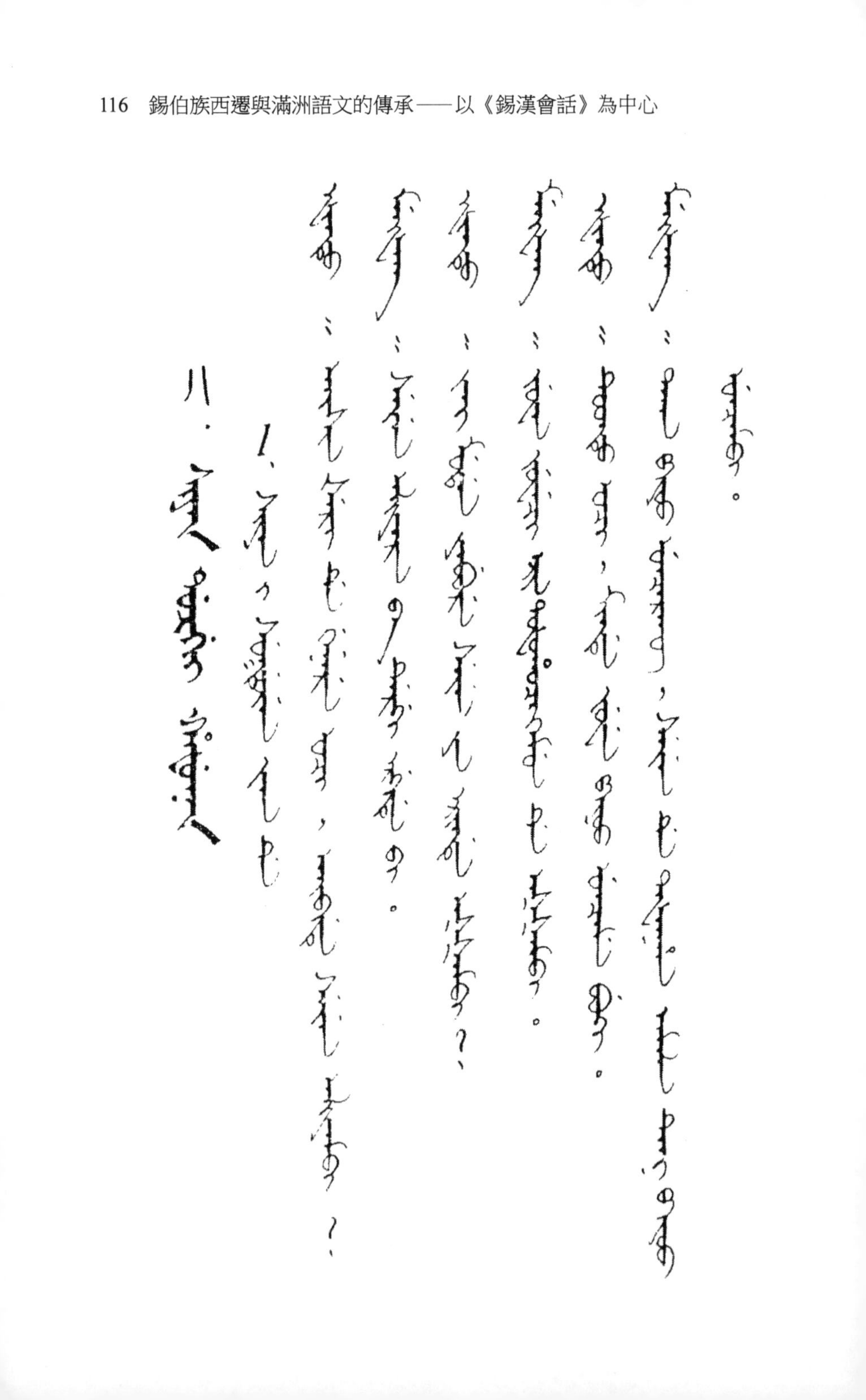

[illegible]。

[illegible]

[illegible]

[illegible]

[illegible]

[illegible]

[illegible]

1、[illegible]

八. [illegible]

八、siyan dorgii hafunan

1. siyan i sukdujen jan de

efintu: aisin šeri de genere oci, aibide sejen aliyambi?

meifang: sejen aliyara ba dergi ergide bi.

efintu: jai mudan yabure sejen ya erinde aššambi?

meifang: juwan juweci erin tofohoci kemun de aššambi.

efintu: tuttu oci, minde juwe piyoo uncame buki.

meifang: taka piyoo uncarkū, sejen de tafanaha amala teni piyoo uncambi.

八、縣內交通

1.在縣汽車站

額芬圖：到金泉去[1]，在哪兒等車？

美芳：等車的地方在西邊。

額芬圖：下一班車幾點開？

美芳：十二點十五分開[2]。

額芬圖：那麼請給我賣兩張票吧！

美芳：站上不賣票[3]，上車以後，才賣票。

---

1 「金泉」，錫伯文作“aisin šeri”，今地名或音譯作「愛新色里」。
2 「十五分」，當作“tofohoci fen”，此作“tofohoci kemun”，錫漢文義不合。
3 「站上不賣票」，錫伯文作“taka piyoo uncarkū”，意即「暫且不賣票」。

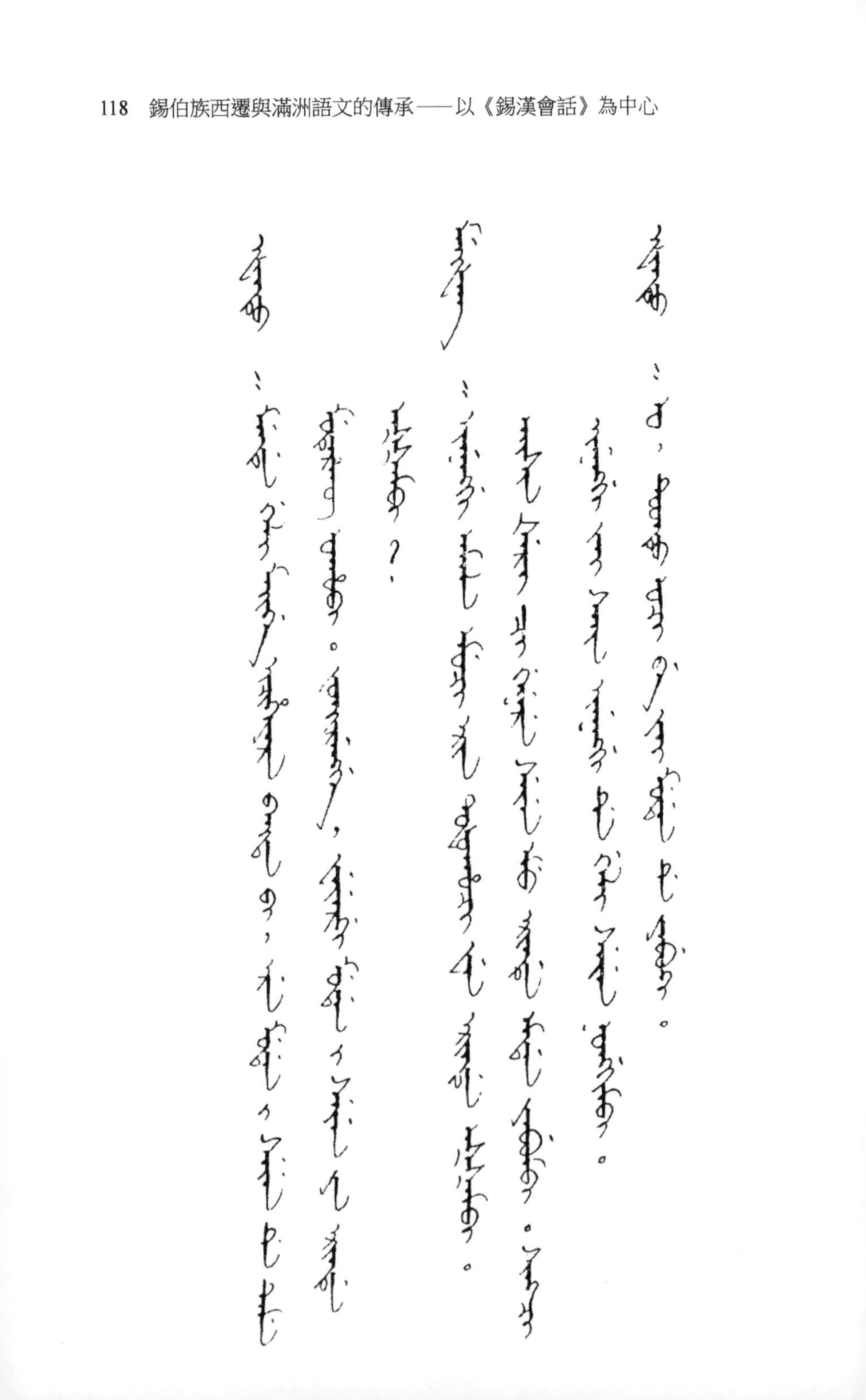

efintu: mende geli majige icihiyara baita bi, ere mudan i sejen de teme muterkū ohobi. fonjirengge, fejergi mudan i sejen ya erinde aššambi?

meifang: inenggi amala emuci erin tofohoci fen erinde aššambi. aisin šeri ci genere sejen emu erinde emdan yabumbi. singci inenggi jai sain inenggi de geli sejen nonggimbi.

efintu: o, tuttu oci be jai mudan de yabuki.

額芬圖：我們還有些事要辦，這趟車坐不成了。請問下一班車是幾點開[1]？

美芳：下午一點十五分開，去金泉的車是一小時一趟。星期日和節日[2]，還要加車。

額芬圖：哦，那麼我們坐下趟車走吧。

---

[1] 「請問下一班車是幾點開」，句中「下一班車」，滿文作“sirame mudan i sejen”，意即「接下來一班車」，或「次班車」。錫伯文可作“jai mudan i sejen”，此作“fejergi mudan i sejen”，有待商榷。

[2] 「星期日」，《錫漢教學詞典》作“barunggi”，此作“singci inenggi”，異。

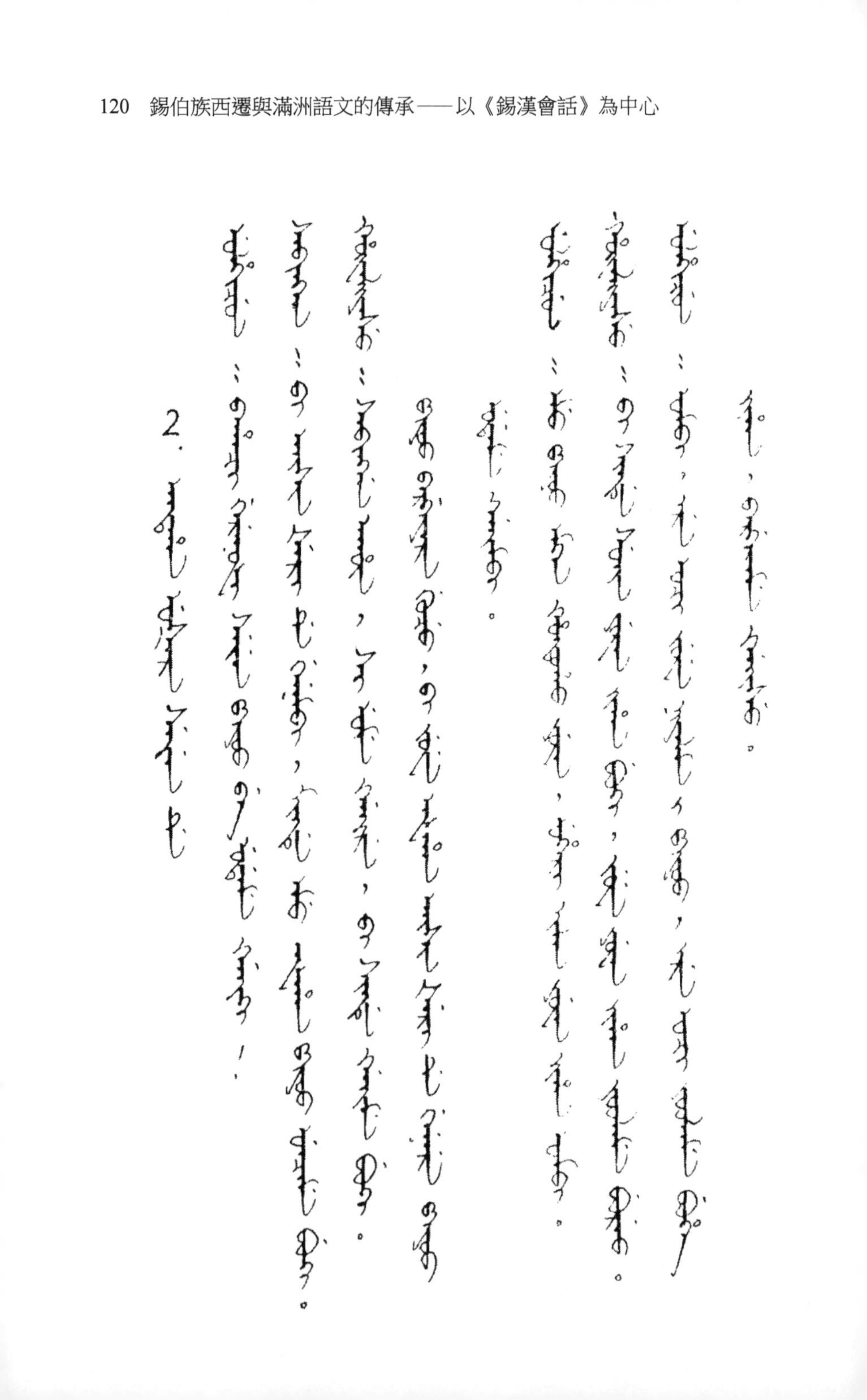

2.

2.antaha ušara sejen de

ulhicun: bahaci gerenofi sejen piyoo be udame gaiki！

sabingga: bi aisin šeri de genembi, minde emu afaha piyoo uncame buki.

hūwaliyasu: sabingga ahūn, si ume gaire, bi sinde gaime buki. piyoo bargiyara gucu, bi juwe afaha aisin šeri de genere piyoo udame gaimbi.

ulhicun: emu piyoo emken hontoho yuwan, uheri ilan yuwan jiha ombi.

hūwaliyasu: bi sinde sunja yuwan jiha buki, juwe yuwan jiha joolame bureo.

ulhicun: ombi, ere oci juwe niyalma i piyoo, ere oci joolame buhe jiha, bargiyame gaisu.

2.在客車上

烏爾希春：請大家買票啦！

薩賓阿：我到金泉去，請給我賣張票。

華里亞蘇：薩賓阿大哥，你不要買了，我替你買吧！售票員[1]，我買兩張去金泉的票。

烏爾希春：一張一塊五，一共是三塊錢。

華里亞蘇：我給你五塊錢，請給找兩塊錢。

烏爾希春：好，這是兩個人的票，這是找的錢，請收好。

---

[1] 「售票員」，滿文作“piyoo be uncara gucu”，此作“piyoo bargiyara gucu”，意即「收票員」，錫漢文義不合。

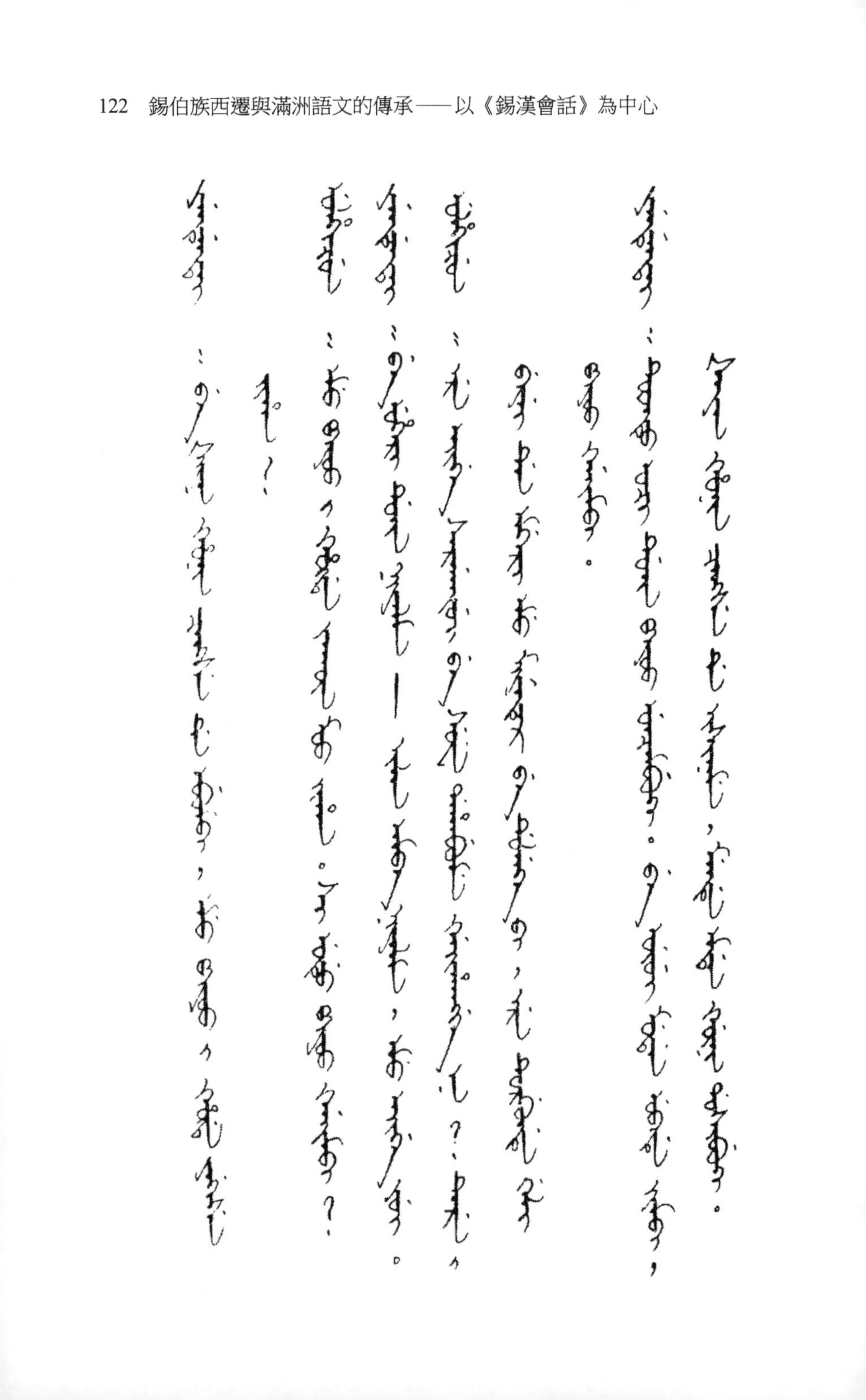

yendentai: be šayan honin cangse de ebumbi, emu piyoo i hūda yagese jiha?

ulhicun: emu piyoo i hūda jakūn moo jiha. si udu piyoo gaimbi?

yendentai: be uheri duin niyalma — ilan amba niyalma, emu ajige jui.

ulhicun: ere ajige sarganjui be suwe dahabume gajihangge na? tere i beyei den emgeri emu miyeter be duleke bi, ere turgunde geli piyoo gaimbi.

yendentai: tuttu oci duin piyoo uncambuki. be ujui mudan ubade jimbi, šayan honin cangse de isiname, mende emdan gūnin dosibuki.

尹登泰：我們在種羊場下車，一張票多少錢？

烏爾希春：一張票八毛錢，你買幾張？

尹登泰：我們一共四個人 — 三個大人，一個小孩。

烏爾希春：這個小女孩是你們帶的嗎？她的身高已經超過一米，所以也要買票。

尹登泰：那就請給買四張票吧[1]！我們是初次來這裡，到了種羊場，請你提醒我們一下。

[1] 「那就請給買四張票吧！」，錫伯文作"tuttu oci duin piyoo uncambuki."，意即「那就給賣四張票吧！」

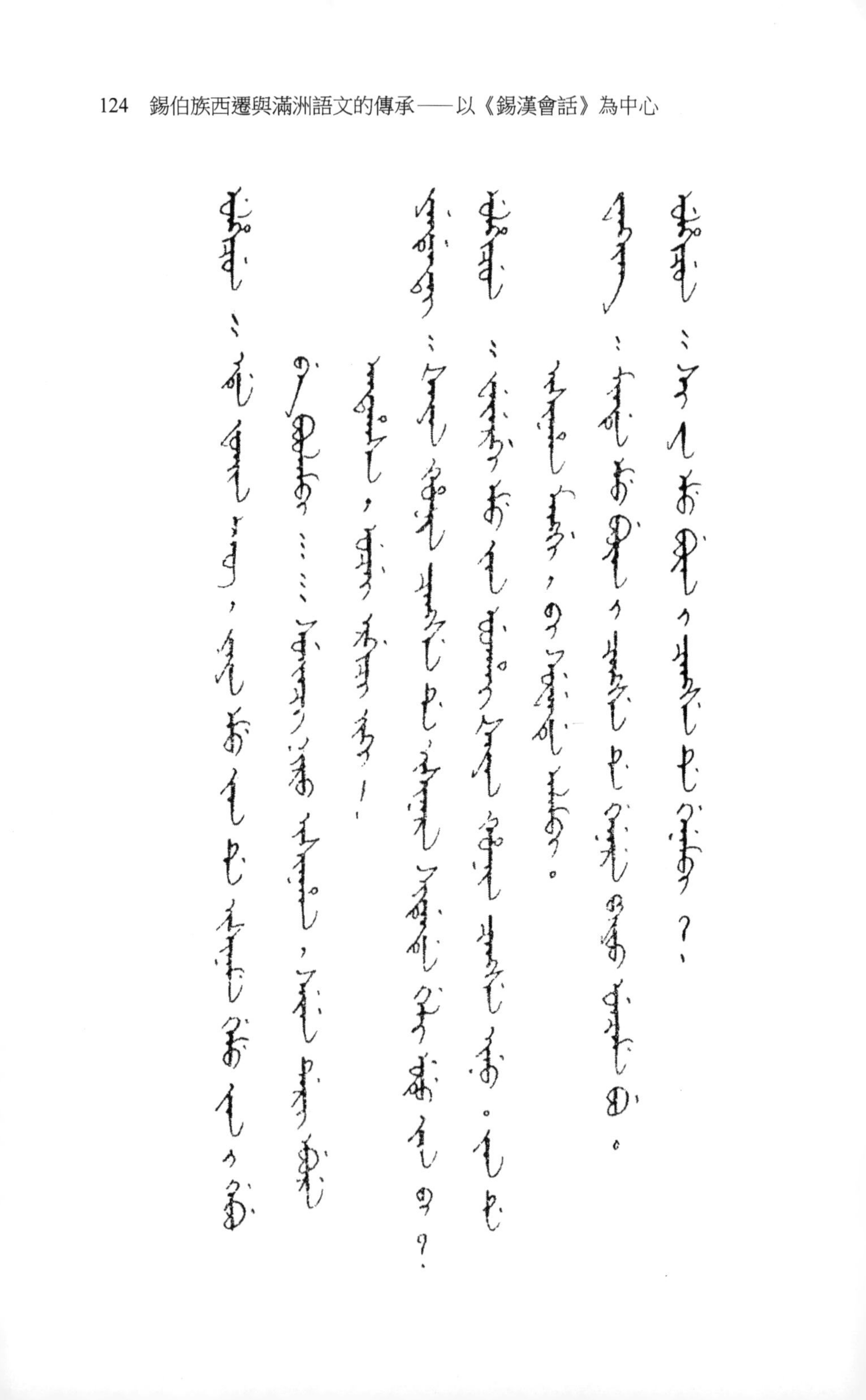

ulhicun: ede fonjin akū, yaya emu jan de isiname gemu jan i gebu be boolambi …… sunjaci niru isinaha, sejen deri ebure antahasa, ucei ergici jiki !

yendentai: šayan honin cangse de isinara sidende geli udu jan bi?

ulhicun: fejergi emu jan uthai šayan honin cangse inu. jan de isinaha manggi, bi suwende alambi.

wanging: minde emu bujan i cangse de genere piyoo uncame bu.

ulhicun: si ya emu bujan i cangse de genembi?

烏爾希春：這沒問題，每到一站，都要報站名……五牛祿到了[1]。要下車的乘客，請往車門口走！

尹登泰：到種羊場還有幾站？

烏爾希春：下一站就是種羊場，到站我就叫你們[2]。

王英：請給我買一張去林場的車票。

烏爾希春：你要去哪個林場？

---

1 「五牛祿到了」，句中「牛祿」，錫伯文作“niru”，《錫漢教學詞典》作「牛彔」，此作「牛祿」，異。「五牛彔」，今地名或音譯作「孫扎齊牛彔」。

2 「到站我就叫你們」，錫伯文作“jan de isinaha manggi, bi suwende alambi.”，意即「到站後，我告訴你們。」

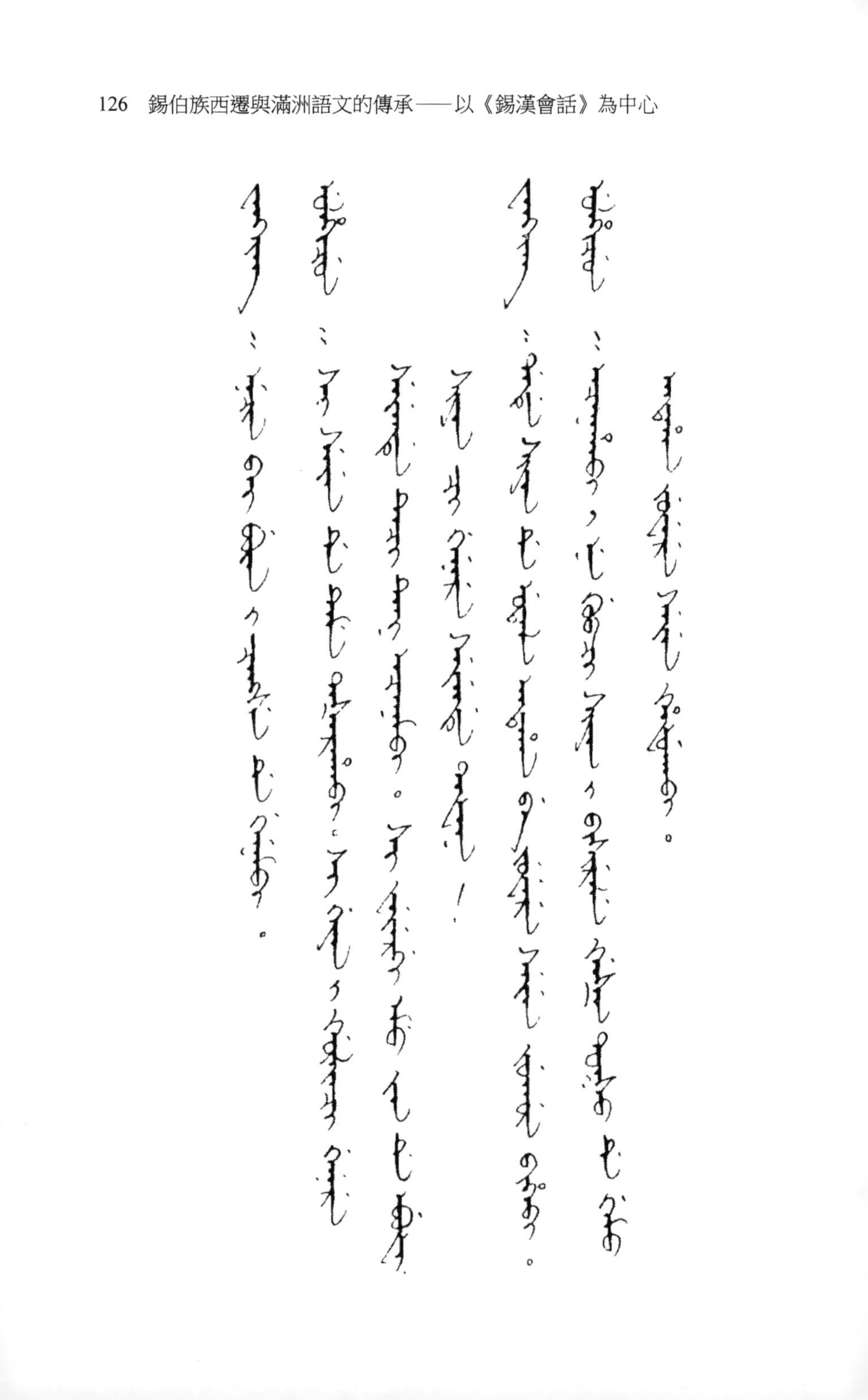

wanging: necin bai bujan i cangse de genembi.

ulhicun: si sejen de teme tašarahabi. si giyan i gūljaci genere sejende teci teni acanambi. si fejergi emu jan de ebufi siyan ci genere sejende tafana !

wanging: dade siyan de utala antaha be juwere sejen jugūn bihebi.

ulhicun: acanahabi, ne gubci siyan i bisirele gašan tokso de gemu antaha juwere sejen hafukabi.

王英：去平原林場。

烏爾希春：你搭錯了車，你該乘去伊寧市的車，請你在下站下車，搭上到縣城去的車。

王英：原來縣內有好幾條客運汽車路線呢！

烏爾希春：是這樣，現在全縣所有鄉村都通了客運汽車。

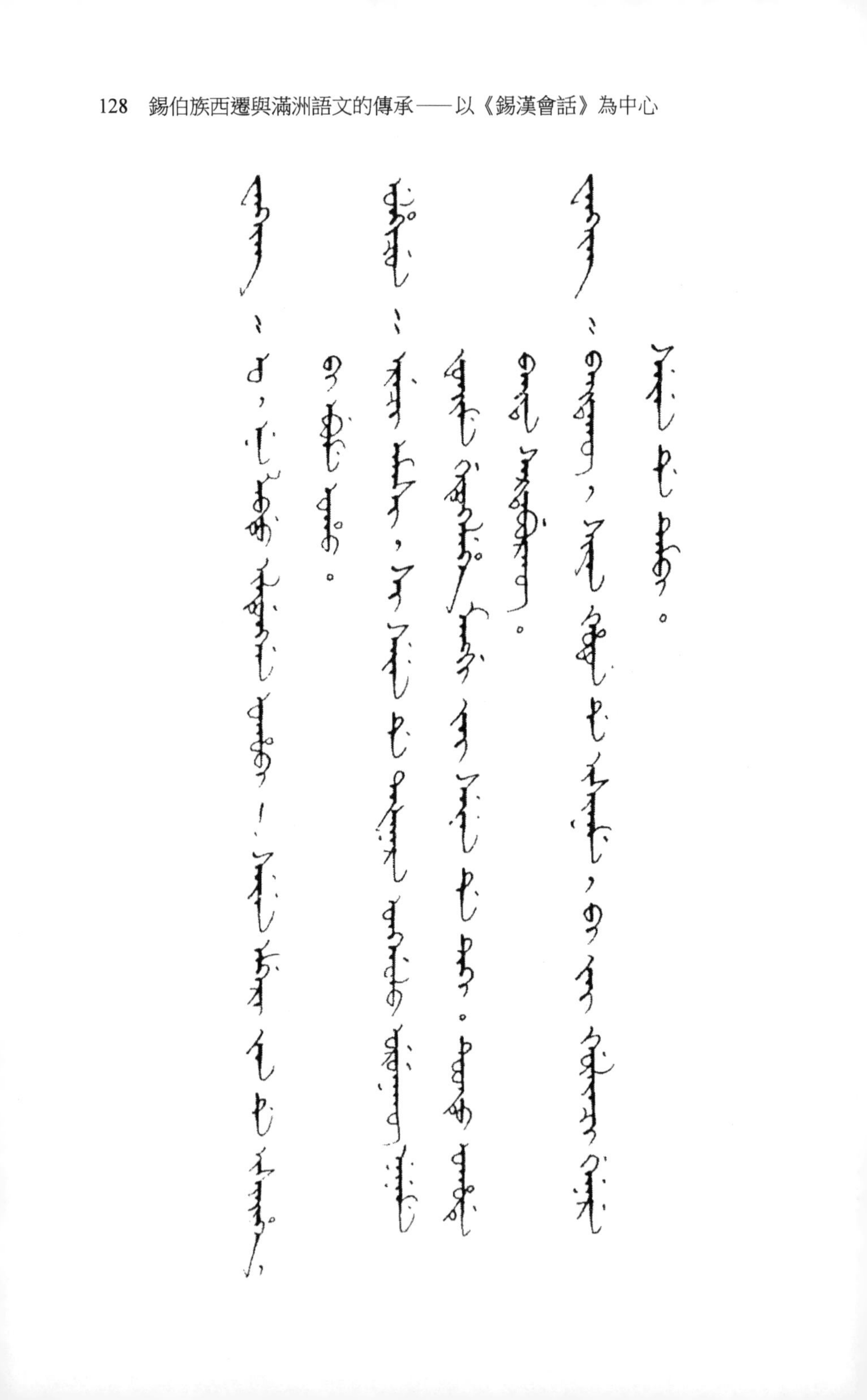

[illegible]

wanging: o, ne labdu ildungga ohobi！ sejen emgeri jan de isinjihe, bi ebume oho.

ulhicun: ereci amasi, si sejen de tafanara onggolo urunakū neneme fonjime getukelehe manggi jai sejen de teki, tuttu ohode baita sartaburkū.

wanging: baitakū, siyan hoton de isiname, bi jai gūljaci genere sejen de tembi.

王英：哦，現在太方便了[1]，車到站了，我得下車了。

烏爾希春：以後，你上車之前，一定先問清楚了再上，那樣就不會躭誤事了。

王英：不要緊，到了縣城，我再坐去伊寧的汽車[2]。

---

1 「現在太方便了」，句中「太」，《錫漢教學詞典》作"jaci"，此作"labdu"，異。

2 「汽車」，錫伯文作"sukdujen"，此作"sejen"，意即「車」，錫漢文義略異。

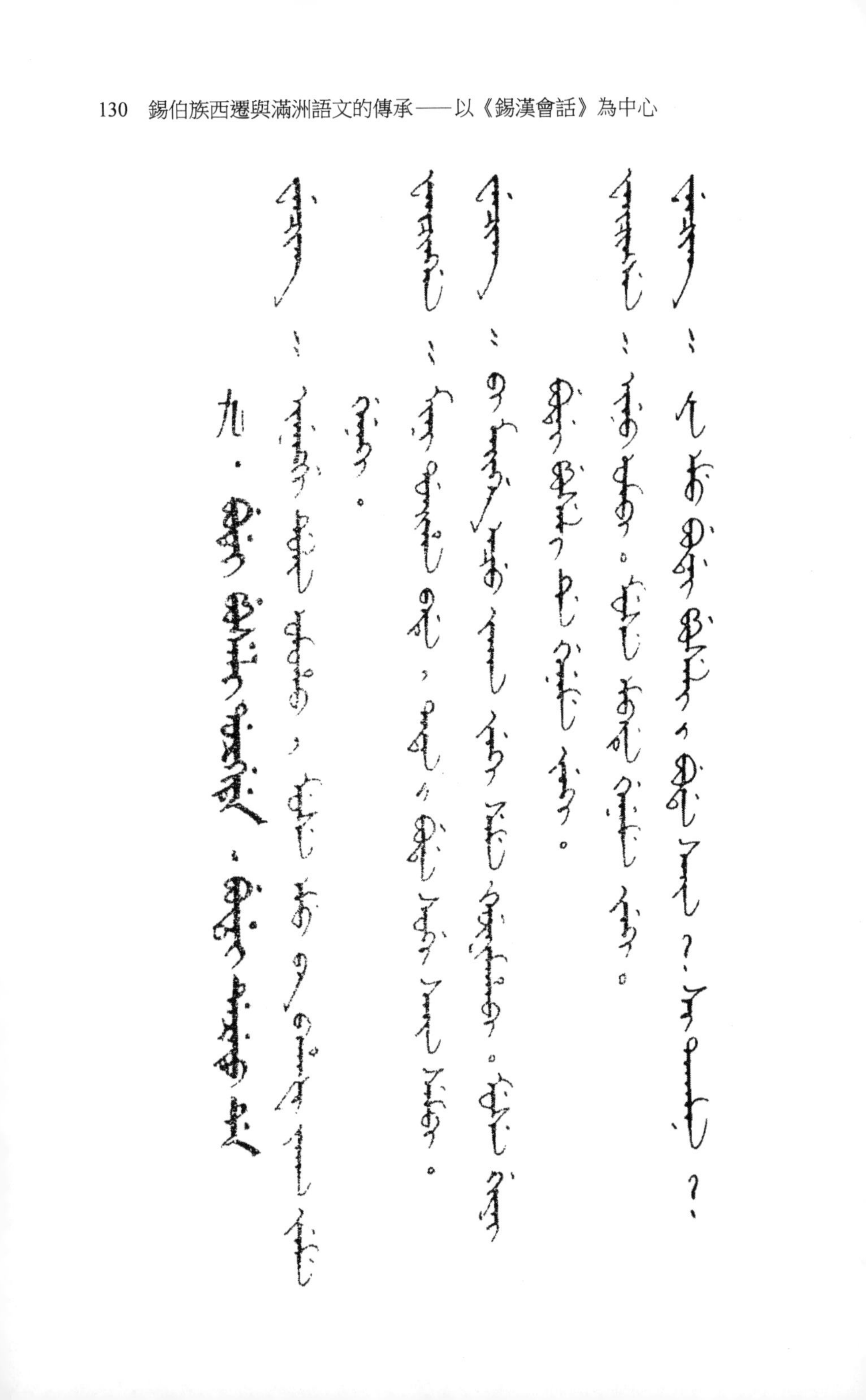

[illegible]

九、[illegible]

九、budai puseli dorgide、budai deretu de

wencing: inenggi dulin omoho, muse emu ba bahafi jaka jeme geneki.

faicingga: mini donjiha bade, tatan i buda sogi sain sembi.

wencing: bi majige encu jaka jeki seme gūnimahabi. muse giyai budai puseli de geneme jeki.

faicingga: inu ombi. muse embade geneme jeki.

wencing: ya emu budai puseli i buda sain? si takamna?

九、在飯館裡、在餐桌上

文清：天快晌午了，咱們找個地方吃飯去吧！

法伊青阿：我聽說，賓館餐廳的飯菜不錯[1]。

文清：我想吃別樣的東西。咱們到街上的館子去吃吧！

法伊青阿：也好，我們一起去吃。

文清：你知道哪個館子的飯好？

---

[1] 「賓館餐廳的飯菜不錯」，錫伯文作"tatan i buda sogi sain sembi"，意即「賓館的飯菜不錯」，錫漢文義略有出入。

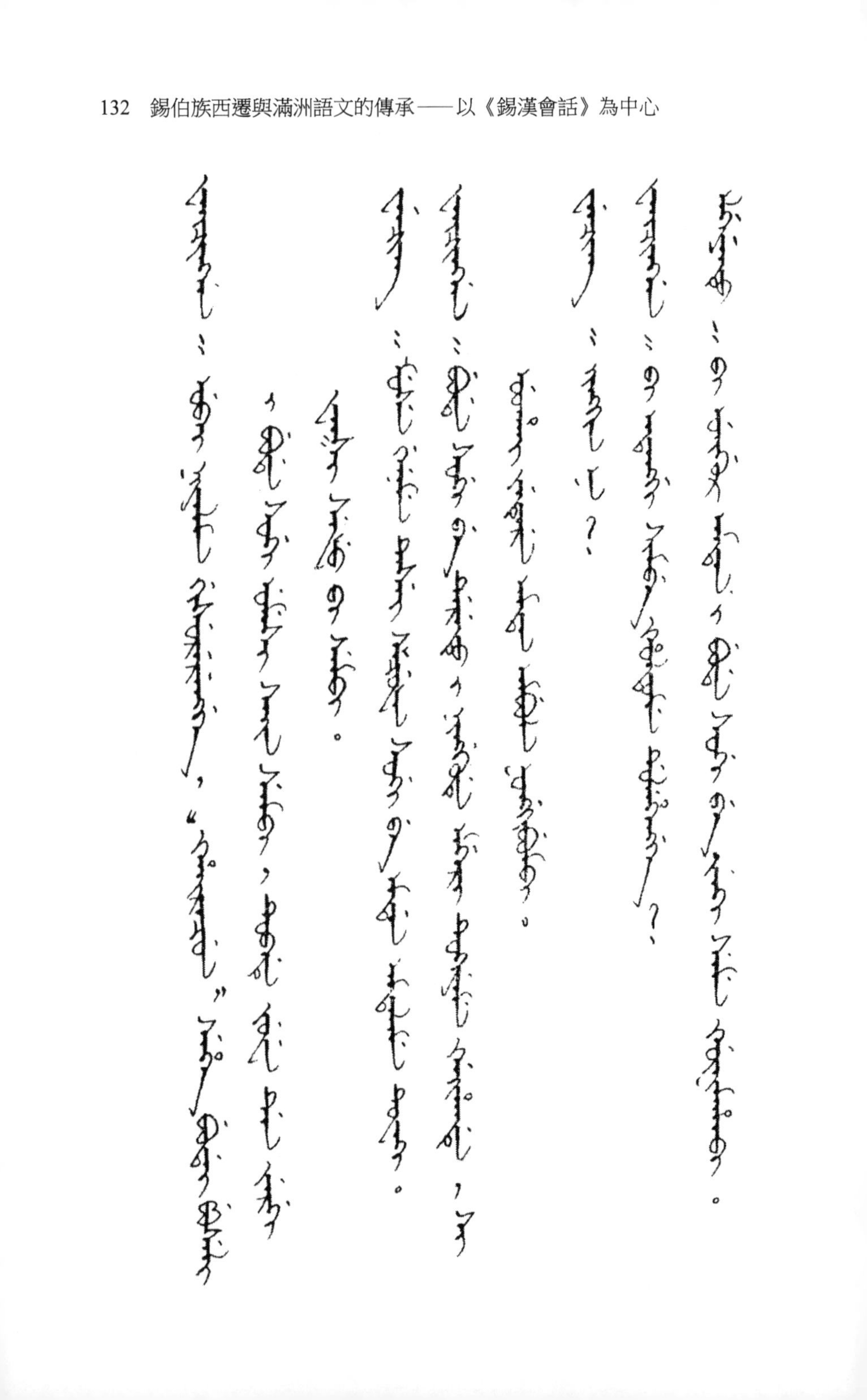

faicingga: ubai niyalma gisurerengge, “hairacun” sehe budai puseli i buda sogi umesi sain sembi, tubade juwe den jergi faksi sefu bi sembi.

wencing: muse geneme tesei sycuwan sogi be emdan amtalame tuwaki.

faicingga: buda sogi be deretu i ninggude emgeri tukiyeme gajihade, si uthai jetere amtan ambula nonggibumbi.

wencing: jingkin na?

faicingga: bi atanggi simbe holtome dulehengge?

elgiyentu: bi uigur amtan i buda sogi be jeki seme gūnimahabi.

法伊青阿：這裡的人說，「海拉春」飯館的飯菜很好吃，那兒有兩位高級廚師。

文清：咱們去嚐嚐他們的四川菜吧[1]！

法伊青阿：飯菜一端到桌上，你就胃口大開。

文清：當真嗎？

法伊青阿：我什麼時候騙過你？

厄爾金圖：我想吃維吾爾風味的飯菜[2]。

---

[1] 「咱們去嚐嚐他們的四川菜吧！」，錫伯文作“muse geneme tesei sycuwan sogi be emdan amtalame tuwaki”，意即「咱們去嚐嚐看他們的四川菜吧！」

[2] 「我想吃維吾爾風味的飯菜」，錫伯文作“bi uigur amtan i buda sogi be jeki seme gūnimahabi”，意即「我正想吃維吾爾風味的飯菜」。

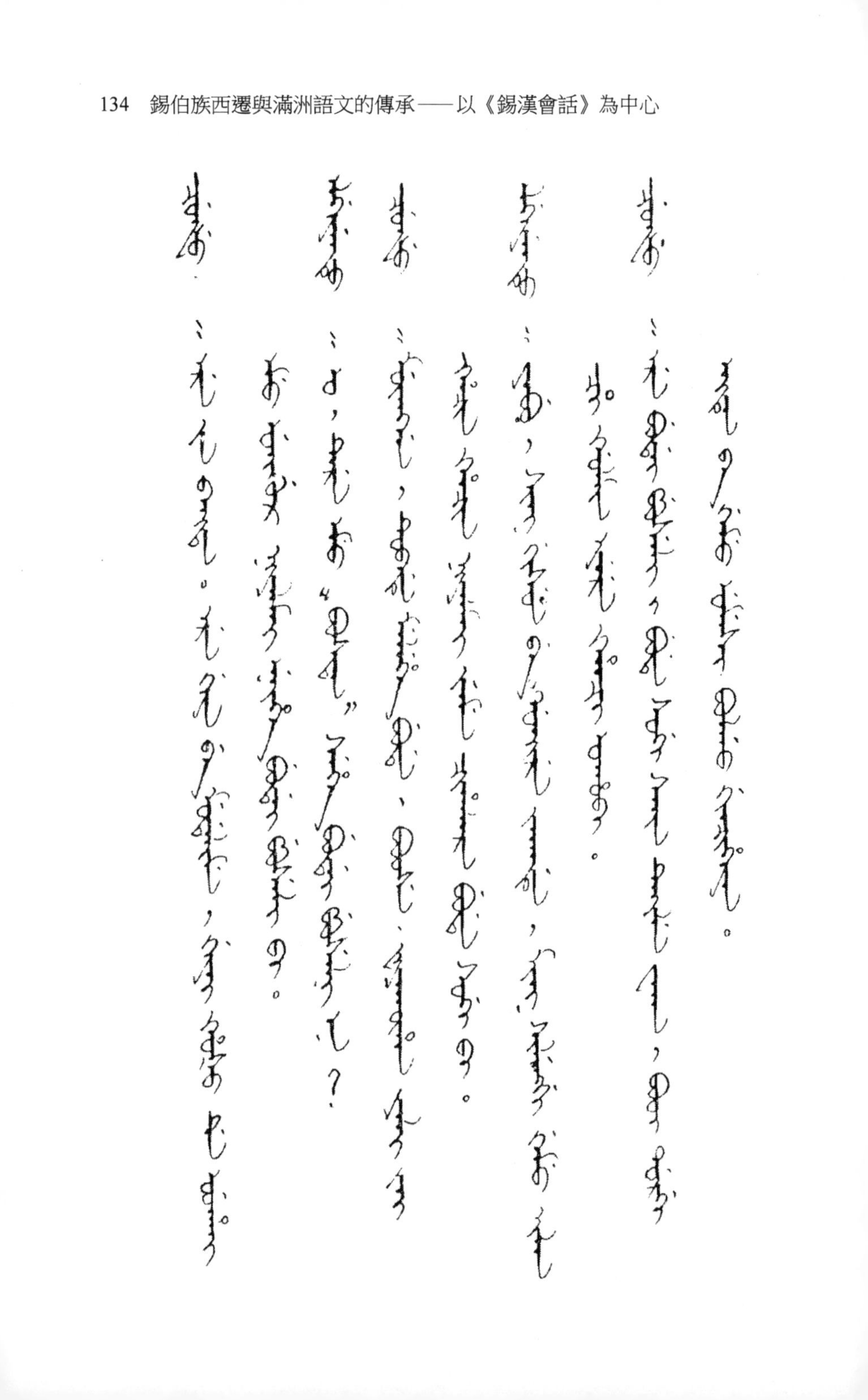

cunfu: ere ja baita. ere giya be mudalime, giyai hošo de uthai emu uigur niyalmai neihe budai puseli bi.

elgiyentu: o, tere emu "bostan" sehe budai puseli na?

cunfu: mujangga, tubade melehe buda、 boose、 fiyakūha yali jai hacin hacin niyalmai jeme cihalara buda sogi bi.

elgiyentu: yabu, sini gisun be donjire jakade, mini silenggi gemu ilan c'y golmin eyere hanci ohobi.

cunfu: ere budai puseli i buda sogi sain teile waka, booi dorgi eiten ba gemu umesi bolgo gincihiyan.

春夫：這容易。這條街拐角處就有一家維吾爾人開的飯館。

厄爾金圖：噉，那家「綠洲」飯館嗎[1]？

春夫：就是，那裡有抓飯、包子、烤肉和各種人們愛吃的飯菜。

厄爾金圖：走吧！聽你說的，我都要垂涎三尺了。

春夫：這個館子不光是飯菜好，房子裡處處都很乾淨漂亮。

---

[1] 「綠洲」，滿文作"niowanggiyan jubki"，錫伯文作"bostan"，係維吾爾語借詞。

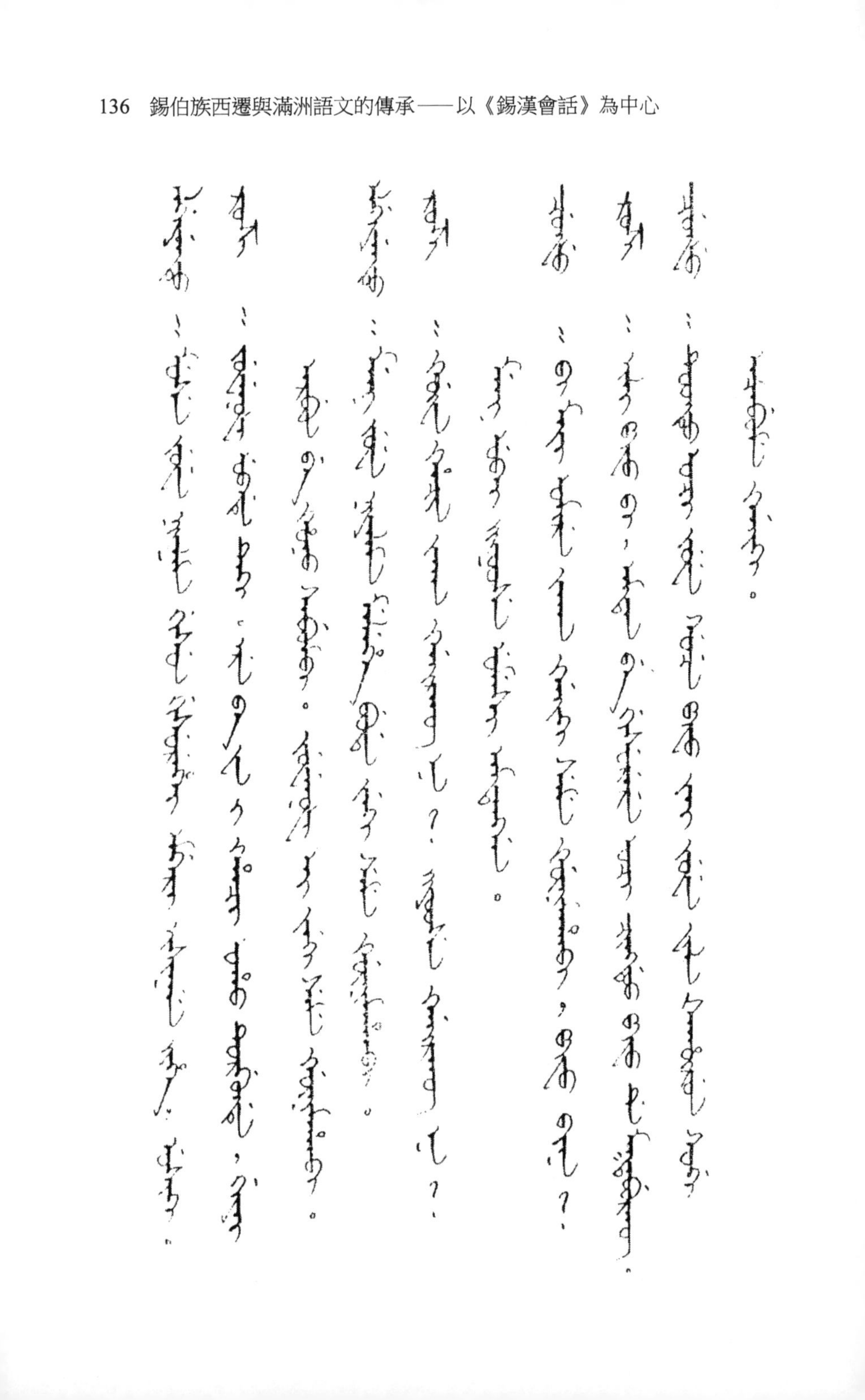

elgiyentu: muse juwe niyalma gisun gisurehei emgeri isiname jihe, dosiki.

rodz: juwenofi ubade teki. ere ba fa i hanci oho turgunde, giyai arbun be hono sabumbi. juwenofi ai jeki seme gūnimahabi?

elgiyentu: meni juwe niyalma melehe buda jeki seme gūnimahabi.

rodz: gūwa hacin jaka gairkū na? jiyoose gairkū na? meni ubai jiyoose umesi amtangga.

cunfu: bi maji omire jaka gaiki seme gūnimahabi, piwo bina?

rodz: ili piwo bi, amtan be gisurere oci cingdoo piwo de maktaburkū.

cunfu: tuttu oci juwe suce piwo jai juwe fila šahūrun sogi acabume gaiki.

厄爾金圖：咱們倆說著說著就到了，進去吧！

肉孜：二位請這邊坐。這裡靠近窗戶，還可以看街景。二位想吃些什麼？

厄爾金圖：我們倆想吃抓飯。

肉孜：不要別樣東西了嗎？不要餛飩了嗎[1]？我們這裡餛飩香得很。

春夫：我想來點兒飲料，有啤酒嗎[2]？

肉孜：有伊犁啤酒，論味道，不比青島啤酒差。

春夫：那就買兩瓶啤酒，再配上兩盤涼菜。

---

[1] 「不要餛飩了嗎」，句中「餛飩」，錫伯文作“jiyoose”，滿文作“ninggiya efen”。“jiyoose”，又作“giyose”，俱係漢語「餃子」之音譯，此作「餛飩」，異。

[2] 「啤酒」，錫伯文作“piwo”，係俄羅斯語借詞。

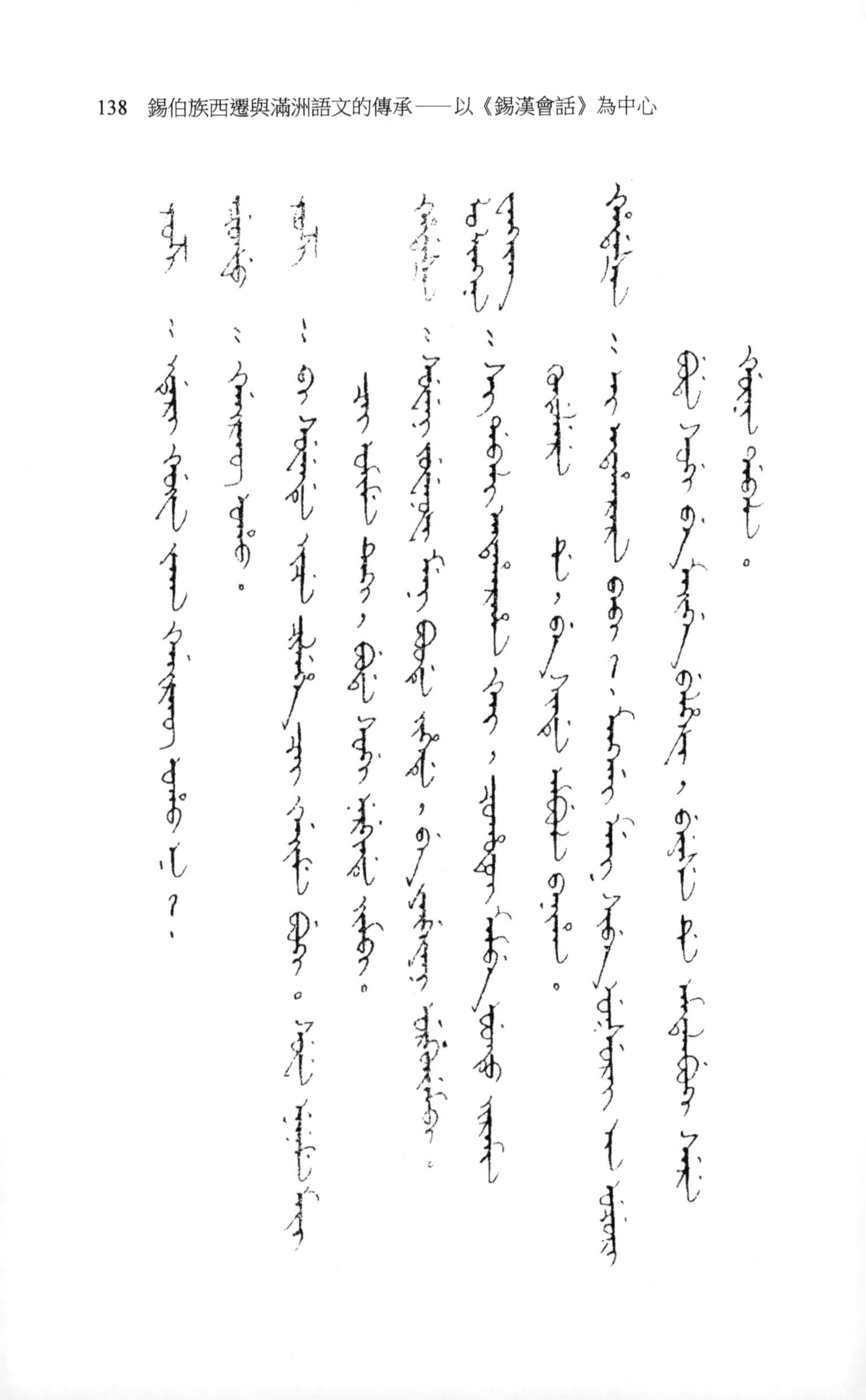

rodz: ederi gūwa jaka gairkū oho na?

cunfu: gairkū oho.

rodz: bi suwende ice cilehe cai gajime buki. suwe neneme maji cai omime teki, buda sogi nerginde jimbi.

hadašan: suweni juwenofi meni boode jihede, be yargiyani urgunjembi.

lo lingnan、wanging: si dabali antaharaha kai, cohotoi membe uttu jiramin kundulere de, be sinde ambula baniha.

hadašan: ai antaharara babi? manggai meni sibe uksurai an ucuri buda sogi be majige belhefi. beyese de amtalabuki sere gūnin dabala.

肉孜：再不要別的了嗎？

春夫：不要了。

肉孜：我給你們把新沏的茶端來。你們先品著茶，飯菜一會兒就好了。

哈達善：你們二位到我們家來，我真是高興[1]。

羅嶺南、王英：你太客氣了，特地款待我們，我們太感謝了。

哈達善：這算什麼客氣？不過是一點兒意思，備了一些我們錫伯族的家常飯菜，請你們嚐嚐。

---

1 「我真是高興」，錫伯文作“be yargiyani urgunjembi”，意即「我們真是高興」。

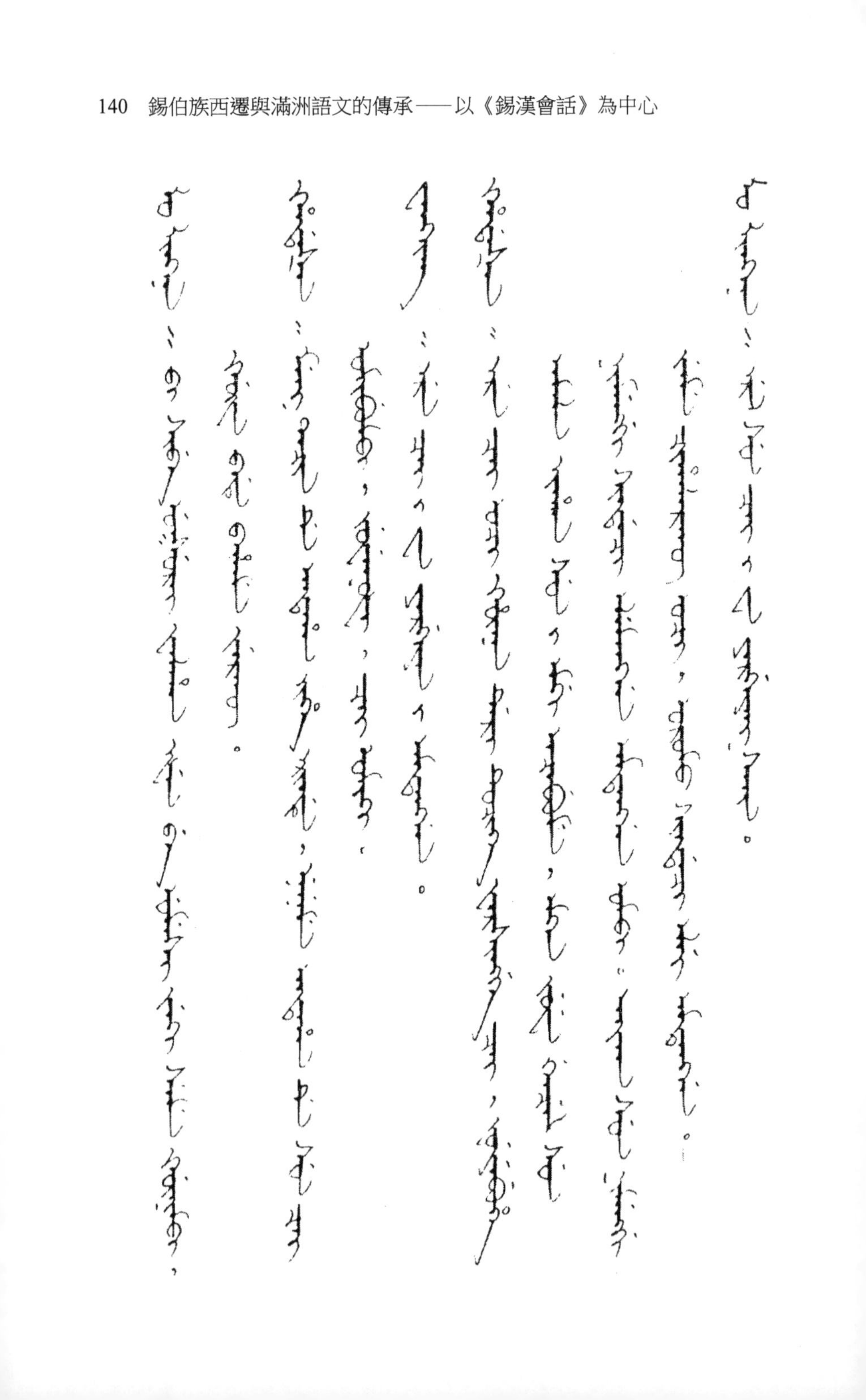

lo lingnan: bi sibe uksurai falaha efen be umesi jeki seme gūnimbi, gūwa bade bahame jerkū.

hadašan: meni tacin de antaha jihe erinde, neneme antaha de sun cai omibumbi, juwenofi, cai omiki.

wanging: ere cai i wa yargiyan i amtangga.

hadašan: ere cai oci hūnan deri tucike farsingge cai, fuyebuhe amala ihan sun i emgi acabume, emken juwe gencel sun nimenggi sindaci elemangga amtangga ombi. aika sun nimenggi jeme cihalarkū oci, oromo sindaci elei amtangga.

lo lingnan: ere sun cai i wa yargiyani sain.

羅嶺南：我很想吃錫伯族的發麵餅，這是別的地方吃不到的。

哈達善：按照我們的習慣，客人來了，要先請客人喝奶茶。二位，請喝茶吧！

王英：這茶的味道真香。

哈達善：這茶是湖南產的磚茶，煮好後跟牛奶和在一起，再放上一兩勺酥油[1]，香味更是醇厚。要是不吃酥油的，放奶皮子也是更香[2]。

羅嶺南：這奶茶的味道確實好。

---

[1] 「一兩勺」，句中「勺」，錫伯文作"gencel"，意即「匙子」，又作「羹匙」。

[2] 「奶皮子」，滿文作"oromu"，係蒙古語"öröm-e"借詞，《錫漢教學詞典》同滿文，此作"oromo"，異。

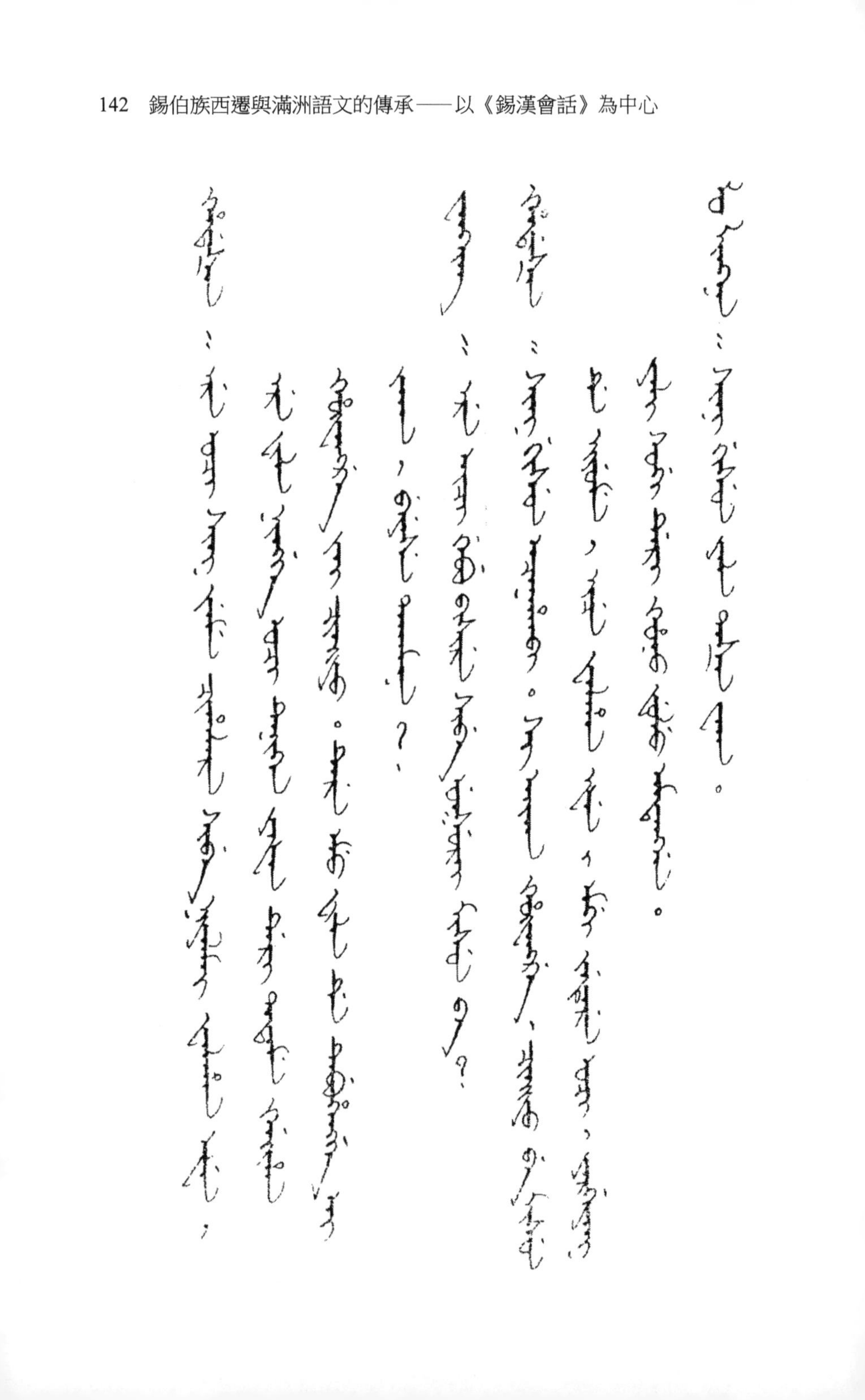

hadašan: ere oci sini jeme cihalara sibe niyalmai falaha efen, ere fila ningge oci teniken yafan deri tatame gajiha hūwangg'a jai cinjiyo. tere emu fila de tebuhengge ai jaka, beyese takamna?

wanging: ere eici gebu bisire sibe uksurai misun ba?

hadašan: sini gisun acanahabi. si aika hūwangg'a、 cinjiyo be misun de ijume, ice falaha efen i emgi jetere oci, yargiyani yali sogi deri hono fulu amtangga.

lo lingnan: sini gisun yala tašan waka.

哈達善：這就是你愛吃的錫伯人的發麵餅，這盤子裡的，是才從園子裡摘來的黃瓜和辣椒。那個盤子裡盛的是什麼？你們知道嗎？

王英：這恐怕就是有名的錫伯族麵醬吧[1]？

哈達善：讓你說中了。你要是用黃瓜和辣椒蘸上麵醬跟才出鍋的發麵餅一塊兒吃，真是比大魚大肉還強呢[2]！

羅嶺南：你的話確實不假。

---

[1] 「恐怕」，錫伯文作“eici”，意即「或者」、「或許」，錫漢文義略有出入。

[2] 「真是比大魚大肉還強呢！」，錫伯文作“yargiyani yali sogi deri hono fulu amtangga”，意即「真是比肉菜還更香呢！」

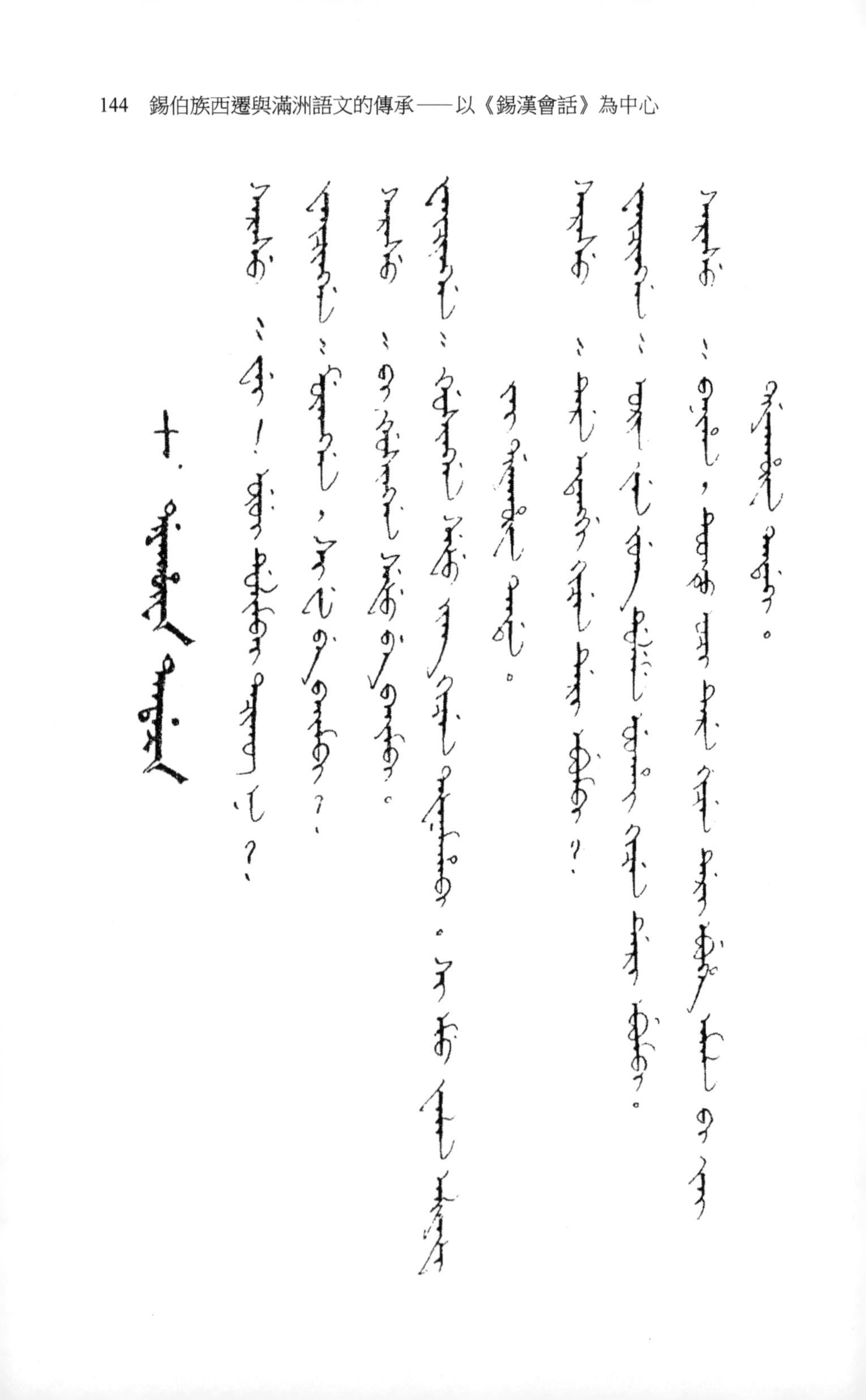

[illegible]

十. [illegible]

十、diyanhūwa tandara

sarasu: wei！ ujui dulimbai tacikū na?

faicingga: mujangga, si we be baimbi?

sarasu: bi gosingga sefu be baimbi.

faicingga: gosingga sefu jing kicen tafanamahabi. si emu falan aliyafi jai diyanhūwa tanda.

sarasu: tere atanggi kicen deri ebumbi?

faicingga: orin fen jung duleme uthai kicen deri ebumbi.

sarasu: baniha, tuttu oci tere kicen deri ebuhe amala bi jai diyanhūwa tandaki.

十、打電話

薩拉蘇：喂，是第一中學嗎？

法伊青阿：對，你找誰？

薩拉蘇：我找郭興阿老師。

法伊青阿：郭興阿老師正在上課。請你過一會兒再打來吧！

薩拉蘇：他什麼時候下課？

法伊青阿：過二十分鐘就下課了。

薩拉蘇：謝謝。那麼我等他下課以後再打來吧[1]！

---

1 「那麼我等他下課以後再打來吧！」，錫伯文作"tuttu oci tere kicen deri ebuhe amala bi jai diyanhūwa tandaki"，意即「那麼他下課以後我再打電話吧！」

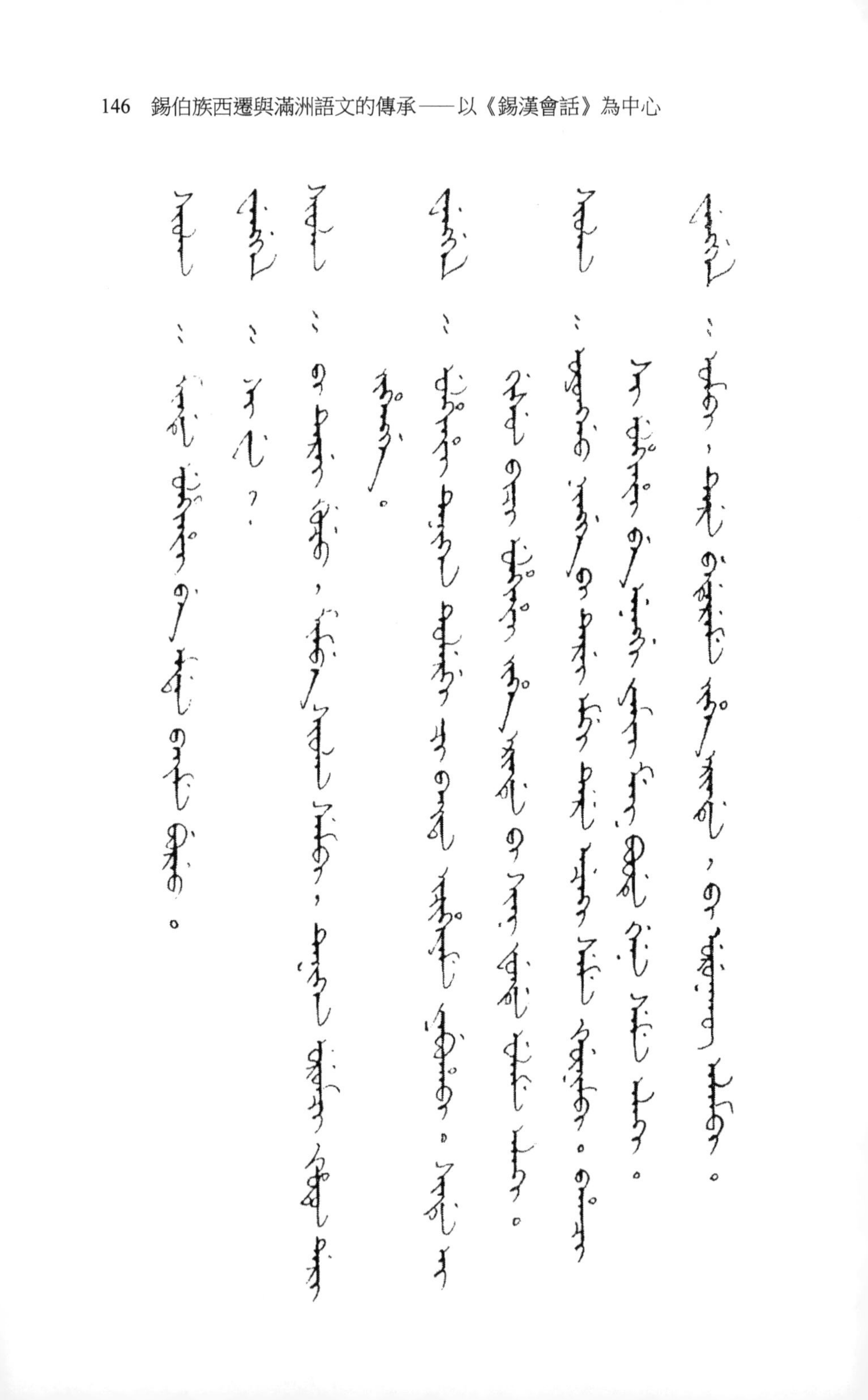

siolan: minde ulhinjy be emdan baime bureo.

wenggel: si we?

siolan: bi terei gucu, mimbe siolan sembi, teniken urumci hoton deri jihengge.

wenggel: ulhinjy teniken tulergi ci baita icihiyame yabuhabi. sinde ai gisun bici ulhinjy jihe erinde bi sini funde ulame alaki.

siolan: oyonggo ningge bi terei emgi dere acaki seme gūnimbi. bahaci si ulhinjy be enenggi yamji meni boode gene seme alaki.

wenggel: ombi, tere bedereme jihe erinde, bi urunakū alambi.

秀蘭：請給我找一下烏爾興芝。

文格：你是哪一位？

秀蘭：我是她的朋友，叫秀蘭，才從烏魯木齊來。

文格：烏爾興芝才出去辦事了。你有什麼話，等烏爾興芝回來，我替你轉達吧！

秀蘭：主要我想跟她見個面。請你告訴烏爾興芝，讓她今天晚上到我家來。

文格：行，她回來的時候，我一定告訴。

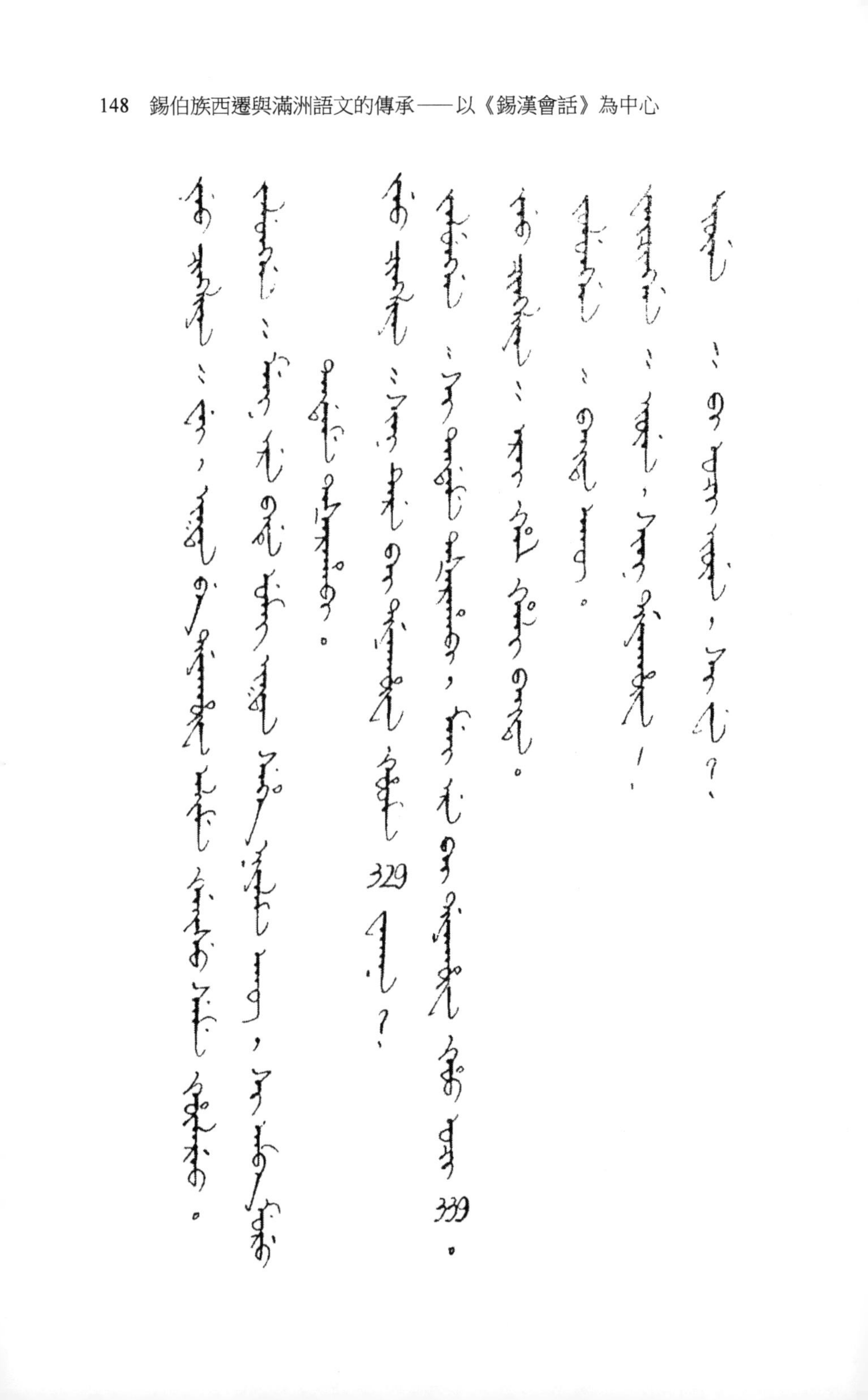

jeo cingliyan: wei, iktan be diyanhūwa alime gaisu seme hūlareo.

jalungga: meni ere bade umai iktan sehe niyalma akū, si amba muru tandame tašarahabi.

jeo cingliyan: sini tere bai diyanhūwa hooma 329 wakana?

jalungga: si tandame tašarahabi, meni ere bai diyanhūwa hoo oci 339.

jeo cingliyan: erai hal hali baita.

jalungga: baita akū.

faicingga: iojen, sini diyanhūwa！

iojen: bi oci iojen, si we?

周清廉：喂，請叫伊克坦接電話。

扎魯阿：我們這兒沒有伊克坦這麼個人，你大概打錯了。

周清廉：你那兒的電話號碼不是 329 嗎？

扎魯阿：你撥錯了，我們這兒的電話是 339。

周清廉：真不好意思。

扎魯阿：沒關係。

法伊青阿：玉珍，你的電話！

玉珍：我是玉珍，你是哪一位？

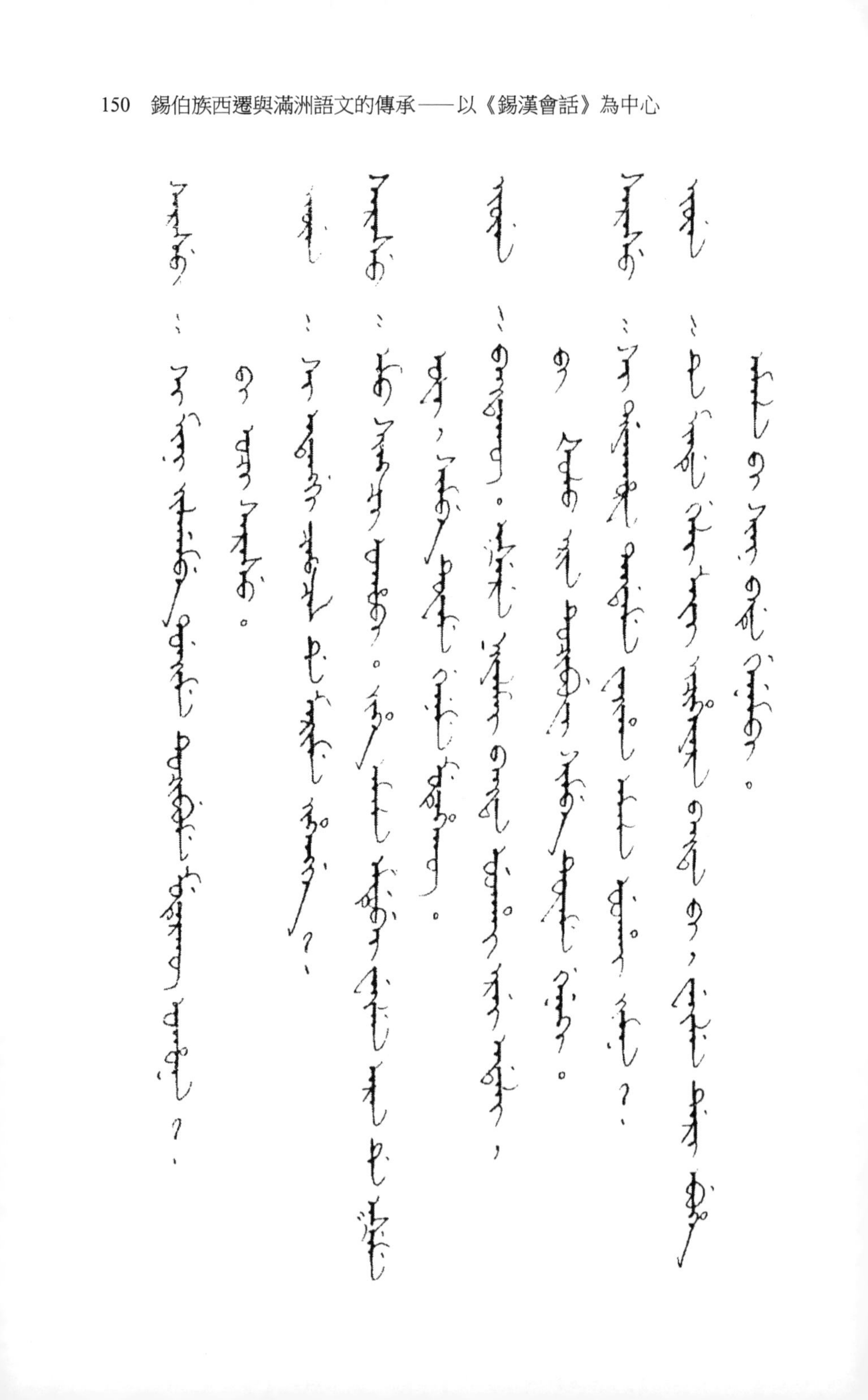

sarasu: si mini jilgambe donjime tucibume muterkū ohona? bi oci sarasu.

iojen: si atanggi cabcal de marime jihengge?

sarasu: emu singci ohobi. jihe amala emdubei weilen aran de ekšeme ofi, simbe tuwame geneme mutehekū.

iojen: baitakū. ekšere niyalmai baita uthai erei adali, bi šolo erin tucibufi simbe tuwame geneki.

sarasu: si diyanhūwa tandame wajiha amala uthai jimna?

iojen: te minde geli maji icihiyara baita bi, weilen deri ebuhe amala bi sini bade genembi.

薩拉蘇：你聽不出來了嗎[1]？我是薩拉蘇。

玉珍：你什麼時候回到察布查爾的？

薩拉蘇：有一個星期了。來了以後，一直忙於工作，沒顧上來看你。

玉珍：沒關係。忙人的事就是這樣，我抽空兒來看你吧！

薩拉蘇：你打完電話就來嗎？

玉珍：我這會兒還有些事，下班後我到你那兒去。

---

1 「你聽不出來了嗎？」，錫伯文作"si mini jilgambe donjime tucibume muterkū ohona?"，意即「你聽不出來我的聲音了嗎？」

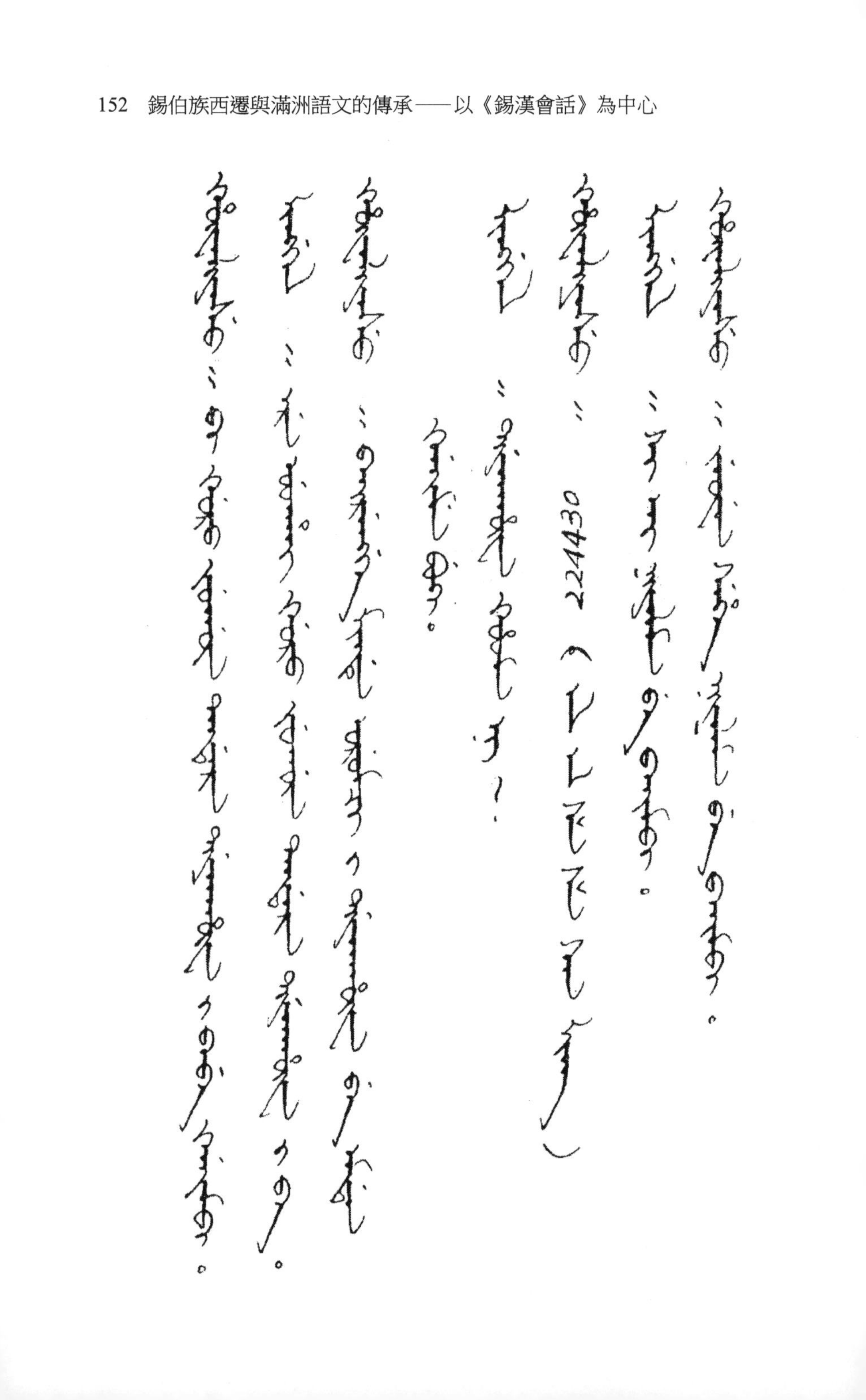

[illegible]

224430

[illegible]

hūwaliyasu: bi goro jugūn tandara diyanhūwa i babe gaimbi.

linggel: ere uthai goro jugūn tandara diyanhūwa i ba.

hūwaliyasu: bairengge minde urumci i diyanhūwa be emdan gaime buki.

linggel: diyanhūwa hooma ni?

hūwaliyasu: 224430（el el sy sy san ling）

linggel: si ai niyalma be baimbi?

hūwaliyasu: jeowen sehe niyalma be baimbi.

華里亞蘇：我要長途電話臺。

靈格：我這裡是長途電話臺。

華里亞蘇：請給我接通烏魯木齊的電話。

靈格：電話碼呢[1]？

華里亞蘇：224430。

靈格：你要什麼人[2]？

華里亞蘇：要周文[3]。

---

[1] 「電話碼呢？」，錫伯文作"diyanhūwa hooma ni?"，意即「電話號碼呢？」

[2] 「你要什麼人？」，錫伯文作"si ai niyalma be baimbi?"，意即「你要找什麼人？」

[3] 「要周文」，錫伯文作"jeowen sehe niyalma be baimbi"，意即「要找叫周文的人」

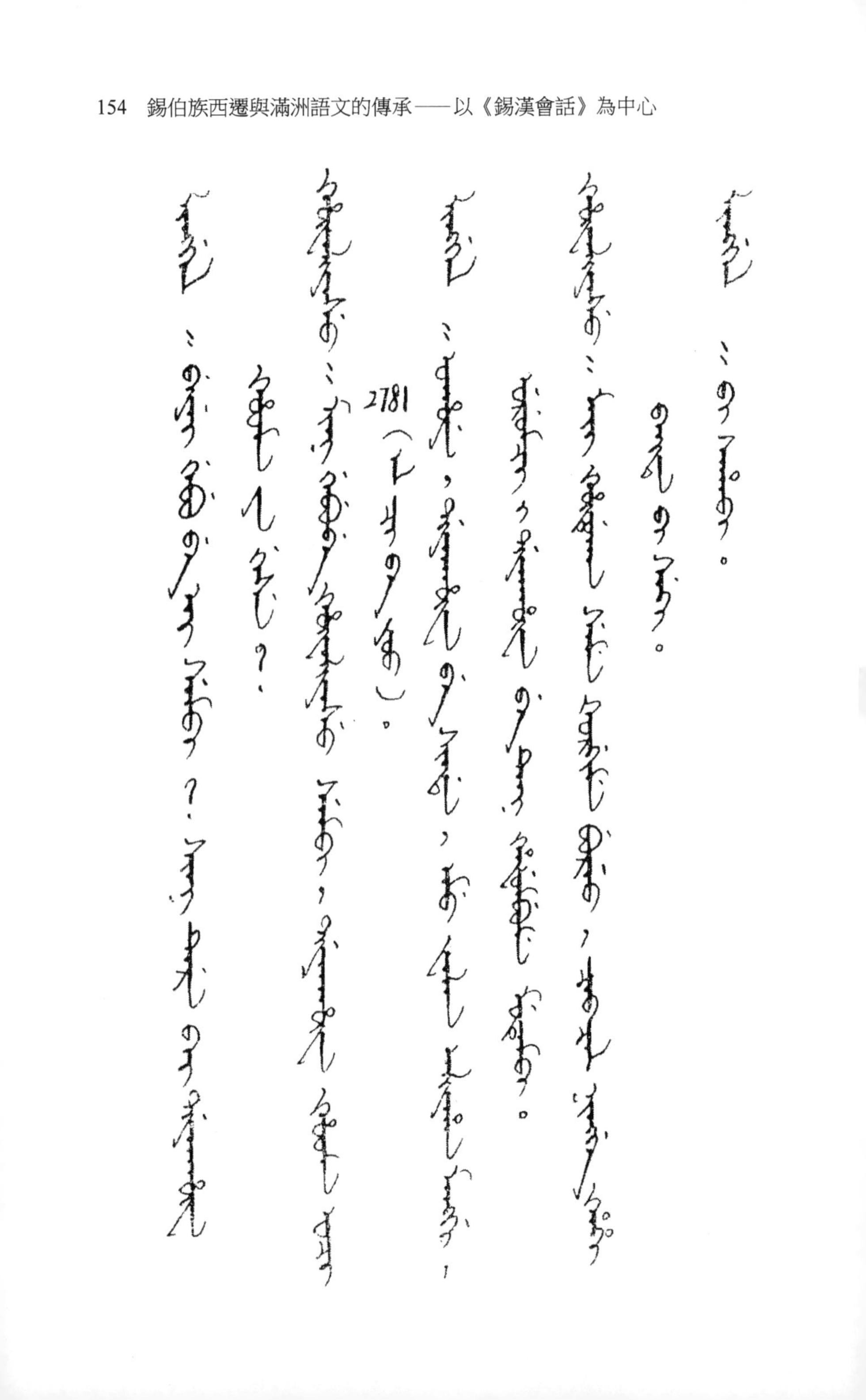

2781

linggel: beyei gebu be ai sembi? sini tere bai diyanhūwa hooma ya gese?

hūwaliyasu: mini gebube hūwaliyasu sembi, diyanhūwa hooma oci 2781（el ci ba yoo）.

linggel: ohoye, diyanhūwa be sinda, emu falan aliyaha manggi, urumci i diyanhūwa be teni hafumbume mutembi.

hūwaliyasu: maji hūdukan seme šorgime bureo, cabcal ningge hahi baita bi seki.

linggel: bi sahabi.

靈格：請問發話人是誰[1]？你那兒的電話號碼是多少？

華里亞蘇：我叫華里亞蘇，電話號碼是 2781。

靈格：好了，請把聽筒放下，稍等片刻，烏魯木齊電話才接通。

華里亞蘇：請催著快一點，察布查爾方面有急事。

靈格：我知道了。

---

[1] 「請問發話人是誰？」，錫伯文作“beyei gebu be ai sembi?”，意即「您的名字叫什麼？」

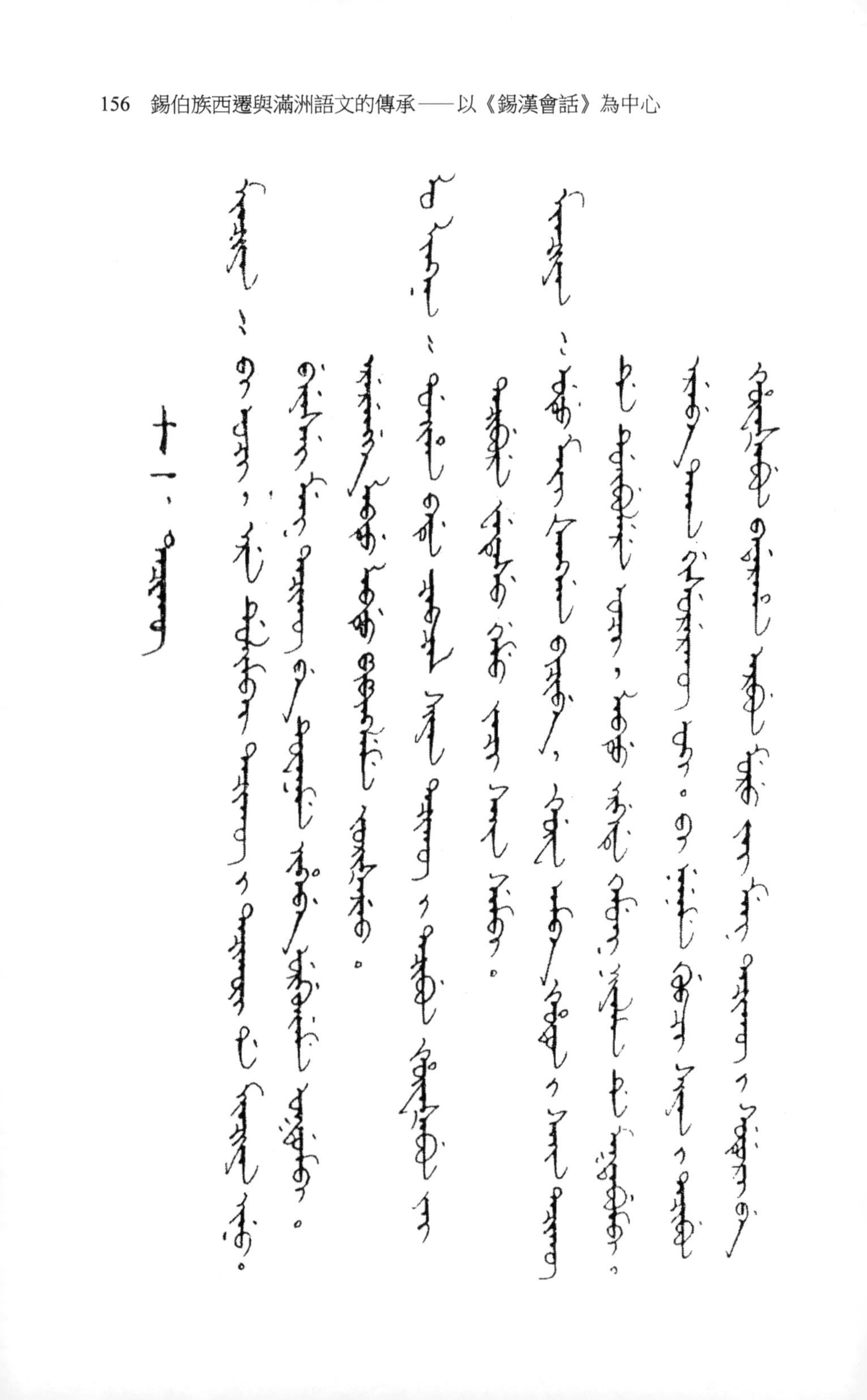

十一、

十一、tacikū

minciyan: bi oci, ere dulimbai tacikū i tacikūi da minciyan inu. beyesei meni tacikū be tuwaname jihebe urgunjeme okdombi. ererengge labdu labdu pipingleme jorišareo.

lo lingnan: donjiha bade cabcal siyan tacikū i tacibun hūwašabun jai tacibure fetesu gemu jaci sain sembi.

minciyan: udu maji šanggan bicibe, gūwa amba hoton i sain tacikū de duibulere oci, labdu ergide kemuni niyalma de maktabumbi. erebe taka gisurerkū oki. bi neneme gubci siyan i tacibun hūwašabun badaraha arbun muru jai meni tacikū i suduri be

---

十一、學 校

敏謙：我是這所中學的校長敏謙。歡迎你們來我校參觀。希望多多批評指導。

羅嶺南：聽說，察布查爾縣學校教育和教學質量都很好。

敏謙：雖說有一些成績，但要和其他大城市的好學校比起來，在好多方面還趕不上人家。這暫且不說了吧！我先向各位大概談全縣教育的發展情況和我們學校

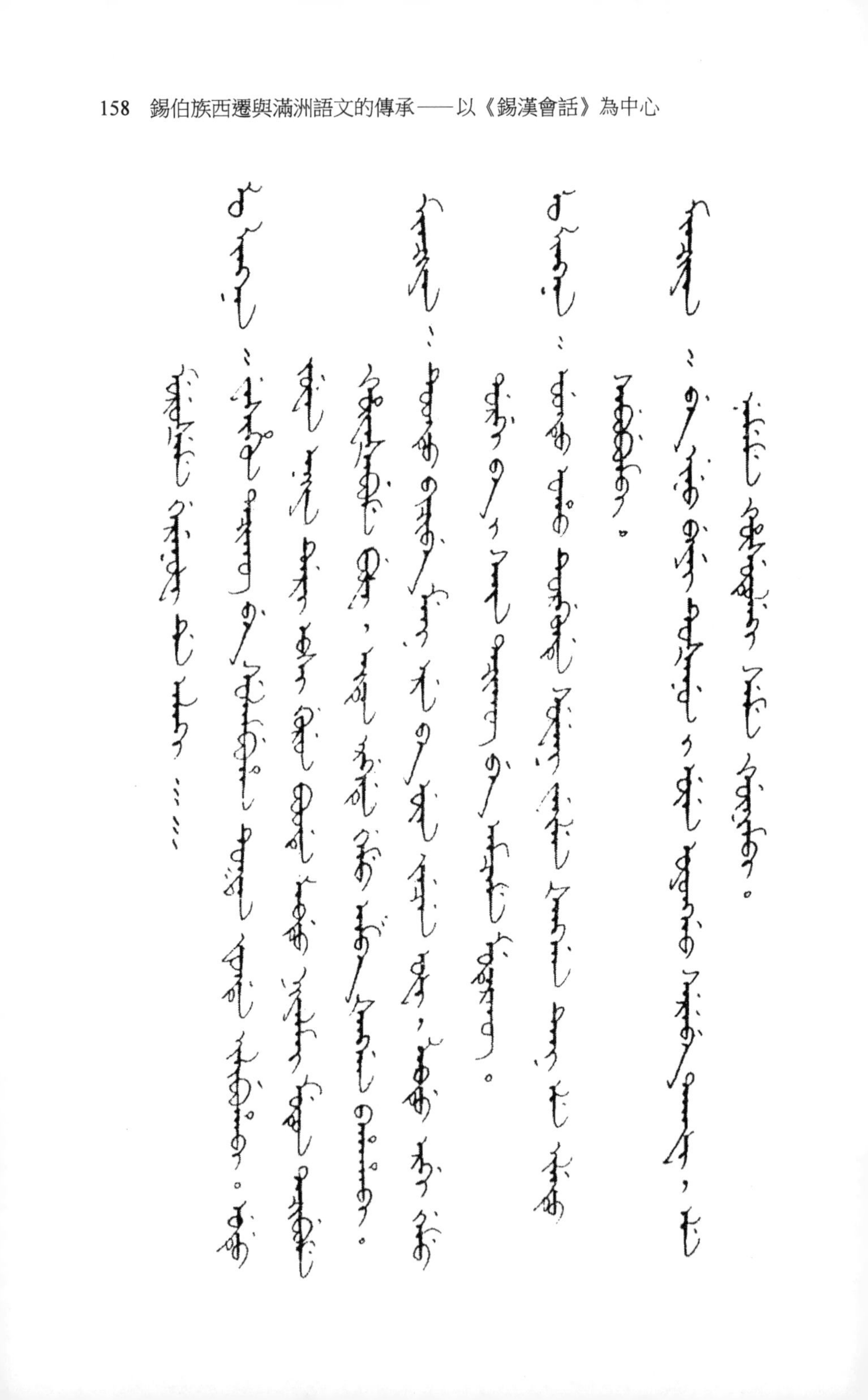

[illegible]

murušeme gerenofi de alaki……

lo lingnan: wesihun tacikū be sulambuha tuktan fonde ilibuhabi. udu juwan aniya deri ebsi gurun boode labdu niyalmai mutun tacibume hūwašabume bufi, eiten ergide gemu amba šanggan bahahabi.

minciyan: tuttu bicibe meni ere ba ujan jecen ofi, labdu ergi gemu dorgi ba i sain tacikū be amcame muterkū.

lo lingnan: uttu oho turgunde suweni weilen šanggan teni ele iletu sabubumbi.

minciyan: be inu beyei tušanun i ujen oyonggo serebe takafi, ele nememe hūsutuleki seme gūnimbi.

的歷史。

羅嶺南：貴校成立於解放初。幾十年來，為國家培養了大量人材，在各方面都取得了不少的成績。

敏謙：儘管這樣，我們這兒是邊遠地區，很多方面都趕不上內地的好學校。

羅嶺南：這樣才更顯得你們的工作成績突出呢！

敏謙：我們也感到自己責任的重大，所以覺得更要努力。

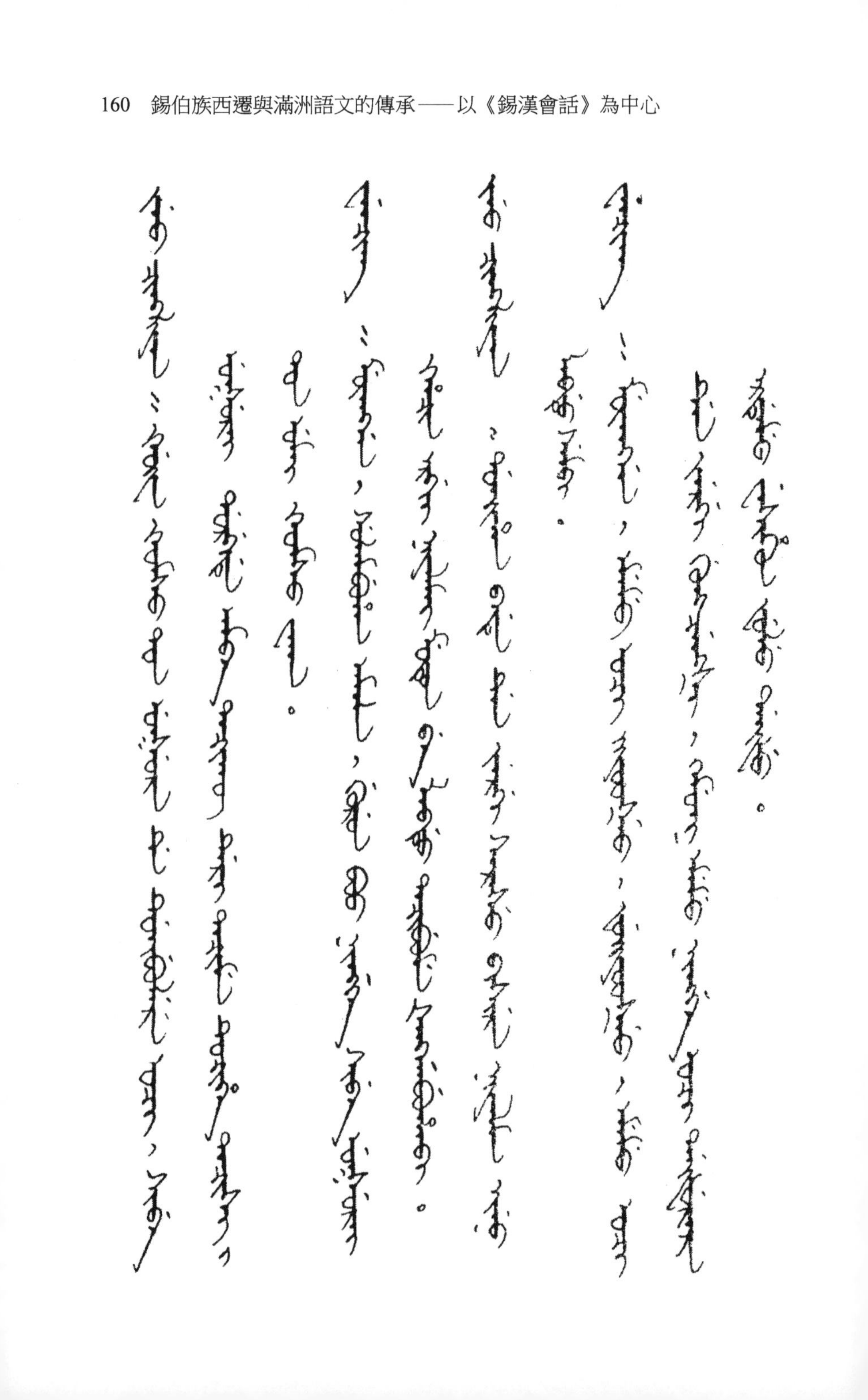

jeo cingliyan: gūwa komso ton uksura de duibulere oci, sibe uksurai dorgide amba tacikū deri tacime tucihe tacisi i ton umai komso waka.

wencing: mujangga, sulambuha amala, gurun boo ningge sibe uksurai hacin ergii niyalmai mutun be labdu tacibume šanggabuhabi.

jeo cingliyan: donjiha bade den jergi sarasu bisire niyalma inu labdu sembi.

wencing: mujangga, ememu oci jiyoošeo, fujiyoošeo, ememu oci den jergi gungcengši, kemuni ememu ningge oci daifurara erdemu wesihun fulu daifu.

周清廉：和其他少數民族相比，錫伯族中的大學畢業生的人數相當不少。

文清：是的，解放後，國家培養造就了不少錫伯族的各類人材。

周清廉：聽說高級知識分子也不少。

文清：是呀！有的是教授、副教授，有的是高級工程師，還有的是醫術高明的醫生。

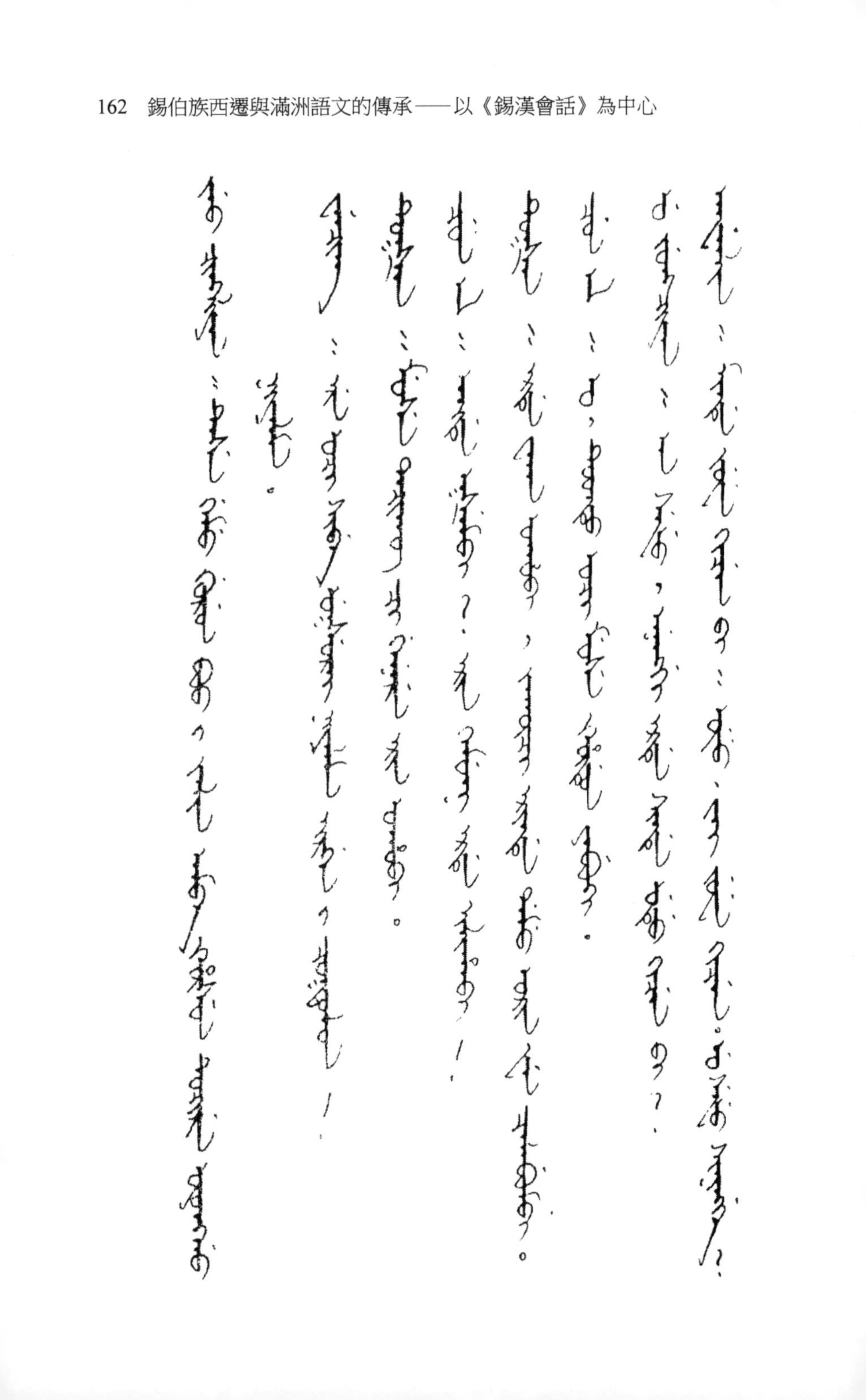

jeo cingliyan: tese gemu gurun boo i jalin amba hūsun tucire oyonggo niyalma.

wencing: ere oci sibe uksurai niyalma irgen i coktolon！

tukšan: muse tacikū ci genere erin ohobi.

cun el: aide ekšembi? erin kemuni erde ilihabi！

tukšan: erde waka ohobi, jakūci erinde damu orin fen calabumbi.

cun el: o, tuttu oci muse hūdun yabuki.

u jungciyan: an sefu, enenggi erde sinde udu kicen bi?

anwenlin: minde juwe kicen bi, uju、 jai juwe kicen. u sefu siningge?

周清廉：他們都是為國家出大力的棟樑。

文清：這是錫伯族人民的驕傲！

圖克善：咱們該上學去了！

春兒：著什麼急呀！時間還早呢！

圖克善：不早了，差二十分八點了。

春兒：喲！那我們快點走吧！

吳仲謙：安老師，今天早晨你有幾節課？

安文林：我有兩節課，第一、二節。吳老師，你呢？

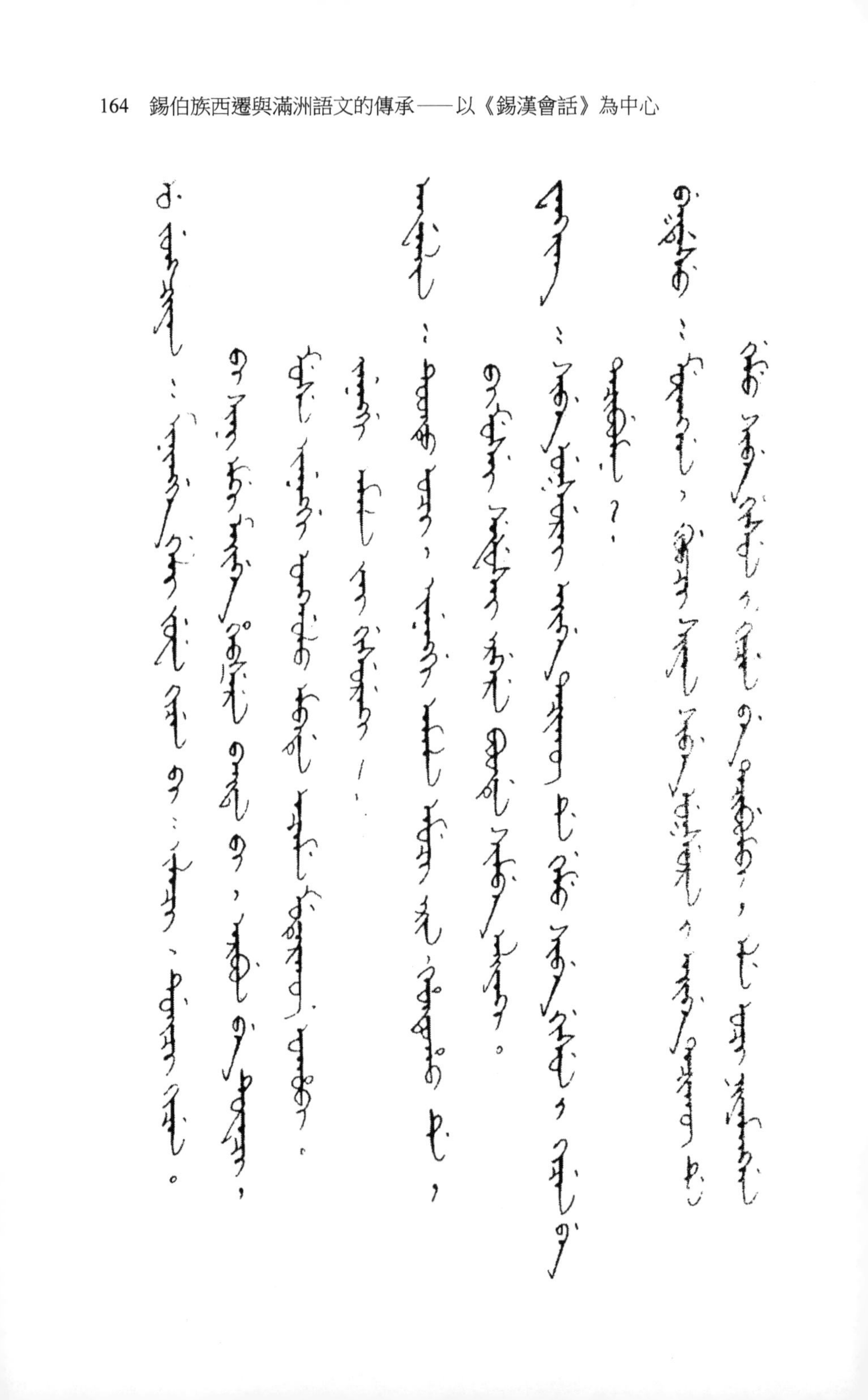

u jungciyan: miningge geli juwe kicen bi, ilaci、duici kicen. bi sini emgi majige hebšere baita bi, arbun be tuwaci, muse inenggi onggolo embade acame muterkū ohobi, inenggi amala jai gisureki！

anwenlin: tuttu oci, inenggi amala emuci erin hontoho de, bi musei sefusai ergere boode simbe aliyaki.

wanging: sibe uksurai ajige tacikū de gemu sibe gisun i kicen be tacibumna?

bekdesu: mujangga, gubci siyan sibe uksura i ajige tacikū de gemu sibe gisun i kicen be tacibumbi, ele oci niyamangga

---

吳仲謙：我也有兩節課，是第三、四節，我有點兒事，要找你商量，看樣子，咱們上午是湊不到一起了。下午再談吧！

安文林：那麼下午一點半，我在咱們教員休息室等你。

王英：錫伯族小學都開設錫伯語課程嗎？

伯克德蘇：對，全縣的錫伯族小學都開設錫伯語課程，

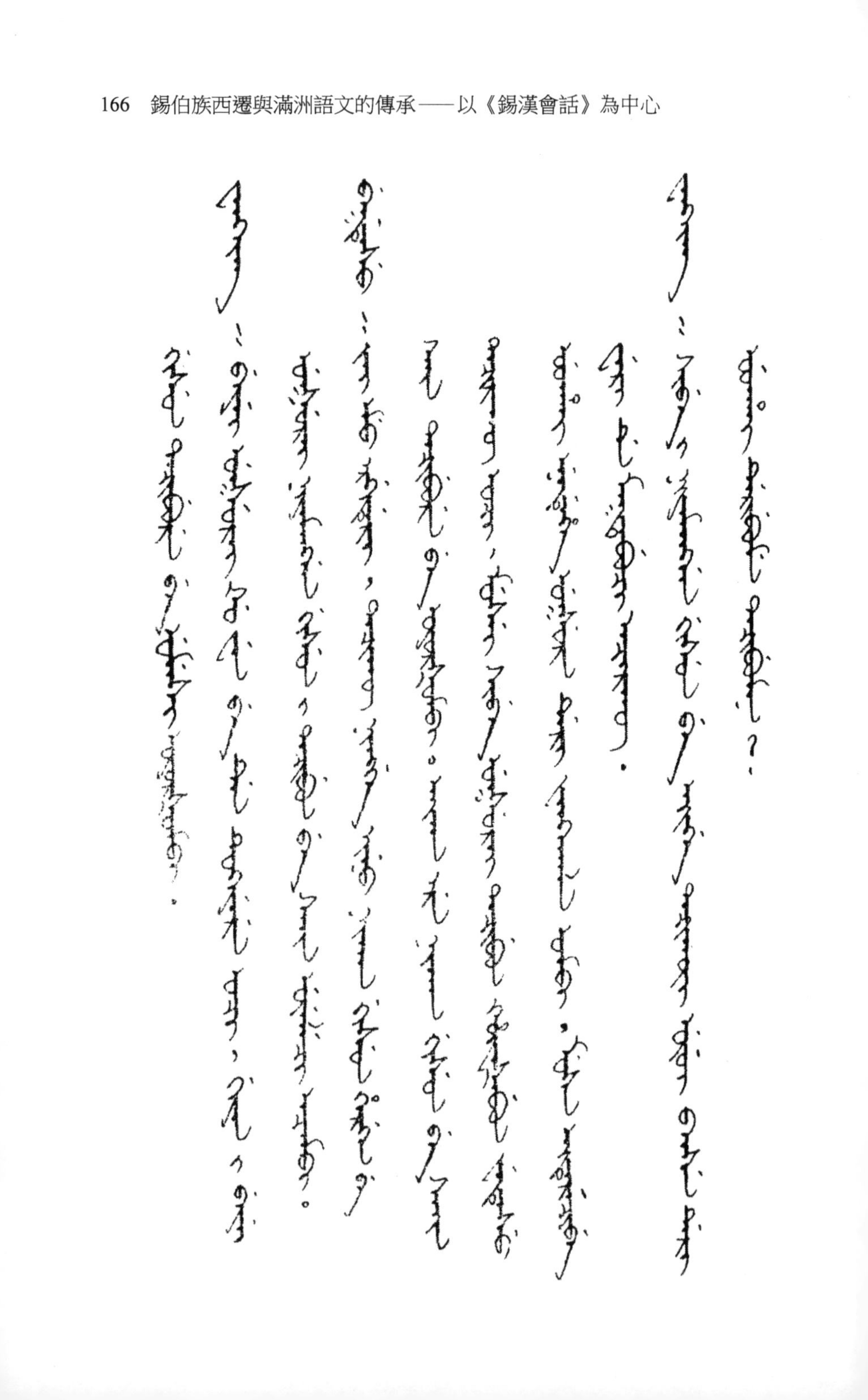

gisun tacibure be umesi oyoršombi.

wanging: beyei uksurai šu wen be den tukiyere oci, giyan i beyei uksurai niyamangga gisun i tacibun be sain ujeleci acambi.

bekdesu: jai emu ergideri, tacikū ningge inu nikan gisun hergen be sain tacibure be oyoršombi. aika ere nikan gisun be sain tacirkū oci, musei sibe uksurai tacibun hūwašabun fetesu uthai nendehe uksura deri fangkalan ombi. muse eiterecibe weri de maktabuci acarkū.

wanging: sibe i niyamangga gisun be ajige tacikūi ujui banse deri uthai deribume tacibumna?

尤其重視錫伯語文的教學。

王英：要提高本民族的文化，就應當搞好本民族的語文教學[1]。

伯克德蘇：另一方面，學校也重視漢語文的教學。如果不學好漢語，我們錫伯族的教育質量就會低於先進的民族。我們總不該落後於別人。

王英：錫伯語文是從小學一年級就開設的嗎？

---

1 「本民族的語文」，錫伯文作"beyei uksurai niyamangga gisun"，句中"niyamangga gisun"，《錫漢教學詞典》作「語文」，《錫伯語語匯》作「母語」。

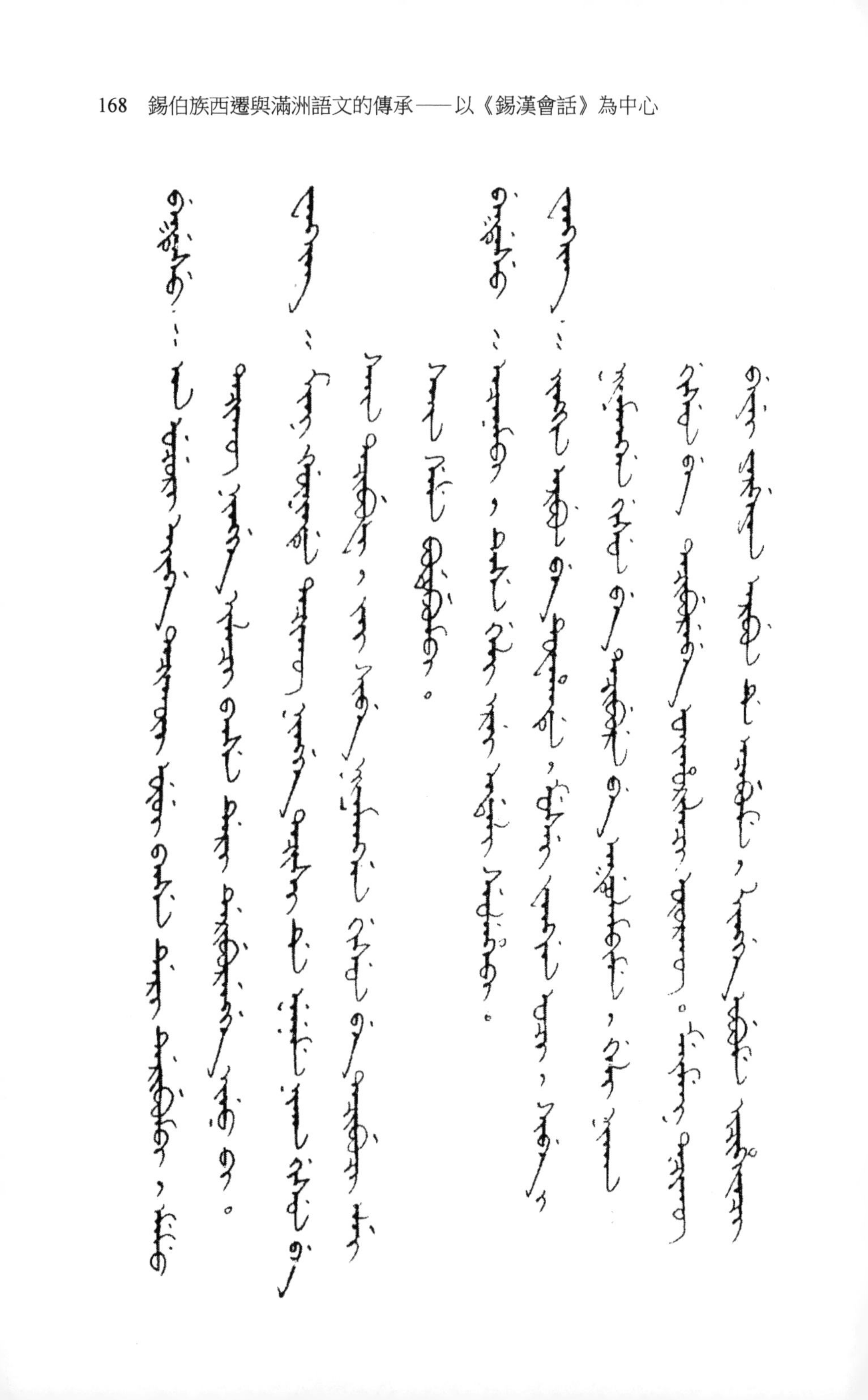

bekdesu: an ucuri ajige tacikūi ujui banse deri deribumbi, ememu tacikū ningge ilaci banse deri deriburengge inu bi.

wanging: mini gūninde tacikū ningge tacisi de neneme nikan gisun be sain tacibufi, jai sibe niyamangga gisun be tacibuci elei sain seme bodobumbi.

bekdesu: acanambi, tese geli erei adali seolehebi.

wanging: jingkin arbun be tuwahade, musei fangjen oci, sibe i niyamangga gisun be tacibure be akdulambime, geli nikan gisun be taciburebe oihorilaci ojorkū. meimeni tacikū beyei yargiyan arbun de acabume, lingge obume icihiyaci

---

伯克德蘇：一般是小學一年級起開設，有的學校是從三年級起開設的。

王英：我想，學校是考慮先給學生教好漢語，再教錫伯語文更好。

伯克德蘇：對，他們也正是這樣考慮的。

王英：看樣子，我們的方針是保證錫伯語文的教學，又不能忽視漢語教學。各學校根據自己的情況靈活掌握

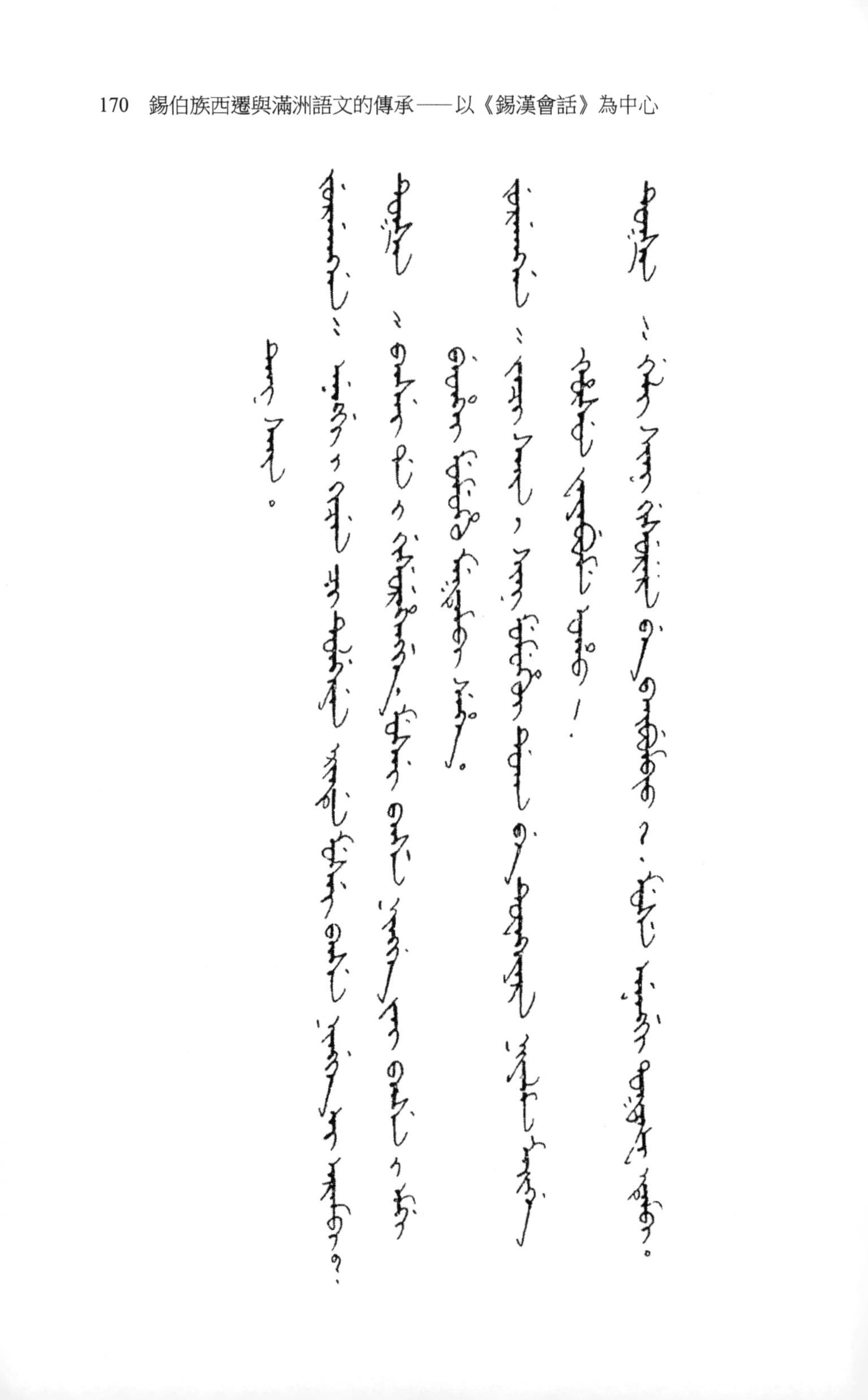

[illegible]

[illegible]

[illegible]

[illegible]

[illegible]

[illegible]

[illegible]

teni sain.

jurgangga: enenggi i kicen ci tulgiyen erinde musei banse ningge ai arambi?

tukšan: bansei da i gisurehengge, musei banse ningge jai banse i emgi bethei mumuhu mektembi sehe.

jurgangga: jaci sain, sini mumuhui duka be tuwakiyara niyalma majige hūsun fayabume oho！

tukšan: geli sini gisurere be baibumbio? muse enenggi toktofi etembi.

才好。

朱爾尕阿：今天的課外活動時間，咱們幹什麼[1]？

圖克善：班長說，咱們要和乙班賽足球。

朱爾尕阿：太好了，你這個守門員可要賣點兒力氣了。

圖克善：還用你說？我們今天一定要贏。

---

[1] 「咱們幹什麼？」，錫伯文作"musei banse ningge ai arambi?"，意即「咱們班上幹什麼？」

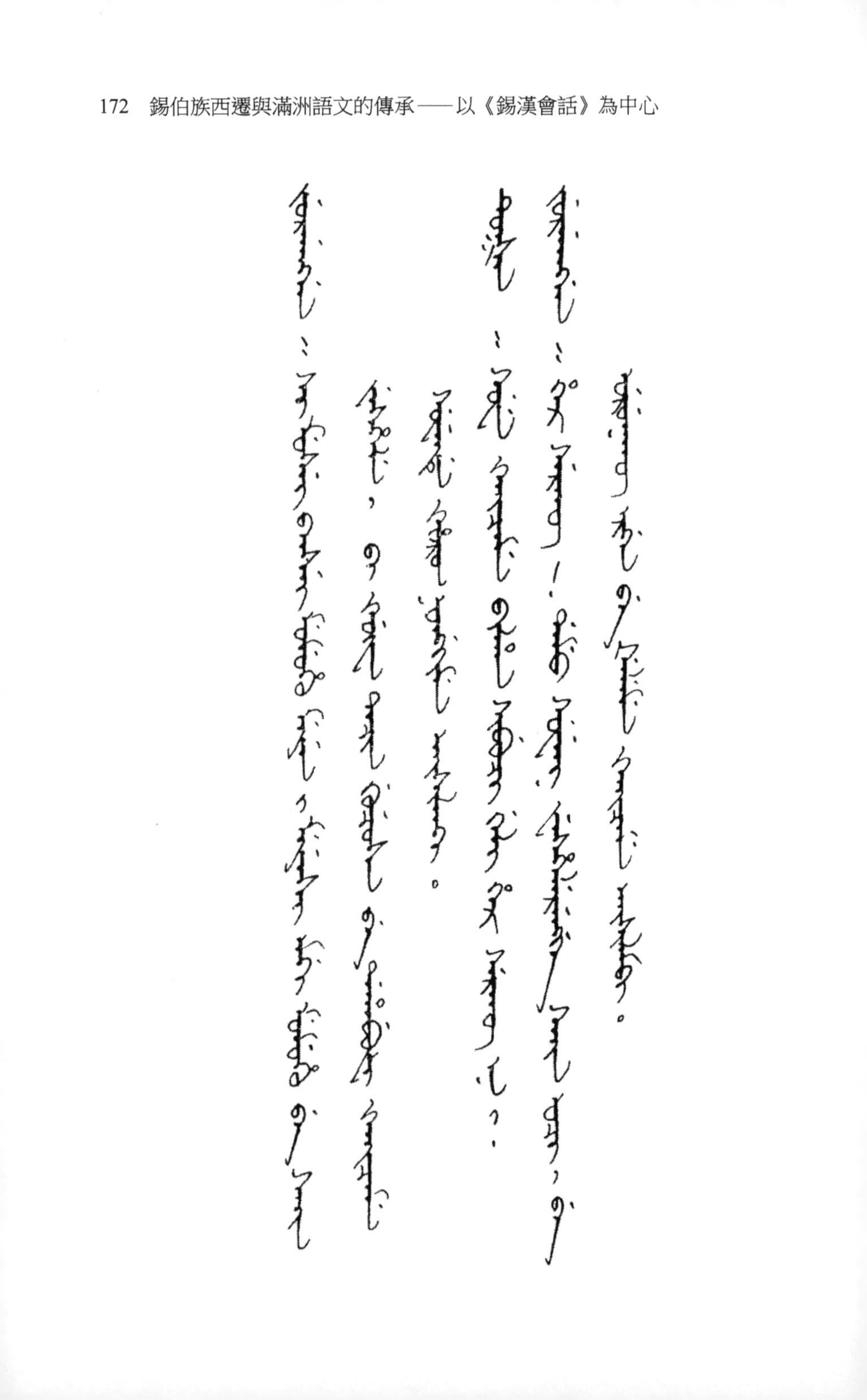

[illegible]

jurgangga: si musei bansei mumuhu meyen i meyesi emgi mumuhu be sain feshele, bi gūwa tacin gucusa be dahabufi kaicame suwende horon nonggime aisilaki.

tukšan: suwe kaicame bilha sibuci geli her serkū na?

jurgangga: her serkū！ damu suweni feshelerengge sain oci, be urunakū ergen be šeleme kaicame aisilambi.

朱爾尕阿：你和咱們班的球隊隊員們好好踢球，我領著別的同學給你們吶喊助威！

圖克善：你們把嗓子喊啞了也不在乎？

朱爾尕阿：無妨！只要你們踢得好，我們一定拼命助喊[1]。

---

1 「無妨！只要你們踢得好，我們一定拼命助喊」，原書未譯漢文，此係據錫伯文補譯漢文。

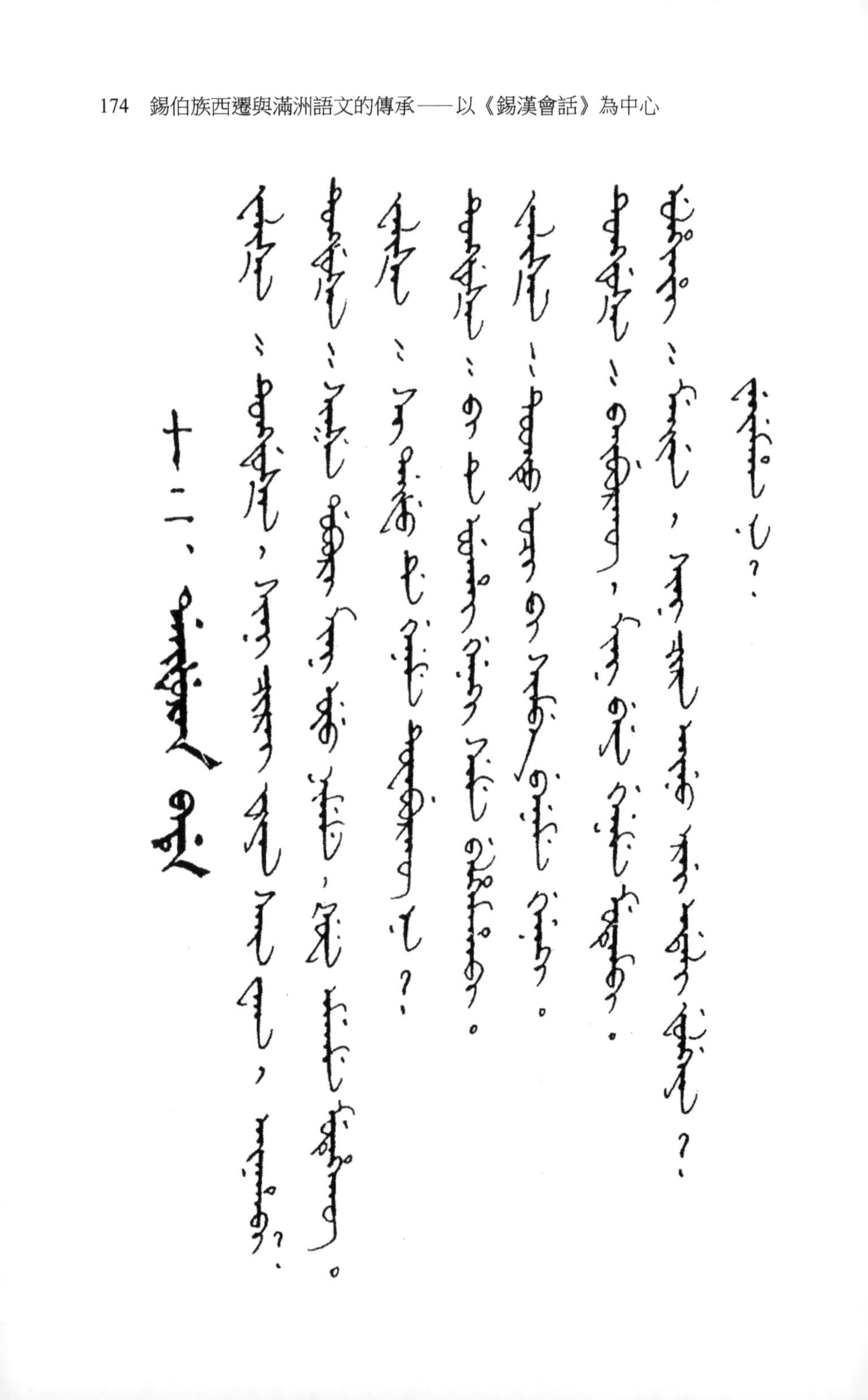

[illegible]

[illegible]

[illegible]

[illegible]

[illegible]

[illegible]

[illegible]

[illegible]

十二、[illegible]

十二、daifuran bade

fališan: tungfušan, sini cirai fiyan sain waka, ainahabi?

tungfušan: sikse dobori mini uju nimeme, šuwe amgame mutehekū.

fališan: si daifu de geneme tuwaburkū na?

tungfušan: bi te uthai geneki seme belhemahabi.

fališan: tuttu oci bi simbe beneme geneki.

tungfušan: baiburkū, mini beye geneme mutembi.

ulhinjy: meijen, sini cira ainu erei adali fulgiyan? wenjemaha na?

十二、在醫院裡

法立善：佟福善，你的臉色不好，怎麼了？

佟福善：昨天夜裡，我頭疼得厲害[1]，沒睡成覺。

法立善：你找大夫去看看吧。

佟福善：我這就準備去呢[2]？

法立善：那我送你去吧。

佟福善：不必了，我自己可以去。

烏爾星芝：美珍，你臉怎麼這樣紅？是在發燒嗎？

---

[1] 「我頭疼得厲害」，錫伯文作“mini uju nimeme”，意即「我頭痛」，錫漢文義略有出入。

[2] 「我這就準備去呢？」，錫伯文作“bi te uthai geneki seme belhemahabi.”，意即「我現在就正準備想去呢？」

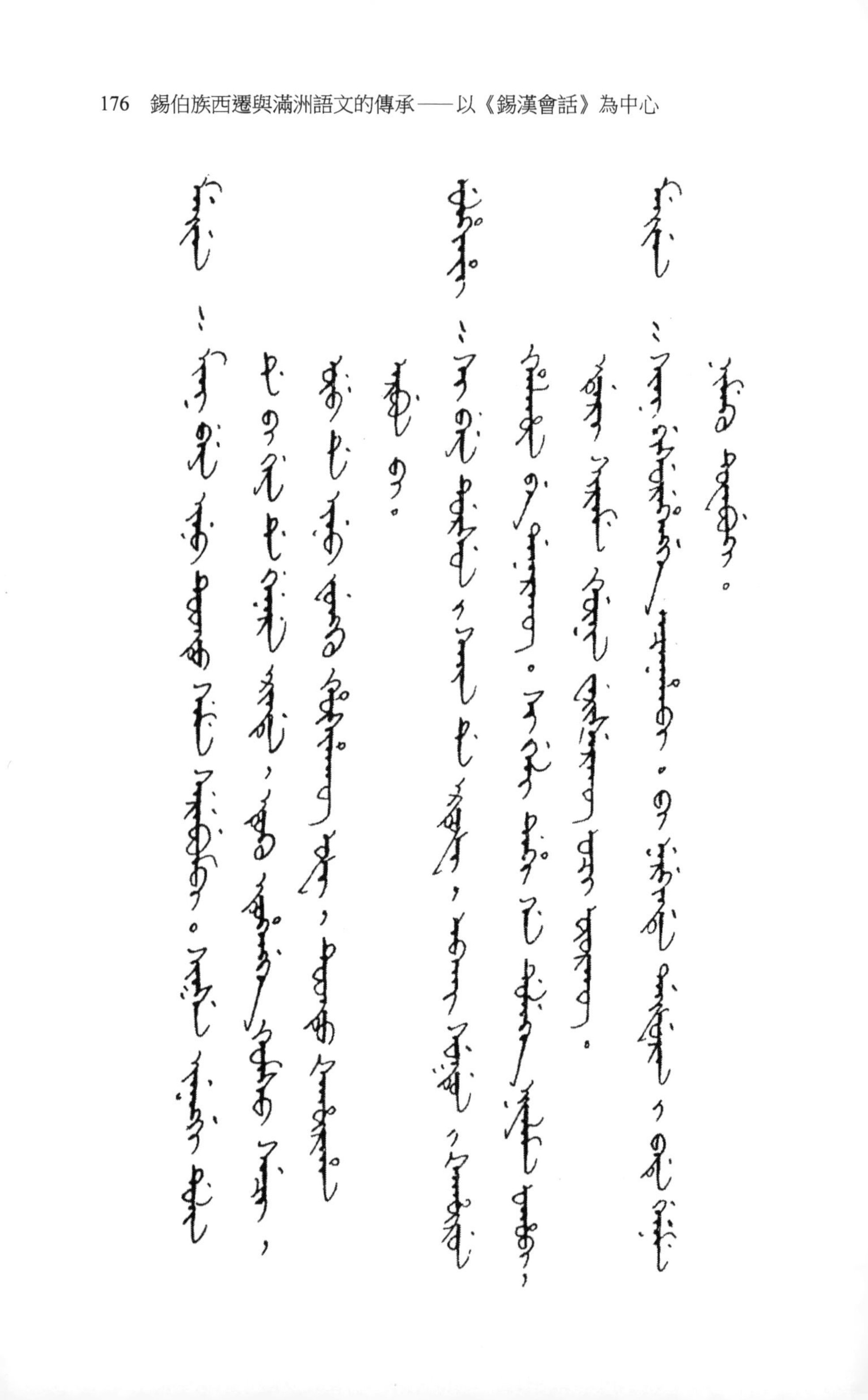

meijen: mini beye inu tuttu seme serebumbi. sikse inenggi dulin de bi giya de genere erinde, etuku etuhengge komso seci, uju de inu fungku hūsihakū ofi, tuttu šahūraha arbun bi.

ulhinjy: si beye dursun i sain de ertufi, abkai sukdun i šahūrun halhūn be danarkū. si geli dehi se duleke niyalma ohobi, ederi sirame gūnin werišerkū oci ojorkū.

meijen: sini gisurehengge acanahabi. bi nerginde daifuran i bade geneme nimeku tuwabuki.

美珍：我覺得好像也是那麼回事。昨天中午我上街的時候，衣服穿得少，頭上沒圍頭巾，所以好像是著涼了。

烏爾星芝：你憑著身體好，不注意天氣冷暖。你也是四十開外的人了，今後不能再大意了。

美珍：你說得對。我馬上到醫院看病去。

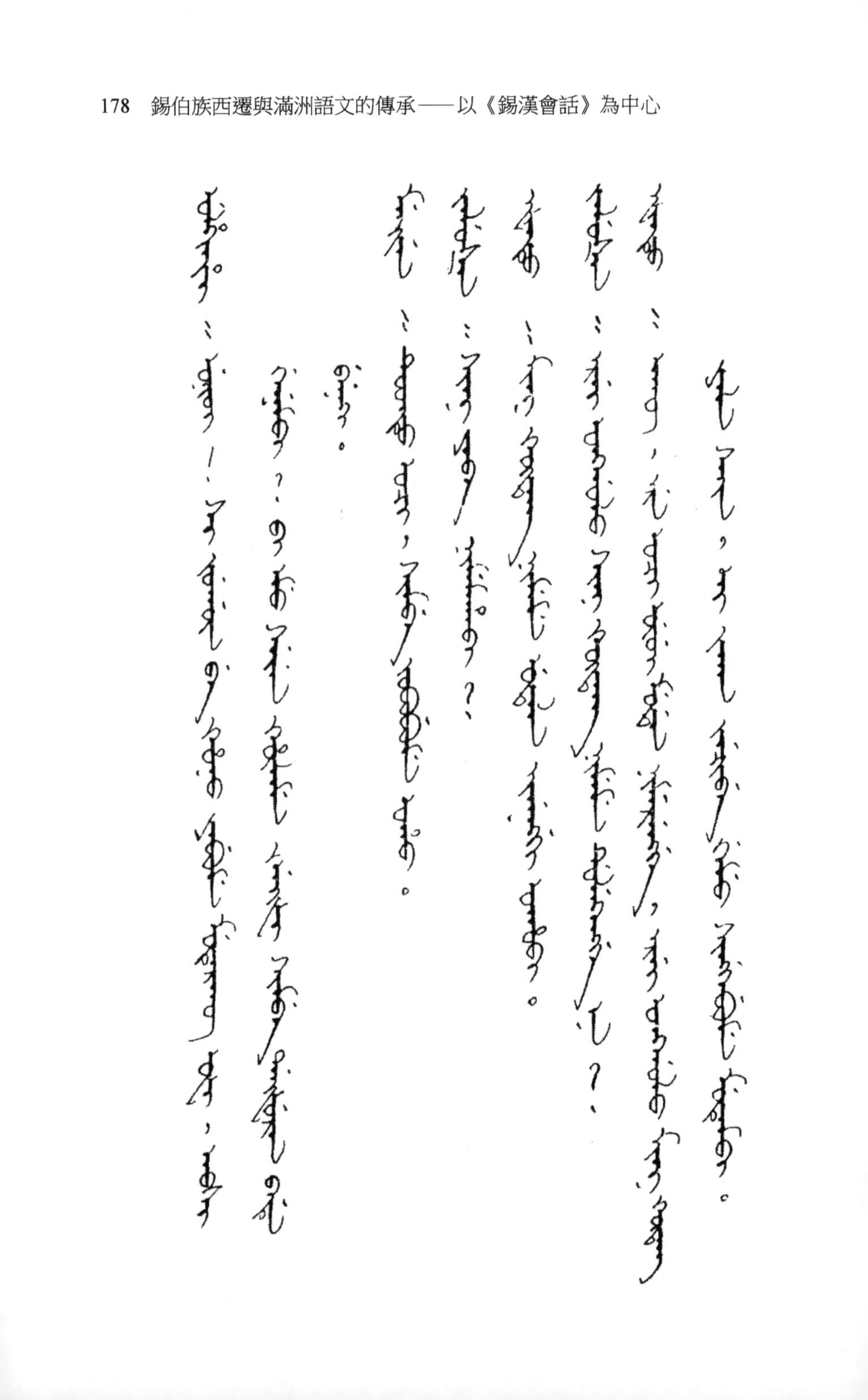

[illegible]

ulhinjy: unioi！ si jugūn be hono yabume muterkū ofi, absi genembi? bi emu sejen hūlame gajifi simbe daifuran bade beneki.

meijen: tuttu oci, simbe jobobume oho.

jalušan: sini yaba nimemahabi?

efintu: mini kūtang nimeme utala inenggi ohobi.

jalušan: erei onggolo sini kūtang nimeme dulekengge na?

efintu: akū, ere oci ujui mudan nimerengge, erei onggolo mini kūtang yala sain, ai jaka jecibe gemu singgebume mutembi.

烏爾星芝：喲！你路都走不動了，怎麼去呢？我去喊輛車來，送你上醫院吧。

美珍：那就麻煩你啦。

扎魯善：你哪兒疼？

額芬圖：我胃疼了好幾天[1]。

扎魯善：以前你的胃疼過嗎？

額芬圖：沒有，這是第一次疼，以前我的胃可好了，吃什麼都消化得了。

---

1 「我胃疼了好幾天」，句中「胃」，滿文作"guwejihe"，《錫漢教學詞典》同，此錫伯文作"kūtang"，異。

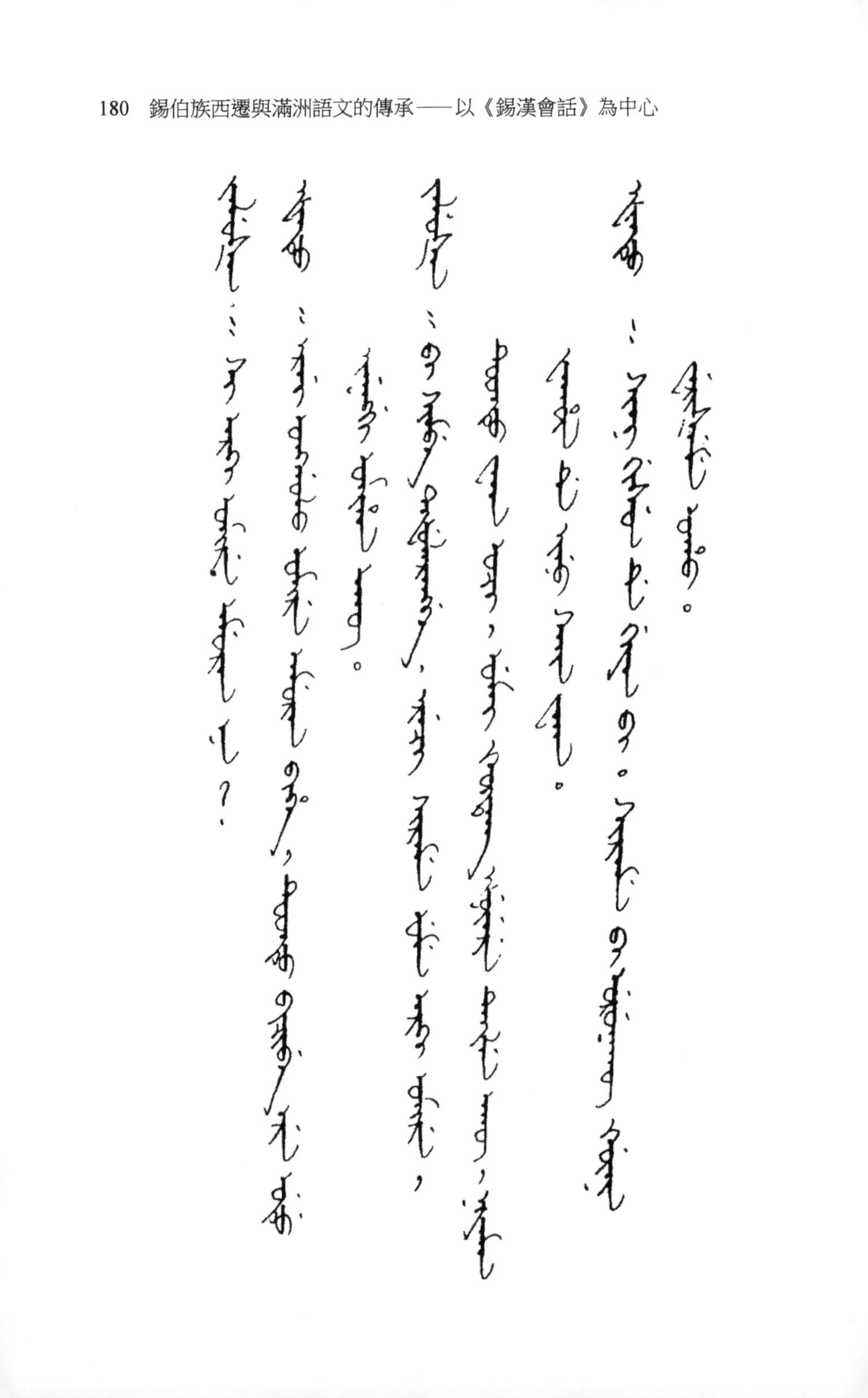

jalušan: si arki omire amuran na?

efintu: erei onggolo omire amuran bihe, tuttu bicibe ere udu ineggi omiha akū.

jalušan: bi simbe tafularangge, ereci sirame ume arki omire, tuttu waka oci, umai kūtang efujere teile akū, niyaman fahūn de inu sain waka.

efintu: sini gisun de giyan bi. sirame bi urunakū gūnin werišeme oho.

扎魯善：你愛喝酒嗎？

額芬圖：以前愛喝，可這幾天沒喝過。

扎魯善：我勸你以後別喝酒，否則不只是胃受損傷，對心臟、肝臟也不好。

額芬圖：你說的有道理。我以後一定注意。

ᡝᠮᡠ ᡳᠨᡝᠩᡤᡳ ᠪᡠᡩᠠ ᠵᡝᡴᡠ᠉

ᡤᡠᠴᡠ : ᠪᡳ ᠪᠣᡨᠣ ᡤᡝᠨᡝᠮᠪᡳ ᠪᡳ ᡤᡝᠨᡝᡴᡠ ! ᠪᡳ ᡳᠨᡝᠩᡤᡳ ᠰᡳᠨᡝᡨᡝ ᡝᠯᡝ ᠪᡳ
ᡤᡝᠨᡝᡴᡳ ᠠᠴᠠᠪᡠᠮᠪᡳ᠉
ᡝᠮᡠ ᠠᡴᡡ ᠪᠣᠰᡝᡨᠣᠮᠪᡳ , ᠪᠣᠰᡳ ᡤᡠᡵᡠ ᡤᡠᠴᡠ ᠵᡳᡩᡝ ᡝᠯᡝᠮᠪᡳ , ᡤᡝᠨᡝᠮᠪᡳ

ᡥᠠᠯᡥᠠᠨ : ᡝᡴᡝ ᠰᡳᠨᡳ ᠰᠠᡵᠠᡴᡡ ᡨᠠᡴᠠᡵᠠ ᡝᡵᡝ , ᠮᡠᠰᡝᡳ ᡝᠯᡝ ᡝᠮᡠ ᡥᡝᠨᡩᡠᡥᡝ

ᡤᡠᠴᡠ : ᠠᠮᠠᡵᡳ ᠰᠠᠮᠠᠯᠠᠮᠪᡳᡨᠣ ?

ᠮᡠᡩᡝᡵᡳ ᡤᡝᡵᡝ ᠪᠠᡥᠠᠮᠪᡳ᠉
ᡥᠠᠯᡳᠶᠠᠨ ᡤᡝᡵᡝᠨ ᡳᠰᡳᠮᠪᡳ ᡝᡵᡝ᠉ ᡤᡠᡵᡠ ᡤᡝᡵᡝᡵᡝ ᠪᡝᠶᡝᠨᡳ ᠠᡵᠠ

ᠮᡠᡴᡨᡝᠨ : ᠪᡳ ᡝᠮᡠᡳ ᡝᡵᡝ ᡤᡠᠵᡠᠮᡝ ᠪᡳ ᡨᡝᡵᡝ ᠮᡝᠨᡝᡴᡳ ᡝᠮᡠ ᠪᡝᠶᡝ , ᠠᠮᠠ

jalušan: bi sinde maji kūtang de omire okto arame buki, si urunakū erinde acabume omi. udu inenggi duleme si dahūme jifi baicabuki.

hūwaliyasu: si absi serebumahabi?

cangming: ere udu inenggi dabali sain waka, anggade jaka majige seme amtan bahaburkū, beye gubci hūsun cine akū, dobori geli amgame muterkū.

hūwaliyasu: si etuku i tohon be suweki！ bi sini niyaman jaka be emdan singname tuwaki.

扎魯善：我給妳開些胃藥，你要按時服藥。過幾天你再來複診。

華里亞蘇：你覺得怎麼樣？

長明：這幾天不大好，嘴裡一點兒味兒也沒有，渾身沒力氣，夜裡失眠。

華里亞蘇：請把上衣解開[1]！我聽聽你的心臟。

---

[1] 「請把上衣解開」，錫伯文作"si etuku i tohon be suweki"，意即「請把衣服的鈕扣解開」。

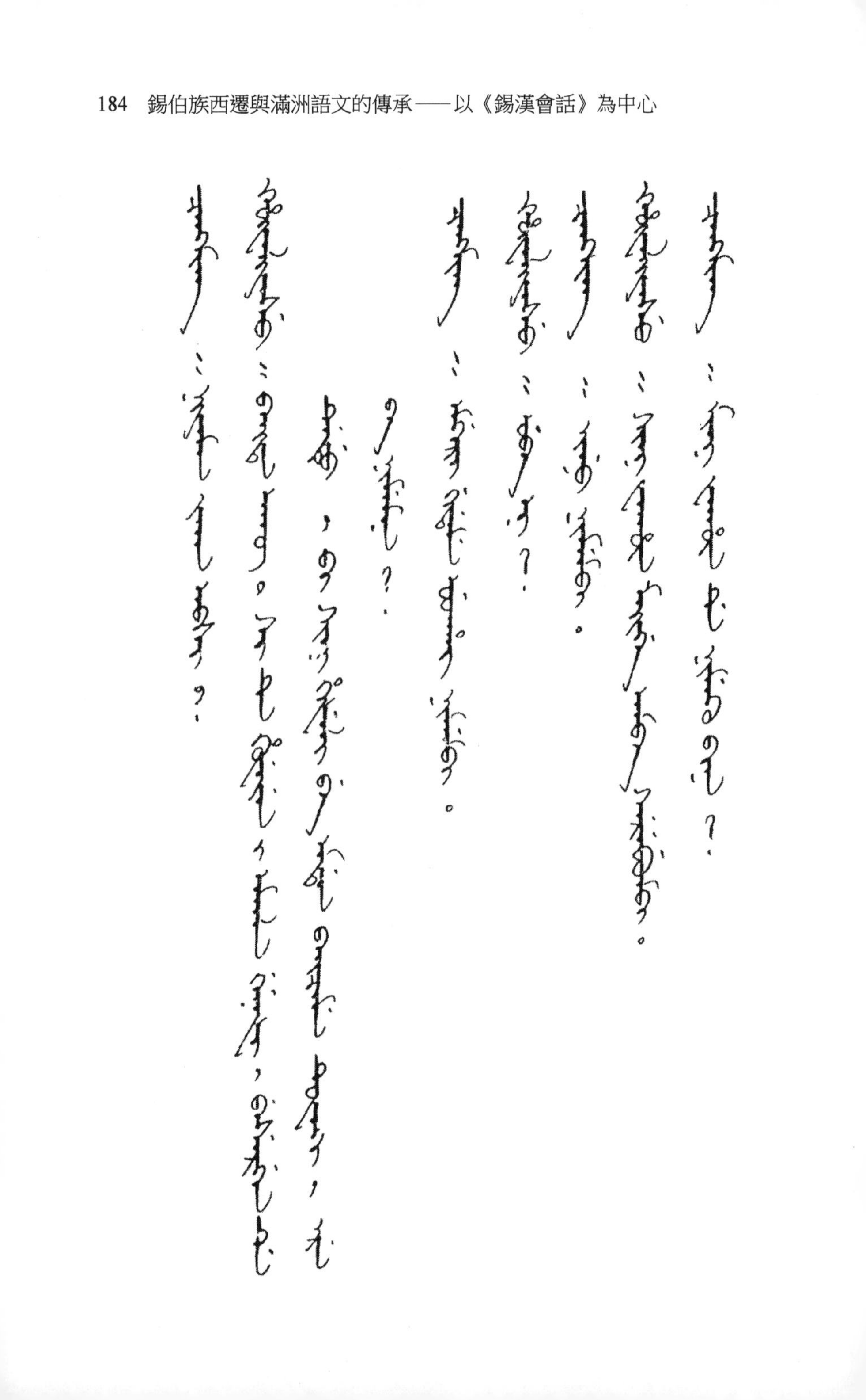

cangming: niyaman jaka absi?

hūwaliyasu: baita akū, si te huwejen i amala genefi, besergen de dedu, bi sini hefeli be emdan baicame tuwaki, ere ba nimemna?

cangming: emgeri gidame uthai nimembi.

hūwaliyasu: uba ni?

cangming: inu nimembi.

hūwaliyasu: sini fahūn majige amba serebumbi.

cangming: mini fahūn de nimeku bina?

長明：心臟怎樣[1]？

華里亞蘇：沒什麼，現在請你到屏風後面去，躺在床上，我檢查一下腹部，這裡疼嗎？

長明：一按就疼。

華里亞蘇：這兒呢？

長明：也疼。

華里亞蘇：你的肝有些大[2]。

長明：我的肝有病嗎？

---

[1] 「心臟怎樣」，句中「心臟」，錫伯文作"niyaman jaka"，意即「心口」、「心窩」，此作「心臟」，異。

[2] 「你的肝有些大」，錫伯文作"sini fahūn majige amba serebumbi"，意即「覺得你的肝有些大」。

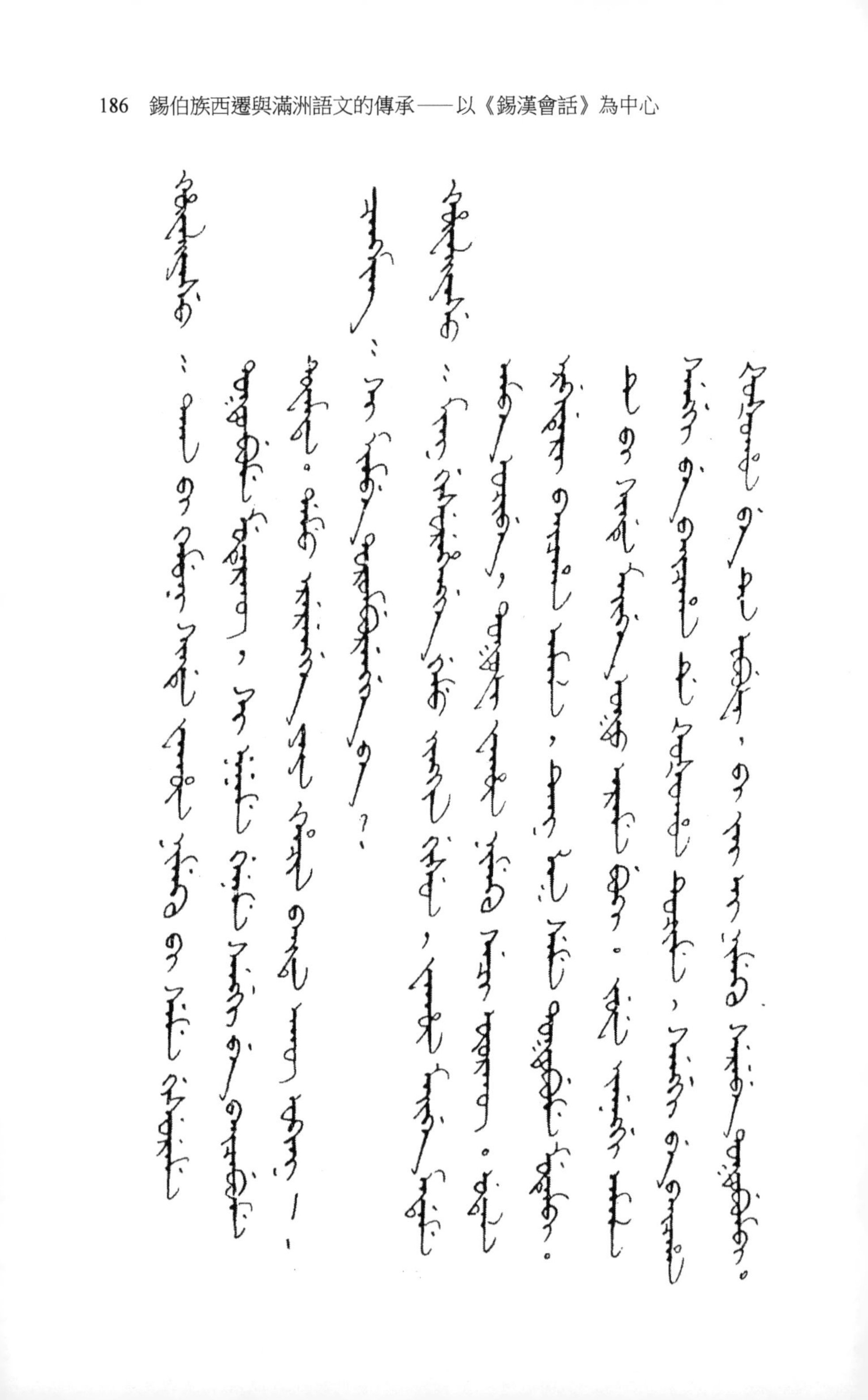

hūwaliyasu: taka bi kemuni sinde fahūn nimeku bi seme gisureme toktobume muterkū, si neneme geneme senggi be baicabume tuwamta. damu ererengge yaya hacin baita akū okini！

cangming: si mimbe toromburengge ba?

hūwaliyasu: mini gisurehengge gemu jingkin gisun, fahūn majige madame amba ocibe, toktofi fahūn nimeku seci ojorkū. utala ergideri baicaha amala, teni lak seme toktobume mutembi. te bi sinde majige okto arame buki. juwe inenggi amala senggi be baicaha de šošohon tucime, senggi be baicaha šošohon be ten obufi, bi jai ai nimeku serebe toktobumbi.

華里亞蘇：暫時我還不能肯定說你有肝炎。你先去驗驗血。但願沒什麼問題。

長明：你是在安慰我吧？

華里亞蘇：我說的都是實話。肝臟有點腫大，不一定就是肝炎，幾方面檢查之後，才能確診。現在我給你開點藥。過兩天，驗血的結果出來了，根據驗血結果再來診斷是什麼病[1]。

---

1 「再來診斷是什麼病」，錫伯文作“bi jai ai nimeku serebe toktobumbi”，意即「我再診斷是什麼病」。

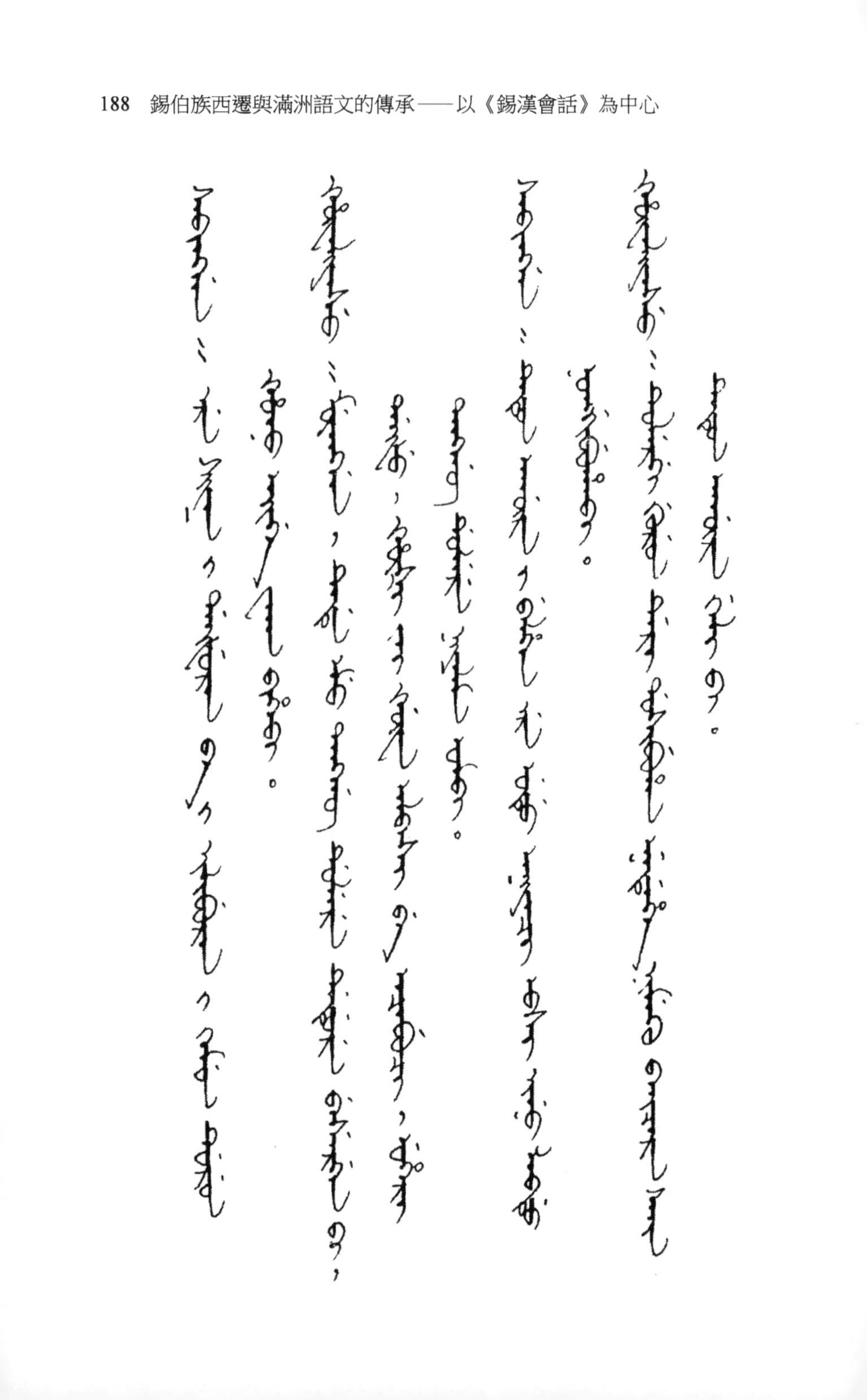

sabingga: ere siyan i daifuran ba i iliburan i kemun durun hono ajige waka bihebi.

hūwaliyasu: mujangga, tede emu tanggū dulere dedure besergen bi, daifu、 hūši jai gūwa albasi be acabuci, uheri tanggū dulere niyalma ombi.

sabingga: tetun agūra i belhen ere udu aniyaci ebsi inu labdu nonggibuhabi.

hūwaliyasu: tulergi gurun deri dosibuha nendehe nimeku baicara sain tetun agūra geli bi.

薩賓阿：這座縣醫院規模還不小呢！

華里亞蘇：是的，它有一百多張病床，醫護人員合在一起[1]，總共有一百多人。

薩賓阿：設備這幾年來也增添了不少。

華里亞蘇：還有外國引進的先進診斷器械呢！

---

[1] 「醫護人員」，錫伯文作“daifu、 hūši jai gūwa albasi”，意即「醫生、護士和其他服務員」。

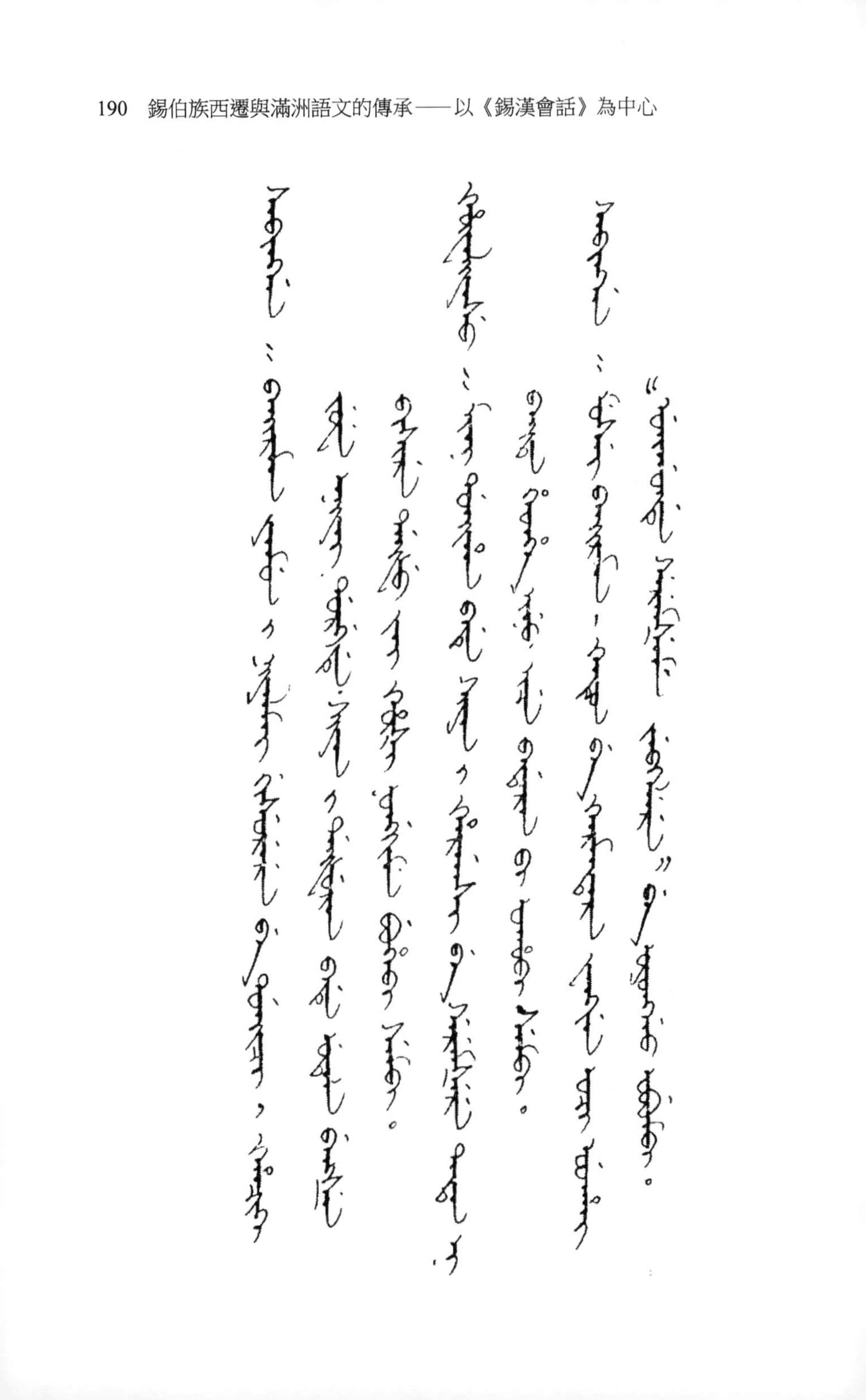

[illegible]

sabingga: banjirman yamun i niyalmai gisurere be donjici, hanciki juwe aniyai dorgide, siyan i daifuran bade utala bengšen bisire daifu jai hūši nonggime buhebi sembi.
hūwaliyasu: mini donjiha bade siyan i hargasi be seremšere tatan ni baita hethe inu ice badaran bi ohobi sembi.
sabingga: musei banjirman、 katun be karmatara fangjen oci uthai "doigonde seremšeme jebkelere" be oyonggo obumbi.

薩賓阿：聽衛生局的人講，近兩年給縣醫院補充了一些有能力的醫生和護士。
華里亞蘇：我聽說，縣的地方病防疫站的事業也有新的發展。
薩賓阿：咱們衛生保健的方針就是「預防為主」嘛。

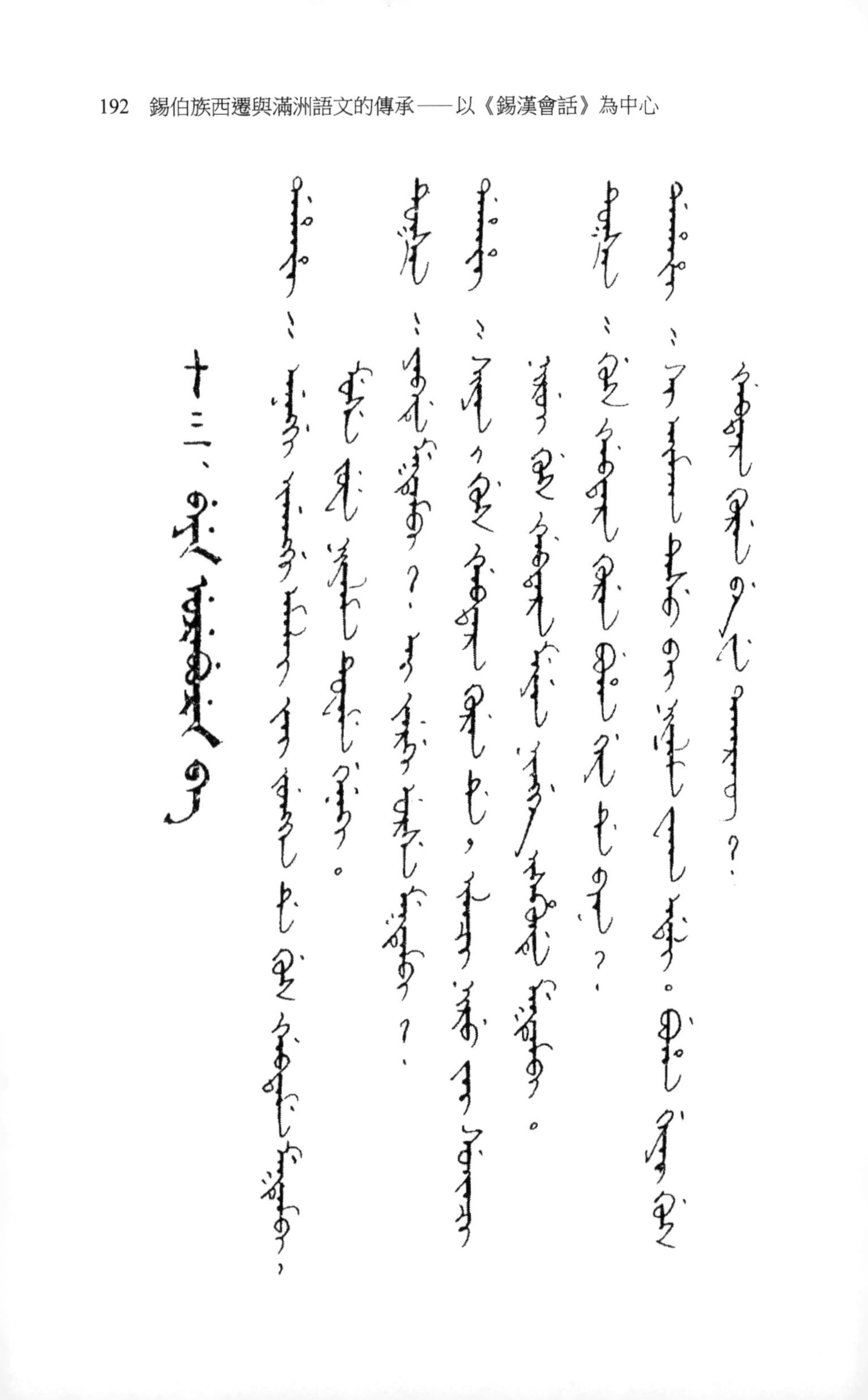

十三、

十三、beye urebure ba

dahanjy: enenggi inenggi amalai jai jungken de gus gabtame mektembi, muse juwe niyalma tuwame geneki.

tukšan: yabade mektembi? ai jergi urse mektembi?

dahanjy: siyan i gus gabtara kuren de, ilaci niru jai sunjaci nirui gus gabtara meyen ningge ishunde mektembi.

tukšan: gus gabtara kuren buha giya de bina?

dahanjy: si aimaka tesu bai niyalma waka adali. buha giyai gus gabtara kuren be we takarkū?

十三、體育場

達汗芝：今天下午兩點有射箭比賽[1]，咱們倆去看吧！

圖克善：在哪兒比賽？誰跟誰比賽？

達汗芝：在縣射箭館，三祿和五牛祿的射箭隊舉行對抗賽[2]。

圖克善：射箭館是在布哈街嗎？

達汗芝：你好像不是本地人似的。誰不知道布哈街的射箭館。

---

1 「射箭比賽」，句中「射箭」，錫伯文作“gus gabtame”，句中“gus”，意即「靶子」，似為漢語「鵠的」借詞，《錫漢教學詞典》作“aigan”。

2 「三祿和五牛祿」，句中「三祿」，錫伯文作“ilaci niru”，意即「第三牛彔」，今地名或音譯作「依拉齊牛彔」。

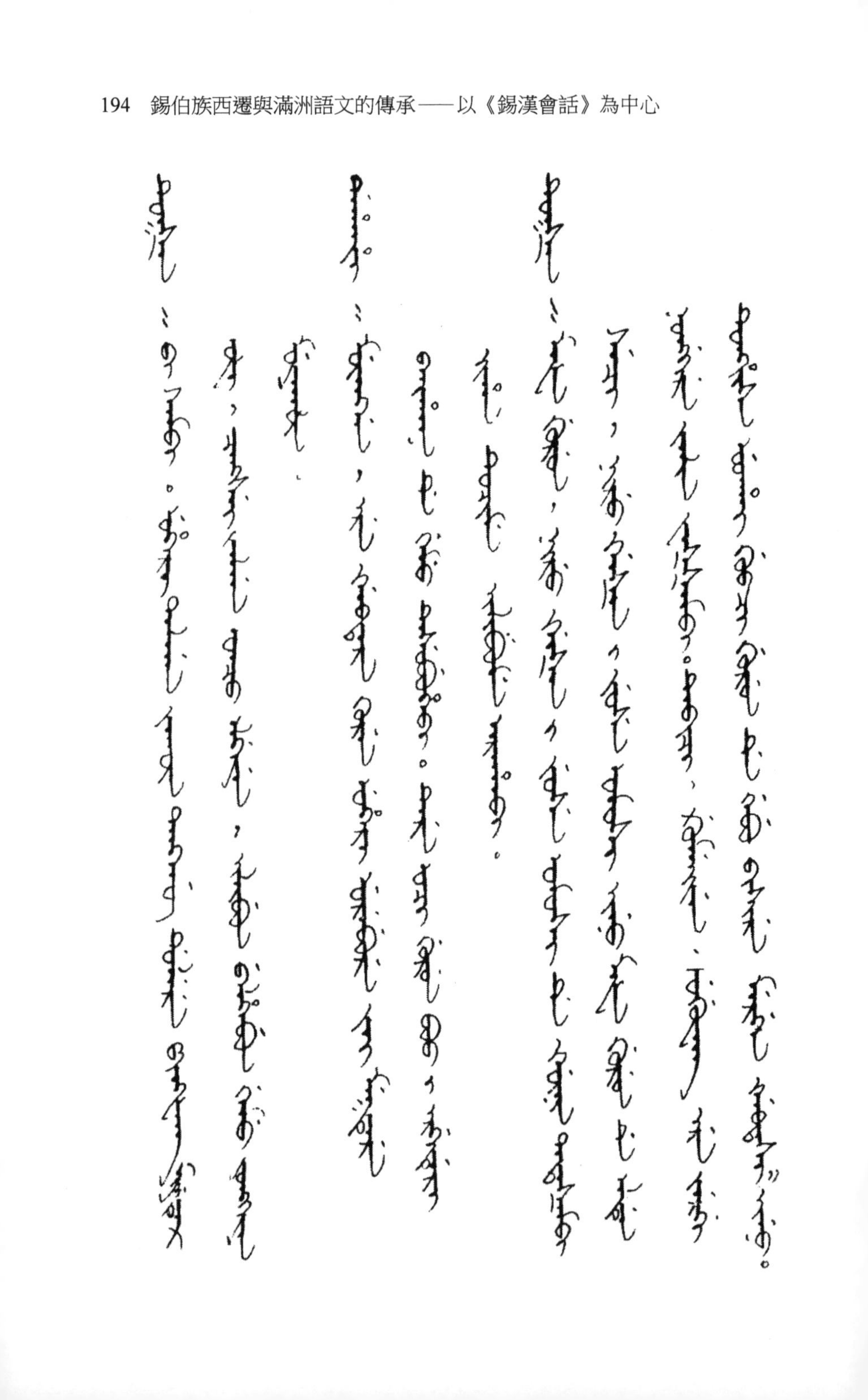

tukšan: bi sambi. uheri talgan jakūn tanggū dulere pingfang miyeter ofi, cangsei falga onco elgiyen, ilibun belhebun gemu yongkiyan muyahūn.

dahanjy: mujangga, ere gabtara kuren uheri urebure jai mektere baihana de gemu tesubuhebi. tere oci gurun boo i ergideri jiha tucime ilibume arahabi.

tukšan: mafa gurun, niru gašan i juse omosi de gūnin tatašambi seci, niru gašan i juse omosi inu mafa gurun de elden nonggire jalin faššambi. tebici, g'omeijen、 žuguwang ere jergi tungjysa uthai gubci gurun de gebu bisire “mergen gabtasi” inu.

圖克善：我知道。總面積達八百多平方米[1]，場地開闊，設備齊全。

達汗芝：是呀！這座射箭館總的滿足了練習和比賽的要求。它是國家撥款建造的。

圖克善：祖國關心箭鄉的子孫，箭鄉子孫也為祖國爭光。比如郭梅珍、汝光這些同志就是全國聞名的「神箭手」[2]。

---

1 「面積」《錫漢教學詞典》作“talgari”，此作“talgan”，異。

2 「神箭手」，錫伯文作“mergen gabtasi”，句中“mergen”，係蒙古語借詞，意即「聰慧的」、「賢明的」。

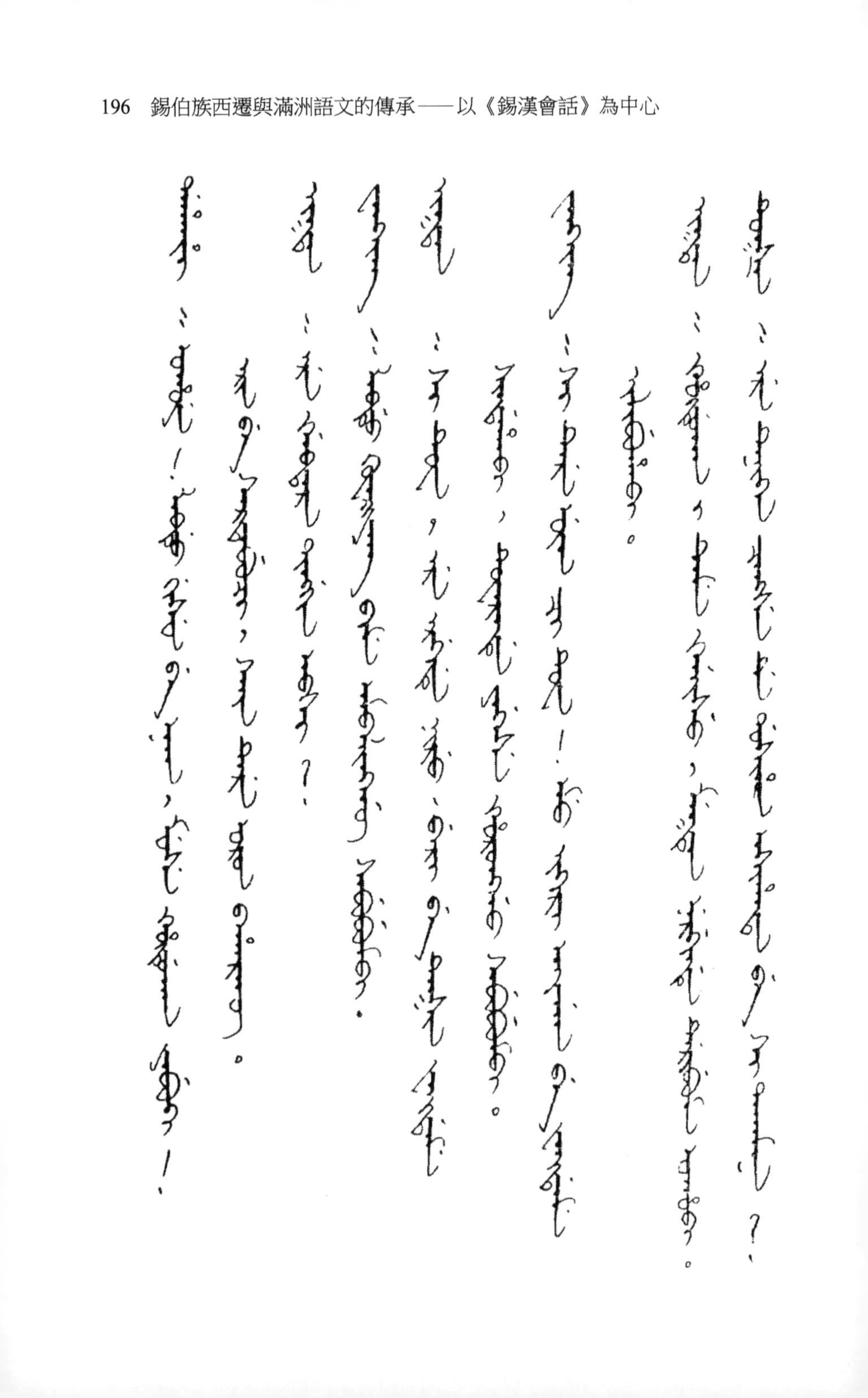

dahanjy: ohoye！ labdu gisun be naka, muse hūdukan yabuki！erin be sartabuci, sain tere oron baharkū.

iktan: ere gabtara tinggin absi?

wanging: labdu kuwariyang bime ambalinggū sabubumbi.

iktan: si tuwa, ere ergide niru、beri be teksin faidame sindahabi, tuwarade yagese horonggo sabubumbi.

wanging: si tere ujan ci tuwa！ emu ikiri aigan be faidame ilibuhabi.

iktan: hūdukan i teme gaisu, mekten nerginde deribume ohobi.

tukšan: ere teniken cangse de dosiha asihata be si takamna?

達汗芝：行啦，不要囉嗦了，咱們趕快走吧！去晚了就找不上好座位了。

伊克坦：這個箭廳怎麼樣？

王英：很漂亮，很氣派嘛。

伊克坦：看[1]，這邊整齊地擺列著弓箭，看起來多麼威風！

王英：你看那頭兒，一排立著箭靶。

伊克坦：快點坐下吧！比賽馬上要開始了。

圖克善：這個才上場的小伙子你認識嗎？

---

[1] 「看」，錫伯文作“si tuwa”，意即「你看」。

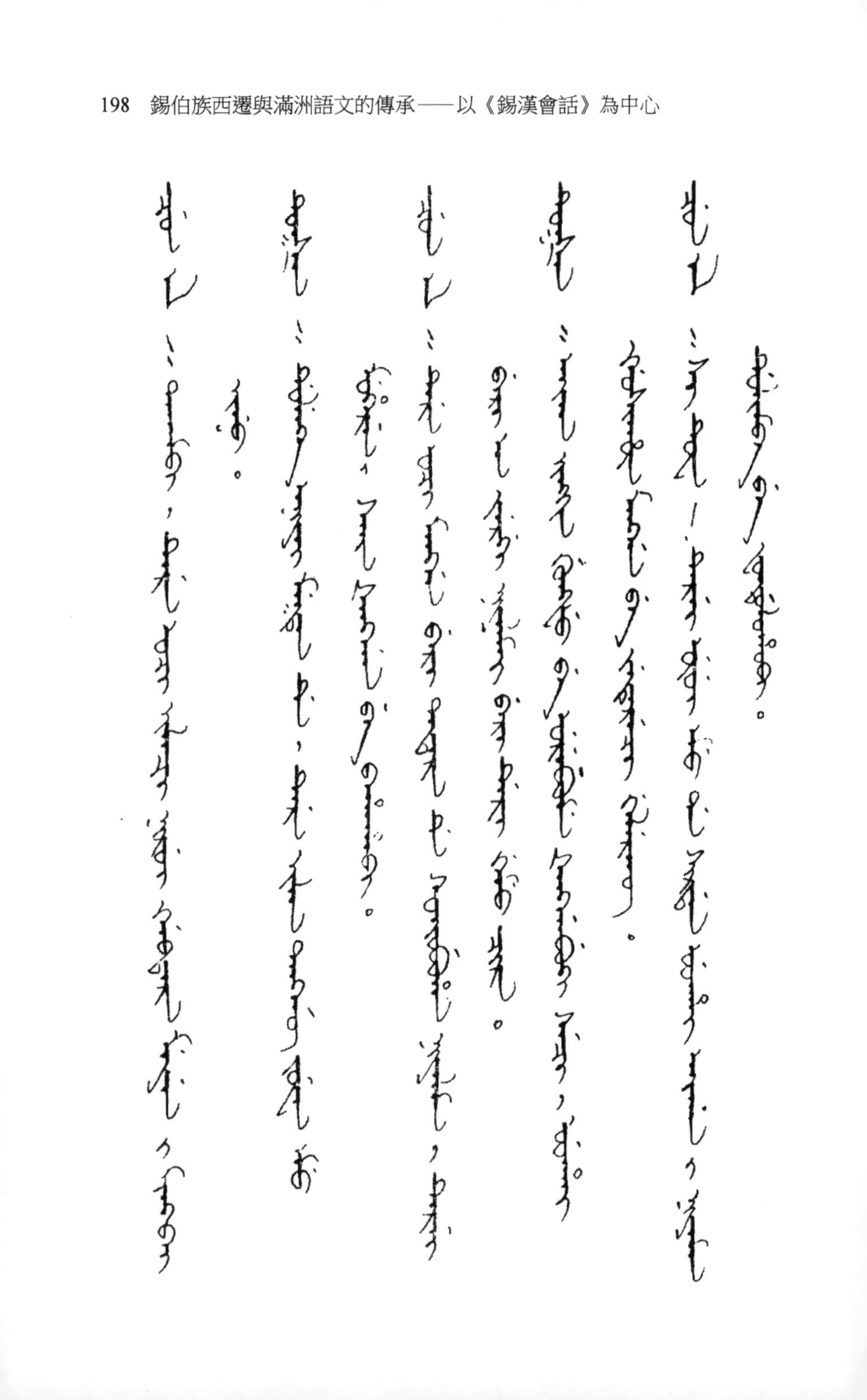

cun el: takambi, tere oci ilaci nirui gabtara meyen i mingbai inu.

tukšan: duleke aniyai mekten de, tere ilan tanggū juwan emu muheren i sain šanggan be bahahabi.

cun el: tere oci mangga beri tatara de sonjobuha niyalma, terei beri an jergi niyalmai beri deri gemu cira.

tukšan: aika jingkin gungfu be urebume šanggabuki seci, uthai gosihūn mangga be jetereci gelerkū.

cun el: si tuwa！ terei ujui emu da sirdan uthai aigan i niyaman dulimba be fondolohobi.

春兒：認識，他是三鄉射箭隊的明拜[1]。

圖克善：在去年的比賽中，他取得了三百一十一環的好成績。

春兒：他是個拉硬弓的選手，他的弓比一般人的硬[2]。

圖克善：要想練成真功夫，就得不怕吃苦嘛。

春兒：你看！他第一枝箭就直穿靶心。

---

1 「三鄉」，錫伯文作“ilaci niru”，意即「第三牛彔」。

2 「他的弓比一般人的硬」，錫伯文作“terei beri an jergi niyalmai beri deri gemu cira”，意即「他的弓比一般人的弓都硬」。

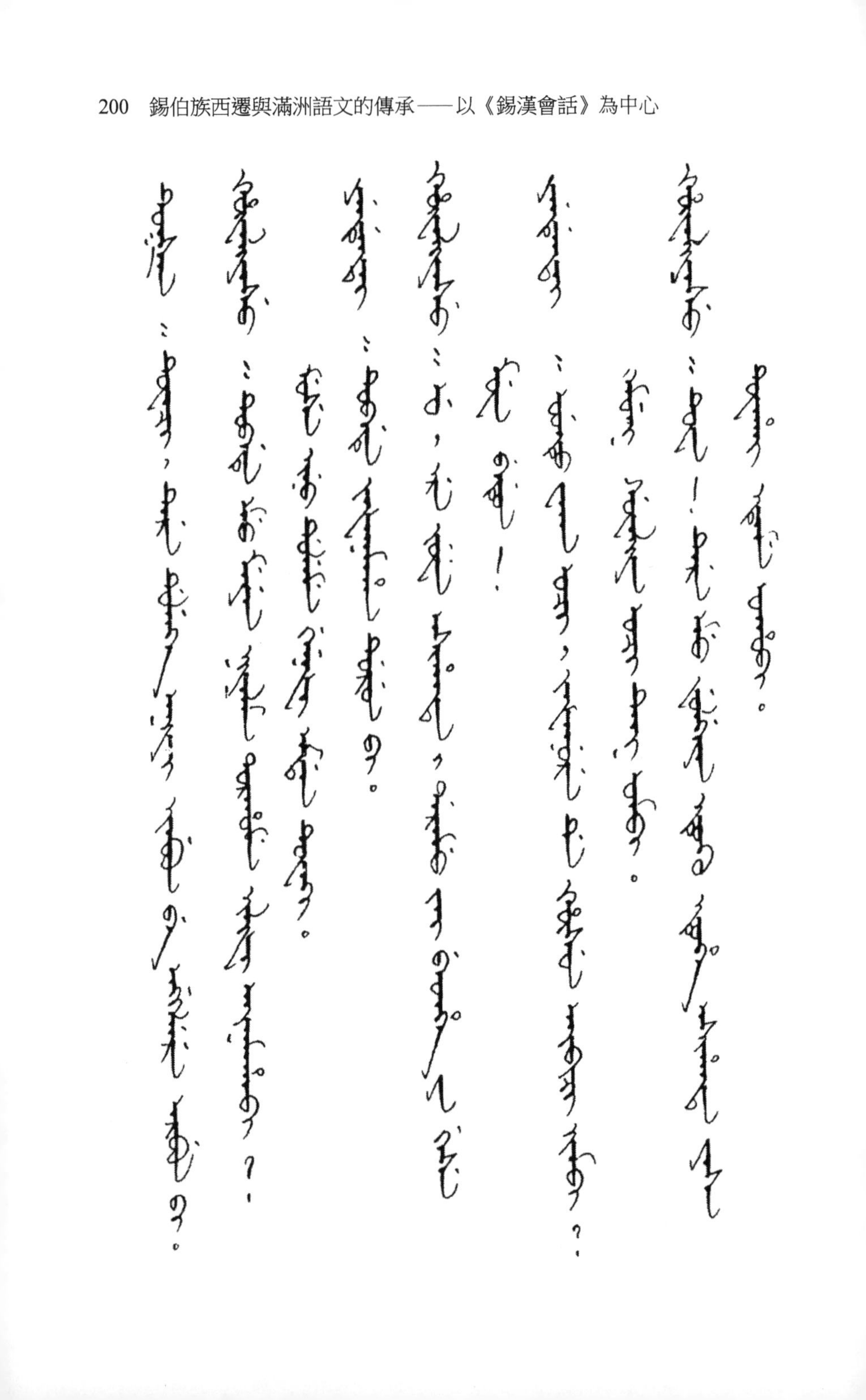

tukšan: tuwaci, tere duleke aniyai ejebun be enggelere arbun bi.

hūwaliyasu: tubade emu meyen niyalma torhome ilifi ainamahabi? muse inu duleme genefi emdan tuwaki.

yendentai: tubade jafanamaha durun bi.

hūwaliyasu: u, ere juwe asihata i daramu jai bethe ya gese muwa bedun！

yendentai: uttu waka oci, jafanure de hūsun aibici jimbi? kemuni suwaliya oci teni ombi.

hūwaliyasu: tuwa！ tere emu fulgiyan etuku etuhe asihata yasa tuwahai eteme ohobi.

圖克善：看樣子，他會打破去的記錄[1]。

華里亞蘇：那邊圍著一群人幹什麼呢？過去看看[2]。

尹登泰：那邊多半是在摔跤。

華里亞蘇：嗬，這兩個小伙子腰腿多粗壯！

尹登泰：不這樣，摔起來力氣從哪裡兒來？還得靈活才行。

華里亞蘇：瞧，那個穿紅運動衣的眼看要贏了[3]。

---

1 「他會打破去的記錄」，錫伯文作“tere duleke aniyai ejebun be enggelere arbun bi”，意即「他有超過去年記錄的樣子」。

2 「過去看看」，錫伯文作“muse inu duleme genefi emdan tuwaki”，意即「咱們也過去看一下」。

3 「穿紅運動衣」，錫伯文作“fulgiyan etuku etuhe”，意即「穿紅衣」，錫漢文義不合。

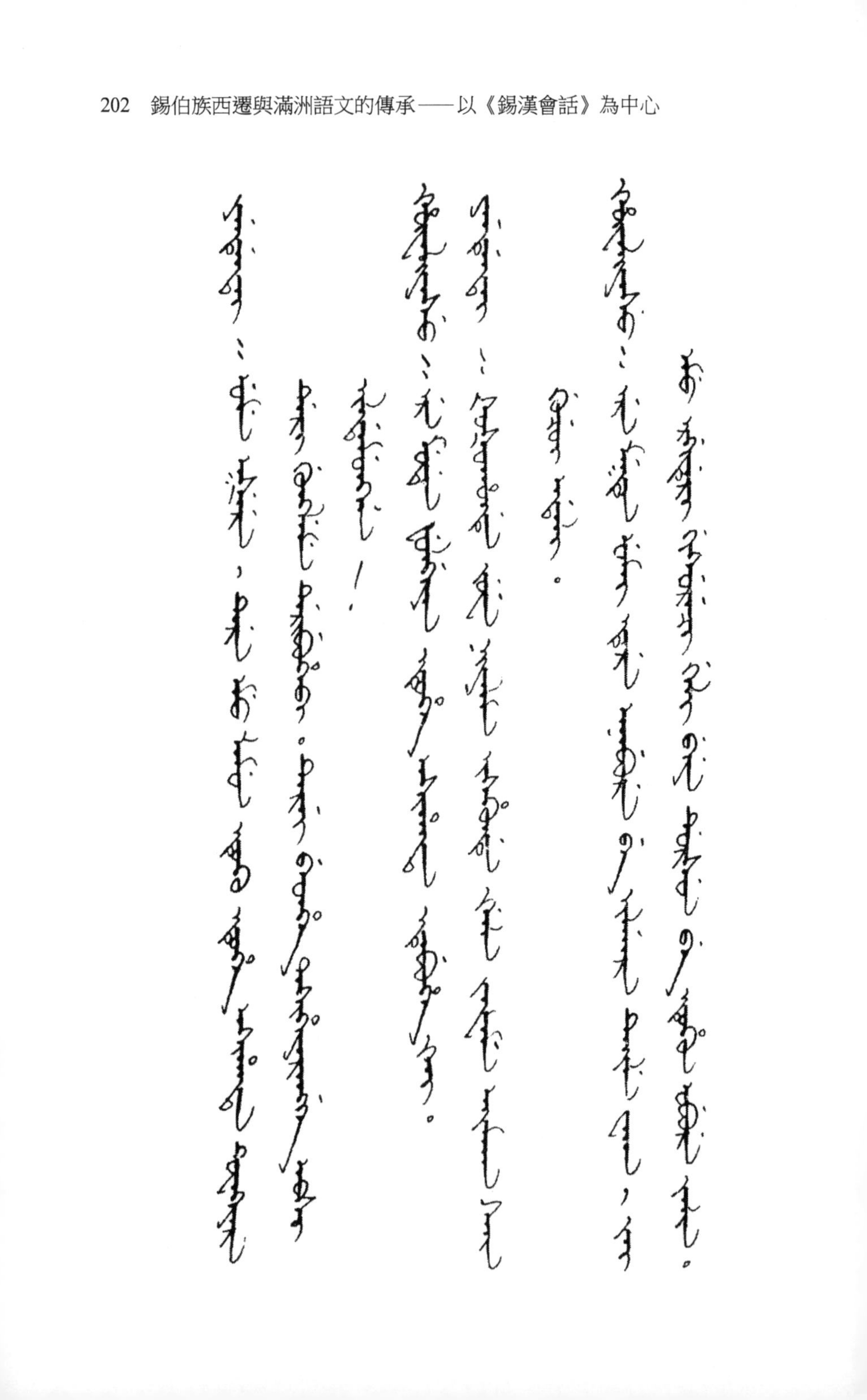

yendentai: ume ekšere, tere emu lamun etuku etuhe asihata tuwakiyara deri gungleme deribuhebi. terei bethe tasihiyarangge absi ildamungga！

hūwaliyasu: ere mudan fulgiyan etuhe asihata etebuhe kai.

yendentai: šošohonde juwe niyalma ishunde gala jafame aimaka sain gucui adali.

hūwaliyasu: ere mekten umai etere anabure be ilgara teile waka, jai emu ergideri gisureci geli beye dursun be etuhun obure jalin.

尹登泰：別急，那個穿藍的小伙子反守為攻了[1]。他的撥腳動作多漂亮[2]！

華里亞蘇：這回穿紅的小伙子輸了。

尹登泰： 最後兩個人拉了拉手，像是好朋友一樣。

華里亞蘇：這比賽不只為了輸贏，從另一方面來說，還是為了增強體質。

---

1 「穿藍的小伙子」，錫伯文作"lamun etuku etuhe asihata"，意即「穿藍衣的小伙子」。

2 「漂亮」，錫伯文作"ildamungga"，意即「丰采」。

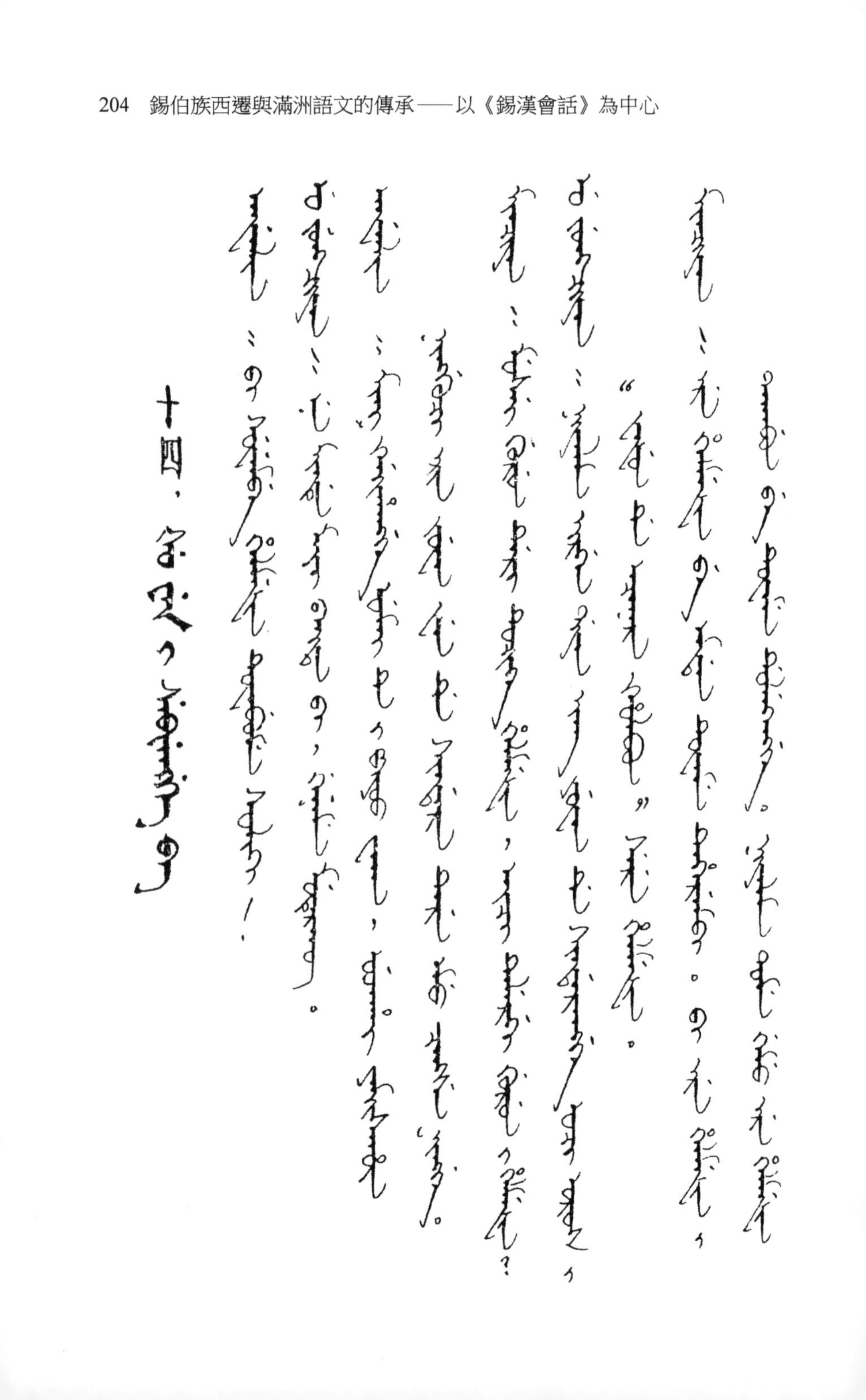

[illegible]

十四、[illegible]

十四、šu wen i sebjengge ba

anwenlin: bi suwembe helmefin tuwabume soliki！

u jungciyan: ne minde maji baita bi, geneme muterkū.

anwenlin: mini gaihangge umai te i piyoo waka, uthai yamjishūn ningguci erin juwan fen de sindara tere emu cangse ningge.

minciyan: musei gurun deri tucike helmefin, eici telergi gurun i helmefin?

u jungciyan: niyalma irgen diyan ing yuwan de sindarangge oci oros i "fafun de acanara holbon" sere helmefin.

minciyan: ere helmefin be emdan tuwame teherembi. bi ere helmefin i takabun be tuwame dulekengge. niyalma tome gemu ere helmefin

十四、文化娛樂場所

安文林：我請你們看電影。

吳仲謙：我現在有點事兒，走不開。

安文林：我買的不是現在的票，是晚上六點十分那一場的。

敏謙：是咱們國產電影，還是外國電影[1]？

吳仲謙：人民電影院上映的是俄羅斯電影「合法婚姻」。

敏謙：這個電影值得一看。我看過這個電影的介紹，

---

[1] 「外國」，錫伯文作"telergi gurun"，句中"telergi"，誤，當作"tulergi"。

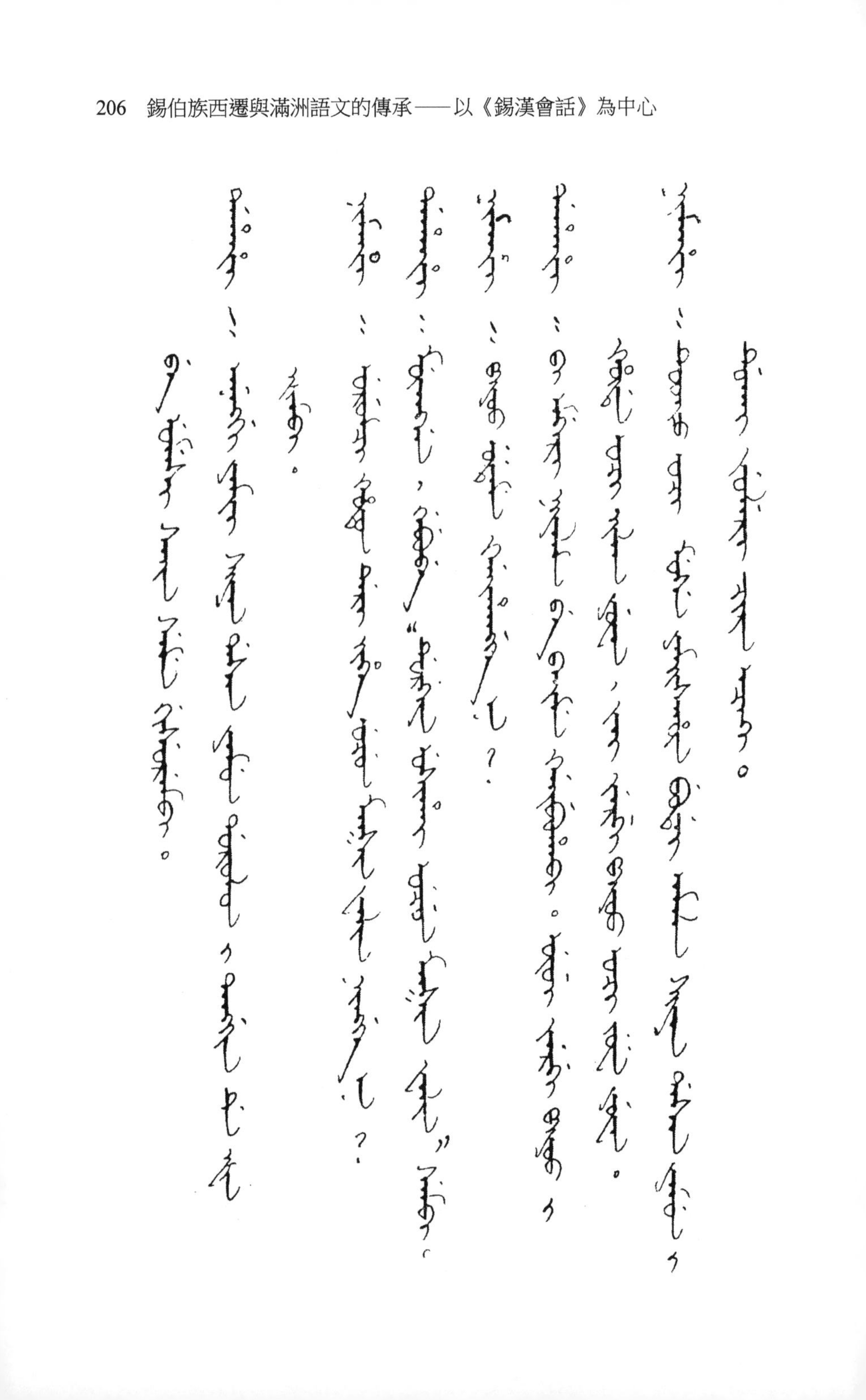

be umesi sain seme gisurembi.

dahanjy: enenggi yamji siyan dasan yamun dorolon i tanggin de efin efimbi.

nimanjy: urumci hoton deri jihe ucun maksin falin ningge na?

dahanjy: mujangga, gebube "durgiya usihai ucun maksin falin" sembi.

nimanjy: piyoo udame gaihangge na?

dahanjy: bi emgeri niyalma be baime gaibuhabi. ujui jergi piyoo i hūda oci ilan yuwan, jai jergi piyoo oci juwe yuwan.

nimanjy: tuttu oci muse yamjishūn budai amala siyan dasan yamun i dukai juleri cira acaki.

人們都說這個電影挺好。

達汗芝：今天晚上在縣政府禮堂有演出。

尼曼芝：是烏魯木齊來的歌舞團嗎？

達汗芝：是的，叫「晨星歌舞團」[1]。

尼曼芝：買票了嗎？

達汗芝：我已經請人去買了。一等票三元，二等票兩元。

尼曼芝：那咱們晚飯後在政府門前會面[2]。

---

[1] 「晨星」，錫伯文作"durgiya usiha"，意即「啟明星」，早晨出現在東方的金星。

[2] 「政府」，錫伯文作"siyan dasan yamun"，意即「縣政府」，此脫落「縣」。

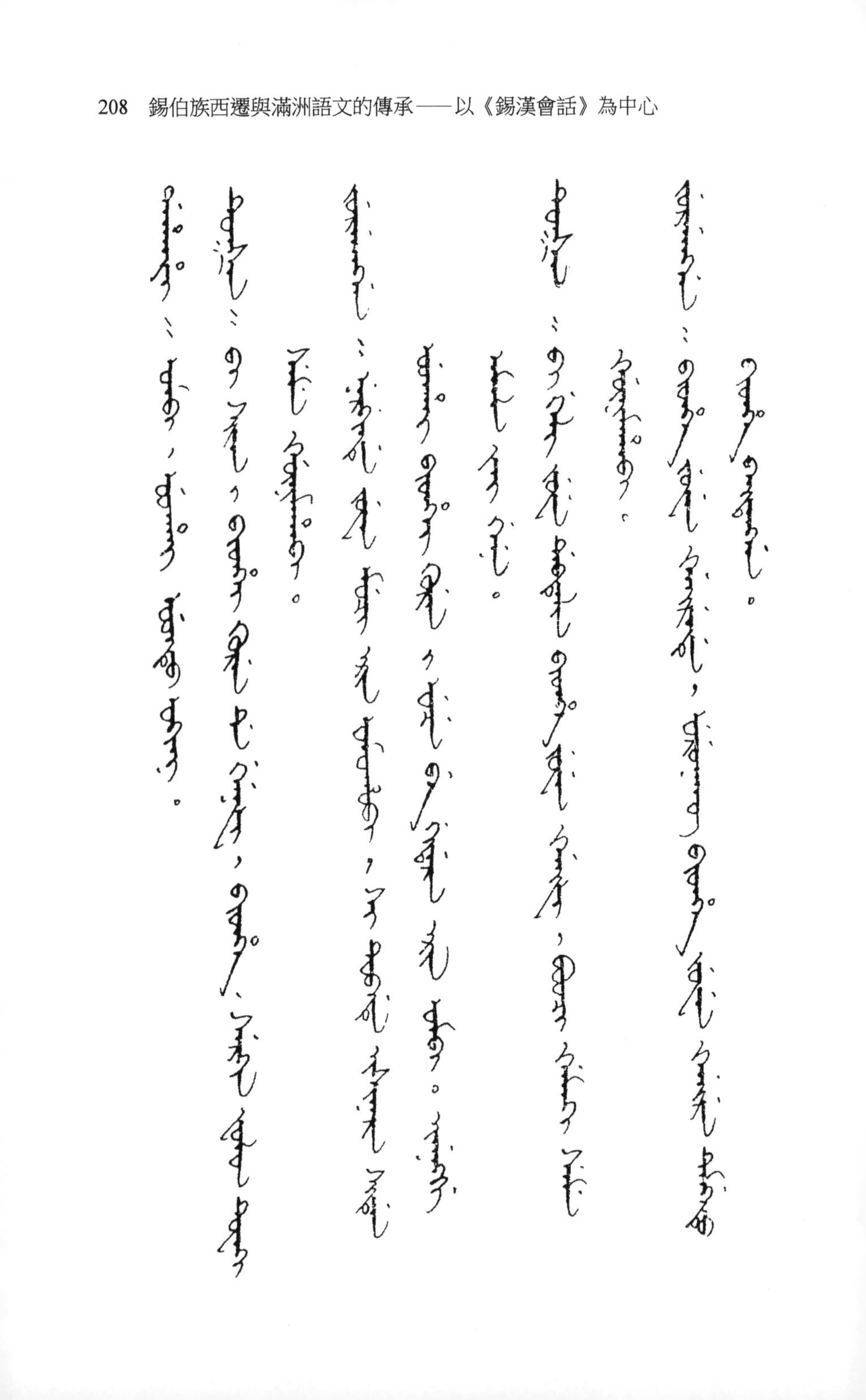

[illegible]

[illegible]

[illegible]

[illegible]

[illegible]

[illegible]

[illegible]

dahanjy: ombi, uthai uttu okini.

tukšan: bi siyan i bithei kuren de genefi, bithe、 serkin folon tuwaki seme gūnimahabi.

jurgangga: nerginde juwan emuci erin omohobi, si tubade isinara siden uthai bithei kuren i uce be gidara erin ombi. ineggi amala jai gene.

tukšan: bi geli juwe debtelin bithe juwen gaifi, booci gamaki seme gūnimahabi.

jurgangga: bithe juwen gairede, urunakū bithe juwen gaire temgetu bithe baitangga.

達汗芝：好，就這樣說定了。

圖克善：我想到縣圖書館去看看書報雜誌。

朱爾尕阿：馬上快十一點了，不等你到那兒，圖書館就該關門了。下午再去吧。

圖克善：我還想借兩本書，拿回家去。

朱爾尕阿：借書要有借書證[1]。

---

1 「借書要有借書證」，錫伯文作“bithe juwen gairede, urunakū bithe juwen gaire temgetu bithe baitangga”，意即「借書時一定要用借書證」。

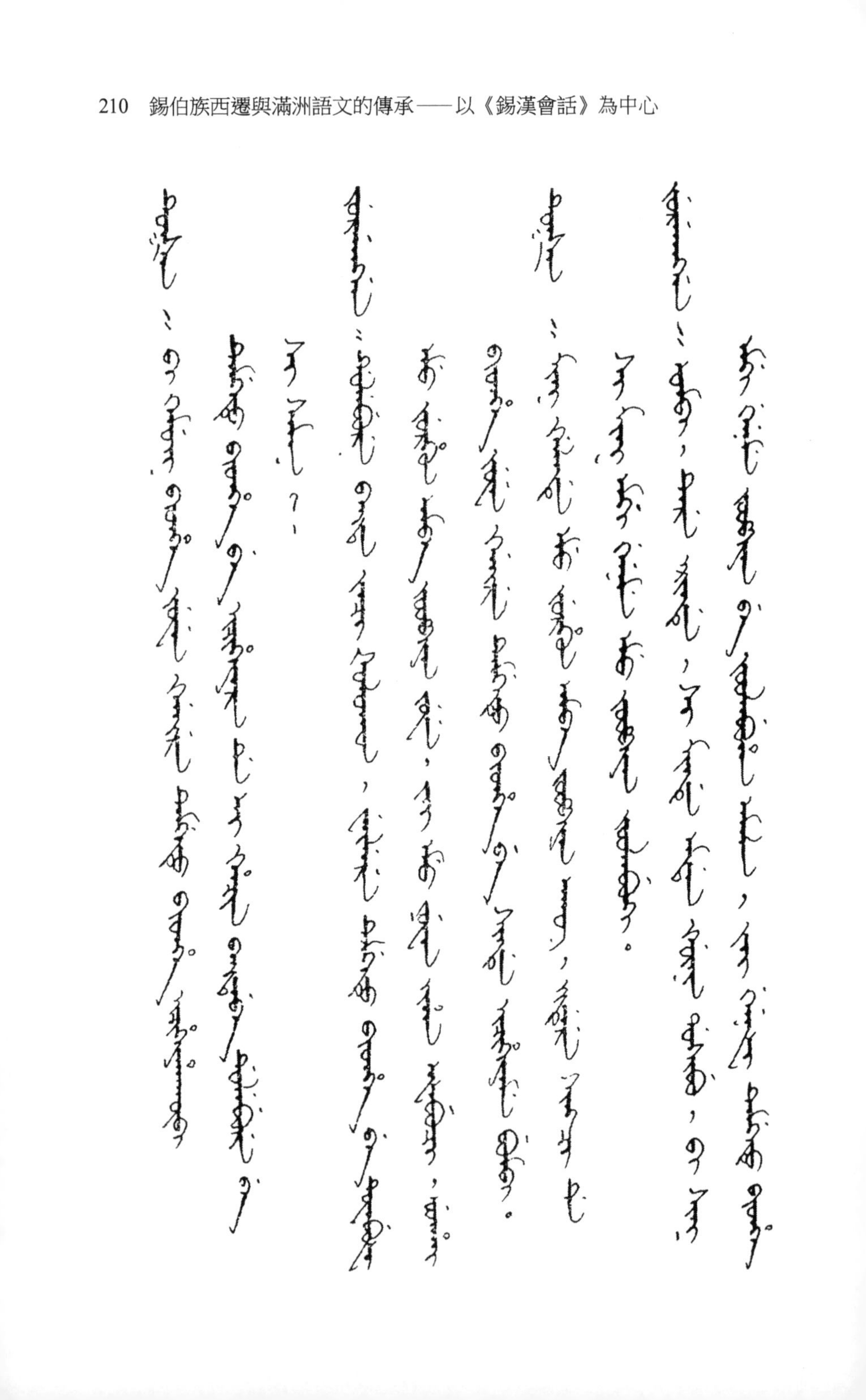

tukšan: bi kemuni bithe juwen gaire temgetu bithe icihiyahakūbi, temgetu bithe be icihiyara de ai hacin baitabe dulebure be si samna?

jurgangga: dulebure baita jaci šolokon, weilere temgetu bithe be tuwabufi emu jurhun amba joopiyan juwe, jai emu yuwan jiha afabuci, uthai bithe juwen gaire temgetu bithe be sinde icihiyame bumbi.

tukšan: mini galade emu jurhun amba joopiyan akū, jidere singci de si mini emgi geneme emu joopiyan joolabuki.

jurgangga: ombi, tere erinde, si minde emdan gūnin dosibu, bi sini emgi geneme joopiyan be joolabuha amala, jai genefi temgetu bithe

---

圖克善：我還沒辦過借書證呢。你知道，辦借書證要什麼手續嗎？

朱爾尕阿：手續挺簡單，工作證和兩張一寸照片，交上一塊錢，就給你辦一個借書證。

圖克善：我手邊沒一寸照片，下星期你跟我一起去照個相。

朱爾尕阿：行，到時候，你給我提個醒兒，我陪你去照相，

ᠪᡝᠨᡝ᠈

[illegible]: [illegible] [illegible]᠈ [illegible] “[illegible]” [illegible] [illegible]
[illegible]᠉

[illegible]: [illegible] [illegible] [illegible]᠈ [illegible] [illegible] [illegible] [illegible] [illegible]
[illegible]᠉

[illegible]: [illegible] [illegible] [illegible] [illegible] “ᠰᡳᠪᡝ” ᡤᡳᠰᡠᠨ [illegible] ᠪᡳ [illegible] [illegible] [illegible]
[illegible] ᠪᡳ [illegible] [illegible] [illegible] [illegible]᠉

[illegible]: [illegible] [illegible] [illegible] [illegible] [illegible]᠈ [illegible] [illegible] [illegible] [illegible]

[illegible]: [illegible] [illegible] [illegible] [illegible] [illegible] [illegible]᠉

ᠪᡳ [illegible] [illegible]᠉

be icihiyame gaiki.

tukšan: si yargiyan i mini sain gucu.

jurgangga: muse hojoye maji bithe tuwaki, tuwaha amala bithei dorgi gūnin be geli ishunde hebšeme fuhašaki.

tukšan: bi ba jin i araha “boo” sere julen be juwen gaiki seme gūnimahabi.

yendentai: yargiyan i bakcilaci muterkū, ere bithe be gūwa niyalma juwen gamahabi.

tukšan: tuttu oci, tolstai i “afan jai hūwaliyasun” sere bithe bina?

再去辦借書證。

圖克善：你真是我的好朋友。

朱爾尕阿：咱們好好看些書，看過以後還可以互相討論書的內容。

圖克善：我想借巴金的小說《家》。

尹登泰：真對不起，這本書別人借去了。

圖克善：那麼托爾斯泰的《戰爭與和平》呢？

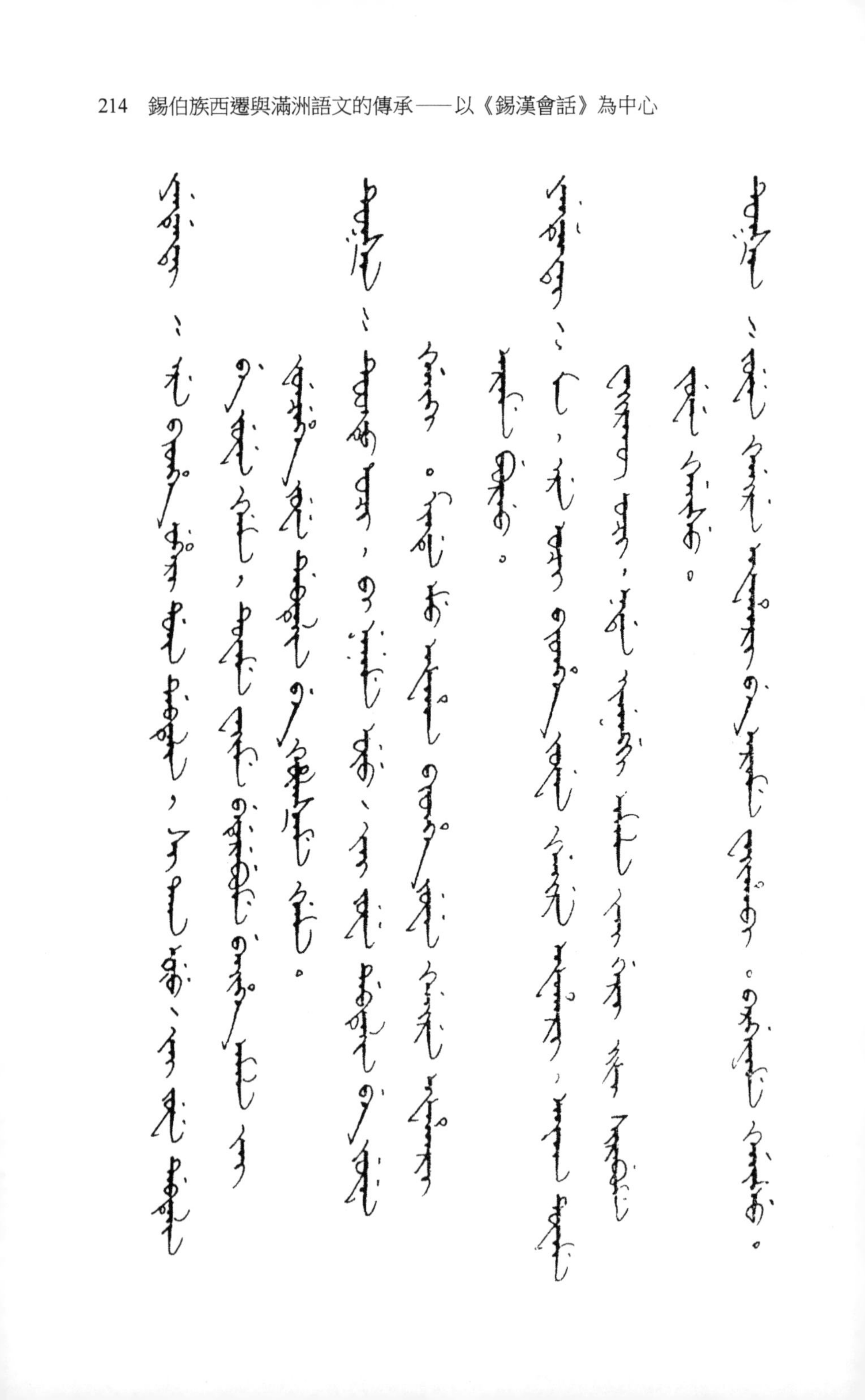

[illegible]

yendentai: ere bithe uheri duin debtelin, si taka uju、 jai juwe debtelin be juwen gama, tuwame wajime bederebume benjihe amala jai funcehe juwe debtelin be hūlašame gama.

tukšan: tuttu oci, bi neneme uju、 jai juwe debtelin be juwen gaiki. minde emu afaha bithe juwen gaire afahari arame bureo.

yendentai: ma, ere oci bithe juwen gaire afahari, aika tuwame wajirkū oci, nadan inenggi amala jai geri jifi sirabume juwen gaisu.

tukšan: juwen gaire afahari be arame wajihabi. bargiyame gaisu.

尹登泰：這個小說一共四卷，你可以先借第一、第二卷，看完以後還回來，再換第三、四卷[1]。

圖克善：那麼，我就先借第一、二卷吧！請給我一張借書單。

尹登泰：給你，這是借書單。要是沒讀完，七天以後，你再來續借。

圖克善：借書單我已填好了，請你收好。

---

[1] 「再換第三、四卷」，錫伯文作"jai funcehe juwe debtelin be hūlašame gama"，意即「再換借剩下的二卷」。

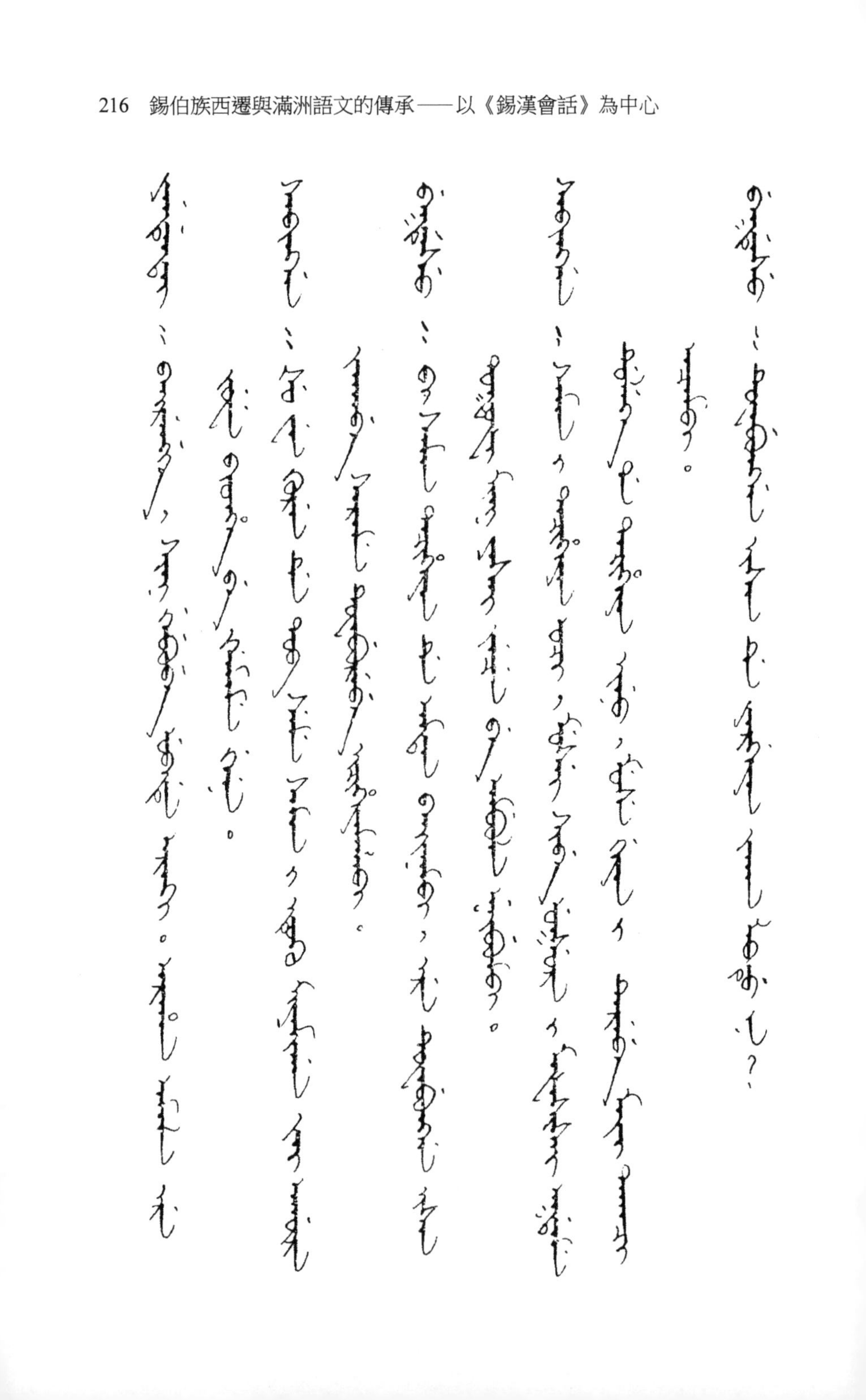

yendentai: bairengge, sini gebube ubade araki. araha amala ere juwe bithe be gamame gene.

sabingga: šu wen kuren de tob seme saman i etuku miyamigan jai agūra jakabe sarame tuwaburebe icihiyamahabi.

bekdesu: bi saman tacihiyan de amtan banjinambi, ere tuwabungga isan toktofi mini yasai jecen be ambula neibumbi.

sabingga: saman i tacihiyan oci, musei sibe uksura i mafasisai akdame duleke da tacihiyan inu, muse giyan i terebe maji takaci acambi.

bekdesu: tuwabungga isan de yargiyan jaka labdu na?

尹登泰：請你在這裡簽上名字。簽了名以後，這兩本書你可以帶走了。

薩賓阿：文化館正在舉辦薩滿服飾和法具展覽。

伯克德蘇：我對薩滿教感興趣，這個展覽會肯定會使我大開眼界。

薩賓阿：薩滿教是咱們錫伯族祖先信奉過的宗教，我們應該對它有些了解。

伯克德蘇：展覽會上實物多嗎？

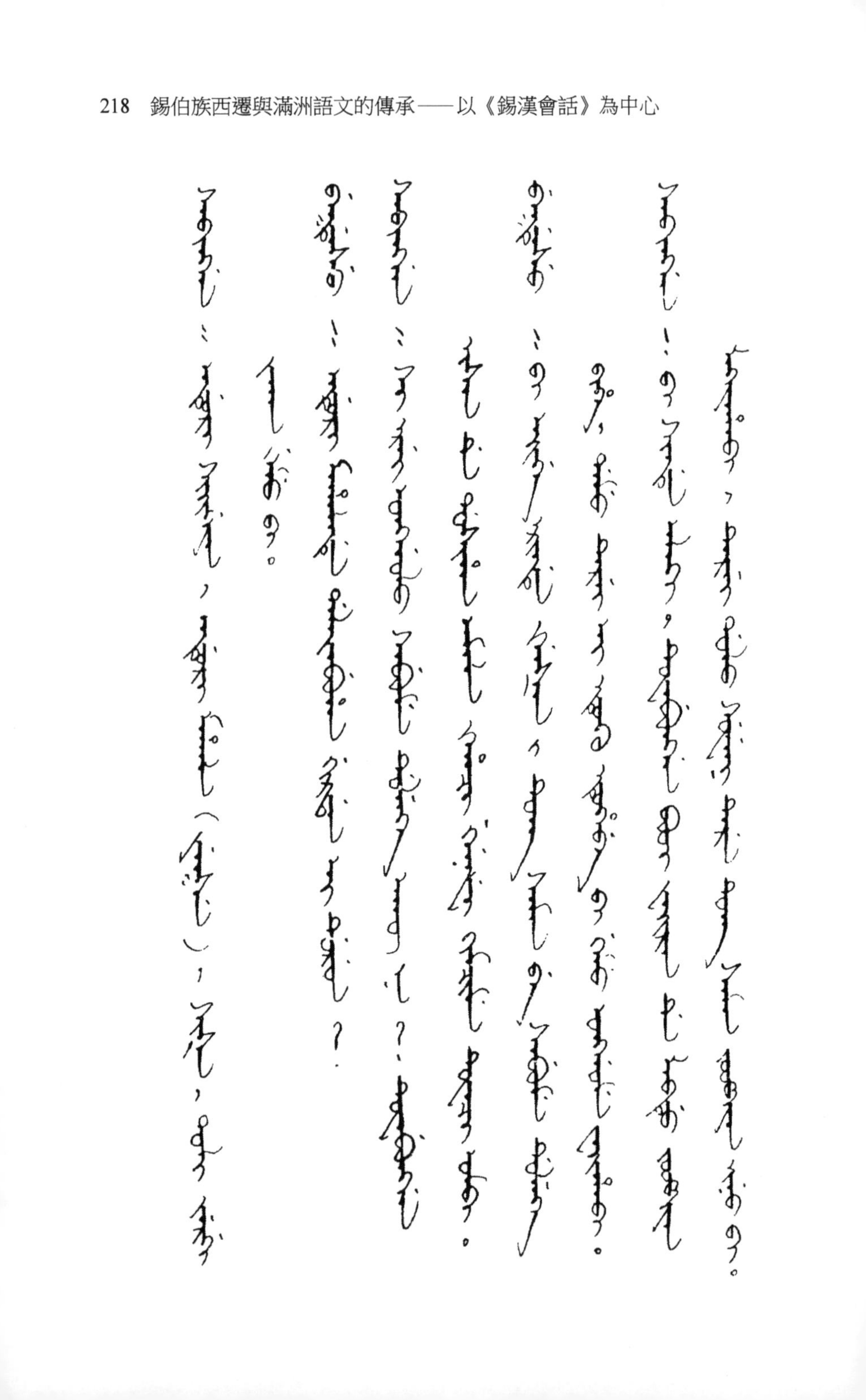

sabingga: enduri sijigiyan、 enduri mahala（yekse）、 siša、 toli jergi jaka gemu bi.

bekdesu: enduri mahalade dalajabuha girdan ai durun?

sabingga: si erei onggolo sabume duleke akū na? tuwabungga isan de dosiha amala hanci genefi kimcime tuwaci ombi.

bekdesu: bi ajige erinde gašan i tung saman be sabume duleke bihe, damu terei ai etuku etuhebe bi gemu onggome wajihabi.

sabingga: bi sinde alaki, tuwabungga booi fajiran de labdu joopiyan lakiyahabi, terei dolo suweni tere tung saman joopiyan inu bi.

薩賓阿：神衣、神帽、腰鈴、神鏡等物都有[1]。

伯克德蘇：神帽上的飄帶是什麼樣子？

薩賓阿：你以前沒見過嗎？進了展覽會以後，你可以貼見看[2]。

伯克德蘇：我小時候見過牛祿裡的佟薩滿，可是他穿什麼衣服，我全忘記了。

薩賓阿：我告訴你，展覽室的牆壁上掛著很多照片，其中還有你們那位佟薩滿的照片呢！

---

1 「神鏡」，錫伯文作“toli”，係蒙古語借詞，亦稱「護心鏡」。

2 「你可以貼見看」，錫伯文作“hanci genefi kimcime tuwaci ombi”，意即「可以貼近仔細看」。

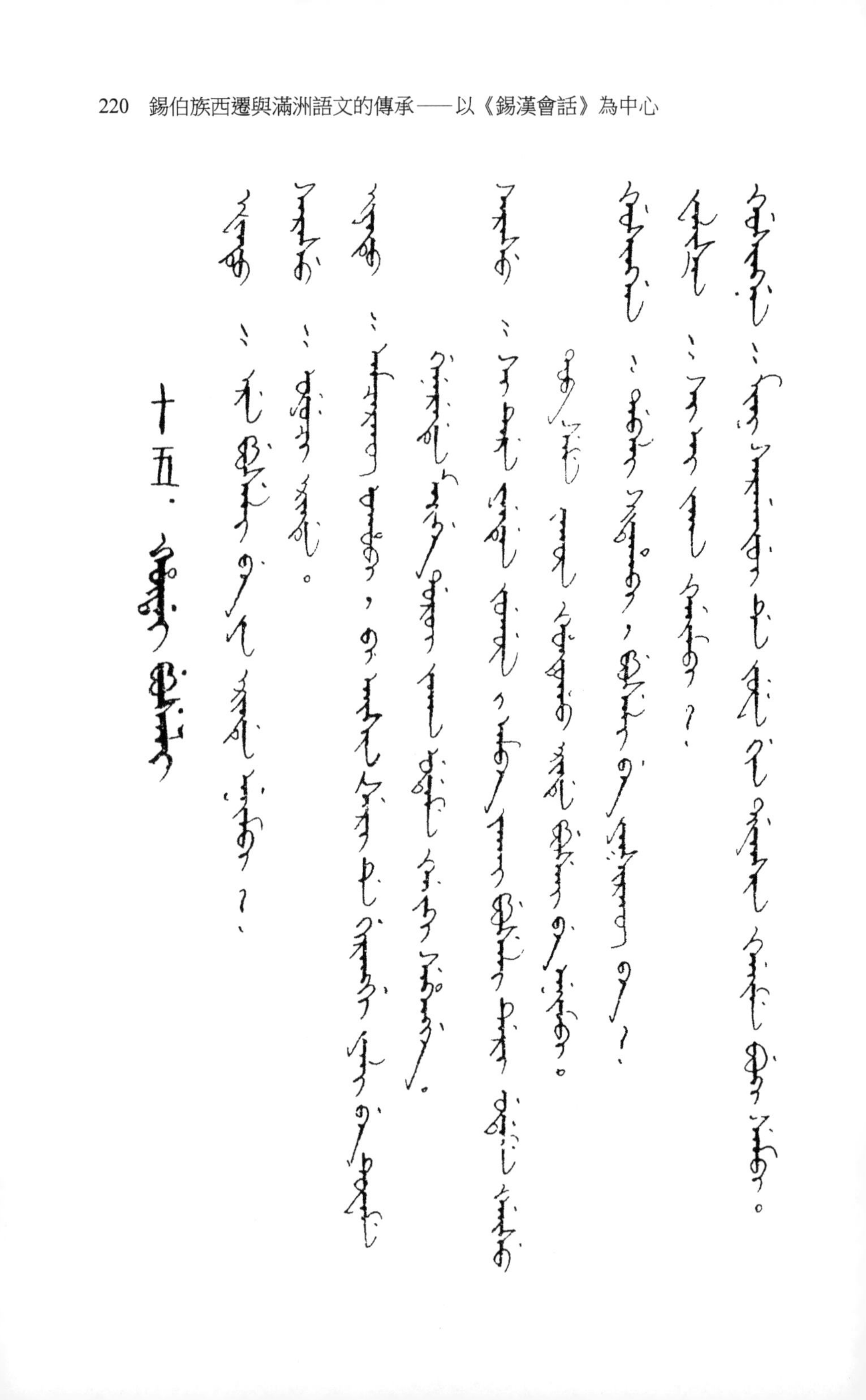

[illegible]

十五. [illegible]

十五、hūdai puseli

efintu: ere puseli be ya erinde neimbi?

sarasu: uyuci erinde.

efintu: amcarkū ohobi, bi aisin šeri de giranggi yali be tuwame generede majige doroi jaka udame gaiki sehengge.

sarasu: si tere yenden jugūn i amba jakai puseli deri udame gaisu, tob seme jakūn hontoho erinde puseli be neimbi.

gosingga: dabali sitahabi, puseli be yaksirkū ba?

註lišan: si ai jaka gaimbi?

gosingga: mini sarganjui de juwe gin diyansin gaime buki sembi.

十五、商店

額芬圖：這家商店幾點開門？

薩拉蘇：九點。

額芬圖：來不及了，我要去金泉看望親戚，想買點禮物。

薩拉蘇：你到殷登路上的百貨公司去買吧！那裡八點半就開門。

郭興阿：這麼遲了，商店不會關門吧？

法立善：你要買什麼東西？

郭興阿：我要給女兒買二斤點心。

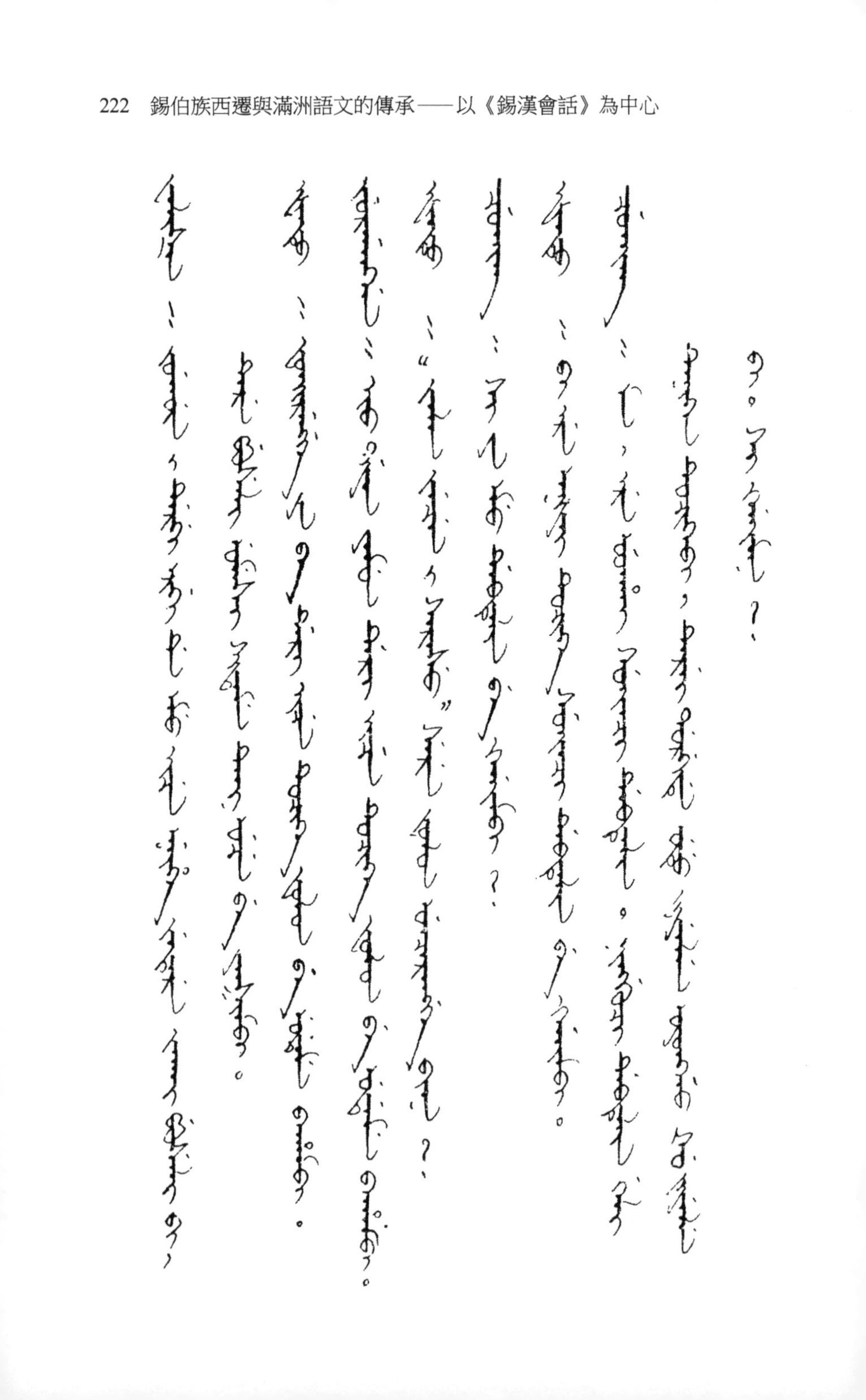

fališan: jugūn i dergi ergi de emu ice neihe jetere jakai puseli bi, tere puseli umesi sitame teni uce be yaksimbi.

efintu: fonjirengge ya ba deri ice tucike folon be udame bahambi.

jurgangga: io diyan yamun deri ice tucike folon be udame bahambi?

efintu: "jalan jecen i sarasu" sere folon uncarangge bina?

cuning: si ya emu debtelin be gaimbi?

efintu: bi ere aniyai tucike sunjaci debtelin be gaimbi.

cuning: ma, ere uthai sunjaci debtelin. ningguci debtelin geli teniken tucikebi, terei dorgide udu fiyelen oyonggo šu fiyelen bi. si gaimna?

法立善：路西有一家新開的食品商店要很晚才會關門。

額芬圖：請問在哪兒能買到新雜誌？

朱爾尕阿：在郵電局可以買到新出的雜誌。

額芬圖：《世界知識》雜誌這裡有賣的嗎？

春英：你要第幾期？

額芬圖：我要今年第五期的[1]。

春英：給你，這就是第五期，第六期是新出刊的，裡面有幾篇重要文章[2]。

---

1 「我要今年第五期的」，錫伯文作"bi ere aniyai tucike sunjaci debtelin be gaimbi"，意即「我要今年出刊的第五期」。

2 「si gaimna?」，意即「你要嗎？」原書未譯出漢文。

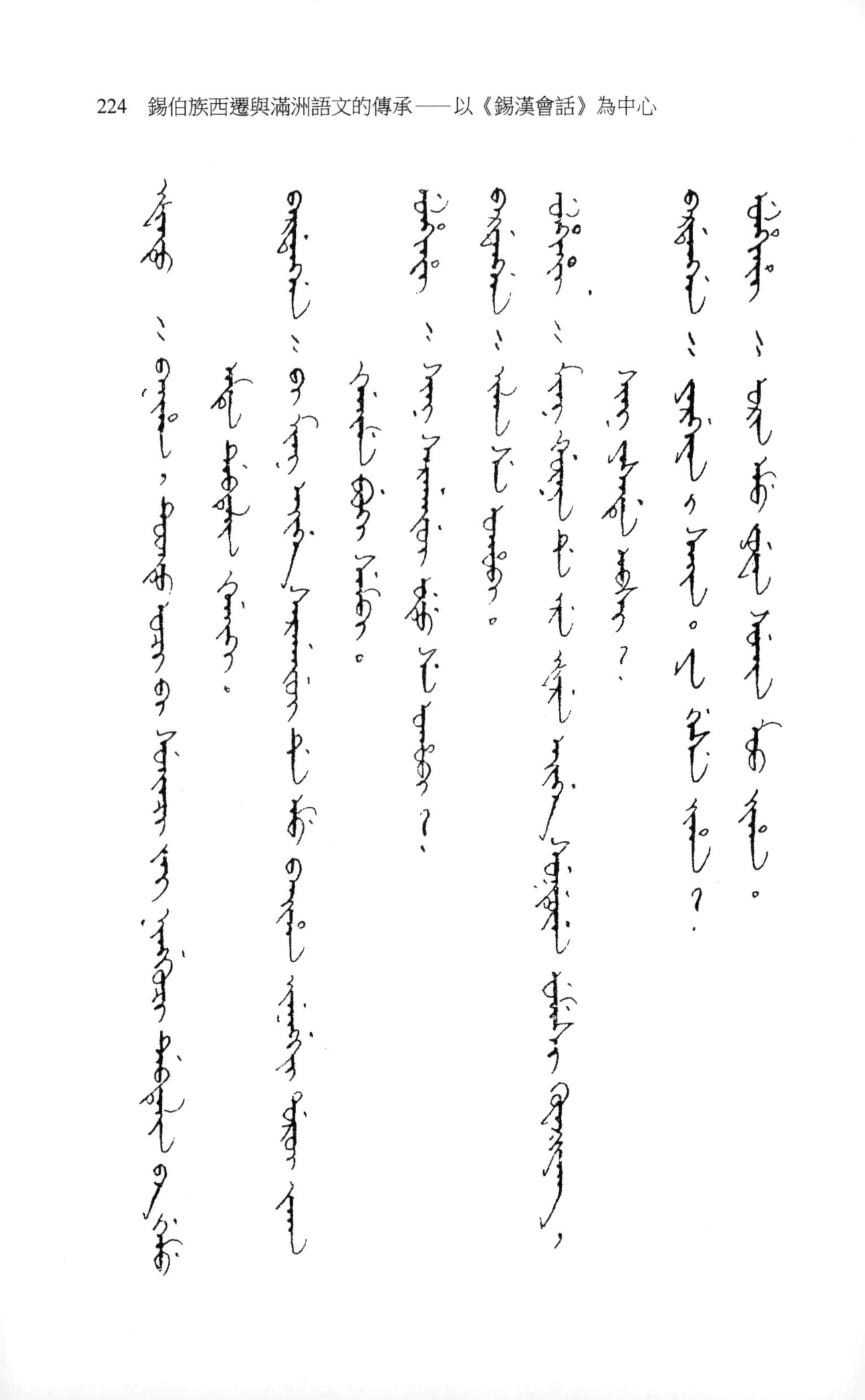

[illegible]

[illegible]

[illegible]

[illegible]

[illegible]

[illegible]

[illegible]

efintu: baniha, tuttu oci bi sunjaci jai ningguci debtelin be gemu emte debtelin gaiki.

bardangga: bi mini ajige sarganjui de emu banjiha inenggii doroi jaka gaime buki sembi.

ulhinjy: sini sarganjui udu se ohobi?

bardangga: ilan se ohobi.

ulhinjy: mini gūnin de ere efire ajige sukdujen umesi kuwariyang, sini yasade absi?

bardangga: yargiyan i sain. ya gese jiha?

ulhinjy: orin emu yuwan sunja moo jiha.

額芬圖：謝謝，那我第五期和第六期都各買一本吧。

巴爾當阿：我要給我小女兒買件生日禮物。

烏爾星芝：你女兒幾歲了？

巴爾當阿：三歲了。

烏爾星芝：我看這個電動小汽車很漂亮[1]，你看怎麼樣？

巴爾當阿：的確不錯。要多少錢？

烏爾星芝：二十一元五角。

---

[1] 「電動小汽車」，錫伯文作"efire ajige sukdujen"，意即「玩具小汽車」。

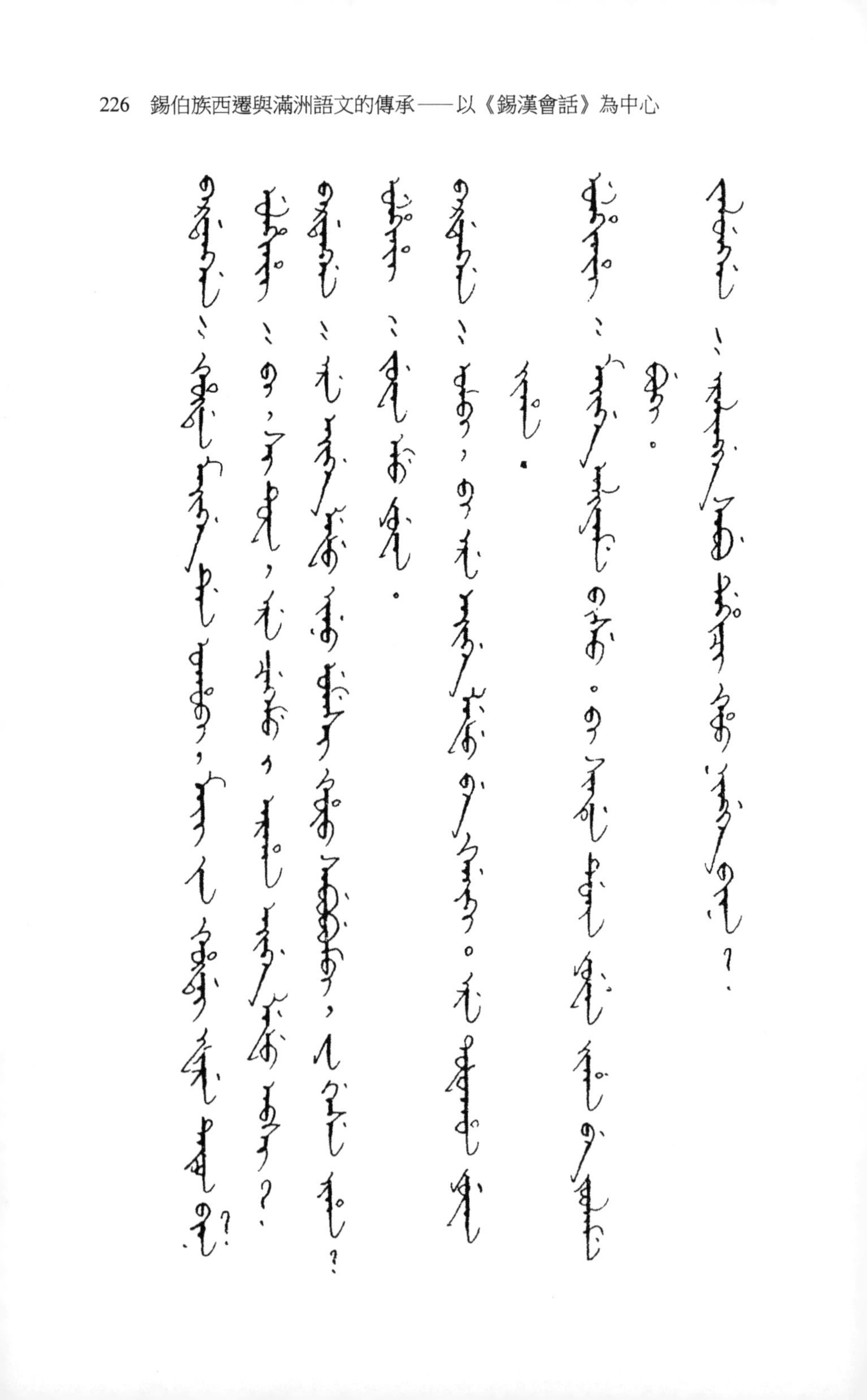

bardangga: hūda majige den ohobi. maji ja hūdai efire tetun bina?

ulhinjy: bi, si tuwa, ere cekemu i araha ajige lefu absi?

bardangga: ere ajige lefu inu umesi hojo sabubumbi, ya gese jiha?

ulhinjy: juwan emu yuwan.

bardangga: ombi, bi ere ajige lefu be gaiki. ere tofohon yuwan jiha.

ulhinjy: majige aliyame bisu. bi sinde duin yuwan jiha be joolame buki.

jalungga: eralingge sabu dehici hoo ningge bina?

巴爾當阿：有點兒貴了，有便宜些的玩具嗎？

烏爾星芝：有哇，這個平絨做的小熊，你看怎樣？

巴爾當阿：這個小熊也挺好看。多少錢？

烏爾星芝：十一元。

巴爾當阿：好，我買這小熊。這是十五元。

烏爾星芝：請稍等。我給你找四塊錢。

扎魯阿：這種鞋有四十號的嗎？

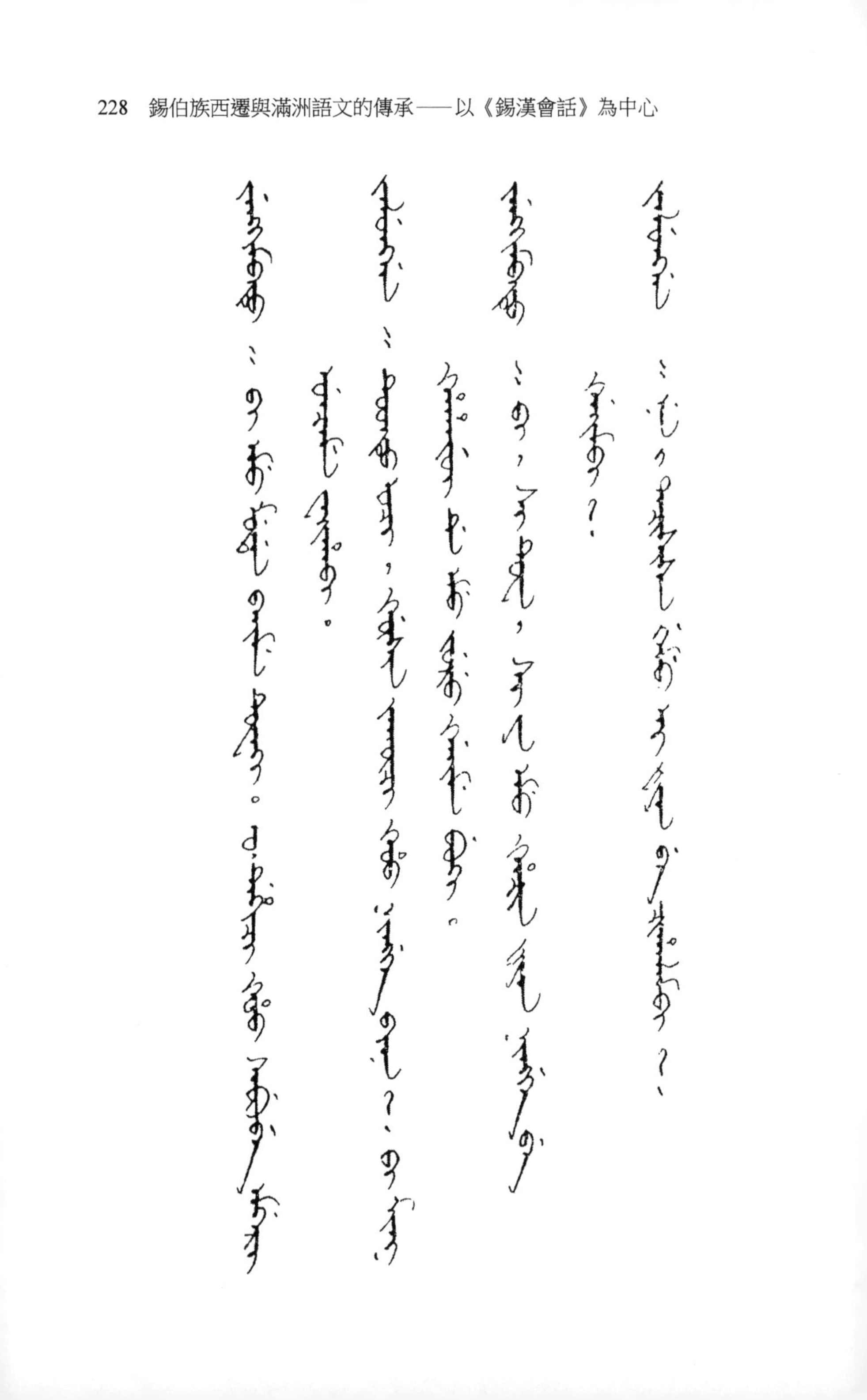

jengkimbatu: bi emu mudan baime tuwaki. o, dehici hoo sabube emgeri uncame wajihabi.

jalungga: tuttu oci, gūsin jakūci hoo ningge bina? bi mini hahajui de emu juru gaime buki.

jengkimbatu: bi, si tuwa, si ya emu hacin fiyan ningge be gaimbi?

jalungga: ne i tacisisa gemu ai fiyan be cihalambi?

真肯巴圖：讓我找找看。噢，四十號的鞋已經賣完了。

扎魯阿：那麼三十八號的有沒有？我給我兒子買一雙。

真肯巴圖：有，你看，你要哪一種顏色？

扎魯阿：現在的學生都喜歡什麼顏色？

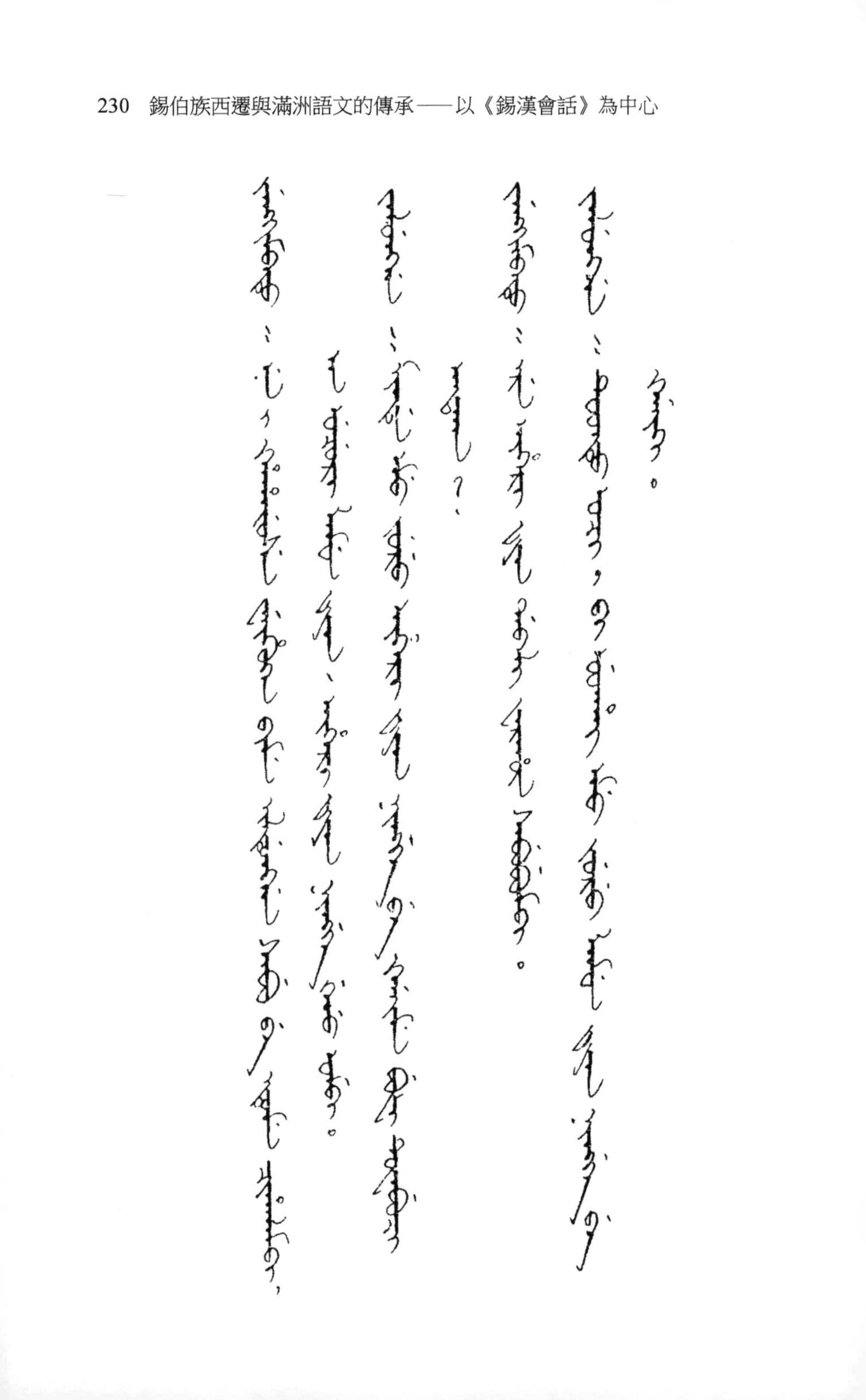

[illegible]

[illegible]

[illegible]

[illegible]

[illegible]

[illegible]

[illegible]

jengkimbatu: ne i hahajuse weihuken bime ildungga sabu be etume cihalambi, an ucuri lamun fiyan、 eiheri fiyan ningge gemu ombi.

jalungga: minde emu juru eiheri fiyan ningge be gaime bufi tuwabuci antaka?

jengkimbatu: ere eiheri fiyan dabali farhūn sabubumbi.

jalungga: tuttu oci, bi uthai emu juru lamun fiyan ningge be gaiki.

真肯巴圖：現在的男孩子喜歡穿輕便鞋，一般是藍色、棕色都行。

扎魯阿：請給我拿一雙棕色的看看[1]？

真肯巴圖：這個棕色看起來太暗了。

扎魯阿：那我就買一雙藍色的吧。

---

1 「請給我拿一雙棕色的看看」，錫伯文作"minde emu juru eiheri fiyan ningge be gaime bufi tuwabuci antaka?"，意即「請給我拿一雙棕色的看看怎樣？」

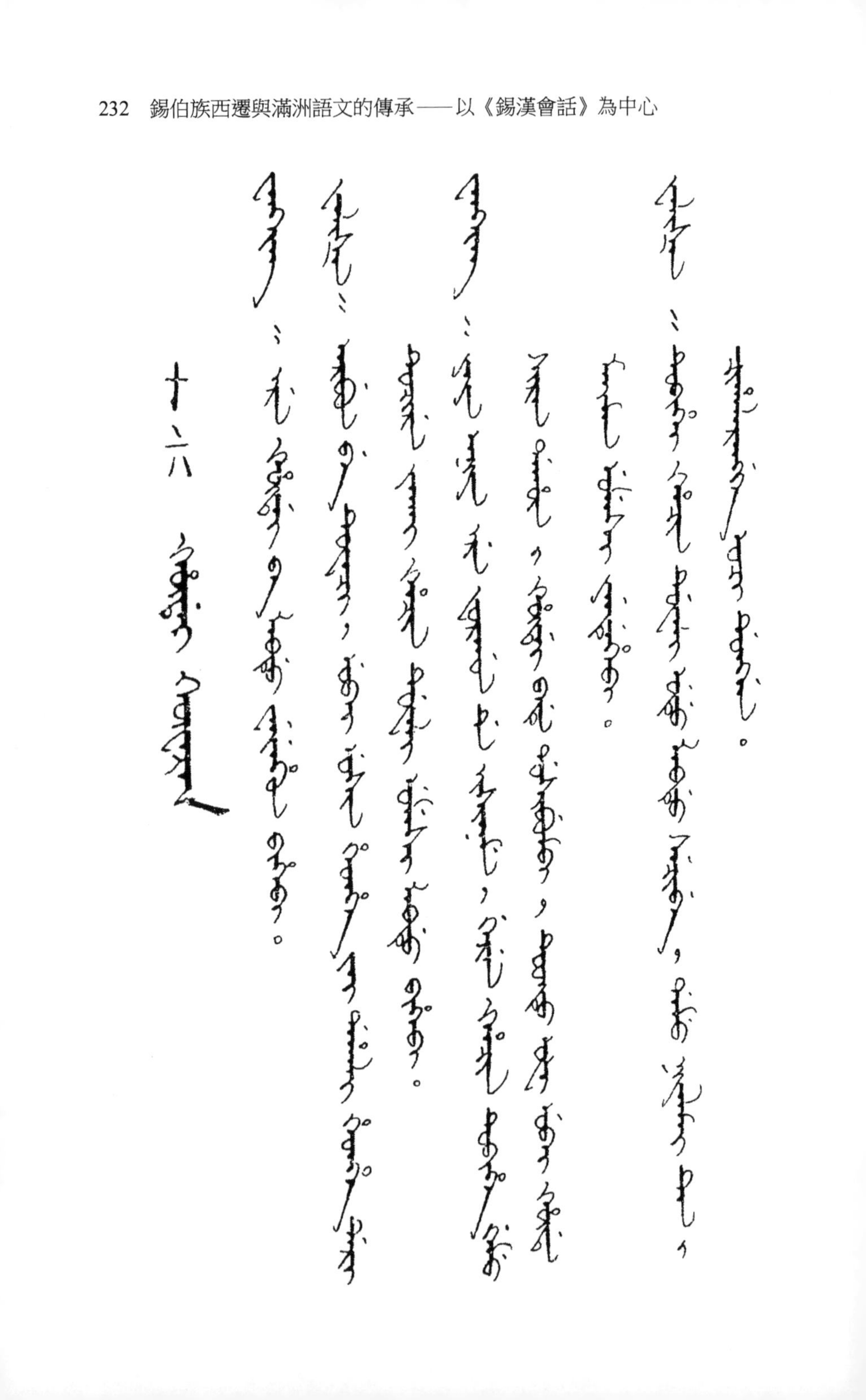

十六

十六、hūdai kūwaran

wanging: ere hūdai ba labdu wenjehun bihebi.

factšan: arbun be tuwaci, ubai usin hethe jai dahali hethe deri tucire jakai hacin duwali umesi labdu bihebi.

wanging: yaya aniya ere forgon de isiname, geren hacin tubihe gemu siran dahūn i hūdai bade dosibumbi, tuttu ofi ubai hūda maiman umesi yendehebi.

fališan: tubihei hacin duwali udu labdu secibe, damu niyalmai ten i cihalarangge oci dungga.

十六、市場

王英：這個市場多熱鬧！

法立善：看樣子，這裡農副產品的種類很多。

王英：每年到這個季節，各種水果都要陸續上市，所以這裡的買賣很興盛。

法立善：水果種類儘管多，但人們最喜歡的還是西瓜。

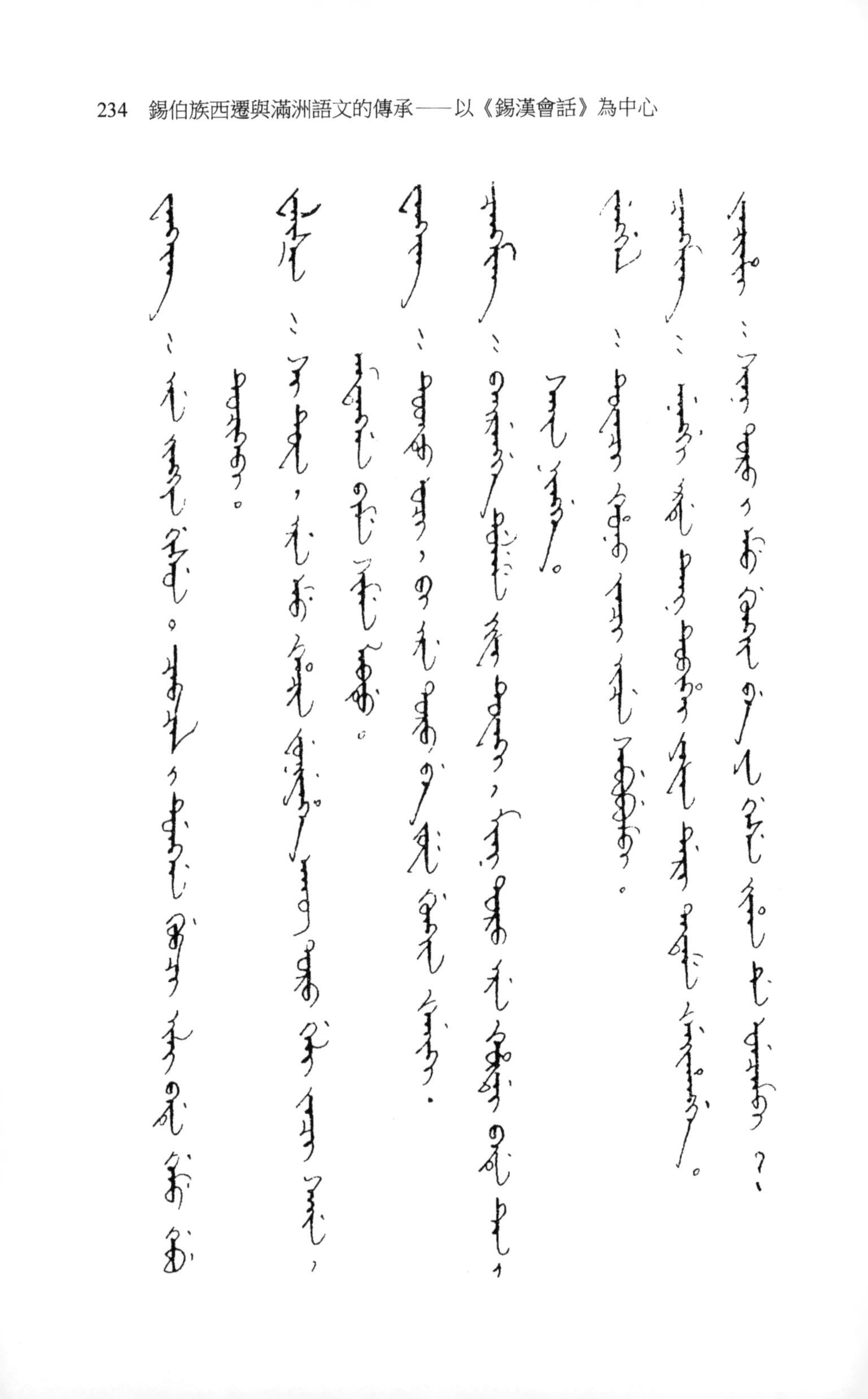

wanging: ere jingkin gisun. cabcal i dungga gubci ili bade gemu gebu tucikebi.

fališan: si tuwa, ere emu hacin funiyehe akū toro geli jaci sain, amtangga bime simen labdu.

wanging: tuttu oci, bi ere toro be juwe gungjin gaiki.

cangming: bairengge duleme jifi tuwaki, mini toro ere hūdai bade ten i sain ningge.

wenggel: tuwaci hono jaci ice sabubumbi.

cangming: enenggi erde teni tubihei yafan deri tatame gajihangge.

yacinjy: sini toro i emu gungjin be ya gese jiha de uncambi?

王英：這是真的[1]。察布查爾的西瓜在整個伊犁地區都出了名。

法立善：你看，這種光桃也挺不錯[2]，味又甜，汁兒又多。

王英：那我買兩公斤這種桃子。

長明：請過來看看，我的桃子是整個市場上最好的一份。

文格：看著倒是挺新鮮。

長明：今天早晨才從果園摘的[3]。

雅琴芝：你的桃子一公斤賣多少錢？

---

1 「這是真的」，錫伯文作"ere jingkin gisun"，意即「這是真話」。

2 「光桃」，錫伯文作"funiyehe akū toro"，意即「無毛的桃」。

3 「今天早晨從果園摘的」，錫伯文作"enenggi erde teni tubihei yafan deri tatame gajihangge"，意即「今天早晨才從果園摘的」。

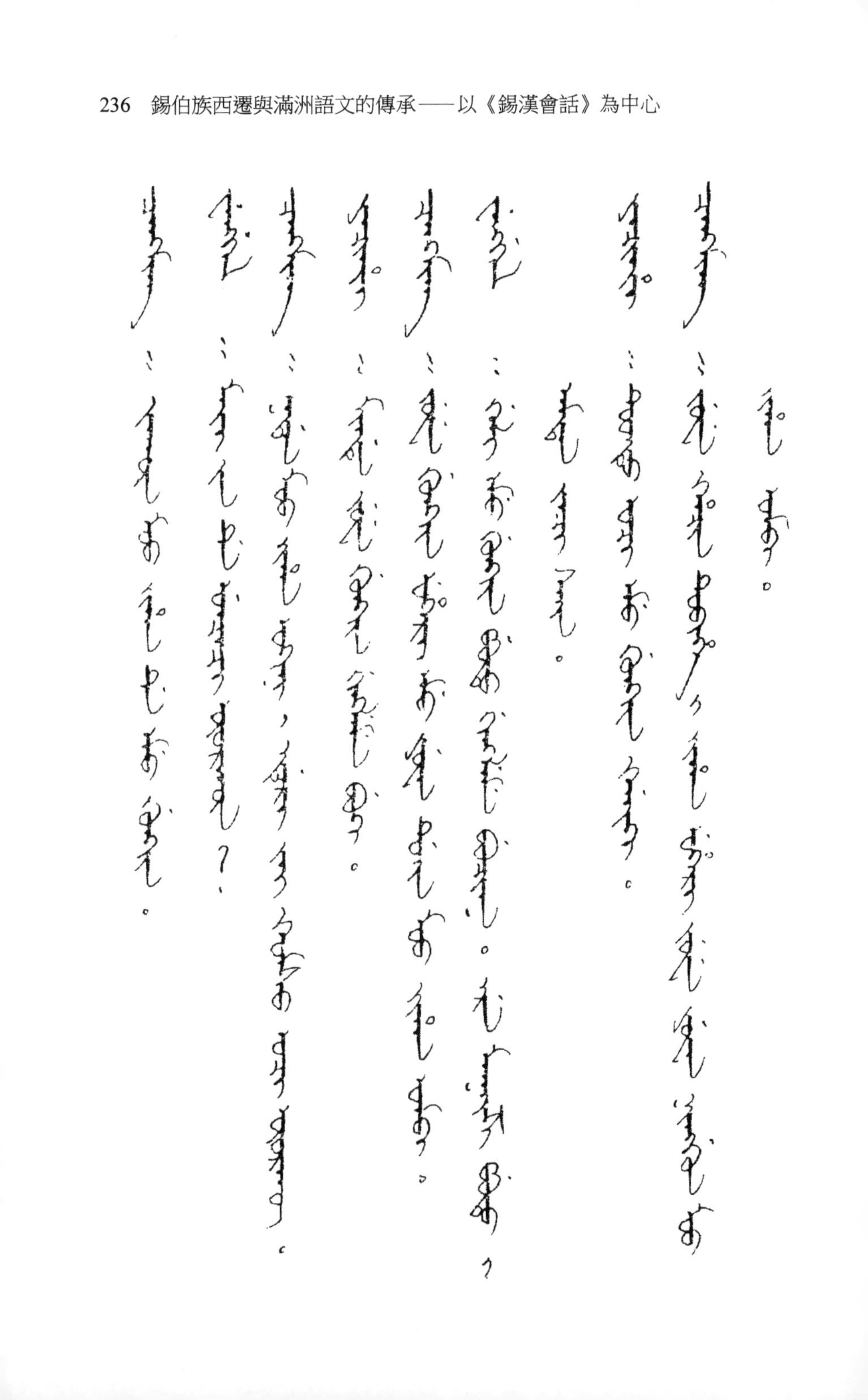

cangming: jakūn moo jiha de emu gungjin.

wenggel: maji ja de uncaci ojorkūn?

cangming: nadan moo jiha okini, ederi jai komso oci ojorkū.

yacinjy: minde juwe gungjin gingleme buki.

cangming: juwe gungjin uheri emu yuwan duin moo jiha ombi.

wenggel: geli emu gungjin puto gingleme bucina. ere manaidz puto i amtan jaci sain.

yacinjy: tuttu oci emu gungjin gaiki.

cangming: juwe hacin tubihe i jiha uheri juwe yuwan ninggun moo jiha ombi.

長明：八毛錢一公斤。

文格：能不能便宜一點兒？

長明：七毛錢，再不能少了。

雅琴芝：給我稱兩公斤。

長明：兩公斤總共一塊四毛錢。

文格：再稱一公斤葡萄吧。這種馬奶葡萄味道很好。

雅琴芝：那就買一公斤吧。

長明：兩種水果一共是兩塊六毛錢。

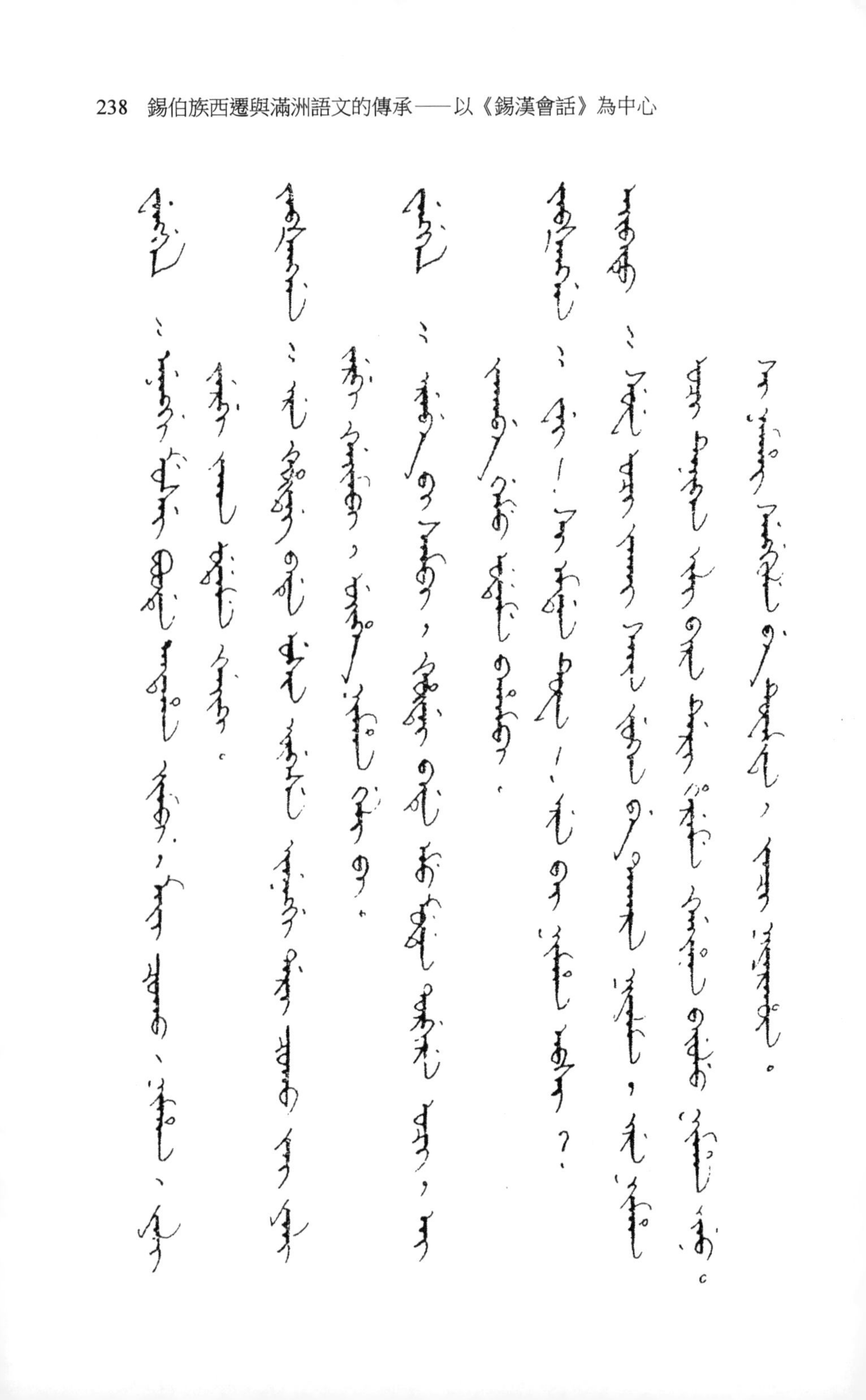

wenggel: enenggi musei boode antaha jimbi, maji coko、nimha、yali jergi jaka udame gaiki.

jabšangga: ere hūdai bade usin irgese inenggi dari coko jai yali jergi gaimbi, ujihe nimha geli bi.

wenggel: erebe bi sambi, hūdai bade emu mudan torgire oci, ai jakabe gemu udame bahambi.

jabšangga: wei！ si emdan tuwa！ ere bai nimha absi?

ajibatu: suwe oci jakai sain juken be takara niyalma, ere nimha oci teniken ili bira deri hereme gaiha bajulu nimha inu. si nimhai senggule be tuwamta, jaci niyarhūn.

文格：今天咱們家來客人，得買些鷄、魚、肉之類的東西。

扎布尚阿：這市場上，農民們每天都運來鷄和肉之類，還有養的魚。

文格：這我知道，在市場上轉一圈，什麼都買上了。

扎布尚阿：喂，你看看，這裡的魚怎麼樣？

阿吉巴圖：你們是識貨的人[1]，這魚是才從伊犁河打上來的青黃色[2]，你看看魚鰓，特新鮮。

---

[1] 「識貨的人」，錫伯文作“jakai sain juken be takara niyalma”，意即「認識貨物好不好的人」。

[2] 「青黃色」，錫伯文作“bajulu nimha”，意即「青黃魚」。

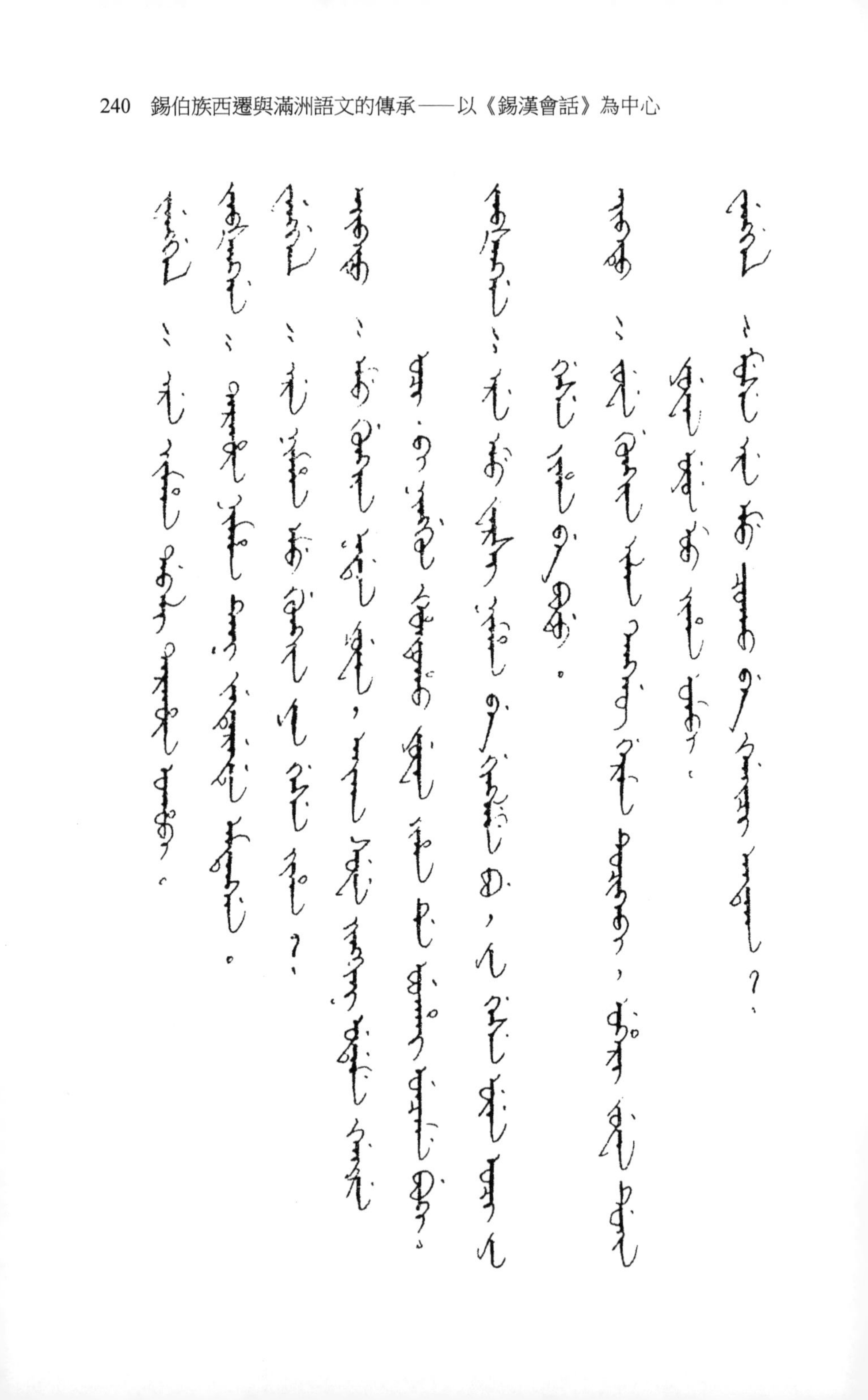

[illegible]

[illegible]

[illegible]

[illegible]

[illegible]

[illegible]

[illegible]

[illegible]

wenggel: ere nimha dabali tarhūn ohobi.

jabšangga: tarhūn nimha teni jeterede amtangga.

wenggel: ere nimha emu gungjin ya gese jiha?

ajibatu: emu gungjin nadan yuwan, aika suwe jingkini udame gaire oci, bi ninggun hontoho yuwan jiha de uthai uncame buki.

jabšangga: ere emu farsi nimha be gingleme bu, ya gese ujen oci ya gese jiha be bodo.

ajibatu: juwe gungjin ilan tanggū germa tucikebi, uheri juwan duin yuwan uyun moo jiha ombi.

wenggel: muse ere emu coko be gaici antaka?

文格：這魚太肥了。

扎布尚阿：肥魚吃起來才香呢！

文格：這魚多少錢一斤？

阿吉巴圖：一公斤七塊錢，如果你們誠心要買的話，我就六塊五賣給你們。

扎布尚阿：就稱這塊吧！有多少算多少[1]。

阿吉巴圖：兩公斤三百克，總共十四塊九毛錢。

文格：咱們買這隻雞怎麼樣？

---

[1] 「有多少算多少」，錫伯文作“ya gese ujen oci ya gese jiha be bodo”，意即「有多少重算多少錢」。

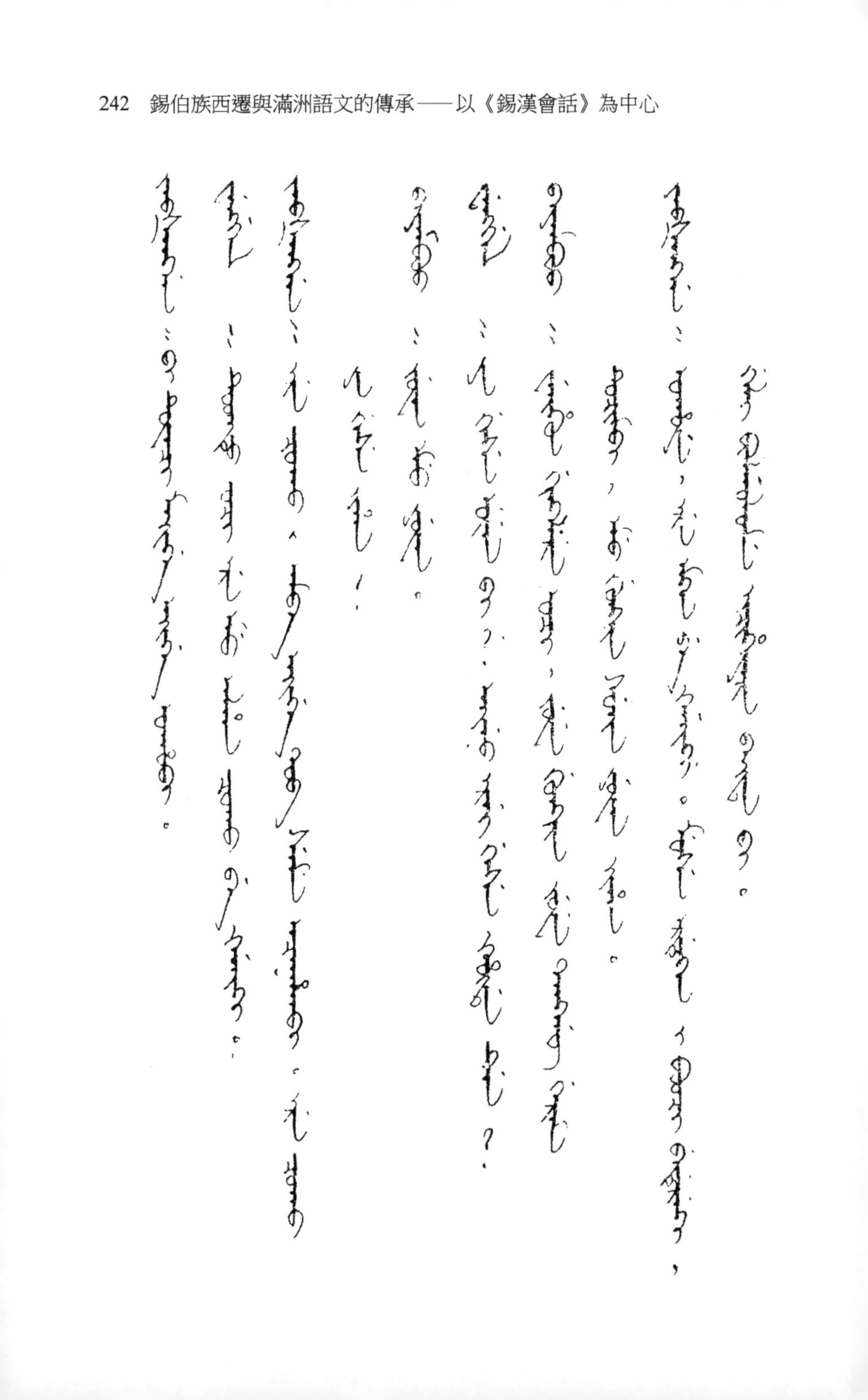

jabšangga: bi tuwaci majige ajige ohobi.

wenggel: tuttu oci ere emu alha coko be gaiki.

jabšangga: ere coko i amba ajige tob seme acanahabi. ere coko ya gese jiha?

bayamboo: juwan emu yuwan.

wenggel: ya gese ujen bi? ainu erei gese hūda den?

bayamboo: weihun ginglere oci, juwe gungjin juwe tanggū germa tucimbi, emu gungjin sunja yuwan jiha.

jabšangga: ohoye, ere emken be gaiki. muse erdeken i booci bedereki, geli bolgolome icihiyara baita bi.

扎布尚阿：我看有點兒小了。

文格：那就買這隻雜毛的吧！

扎布尚阿：這隻鷄大小正合適。這隻鷄多少錢？

巴顏寶：十一塊。

文格：它有多重？怎麼這樣貴？

巴顏寶：活稱兩公斤二百克，每公斤五塊錢。

扎布尚阿：好啦，就買這隻吧！我們早點兒回家，還有收拾的活兒呢。

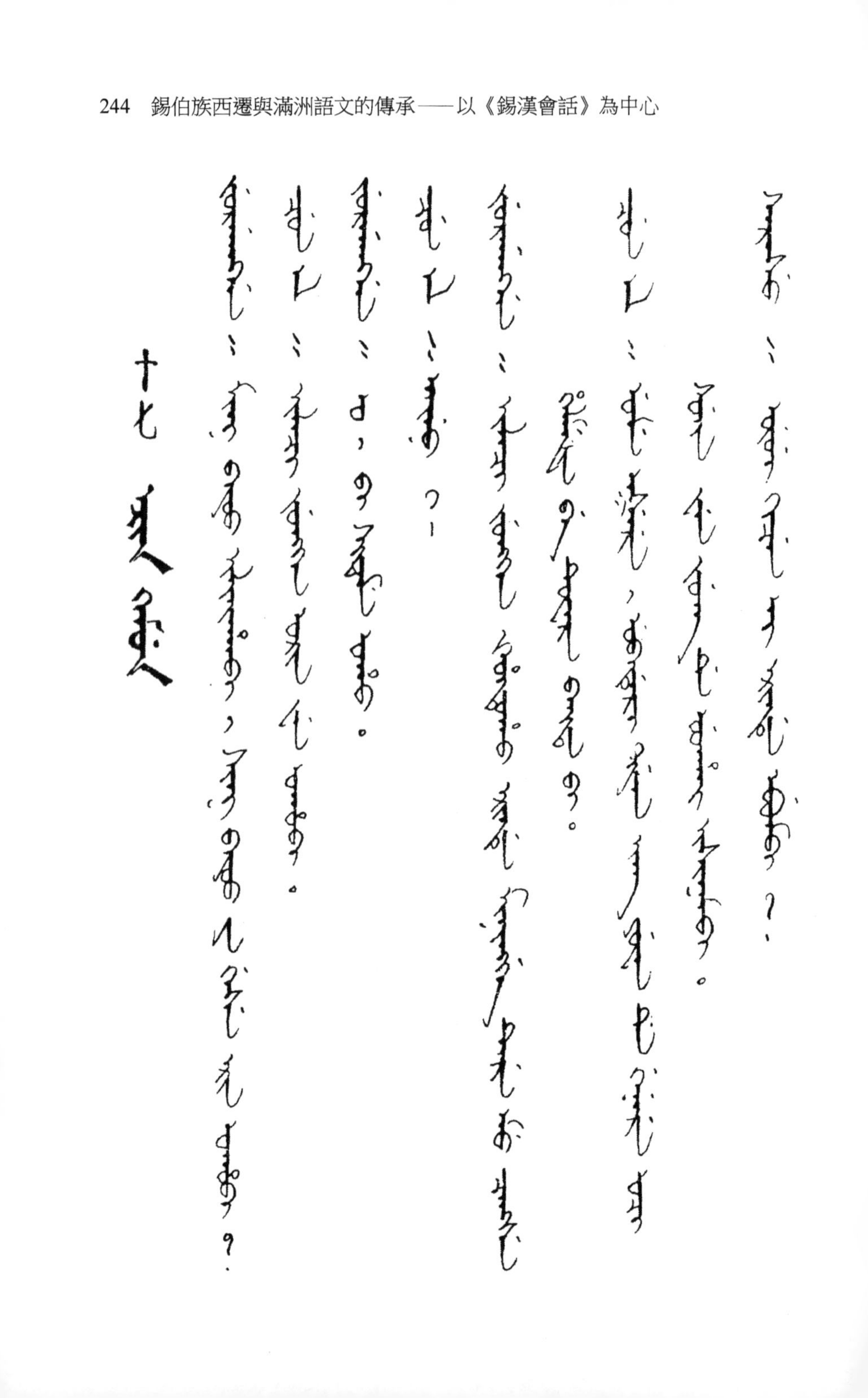

十七 [illegible]

[illegible]

[illegible]

[illegible]

[illegible]

[illegible]

[illegible]

[illegible]

[illegible]

十七、erin kemun

jurgangga: mini biyoo ilinjahabi, sini biyoo ya gese erin ohobi?

cun el: ilaci jungken orin fen ohobi.

jurgangga: o, bi sitame oho.

cun el: ainu?

jurgangga: ilaci jungken hontoho erinde miningge tere emu cangse helmefin be tuwara baita bi.

cun el: ume ekšere, ubaderi diyan ing yuwan de genere oci sunja fen jung de uthai isinambi.

sarasu: ujui kicen ai erinde ebumbi?

十七、時間

朱爾尕阿：我的錶停了，你的錶幾點了？

春兒：三點二十分。

朱爾尕阿：噢，我遲到了。

春兒：怎麼回事？

朱爾尕阿：我要看三點半鐘的那場電影。

春兒：不要急，從這兒到電影院，五分鐘就走到了。

薩拉蘇：第一節幾點下課？

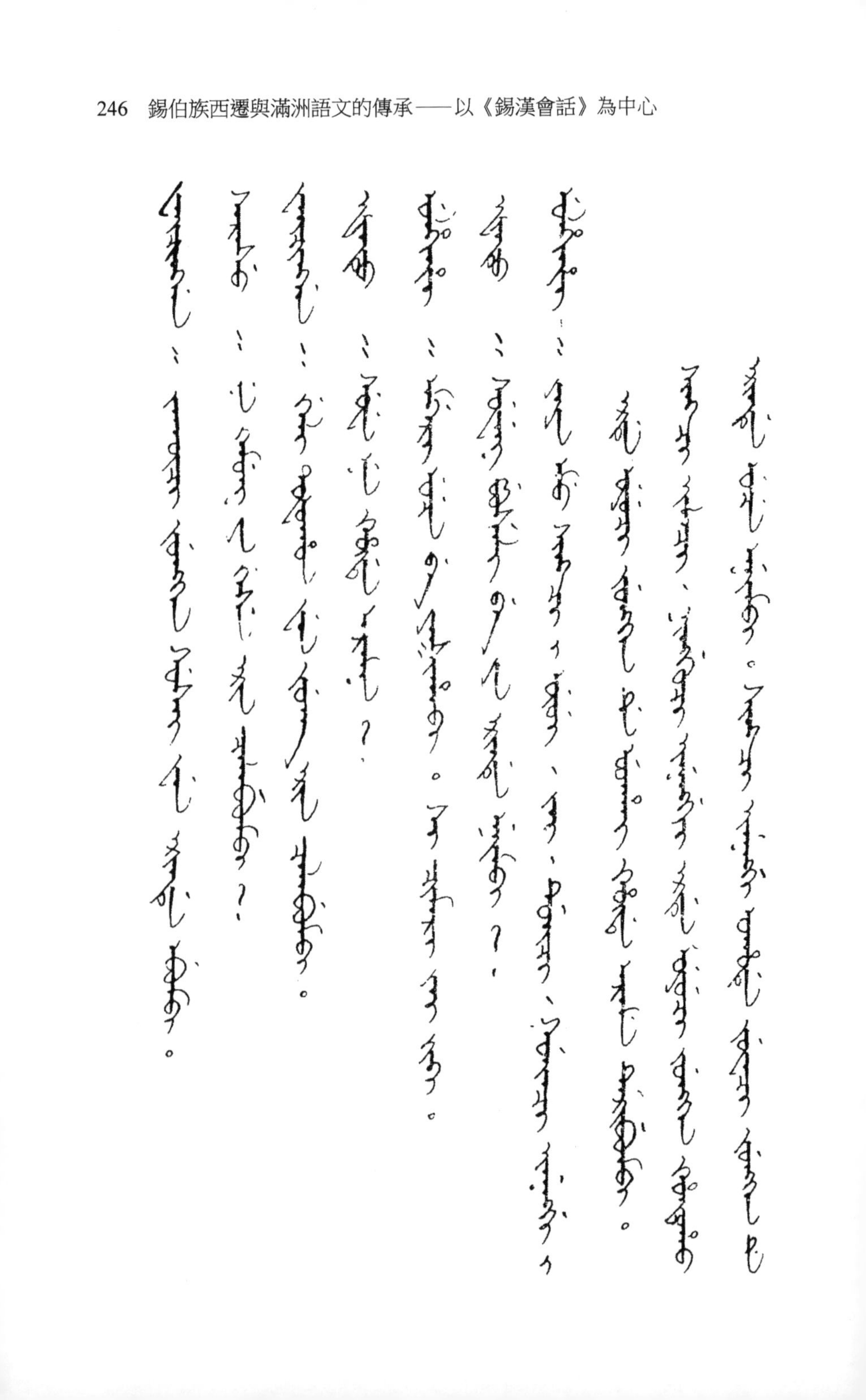

faicingga: jakūci jungken susai fen erinde ebumbi.

sarasu: ne kemuni ya gese erin calabumbi?

faicingga: geli tofohon fen jung erin calabumbi.

efintu: suwe ne hūda aramna?

ulhinjy: emgeri uce be yaksihabi. si cimari jai jiki.

efintu: suweni puseli be ya erinde neimbi?

ulhinjy: yaya emu singci i ujui、 jai、 duici、 sunjaci inenggi i erde uyuci jungken de uthai hūda arame deribumbi. singci ilaci、 ningguci inenggii erde uyuci jungken hontoho erinde uce neimbi. singci inenggi ohode juwaci jungken de

法伊青阿：八點五十分[1]。

薩拉蘇：現在還差多少？

法伊青阿：還差十五分鐘。

額芬圖：你們現在營業嗎？

烏爾星芝：已經關門了，請你明天再來吧。

額芬圖：你們商店幾點開門？

烏爾星芝：每星期一、二、四、五，上午九點開始營業，星期三、六，上午九點半開門，星期日是十點

[1] 「八點五十分」，錫伯文作"jakūci jungken susai fen erinde ebumbi"，意即「八點五十分下課」。

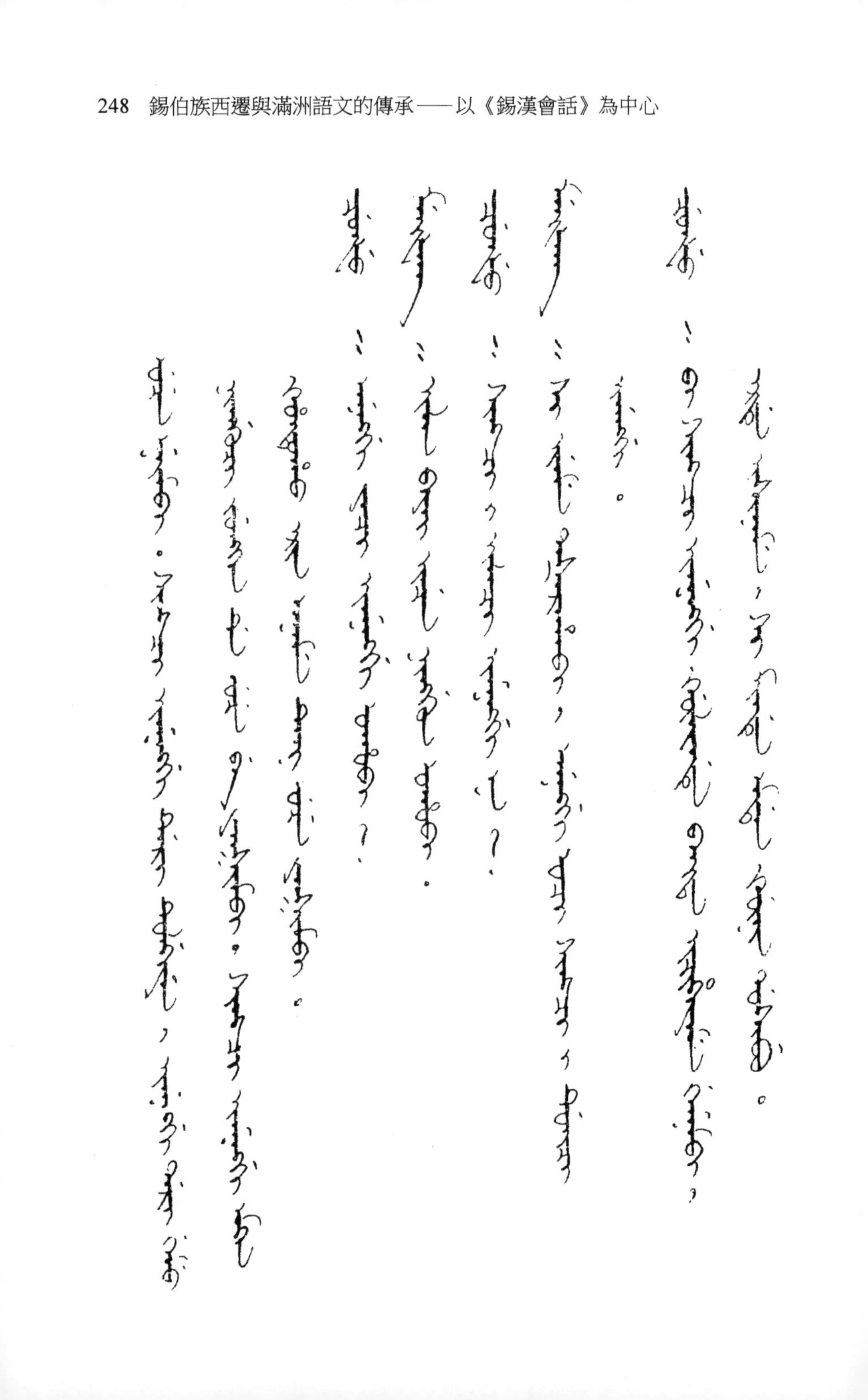

uce neimbi. singci inenggi deri tulgiyen, inenggi dari gemu ningguci jungken de uce be yaksimbi. singci inenggi emken hontoho erin aname teni uce yaksimbi.

cunfu: enenggi yaci inenggi ohobi?

meifang: ilan biyai ice ninggun ohobi.

cunfu: singci i ilaci inenggi na?

meifang: si ejeme tašarahabi, enenggi oci singci i duici inenggi.

cunfu: bi singci inenggi gūljade baita icihiyame genembi, erde isiname, si minde emdan gūnin dosibu.

開門。除了星期天，每天都是六點關門，星期天推遲一個半小時關門[1]。

春夫：今天是幾號？

美芳：是三月六日。

春夫：是星期三嗎？

美芳：你記錯了，今天是星期四。

春夫：我星期天要去伊寧辦個事兒，到時候你給我提個醒兒。

---

[1] 「星期天推遲一個半小時關門」，錫伯文作"singci inenggi emken hontoho erin aname teni uce yaksimbi"，意即「星期天推遲一個半小時才關門」。

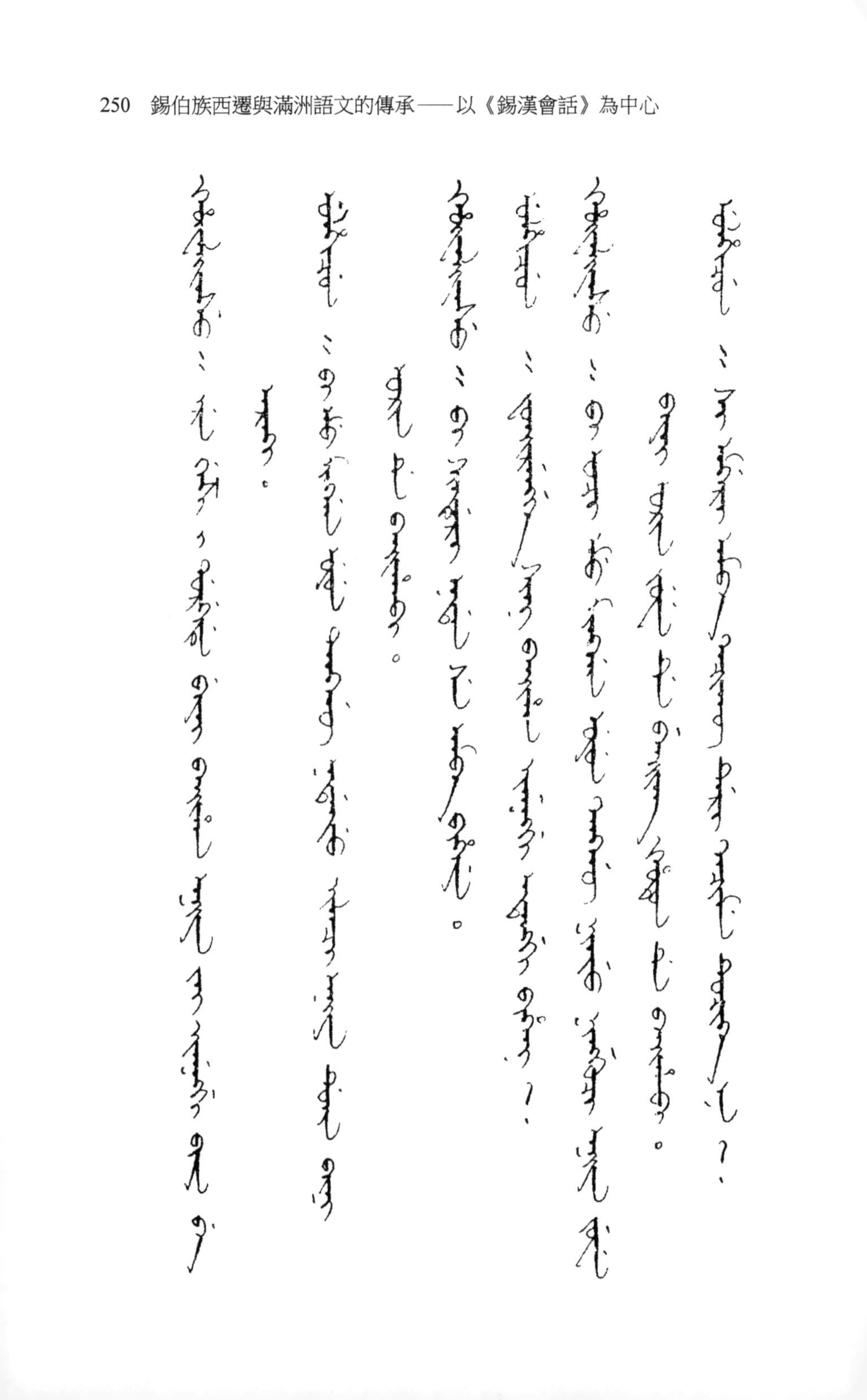

hūwaliyasu: ere gedz i dorgide beyei banjiha aniya jai inenggi biya be araki.

ulhicun: bi emu minggan uyun tanggū nadanju ilaci aniya duin biyai orin de banjihabi.

hūwaliyasu: bi sinderi nadan se amba biheye.

ulhicun: fonjirengge sini banjiha inenggi atanggi biheni?

hūwaliyasu: bi oci emu minggan uyun tanggū ninju ningguci aniya juwe biyai orin juwe de beijing hoton de banjihabi.

ulhicun: si emgeri amba tacikū deri tacime tucike na?

華里亞蘇：請在這個格子裡填上你的出生日期。

烏爾希春：我生在一九七三年四月二十日。

華里亞蘇：我比你大七歲。

烏爾希春：請問你的生辰？

華里亞蘇：我一九六六年二月二十二日生在北京。

烏爾希春：你已經大學畢業了吧？

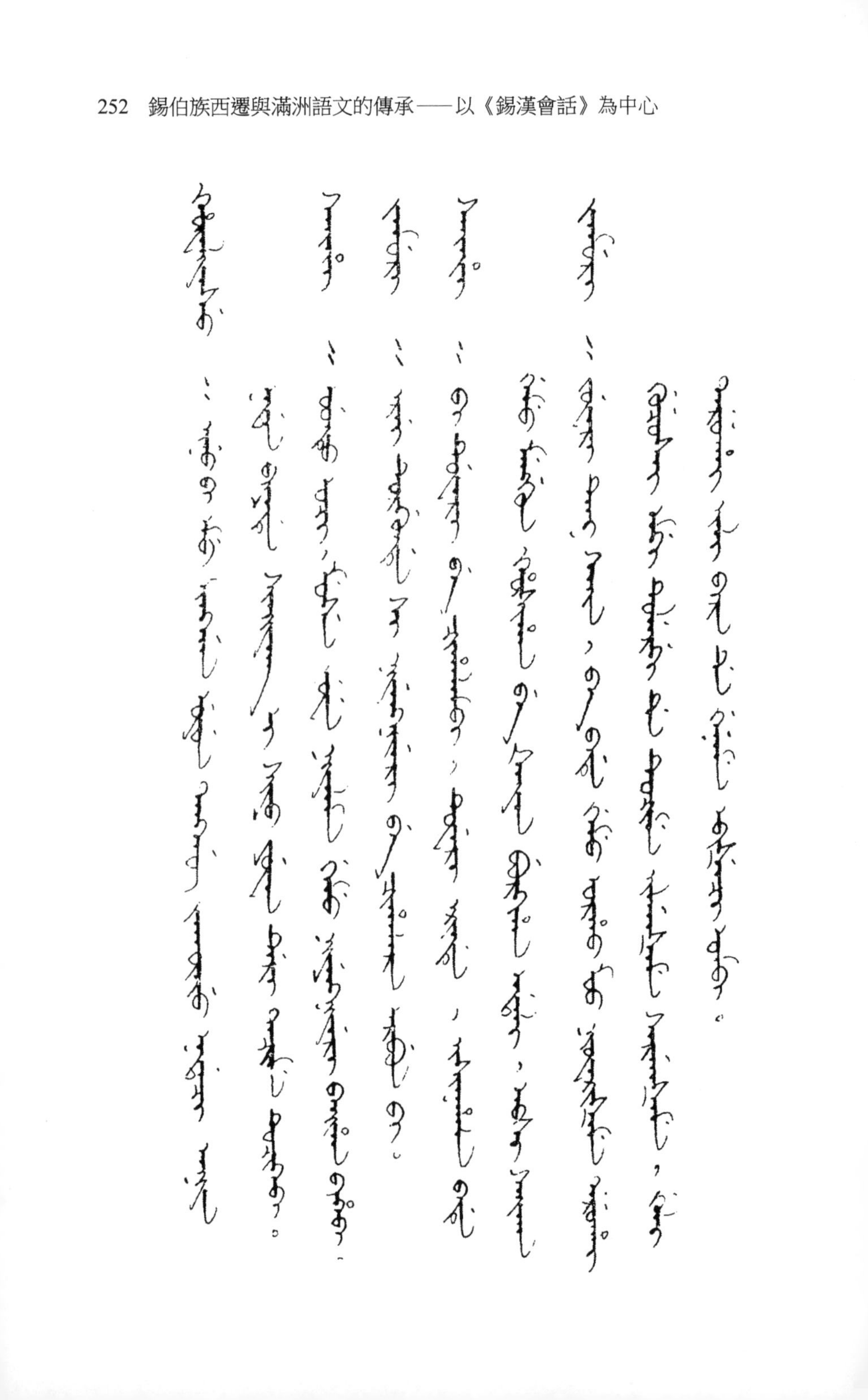

[illegible]

hūwaliyasu: inu bi emu minggan uyun tanggū jakūnju nadaci aniya nadan biyade sinjiyang i siyo yuwan deri tacime tucikebi.

sainjy: uttu oci, muse juwe niyalma gemu niyengniyeri banjiha bihebi.

jamuri: erei turgunde si niyengniyeri be cihalara arbun bi.

sainjy: bi tuweri be cihalambi, tuweri erinde, isinahala bade gemu menggun hūsihan be šayan burkiha adali, absi saikan.

jamuri: juwari teni sain, ba bade gemu orho moo niowarišame daruhai gucusai emgi tulergi de tucime ilgašame sargašame, geli daruhai ili bira de geneme ebišeci ombi.

華里亞蘇：是的，一九八七年七月從新疆醫學院畢業的。

賽因芝：這樣的話，咱們倆都是春天生的囉。

札木麗：所以看樣子你喜歡春天。

賽因芝：我喜歡冬天，冬天裡，到處銀裝素裹，有多美！

札木麗：夏天才好呢，到處草一片翠綠[1]，可以常和朋友們一起出外遊玩，還可以常去伊犁河游泳。

---

[1] 「到處草一片翠綠」，錫伯文作“ba bade gemu orho moo niowarišame”，意即「到處草木一片翠綠」。

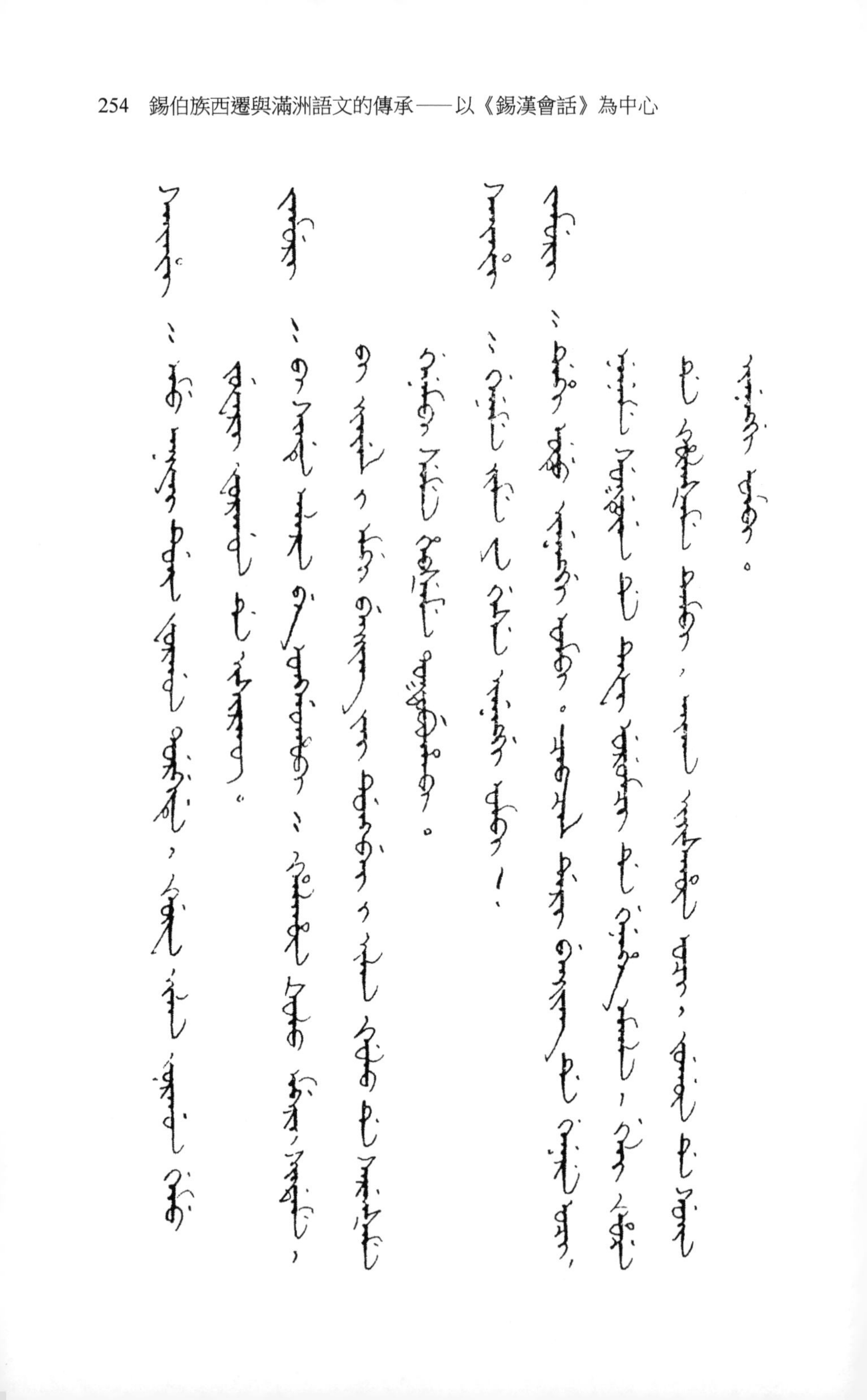

[illegible]

sainjy: emu aniyai duin forgon dorgide, gūwa ilan forgon gemu juwari forgon de isirkū.

jamuri: bi sinde alara be onggohobi. halhūn šolo emgeri sindame, bi jinjel i emgi beijing jai dungbei i ilan golo de sargašame genembi seme hebšeme toktobuhabi.

sainjy: geneme jime ya gese inenggi ombi?

jamuri: dehi udu inenggi ombi. cabcal deri beijing de genere oci, neneme sukdujen de tefi urumci de genehe amala, geli hoce de hūlašame tembi, aika ijishūn oci, jugūn de sunja inenggi ombi.

賽因芝：一年四季中，其他三季都不如夏季。

札木麗：我忘了告訴你了，我和錦貞商量好了，一放暑假，我們就一起到北京和東北三省去旅行。

賽因芝：一來一去要多少天？

札木麗：四十幾天。我從察布查爾到北京，要先坐汽車到烏魯木齊，再換乘火車，要是順利的話，路上也要五天。

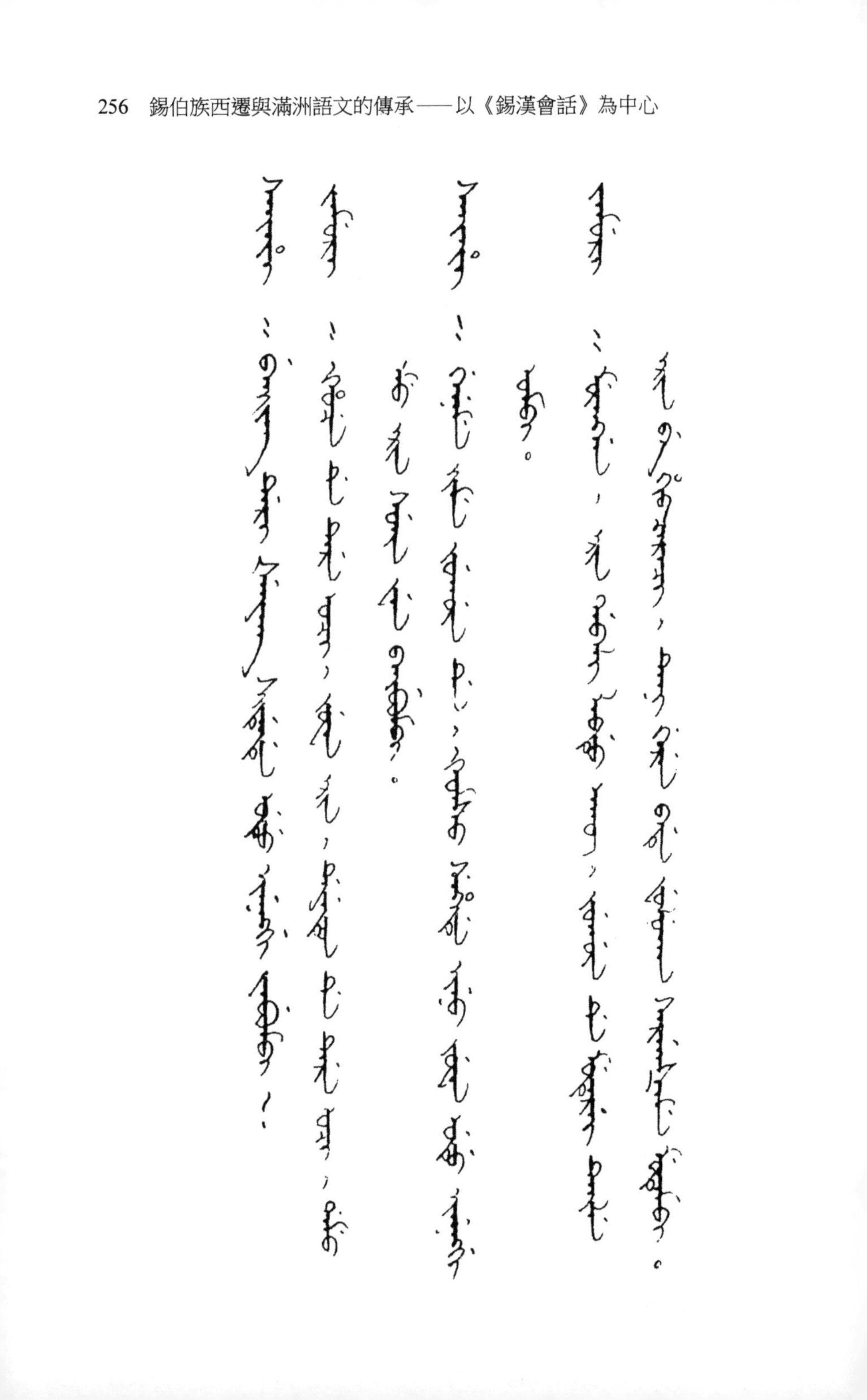

sainjy: beijing deri šenyang sidende udu inenggi yabumbi?

jamuri: hoce de tere oci, juwan erin, deyetun de tere oci, damu emu erin sunja fen baibumbi.

sainjy: geneme jime jugūn de, komso sehede inu juwan udu inenggi ombi.

jamuri: mujangga, erin dabali labdu akū, jugūn de muterei teile erin be hibcaraci, teni geren bade fulukan sargašame mutembi.

賽因芝：從北京到瀋陽，這中間要幾天呢？

札木麗：坐火車的話，要十個小時，要是坐飛機，只要一小時零五分。

賽因芝：一來一回，路上少說也要十幾天。

札木麗：是的，時間不怎麼富裕，在路途上要儘可能節省時間，才能在各地多玩玩。

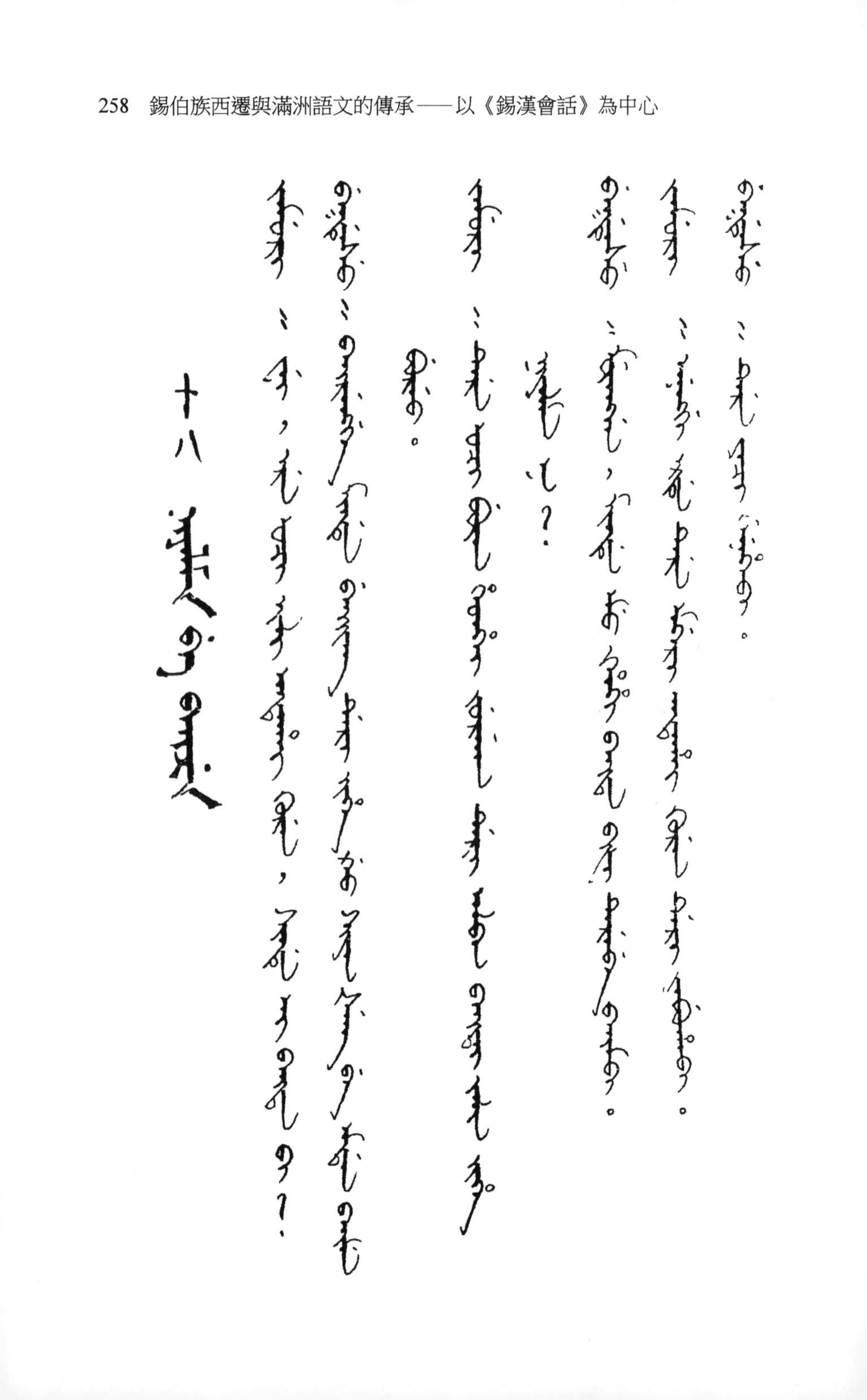

十八

十八、niyalma be baire

jamuri: wei, ere oci ili antahai kuren, sinde ai baita bi?

bekdesu: bairengge minde beijing deri jihe g'ao siyan šeng be emdan baime bureo.

jamuri: tere oci bujan hethei jurgan deri alban baitai jalin jihe niyalma na?

bekdesu: mujangga, minde emu hahi baita bifi terebe baimbi.

jamuri: enenggi erde tere emgeri antahai kuren deri yabuhabi.

bekdesu: tere yaci genehebi?

十八、找 人

札木麗：喂！這裡是伊犁飯店，你有什麼事？

伯克德蘇：請給我找一下北京來的高先生。

札木麗：他是從林業部出差到這裡來的？

伯克德蘇：對，我找他有件急事。

札木麗：今天早晨他已經離開飯店了。

伯克德蘇：他去哪兒了？

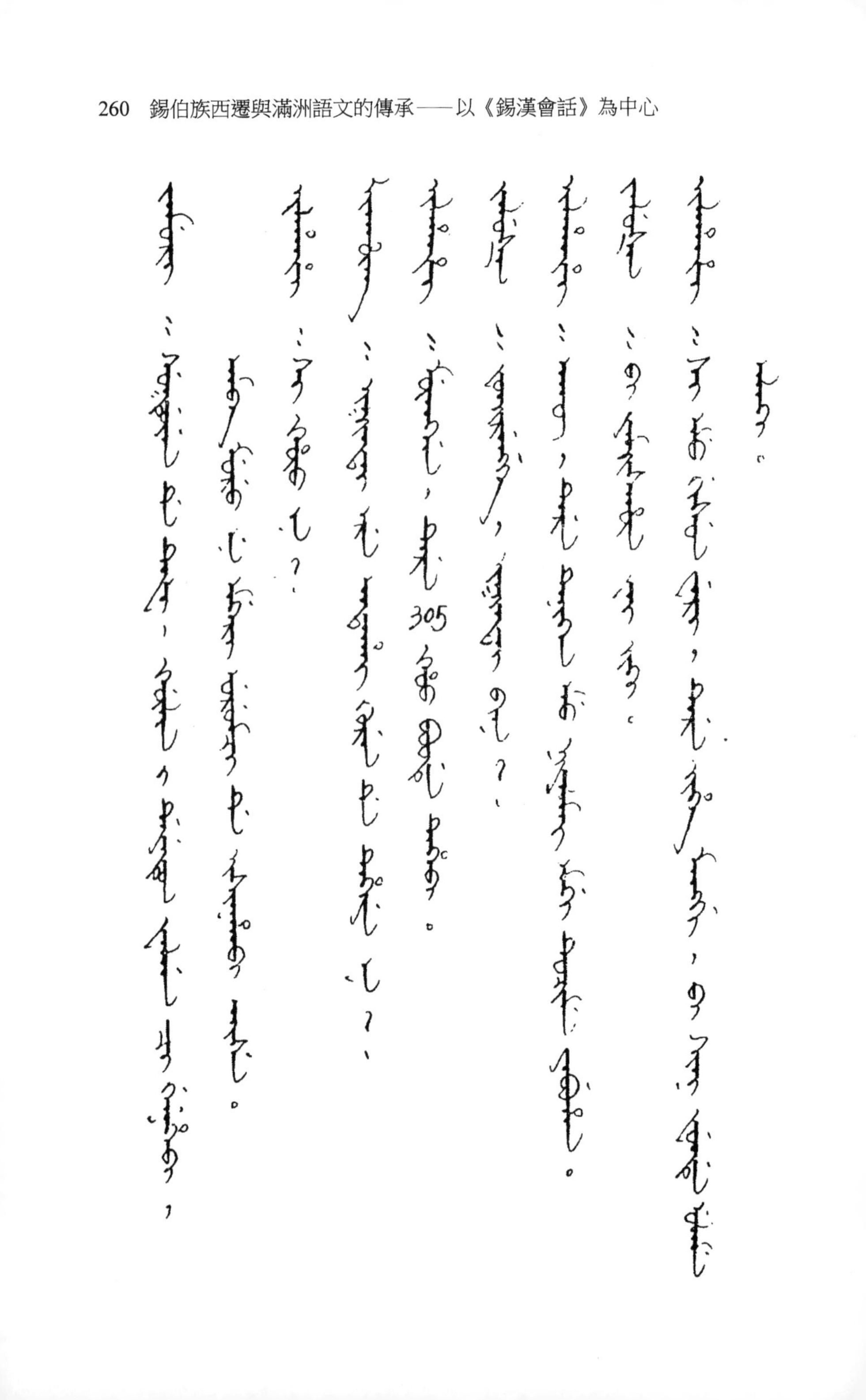

305

jamuri: sukdujen de tefi, gūlja i deyetun falga ci genehebi, amba muru ne emgeri urumci de isinahabi aise.

ilhanjy: si hojo na?

linhūng: ikjintai ere antahai kuren de teheye na?

ilhanjy: mujangga, tere 305 hoo boode tehebi.

jalušan: fonjirengge, ikjintai bina?

ilhanjy: akū, tere teniken emu niyalmai emgi tucime yabuha.

jalušan: bi yamjishūn jai jiki.

ilhanjy: si emu gisun weri, tere jihe manggi, bi sini funde ulame alaki.

札木麗：他坐汽車去了伊犁機場[1]，大概現在已經到了烏魯木齊了。

伊爾汗芝：你好！

林紅：伊克津太住在這個賓館嗎？

伊爾汗芝：對，他住在這兒，在 305 房間。

扎魯善：請問伊克津太在嗎？

伊爾汗芝：不在，他才跟一個人出去了。

扎魯善：我晚上再來吧。

伊爾汗芝：請你留個話，他來了，我代你轉達。

---

1 「伊犁機場」，錫伯文作“gūlja i deyetun falga”，意即「伊寧機場」。

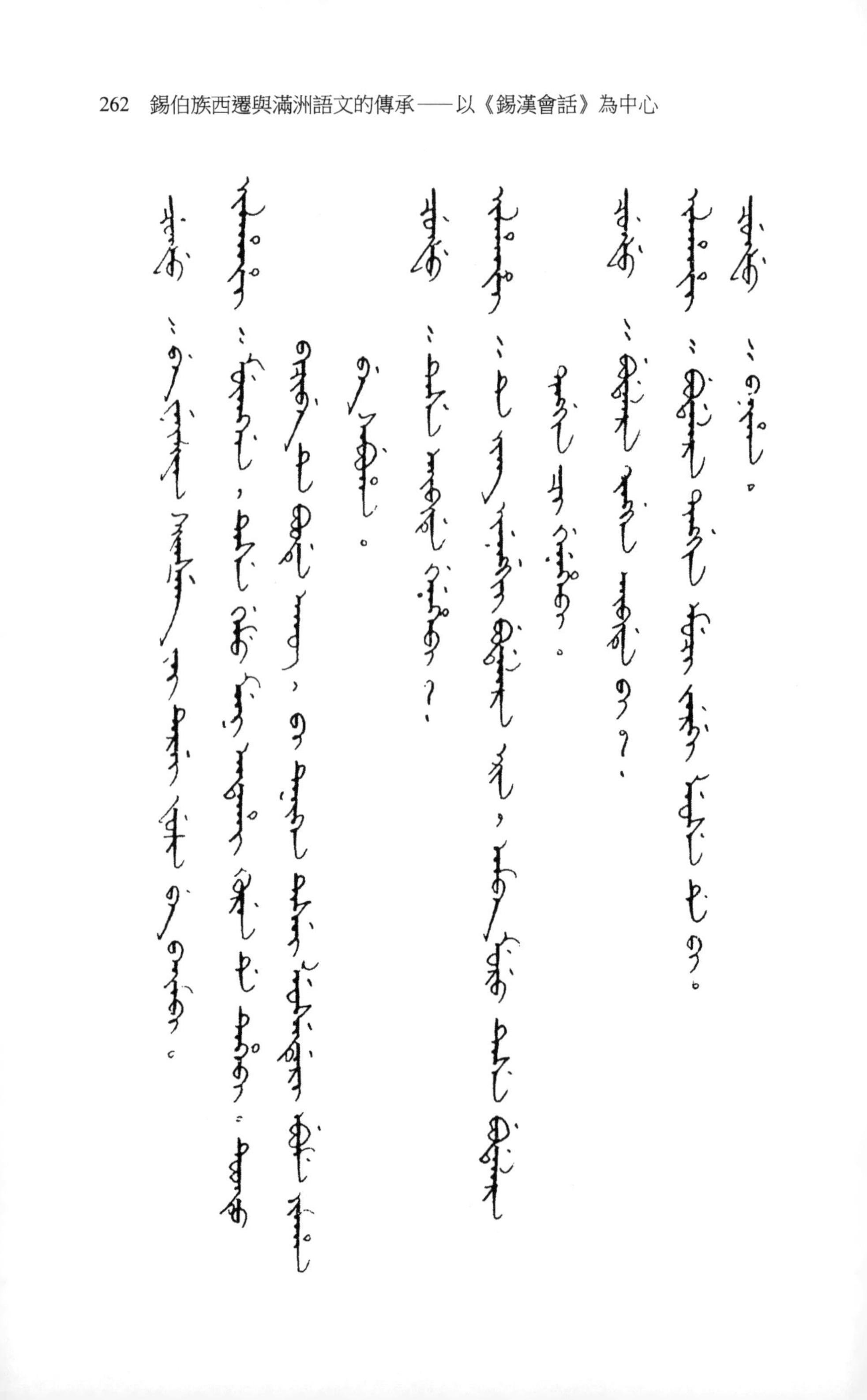

cunfu: be weiliyan siyanšeng jai terei fužin be baimbi.

ilhanjy: mujangga, tese gemu meni antahai kuren de tehebi. tuttu bicibe te boode akū, bi teniken tesei leosederi ebume jimaha be sabuha.

cunfu: tese aibide genehebi?

ilhanjy: te jing inenggii budalara erin, amba muru tese budalara tinggin ci genehebi.

cunfu: budalara tinggin aibide bi?

ilhanjy: budalara tinggin emuci jergi leose de bi.

cunfu: baniha.

春夫：我們找威廉先生和夫人。

伊爾汗芝：對，他們是住在我們賓館，可他們此刻不在房間裡，我剛看見他們下樓來了。

春夫：他們上哪兒了？

伊爾汗芝：現在是午餐時間，多半他們是去餐廳了。

春夫：餐廳在哪兒？

伊爾汗芝：餐廳在一樓。

春夫：謝謝。

ᠰᠠᡳᠨ : ᠰᠠᡴᡩᠠᠰᠠ ᠪᡝᡵᡤᡝᠨ ᠪᡳᡥᡝ ?

ᠰᠠᡵᡤᠠᠨ : ᠰᡝᠮᡝ ᠰᡝᡥᡝ ᡝᠯᡝ ᠪᠠᡥᠠᠮᠪᡳ ᡤᡡᠸᠠᠯᡳᠶᠠᠮᠪᡳ ᠃

ᠰᠠᡵᡤᠠᠨ : ᡩᡝᠨ ᠪᡝᠶᡝ ᡤᡝᡵᡳᠨ ᠪᡳ ᠰᡠᠸᡝᡳ ᠪᡳ ?

ᠰᠠᡵᡤᠠᠨ : ᡩᡝᡵᡝ ᠣᠯᡥᠣᠪᡠᡥᡝ ᡩᡝ ᠪᡳ ᠃

ᠪᡝᠰᡝᡵᡝᡵᡝ : ᠰᠠᡴᡩᠠᠰᠠ ᠰᠠᠪᡠᠮᠪᡳ ᠪᡝᡳᠨ ᠪᡳᡥᡝ ?

ᡩᡝᡵᡝᡥᡝᡵᡳ : ᡩᡝᡵᡝ ᡤᡝᡵᡳᠨ ᠪᡝᠶᡝ ᡤᡝᡵᡳᠨ ᡳᠯᡳᡥᠠ ᡨᡝᡵᡝ ᠰᡝᠮᡝ ᠃

ᠪᡝᠰᡝᡵᡝᡵᡝ : ᡩᡝᡵᡝ ᡥᡝᡵᡤᡝᠨ ᠰᡝᡵᡝ ᡥᡝᠨᡩᡠᠮᡝ ᡴᡠᠮᡠᠨ ᡤᡝᡵᡳᠨ ᠪᡳᡥᡝ ᡩᡝᠪᡳ ᡨᡝᠮᡝᡥᡝᠨᡝ ᠪᡝᠰᡝ ᡩᡝᡵᡝᠰᡝᠮᠪᡳ ,

ᡩᡝ ᠪᡝᠶᡝ ᡤᡝᡵᡳᠨ ᡤᡝᡵᡳᠨᡝ ᡨᡝᡵᡝᡥᡝᠮᠪᡳ ᠃

meijen: eldenjy boode bina?
jalušan: tere alban i baci genehebi.
meijen: terei baita icihiyara ba aibide bi?
jalušan: usin hethei yamun de bi.
bekdesu: eldenjy albašara bade bina?
tungjungfu: tere jakūci erinde baita icihiyara boode jime dulehengge, uyuci erinde sukdujen de tefi nadaci niru ci genehebi.
bekdesu: tere atanggi nadaci niru deri marinjimbi?
tungjungfu: abka yamjibure arbun bi, tere geli nadaci niru deri jai niru de baita icihiyame genembi sehengge.

美珍：爾登芝在家嗎？
扎魯善：她上班去了。
美珍：她的辦公室在哪兒？
扎魯善：在農業局。
伯克德蘇：爾登芝在上班嗎？
佟中福：她八點鐘來過辦公室[1]，九點鐘坐汽車去七牛祿。
伯克德蘇：她什麼時候從七牛祿回來？
佟中福：恐怕到晚上了。她還要從七牛祿到二牛祿去辦事。

[1] 「辦公室」，錫伯文作“baita icihiyara ba”，此作“baita icihiyara boo”，異。

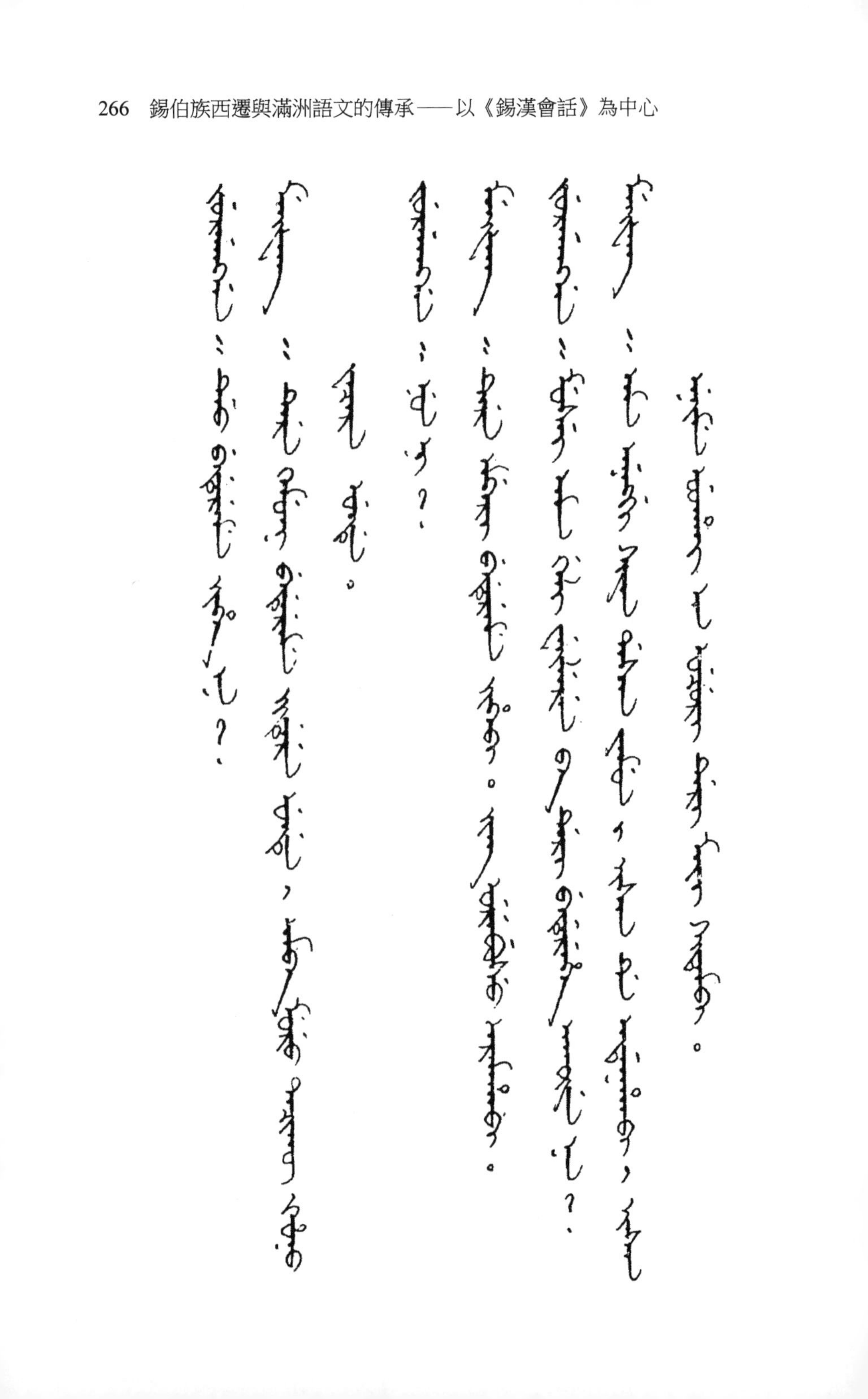

jurgangga: deo bedereme jihe na?

meifang: tere kemuni bedereme jidere unde, amba muru tacikū hono facara unde.

jurgangga: nun ni?

meifang: tere emgeri bedereme jihebi. jing urebusu aramahabi.

jurgangga: musei ama geli weileren ba deri bederehe akūye na?

meifang: ama enenggi siyan dasan yamun i isan de adanahabi, isan neime uthai an ucuri deri maji sitambi.

朱爾尕阿：弟弟回來了嗎？

美芳：他還沒回家，大概還沒放學呢。

朱爾尕阿：妹妹呢[1]？

美芳：他已經回來了，正在房間裡做作業呢。

朱爾尕阿：爸爸還沒下班嗎[2]？

美芳：他今天在縣政府參加會議[3]，有會就比平常晚一些。

---

1 「妹妹」，《錫漢教學詞典》作“non”，此作“nun”，異。

2 「爸爸」，錫伯文作“musei ama”，意即「咱們爸爸」。

3 「他今天在縣政府參加會議」，句中「他」，錫伯文作“ama”，意即「爸爸」。

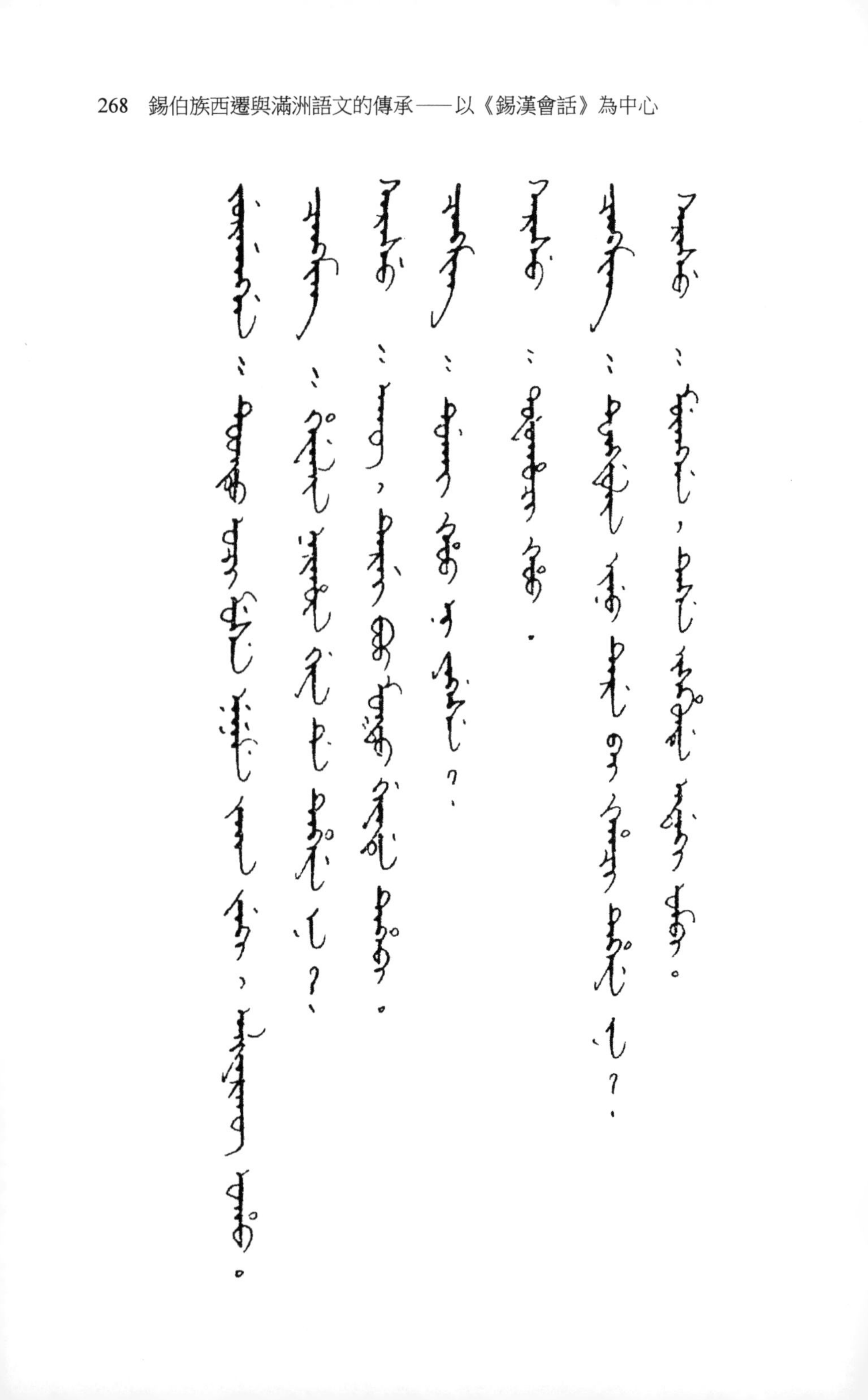

jurgangga: tuttu oci muse neneme jaka jeki, aliyarkū oho.

cangming: hewenlin narhūn giya de teheye na?

sarasu: akū, terei boo mokto giyade tehebi.

cangming: dukai hoo ni yagese?

sarasu: tofohoci hoo.

cangming: tungfulin inu tere bai hanci teheye na?

sarasu: mujangga, tese ishunde adaki ombi.

朱爾尕阿：那咱們先吃飯吧。不等了。

長明：何文林住在納爾渾街嗎？

薩拉蘇：不，他的家在莫克托街。

長明：門牌多少號？

薩拉蘇：十五號。

長明：佟福林也住在那附近嗎？

薩拉蘇：對，他們是鄰居。

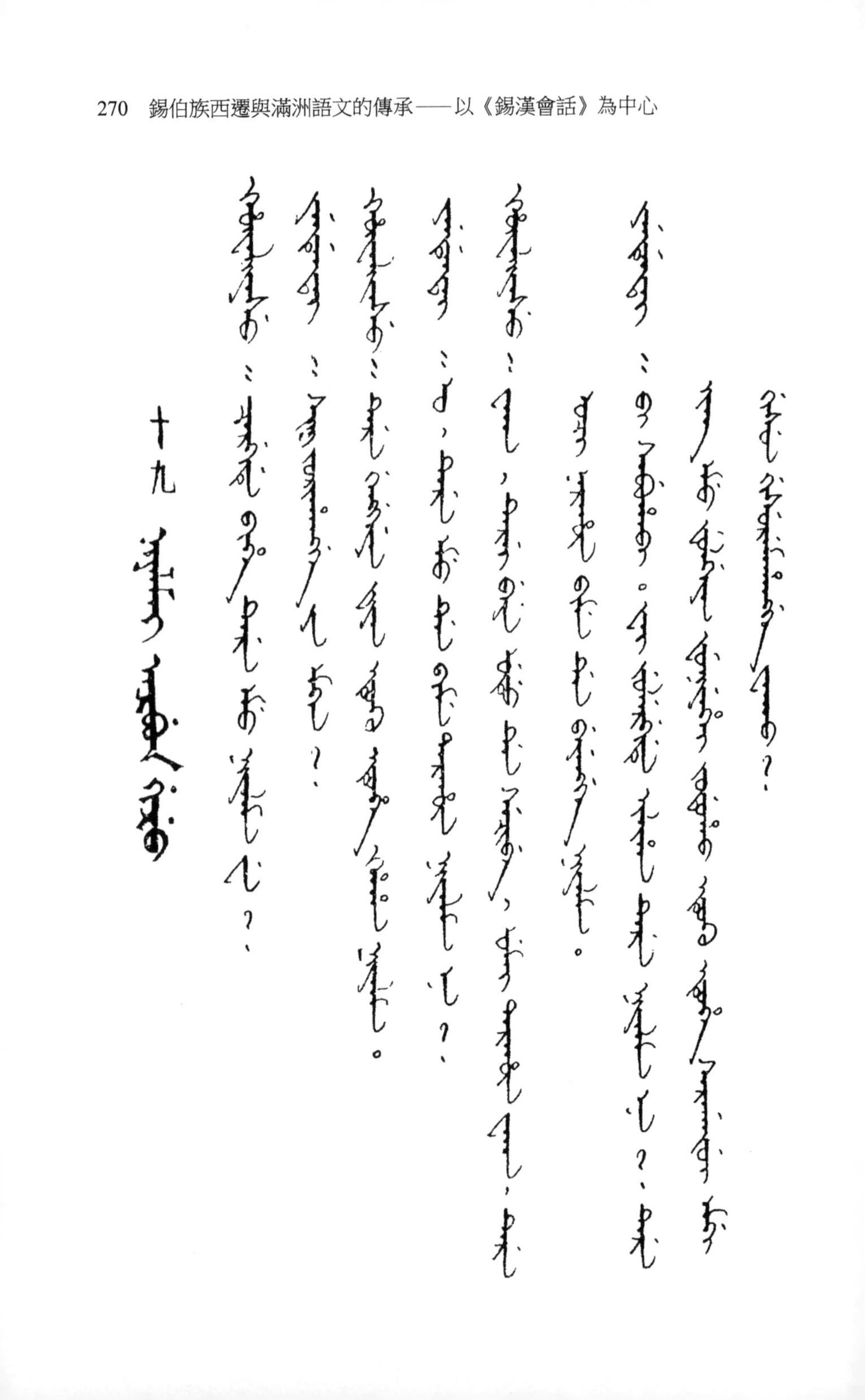

[illegible]

[illegible]

[illegible]

[illegible]

[illegible]

[illegible]

[illegible]

[illegible]

十九 [illegible]

十九、niyalmai arbun giru

hūwaliyasu: cargide bihe tere emu niyalma we?

yendentai: sini jorihangge ya emken?

hūwaliyasu: tere genggiyen fiyan etuku etuhe haha niyalma.

yendentai: o, tere emu den bime tarhūn niyalma na?

hūwaliyasu: waka, terei beyei udu den secibe, umai tarhūn waka, tere oci narhūn bime den beyengge niyalma.

yendentai: bi sabuhabi. fai julergide iliha tere niyalma na? tere jing emu fulgiyan funiyehei jodoho etuku etuhe sarganjui emgi gisun gisuremahangge wakao?

十九、人的外貌

華里亞蘇：那邊的那個人是誰？

尹登泰：你指的是哪個？

華里亞蘇：那個穿藍上衣的男人[1]。

尹登泰：噢，是那個又高又胖的人嗎？

華里亞蘇：不對，他個子雖高，却不胖。他是個細高個兒。

尹登泰：我看到了。是站在窗前的那位吧？他正和一位穿紅毛衣的姑娘說話呢。

---

[1] 「藍上衣」，錫伯文作"genggiyen fiyan etuku"，意即「青色衣」。"genggiyen fiyan"，《錫漢教學詞典》作「清色」。

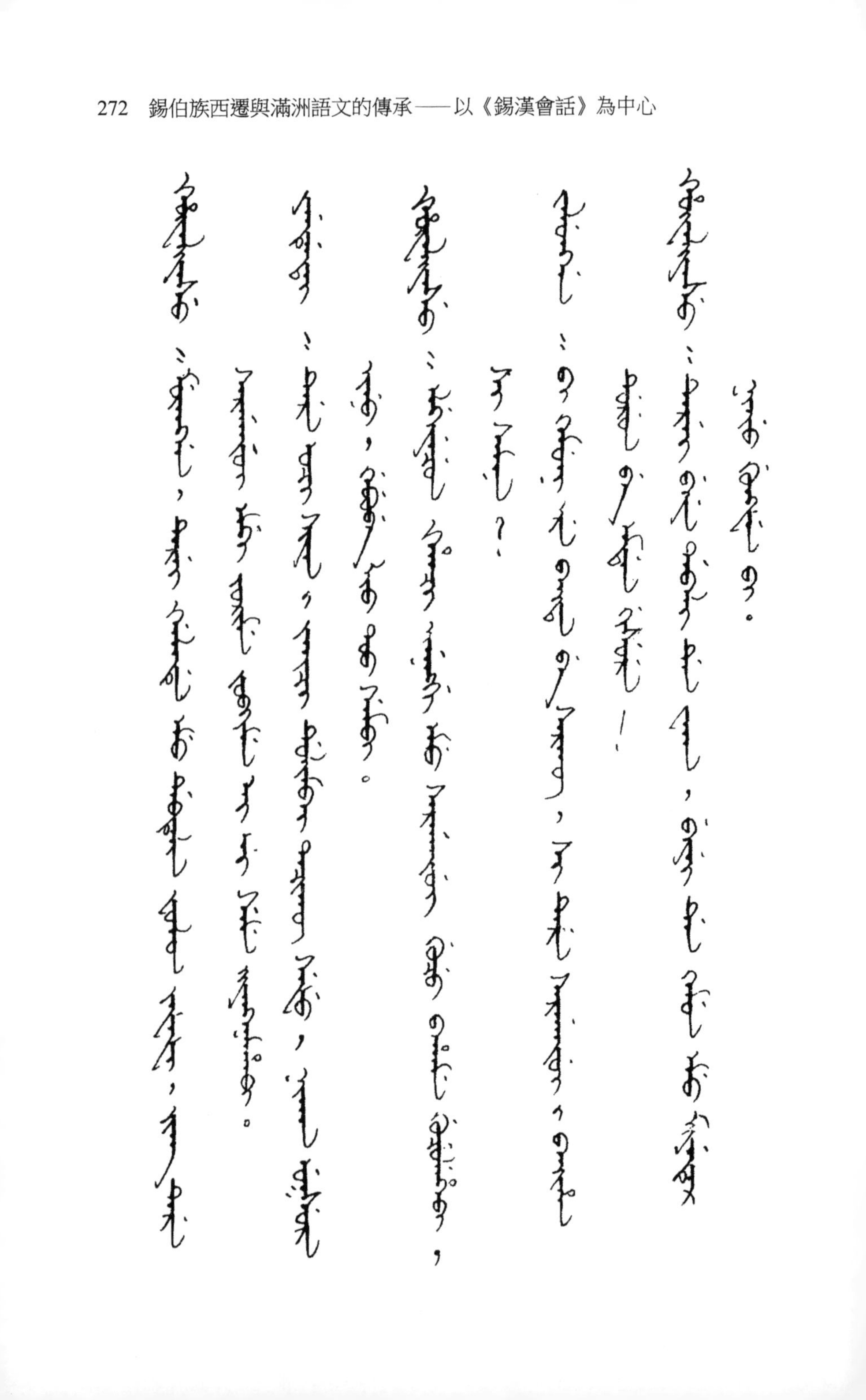

hūwaliyasu: mujangga, terei galade emu debtelin folon jafafi, jing tere sarganjui emgi jorime jobkime ai ai seme jiyangnamahabi.

yendentai: tere oci siyan i jaici dulimbai tacikū sefu, nikan uksura inu, gebube lio too sembi.

hūwaliyasu: elgiyecun hanci inenggi emu sarganjui gucu bahame guculehebi, si samna?

jalungga: bi kemuni ere baita be sarkū, si tere sarganjui i banjiha durun be emdan gisure！

hūwaliyasu: terei beye dabali den waka, beyei den kemun emu miyeter ninju gungfen bi.

華里亞蘇：對，他手裡拿著一本雜誌，正指指點點地跟那姑娘講什麼哩。

尹登泰：他嘛，是縣二中的老師，是漢族，名字叫劉濤。

華里亞蘇：爾吉春新近交了個女朋友，你知道嗎？

扎魯阿：我還不知道這事。你說說這位姑娘的長相吧。

華里亞蘇：她的個子不太高，身高有一米六十公分。

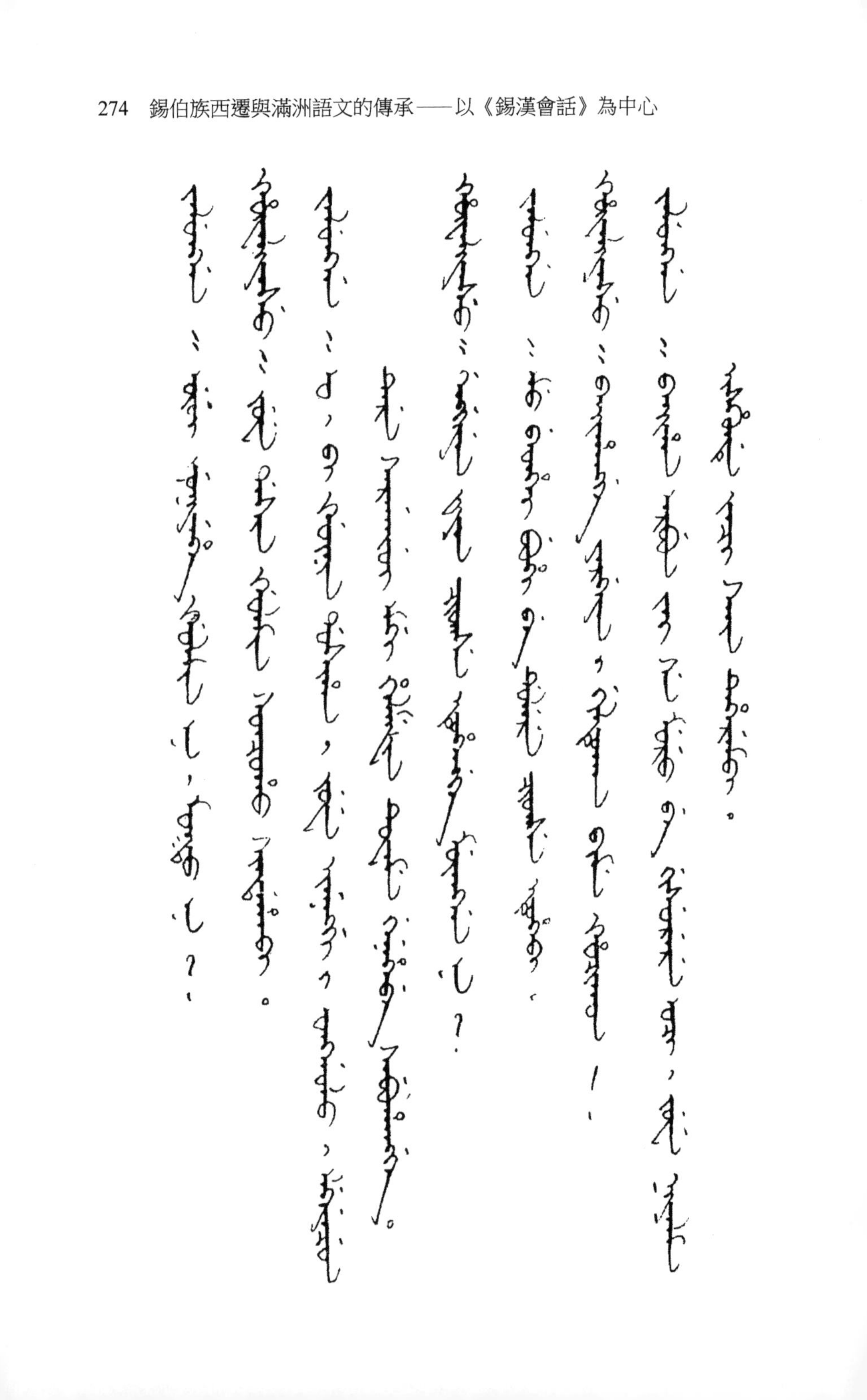

jalungga: ujui funiyehe golmin na, mokto na?

hūwaliyasu: juwe dasin golmin soncoho sindahabi.

jalungga: o, bi gūnin dosiha, juwe inenggi i onggolo, elgiyecun tere sarganjui emgi helmefin tuwame genehebe sabuhangge.

hūwaliyasu: genggiyen fiyan ciūnse etuhengge mujangga na?

jalungga: emu bethei buhi be dulere ciūnse etuhebi.

hūwaliyasu: banjihangge yargiyan i giltukan bime hocikon！

jalungga: banjiha arbun jai se muru be gisurere oci, juwe niyalma ishunde jaci sain teherembi.

扎魯阿：是長頭髮還是短頭髮？

華里亞蘇：留了兩根長辮子。

扎魯阿：噢，我想起來了。前兩天，我看到爾吉春和那姑娘去看電影。

華里亞蘇：是不是穿了件藍色的裙子？

扎魯阿：是一件過膝的蓋的裙子[1]。

華里亞蘇：長得真是俊秀漂亮！

扎魯阿：論長相和年齡，兩個人挺般配。

---

[1] 「是一件過膝的蓋的裙子」，錫伯文作“emu bethei buhi be dulere ciūnse etuhebi”，意即「是穿一件過膝蓋的裙子」。

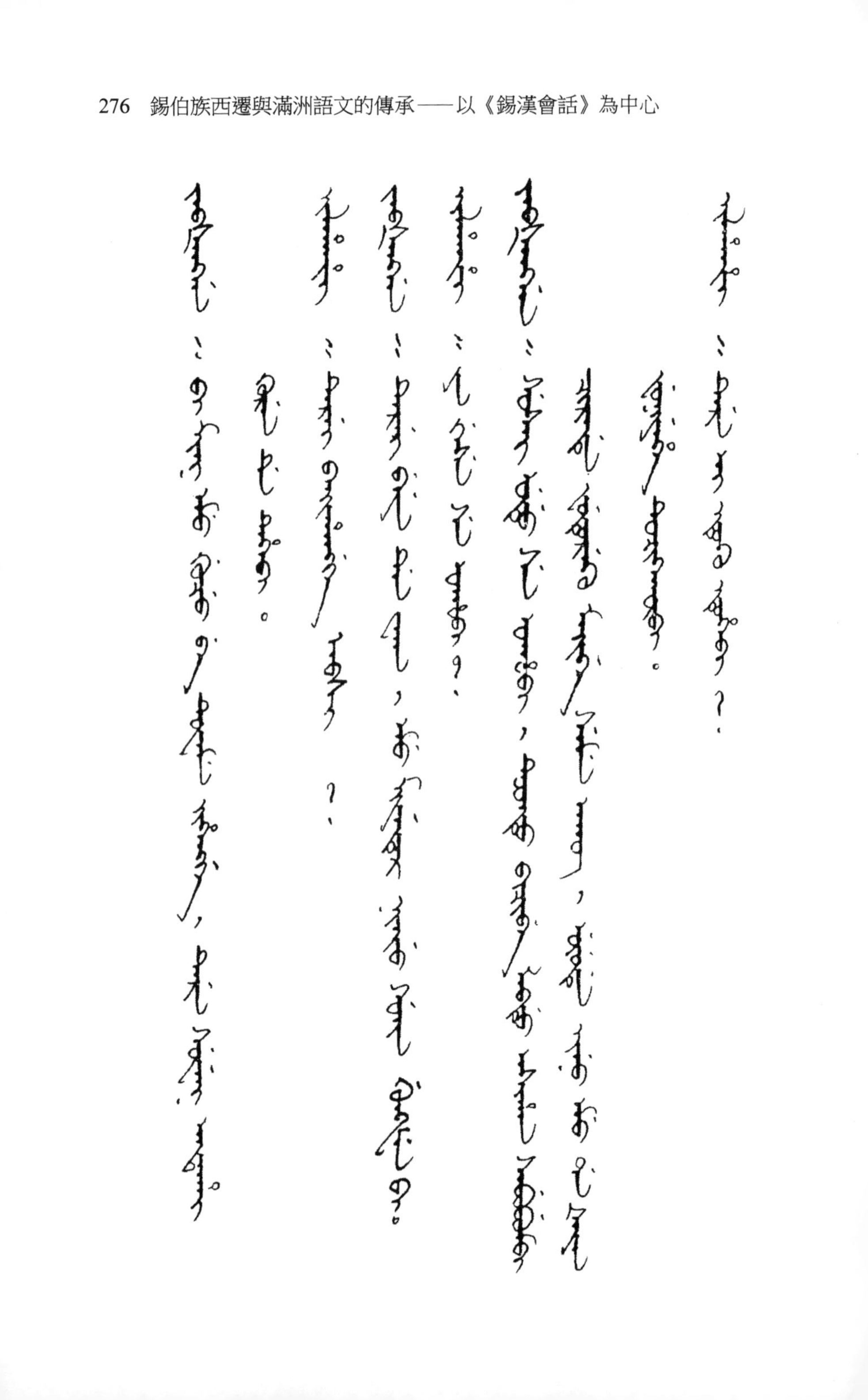

jabšangga: bi mini emu gucu be tuwame jihengge, tere suweni antahai kuren de tehebi.

ilhanjy: terei banjihangge absi?

jabšangga: terei beye den waka, emu miyeter ninju sunja gungfen bi.

ilhanjy: ya gese se ohobi?

jabšangga: susai udu se ohobi, tuttu bicibe labdu asihan sabubumbi, cirade futureku majige seme akū, ujude inu emu da šayan funiyehe tucikekūbi.

ilhanjy: tere ai etuku etuhebi?

扎布尚阿：我來看我的一位朋友，他住在你們的賓館裡。

伊爾汗芝：他長的什麼樣子？

扎布尚阿：他個子不高，有一米六十五公分。

伊爾汗芝：多大年齡了？

扎布尚阿：五十多歲了，不過看上去顯得年輕得多。臉上沒什麼皺紋，頭上也沒有一根白頭髮。

伊爾汗芝：他穿的什麼衣服。

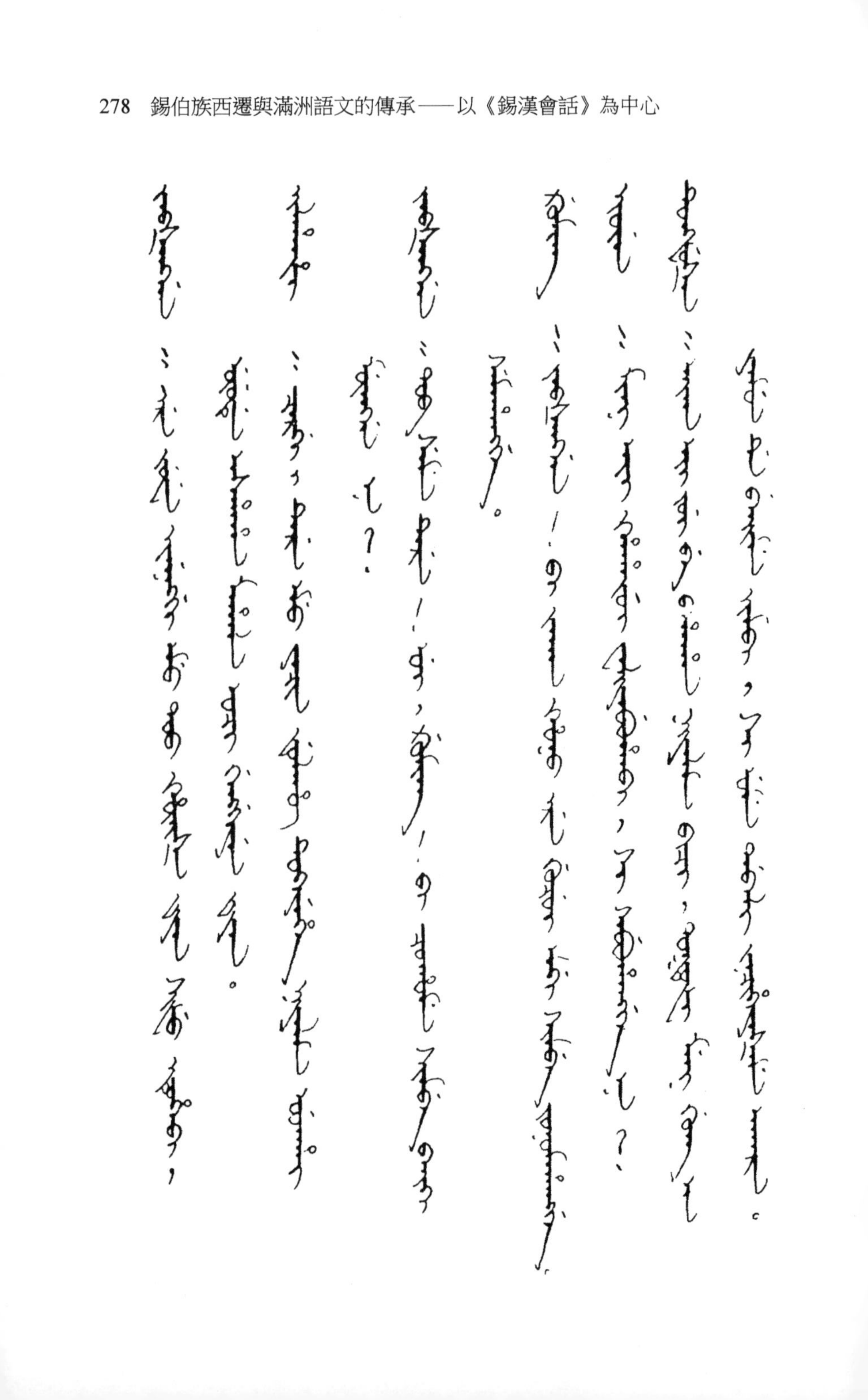

jabšangga: ere juwe inenggi emu too hūiša fiyan sifu etuhebi, ujude ashaha mahala oci genggiyen fiyan.

ilhanjy: cargi i tere emu yacin fulhū tukiyehe niyalma uthai mujangga na?

jabšangga: tob seme tere！ ui, g'oming！ bi cohome simbe baiki semahangge.

g'oming: jabšangga！ bi jakan hono ere gucui emgi simbe jonomahangge.

iojen: mini aji hahajui waliyabuhabi, si sabuhangge na?

tungfušan: aika aji jui be bahaha niyalma bici, toktofi meni gung an yamun de benjime jimbi, si ume dabali facihiyašame akara.

扎布尚阿：這兩天他穿的是一套灰色西服，頭上戴的帽子是藍色的。

伊爾汗芝：那邊那位提黑提包的人不就是他嗎？

扎布尚阿：正是他！喂，郭明！我正要找你。

郭明：扎布尚阿！我剛還在和這位朋友提起你呢。

玉珍：我的小兒子走丟了，你看到了沒有？

佟福善：如果有人拾到了小孩子，一定會送到我公安局來的，你不要過於著急發愁。

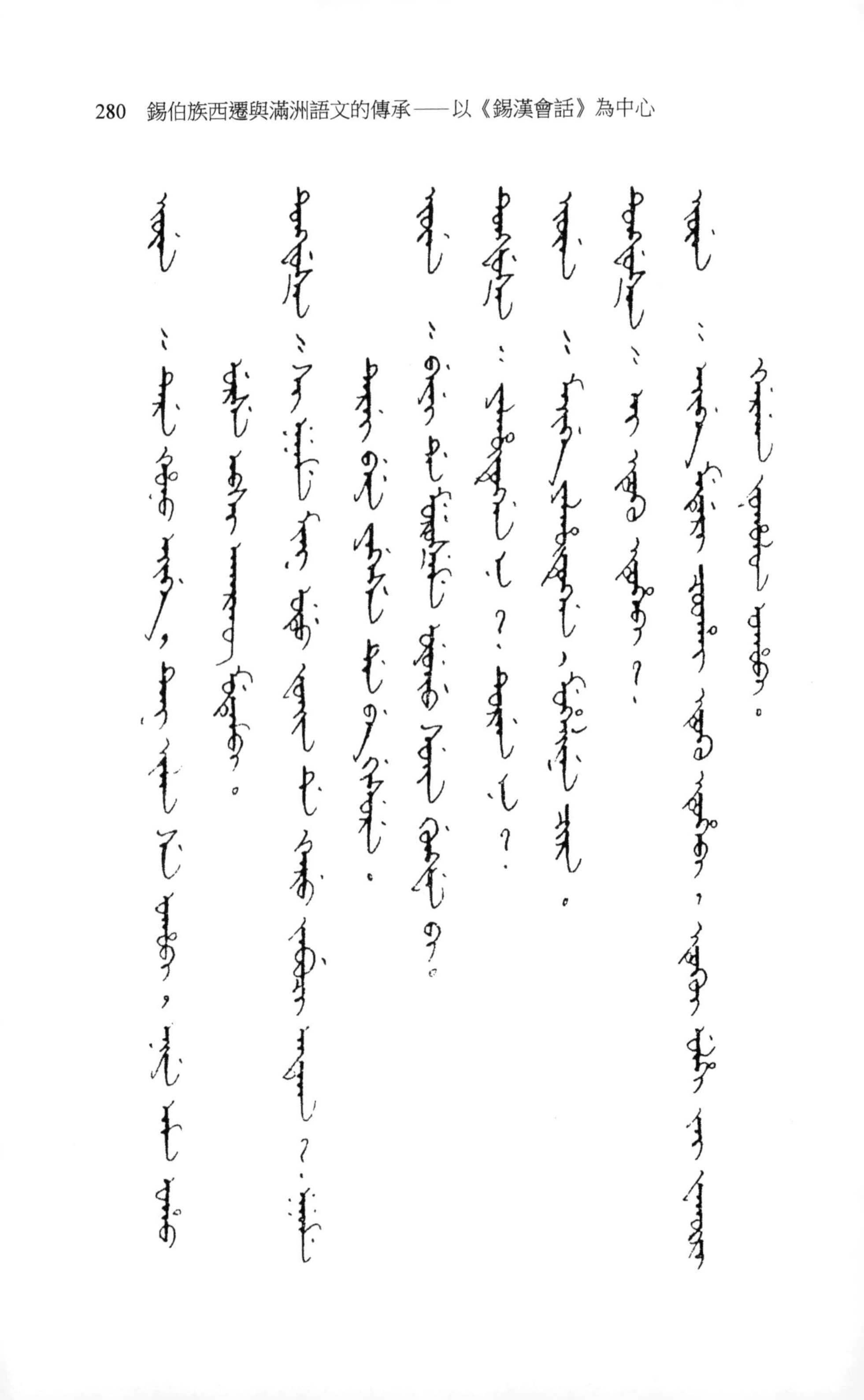

iojen: tere hono ajige, teni ilan se ohobi, eniye ama oho urse absi akarkū mutembi.

tungfušan: si neneme mini udu fonjin de karu jabuci antaka? neneme terei beye yagese den be gisure.

iojen: beyei den murušeme uyunju sunja gungfen bi.

tungfušan: yalhūtungga na? turga na?

iojen: majige yalhūtungga, muheliyen cira.

tungfušan: ai etuku etuhebi?

iojen: ajige mederi coohai etuku etuhebi, etukui ulhi jai fakūri gargan foholon ohobi.

玉珍：他還小，才三歲，做父母的哪有不擔心的。

佟福善：你先回答我幾個問題好嗎？你先說說他有多高的個子。

玉珍：身高大概有九十五公分。

佟福善：是胖是瘦[1]？

玉珍：胖一點兒，圓臉。

佟福善：穿的什麼衣服？

玉珍：穿的小海軍服，衣服的袖子和褲腿都短了。

---

1 「胖」，《錫漢教學詞典》作"yalihangga"，此作"yalhūtungga"，異。

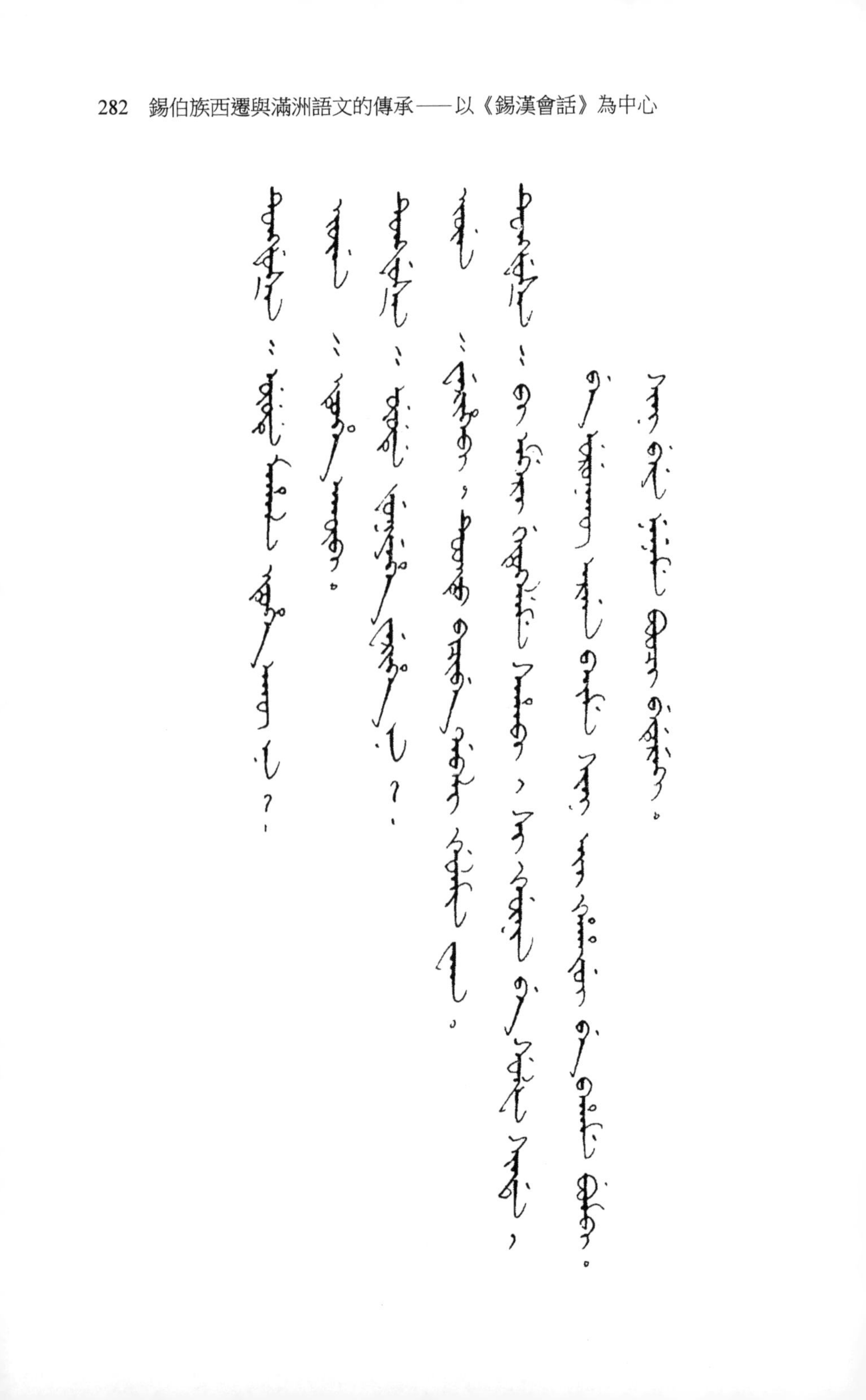

[illegible]

[illegible]

[illegible]

[illegible]

[illegible]

[illegible]

[illegible]

tungfušan: ujude mahala etuhe akū na?
iojen: etuhe akūbi.
tungfušan: ujude funiyehe werihe na?
iojen: werihebi, tuttu bicibe dabali golmin waka.
tungfušan: bi emgeri getukeleme sahabi, si gūnin be sulfa sinda, be urunakū arga baime sini aji hahajui be bahame bumbi. sini beye neneme booci bedereki.

佟福善：頭上沒戴帽子嗎？
玉珍：沒戴帽子[1]。
佟福善：留頭髮了嗎？
玉珍：留了頭髮，但不太長。
佟福善：我已經明白了。請你放心，我們一定想法把你的小兒子找回來。您先回家吧。

---

[1] 「沒戴帽子」，錫伯文作“etuhe akūbi”，意即「沒戴」。

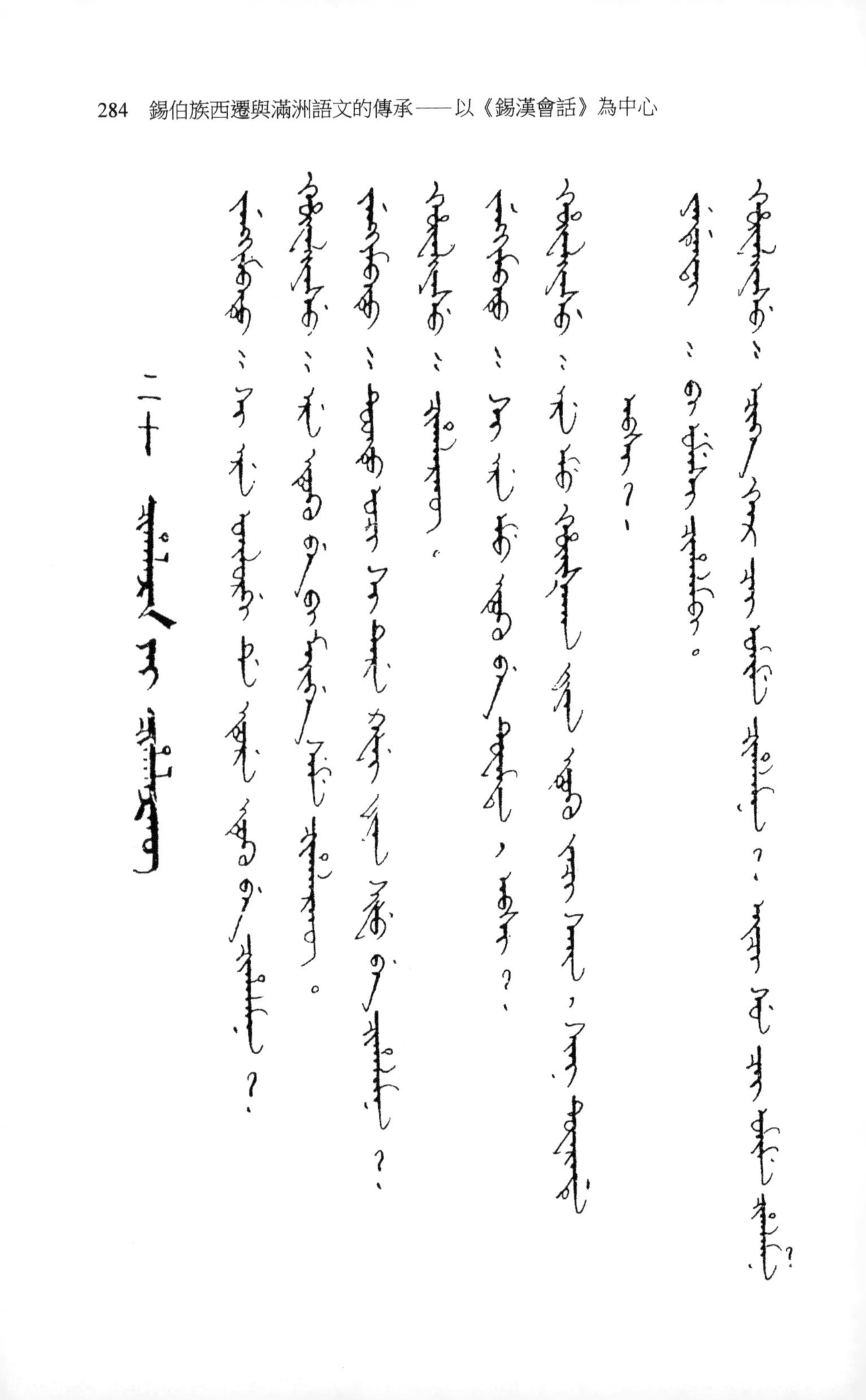

二十

二十、cihalara jai cihalarkū

jengkimbatu: si ere oilorgi de eture etuku be cihalamna?

hūwaliyasu: ere etuku be bi majige seme cihalarkū.

jengkimbatu: tuttu oci si tere k'afei fiyan sifu be cihalamna?

hūwaliyasu: cihalarkū.

jengkimbatu: si ere emu etuku be tuwamta, absi?

hūwaliyasu: ere emu hūišakan fiyan etuku jaci sain, sini tuwarade absi?

yendentai: bi umesi cihalambi.

hūwaliyasu: ecike kar cai omime cihalamna? eici sun cai omime cihalamna?

二十、喜歡和不喜歡

真肯巴圖：你喜歡這件外衣嗎？

華里亞蘇：我一點兒不喜歡這件衣服。

真肯巴圖：那你喜歡那件咖啡色的西裝嗎？

華里亞蘇：不喜歡。

真肯巴圖：你看看這件衣服怎樣？

華里亞蘇：這件淺灰色的上衣挺不錯。你覺得怎麼樣[1]？

伊登泰：我挺喜歡。

華里亞蘇：大叔，您愛喝清茶[2]，還是愛喝奶茶？

---

1 「你覺得怎麼樣？」，錫伯文作"sini tuwarade absi?"，意即「你看怎麼樣？」

2 「清茶」，滿文作"kara cai"，意即「黑紅茶」，又作「淡茶」，錫伯文"kar cai"，異。

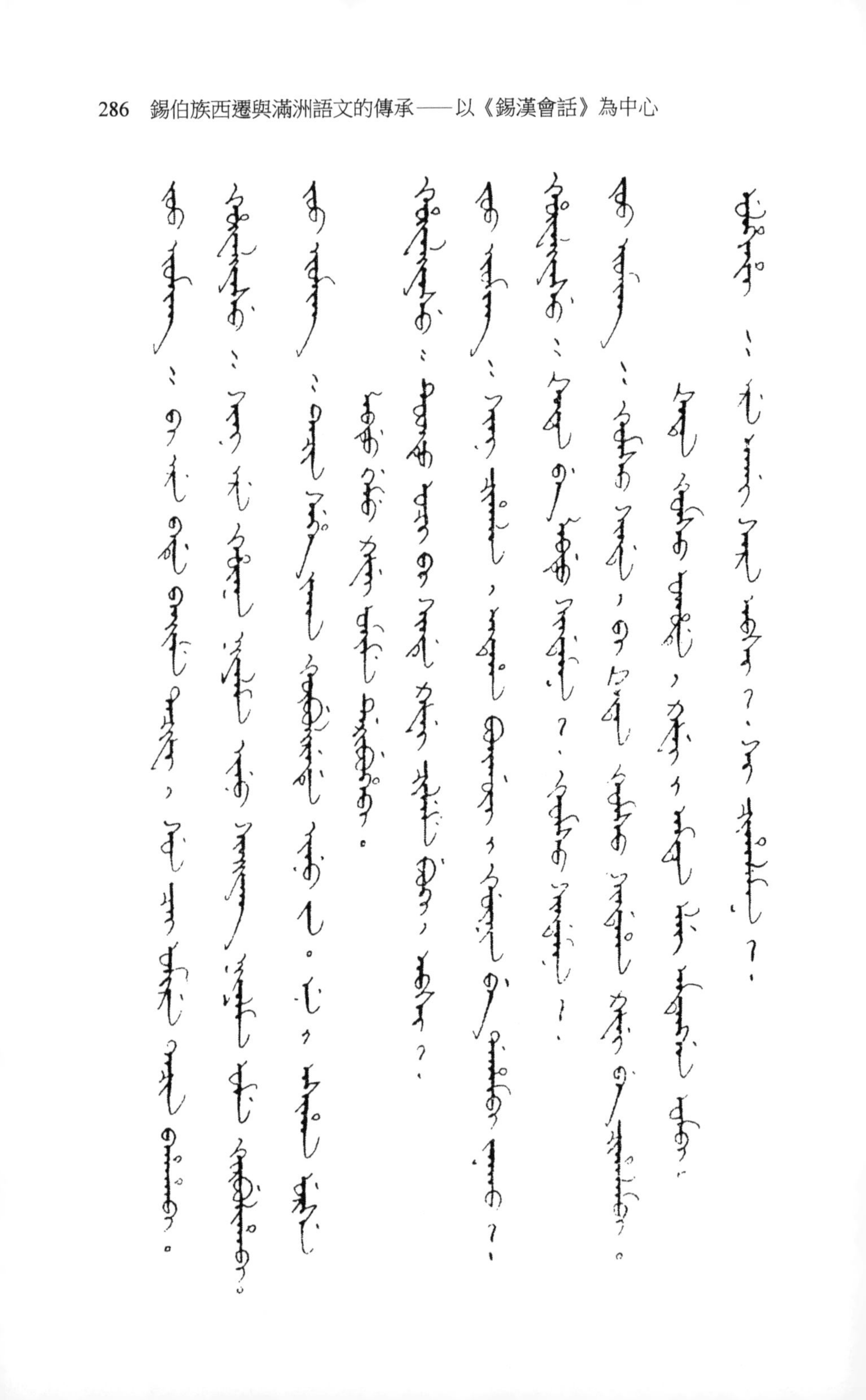

joo ioming: bi ere bade banjime tacifi, sun cai omire tacin bahahabi.

hūwaliyasu: sini ere hūnan niyalma inu sinjiyang niyalma ome kūbulihabi.

joo ioming: tacin sehe jaka kūbulirede inu ja. ne i asihan urse labdu gemu k'afei omime deribuhebi.

hūwaliyasu: tuttu oci bi sinde k'afei cileme buki, absi?

joo ioming: sini cihalan, antaha boigoji i gūnin be dahambi wakao?

hūwaliyasu: šatan be labdu sindamna? komso sindamna?

joo ioming: komso sinda, bi šatan komso sindaha k'afei be cihalambi. šatan komso ohode, k'afei i amtan elei amtangga ombi.

ulhinjy: ere agai sara absi? si cihalamna?

趙玉明：我在這裡住慣了，奶茶喝慣了。

華里亞蘇：你這個湖南人也變成新疆人了。

趙玉明：習慣這個東西變起來也容易。現在年輕人好多都喝起咖啡來了。

華里亞蘇：那麼我給你沏點兒咖啡吧？

趙玉明：我隨你的便，客隨主便嘛。

華里亞蘇：糖要多放，還是少放？

趙玉明：少放些，我喜歡放糖少的咖啡，糖少了，咖啡的味道更香。

烏爾星芝：這把雨傘怎樣？你喜歡嗎？

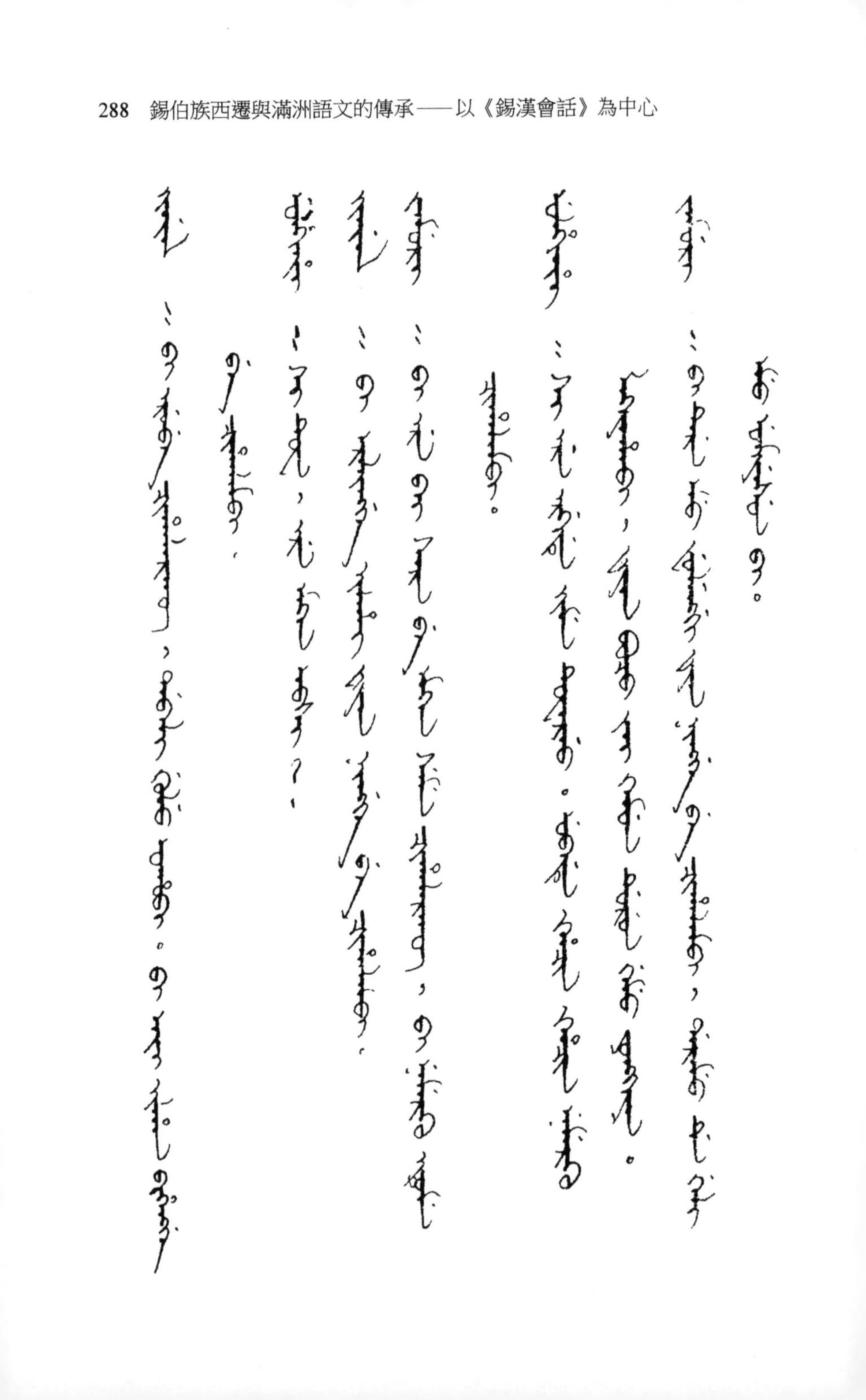

jinjel: bi erebe cihalarkū, dabali gulu ohobi. bi aji ilha bihengge be cihalambi.

ulhinjy: si tuwa, ere emken absi?

jinjel: bi eralingge ilhai fiyan ningge be cihalambi.

jamuri: bi ere bai sara be emken seme cihalarkū, bi nemerku etume cihalambi.

ulhinjy: si ere ergide jime tuwareo. ubade hacin hacin nemerku lakiyahabi, fiyan boco jai kemun durun gemu yongkiyan.

jamuri: bi tere emu fulenggi fiyan ningge be cihalambi, daramu de geli emu umiyesun bi.

錦貞：我不喜歡這把，它太素了。我喜歡帶小花的。

烏爾星芝：你看這把怎樣？

錦貞：我喜歡這種花色的。

札木麗：這裡的雨傘我一把也不喜歡，我喜歡穿風雨衣。

烏爾星芝：請你到這邊來看吧。這裡掛的是各種風雨衣，顏色和尺碼都齊全。

札木麗：我喜歡那件銀灰色的，要裡還有條帶子[1]。

---

1 「要裡」，錫伯文作“daramu de”，句中“daramu”，《錫漢教學詞典》作“darama”，意即「腰」，《錫伯語語匯》同，此作“daramu”，異。

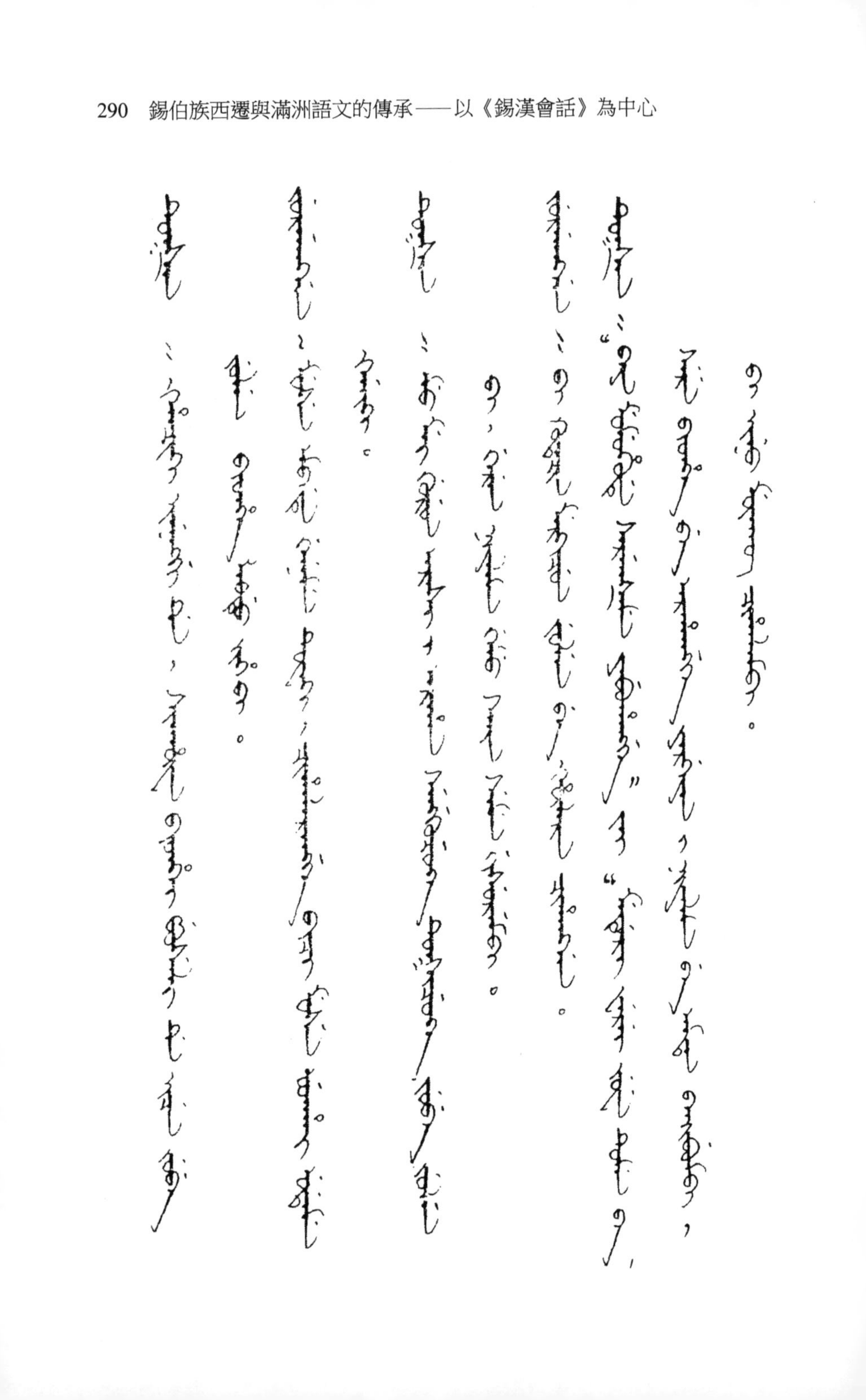

[illegible]

[illegible]

[illegible]

[illegible]

[illegible]

[illegible]

[illegible]

[illegible]

[illegible]

tukšan: hanciki inenggi de, sinhūwa bithei puseli de ice jube julen bithe labdu jihebi.

jurgangga: muse embade geneme tuwaki, cihalarangge bici muse uthai udame gaiki.

tukšan: emu mei gurun arasi i araha sengucuke tuksicuke jube julen bi, geren niyalma gemu sain seme gisurembi.

jurgangga: bi k'otacin merkicun julen be hūlara cihangga.

tukšan: "biya mumuhude sargašame yabuhangge" jai "mederi ferei juwe tumen ba" sere bithe be arahangge yargiyan i niyalma be amtan banjibumbi, bi inu mujakū cihalambi.

圖克善：最近新華書店進了許多新小說。

朱爾尕阿：我們一起去看看，有喜歡的就買上。

圖克善：有一本美國作家寫的驚險小說，大家都說不錯。

朱爾尕阿：我喜歡科學幻想小說[1]。

圖克善：《月球旅行》和《海底兩萬里》寫得實在吸引人，我也很喜歡。

---

1 「我喜歡科學幻想小說」，錫伯文作"bi k'otacin merkicun julen be hūlara cihangga"，意即「我喜歡讀科學幻想小說」。

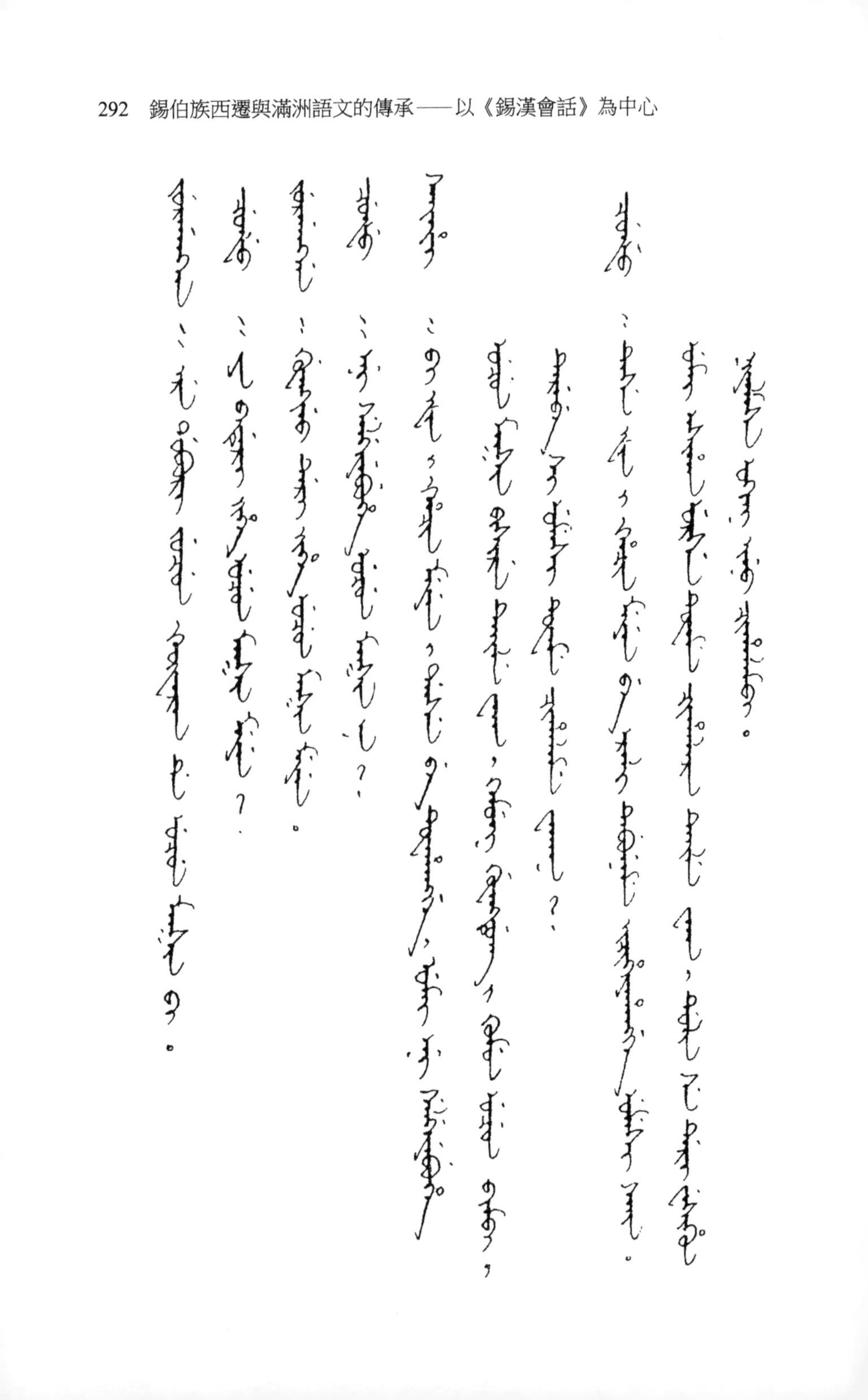

jurgangga: ere dobori jucun kūwaran de ucun maksin bi.

cunfu: ya baderi jihe ucun maksin meyen?

jurgangga: guwangjeo deri jihe ucun maksin meyen.

cunfu: nei selgiyebuhe ucun maksin na?

sainjy: bi efin i hacin meyen i danse be tuwahangge, umai nei selgiyebuhe ucun maksin bisire teile waka, kemuni guwangdung i kumun ucun bimbi, terebe si umesi tuwame cihalame wakana?

cunfu: tese efin i hacin meyen be erali tebuneme icihiyahangge umesi sain. umai asihan urse tuwame cihalara teile waka, dulin se deri wesihun niyalmasa okini inu cihalambi.

朱爾尕阿：今晚在劇院有一場歌舞晚會[1]。

春夫：哪裡來的歌舞團？

朱爾尕阿：廣州來的歌舞團。

春夫：是當前流行的歌曲和舞蹈嗎？

賽因芝：我看了節目單，不只是流行的歌曲舞蹈，還有廣東樂曲，那不是你最喜歡的嗎？

春夫：他們這樣安排節目很好。不光年輕人喜歡，中年以上的人也喜歡。

---

1 「歌舞晚會」，錫伯文作“ucun maksin”，意即「歌舞」，文義頗有出入。

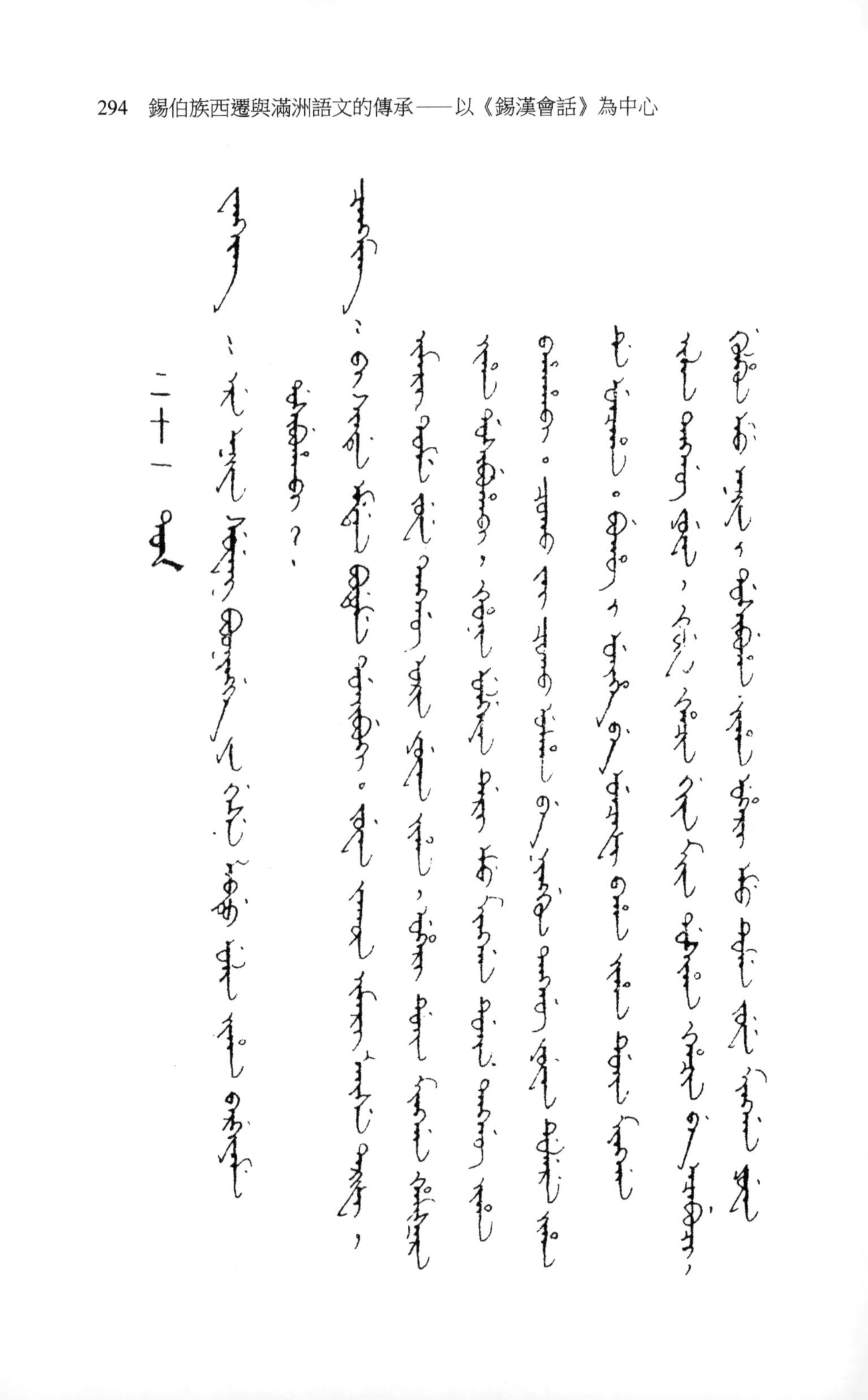

二十一

二十一、ton

wanging: ere aniya suweni booningge ya gese labdu ulin jiha bargiyame dosimbuhabi?

cangming: bi sinde emdan bodome donjibuki. juwan jakūn imari maise tarifi, imari tome juwe tanggū orin yuwan jiha, uheri duin minggan hamišara jiha dosibuhabi. honin ulgiyan deri emu minggan duin tanggū jiha bahahabi. coko jai coko umhan be ninggun tanggū yuwan dulere jiha de uncaha. buhū i uihe be uncafi baha jiha duin minggan ilan tanggū yuwan, gūwa hacin gija mija dosiha hacin be acabuci, gulhun emu aniya i dosibuha jiha uheri emu tumen juwe minggan yuwan

二十一、數量

王英：今年你們全家有多少收入？

長明：我來算算給你聽，種了十八畝小麥，每畝收入二百二十元，總共將近四千元，養羊喂猪，掙了一千四百元，鷄和鷄蛋賣了六百多元，鹿茸賣了四千三百元，再加上其他零星收入[1]，全年收入總共超過一萬二千元。

---

[1] 「其他零星收入」，句中「零星」，錫伯文作“gija mija”，意即「零碎」、「瑣碎」。

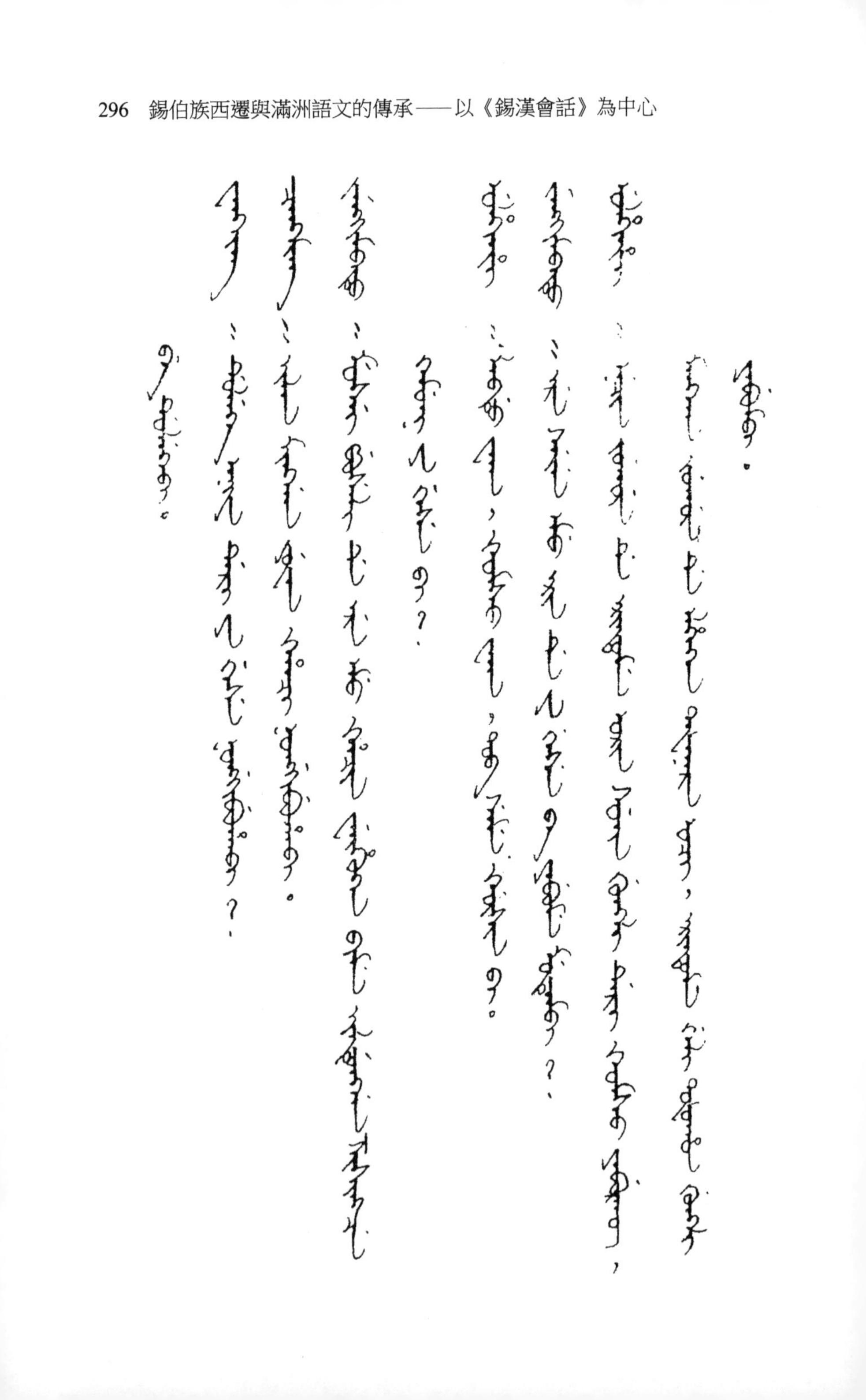

be dulekebi.

wanging: duleke aniya deri ya gese nonggibuhabi?

cangming: ilan minggan yuwan hanci nonggibuhabi.

jengkimbatu: musei puseli de ere emu hacin weihuken bime ildungga dzisingce kemuni ya gese bi.

ulhinjy: labdu waka, komso waka, tob seme gūsin bi.

jengkimbatu: ere sejen emu erin de ya gese ba yabume mutembi?

ulhinjy: necin jugūn de erintome orin sunja gungli deri komso yaburkū, mangga jugūn de elheken tafanara oci, erintome geli tofohon gungli yabumbi.

王英：比去年增加了多少？

長明：增加了將近三千元。

真肯巴圖：我們店裡這種輕便自行車還有多少輛？

烏爾星芝：不多不少剛好三十輛。

真肯巴圖：這種車子一小時能走多少里？

烏爾星芝：在平路上，每小時不低於二十五公里，遇到慢上坡每小時也走十五公里。

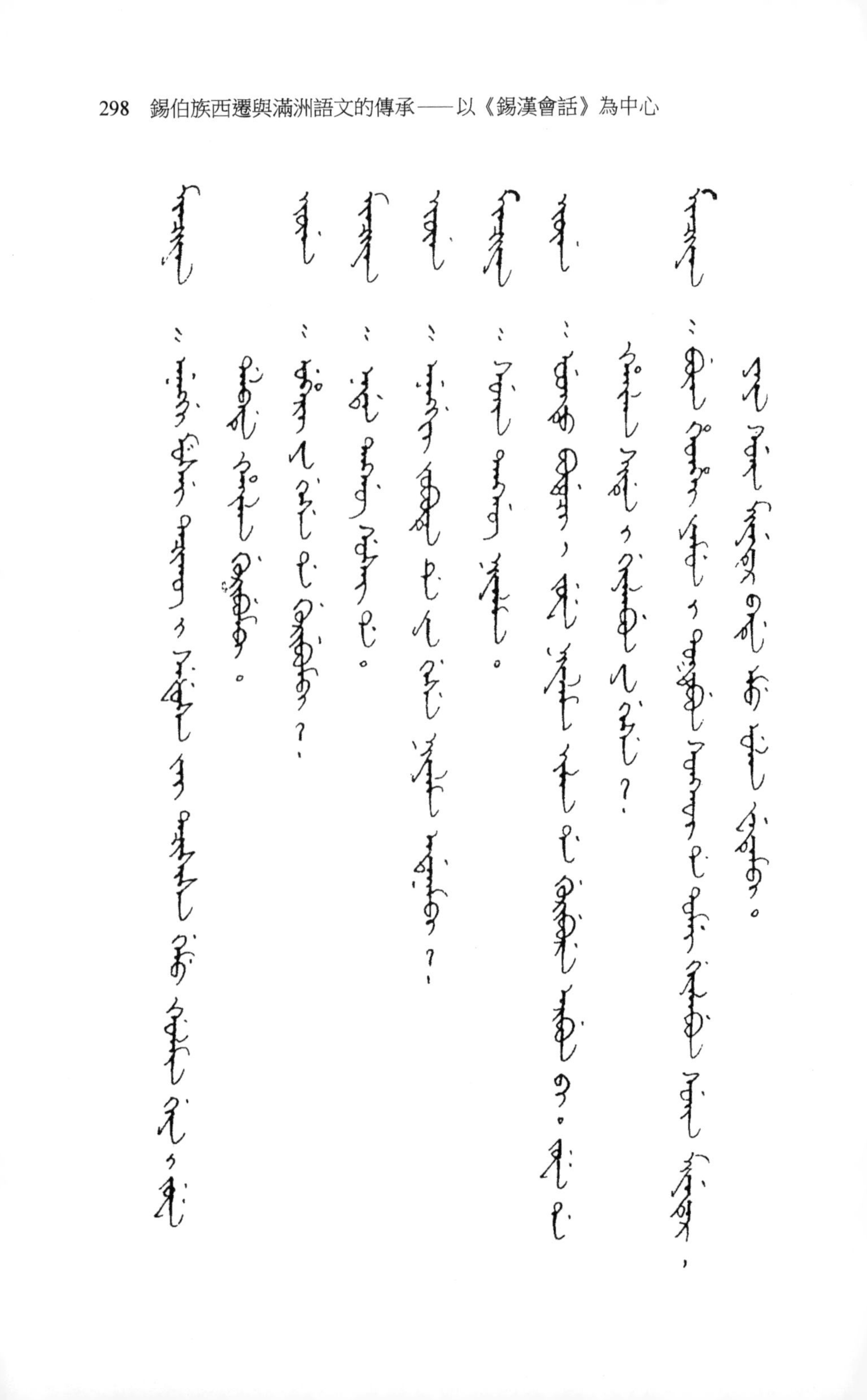

minciyan: enenggi musei tacikū i sefusa jai tacisisa gemu golmin giya i juwe dalbade hailan guribumbi.

iojen: uheri ya gese da guribumbi?

minciyan: nadan tanggū susai da.

iojen: enenggi joboten de ya gese niyalma adanambi?

minciyan: sunja tanggū niyalma.

iojen: uttu bodoci, juwe niyalma ilan da guribure arbun bi. juwe da hailan siden i giyalabun ya gese?

minciyan: bujan hethei yamun i toktobun songkoi da tomei giyalabun sunja miyeter, yaya sunja miyeter bade emu ulan fetembi.

敏謙：今天我們學校的師生都在果爾敏路兩旁種樹。

玉珍：總共要種多少棵？

敏謙：七百五十棵。

玉珍：有多少人參加今天的勞動？

敏謙：五百人。

玉珍：這樣算來，是兩個人種三棵了。兩棵樹之間的距離是多少？

敏謙：按林業局的規定，株距是五米，每五米挖一個樹坑。

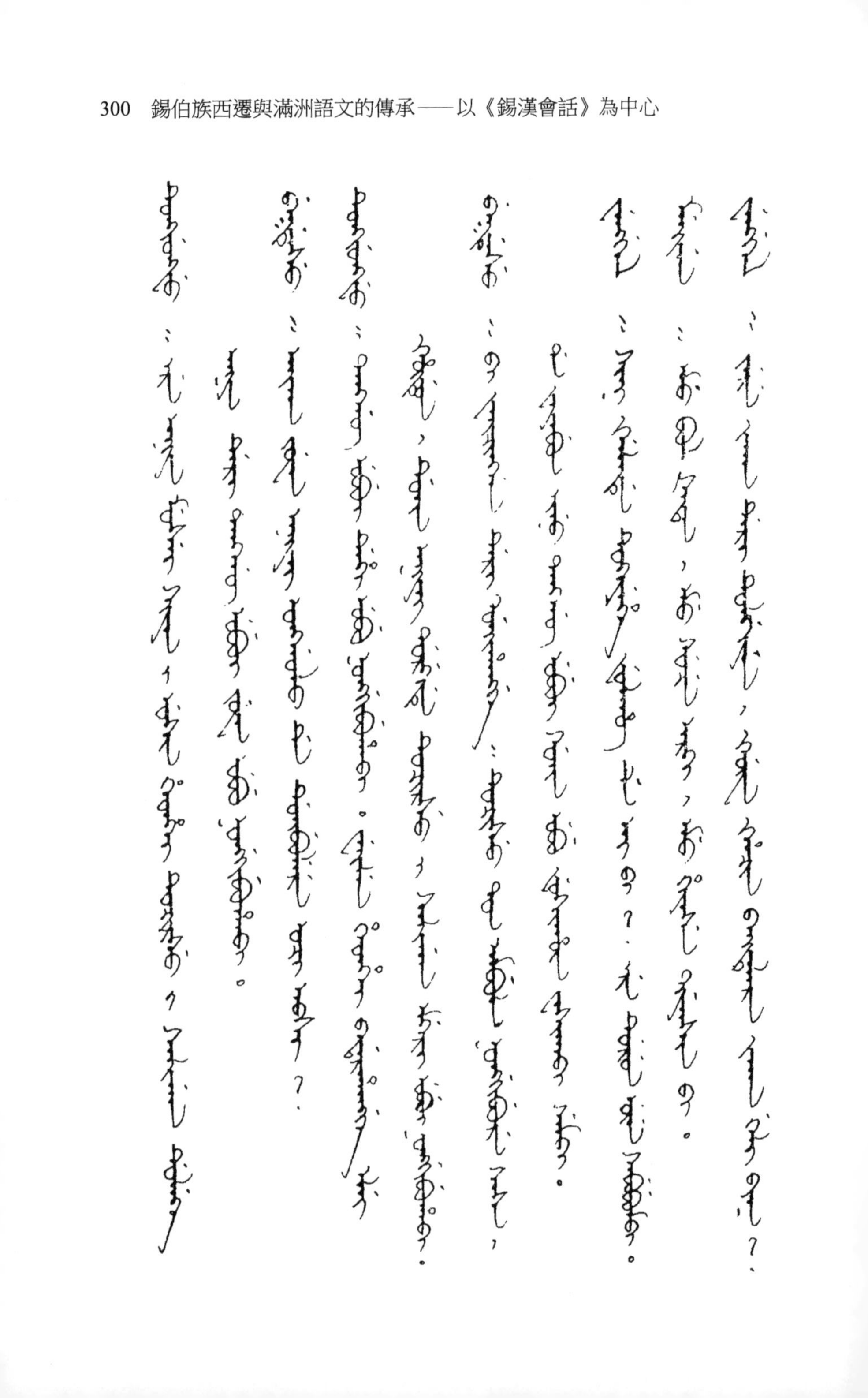

tungjungfu: ere aniya musei siyan i usin hethei tucirsu i saligan duleke aniya deri tanggū ubui juwan ubu nonggibuhabi.

bekdesu: aika juwan aniyai onggolo de duibulere oci absi?

tungjungfu: tanggū ubui dehi ubu nonggibuhabi. weilen hethei badarahangge elei hūdun, duin aniyai dorgide tucirsu i saligan emgeri ubui nonggibuhabi.

bekdesu: bi faicingga deri donjihangge, tucisu ton ambula nonggibure sasa, da fayabun inu tanggū ubui sunja ubu fusihūn wasikabi sembi.

wenggel: sini galade tukiyehe fulhū de ai bi? ere durun ujen sabubumbi.

meijen: emu bol šatan, emu suce arki, emu hiyase diyansin bi.

wenggel: jere jaka deri tulgiyen, gūwa hacin baitalara jaka geli bina?

佟中福：今天我們縣的農業產值[1]，比去年增加了百分之十。

伯克德蘇：要是和十年前相比呢？

佟中福：增長了百分之四十。工業的發展更快了，四年裡產值翻了一番。

伯克德蘇：我聽法伊青阿說，在產量[2]大增長的同時成本降低了百分之五。

文格：你的提包裡裝的什麼[3]，顯得這麼重？

美珍：一包糖，一瓶酒，一盒點心。

文格：除了吃的東西以外[4]，還有其他用的東西嗎？

---

1 「今天」，錫伯文作“ere aniya”，意即「今年」，此作「今天」，誤。

2 「產量」，錫伯文作“tucisu ton”，句中“tucisu”，《錫漢教學詞典》作“tucirsu”，此作“tucisu”，誤。

3 「你的提包裡裝的什麼？」，錫伯文作“sini galade tukiyehe fulhū de ai bi?”，意即「你手上提包裡有什麼？」。

4 「吃的東西」，滿文文作“jetere jaka”，此作“jere jaka”，誤。

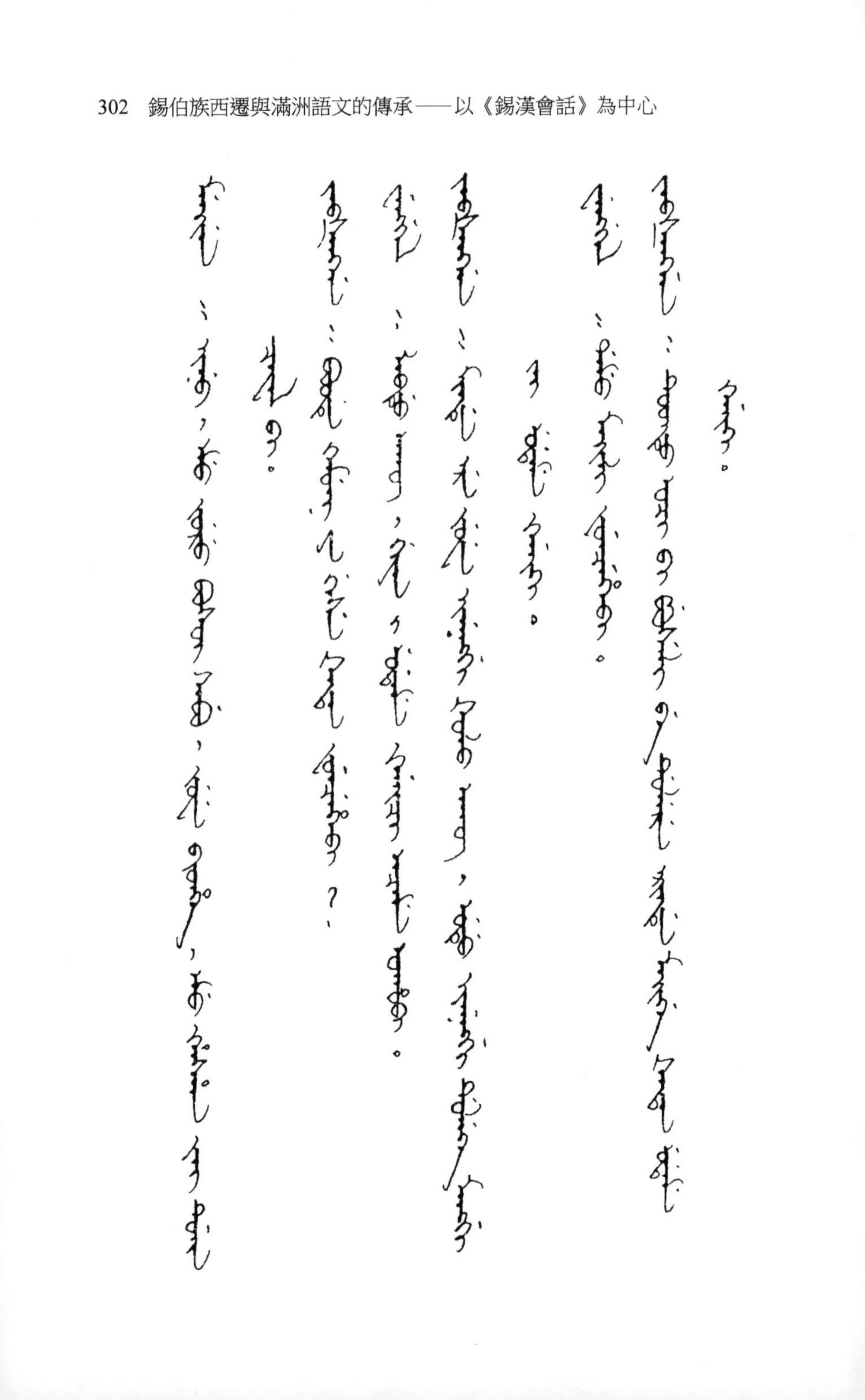

meijen: inu, emu juru bosoi sabu, juwe bithe, emu hasha jai duin cawal bi.

jabšangga: boode kemuni ya gese šatan funcehebi?

wenggel: labdu akū, giyan i udame gaici acame ohobi.

jabšangga: minde ere juwe inenggi šolo akū, udu inenggi duleke manggi jai udame gaiki.

wenggel: damu majili funcehebi.

jabšangga: tuttu oci bi puseli be dulere erinde majige šatan udame gaiki.

美珍：有哇，一雙布鞋，兩本書，一把剪刀和四只茶碗。

扎布尚阿：家裡還剩下多少糖？

文格：不多了，也該去買了。

扎布尚阿：我這兩天沒空兒，過幾天再買吧。

文格：只剩下很少一點兒了。

扎布尚阿：那我經過商店時就買些糖來。

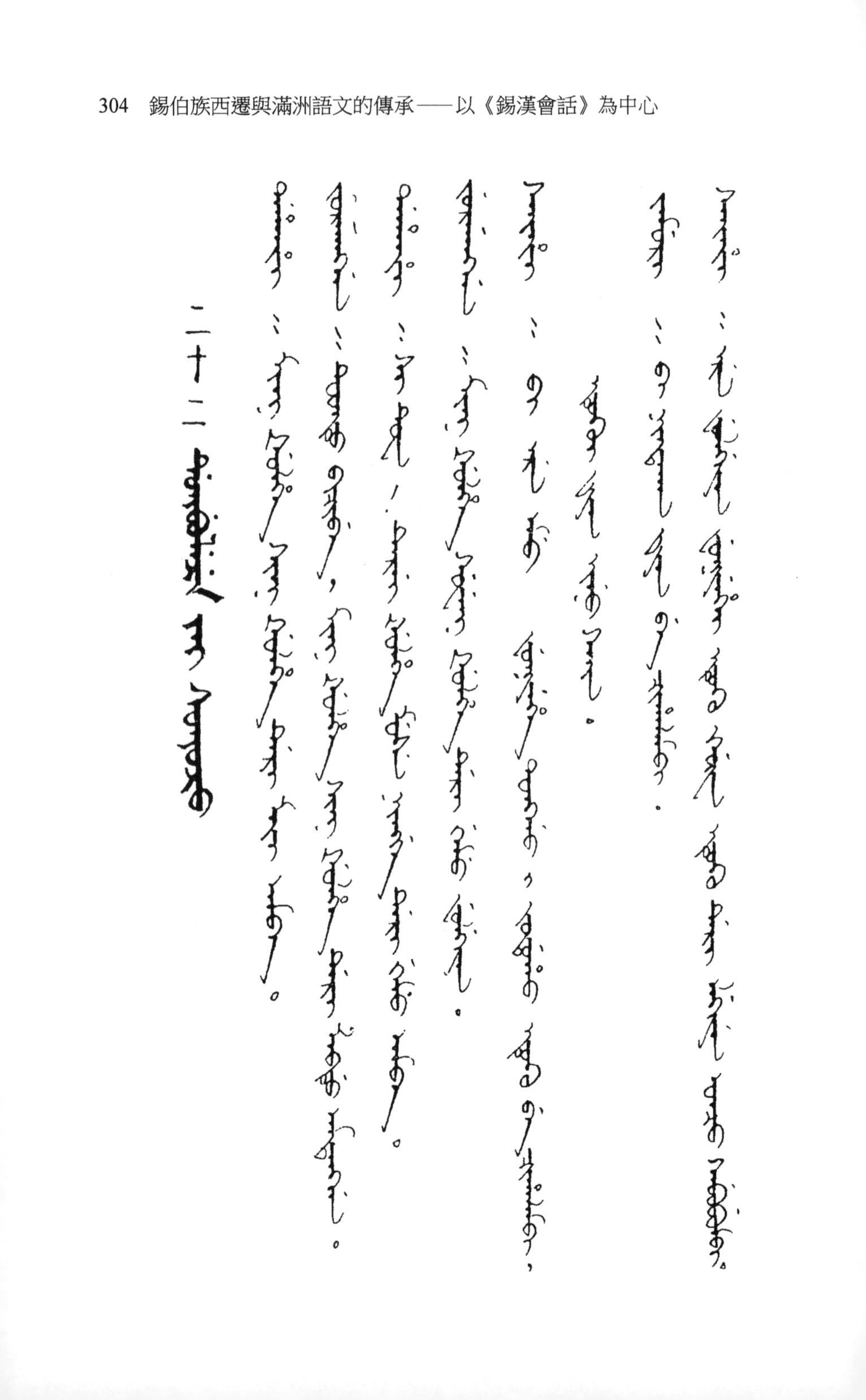

[illegible]

[illegible]

[illegible]

[illegible]

[illegible]

[illegible]

[illegible]

[illegible]

二十二 [illegible]

二十二、duibulere jai sonjoro

dahanjy: mini šulhe sini šulhe deri maji amba.

jurgangga: tuttu bicibe, mini šulhe sini šulhe deri labdu amtangga.

dahanjy: si tuwa！ terei šulhe muse ningge deri gemu amba.

jurgangga: mini šulhe suweni šulhe deri gemu fulgiyan.

sainjy: bi ere emu funiyehe tonggo i fodoho etuku be cihalambi, etukui fiyan inu sain.

jamuri: bi nintakan fiyan be cihalambi.

sainjy: ere fulgiyan funiyehei etuku gūwa etuku deri elgiyen onco sabubumbi.

二十二、比較與選擇

達安芝[1]：我的蘋果比你的大一點兒[2]。

朱爾尕阿：可我的蘋果比你的甜得多。

達安芝：你看！他的蘋果比我們的都大。

朱爾尕阿：我的蘋果比你們的都紅。

賽因芝：我喜歡這件毛衣，毛衣的顏色也好。

札木麗：我喜歡淡雅些的顏色[3]。

賽因芝：這件紅毛衣顯得比其他的肥大。

---

1 「達安芝」，錫伯文作“dahanjy”，漢譯作「達汗芝」。
2 「蘋果」，滿文作“pingguri”，此作“šulhe”，異。
3 「淡雅」，句中「淡」，《錫漢教學詞典》作“nitan”，此作“nintakan”，異。

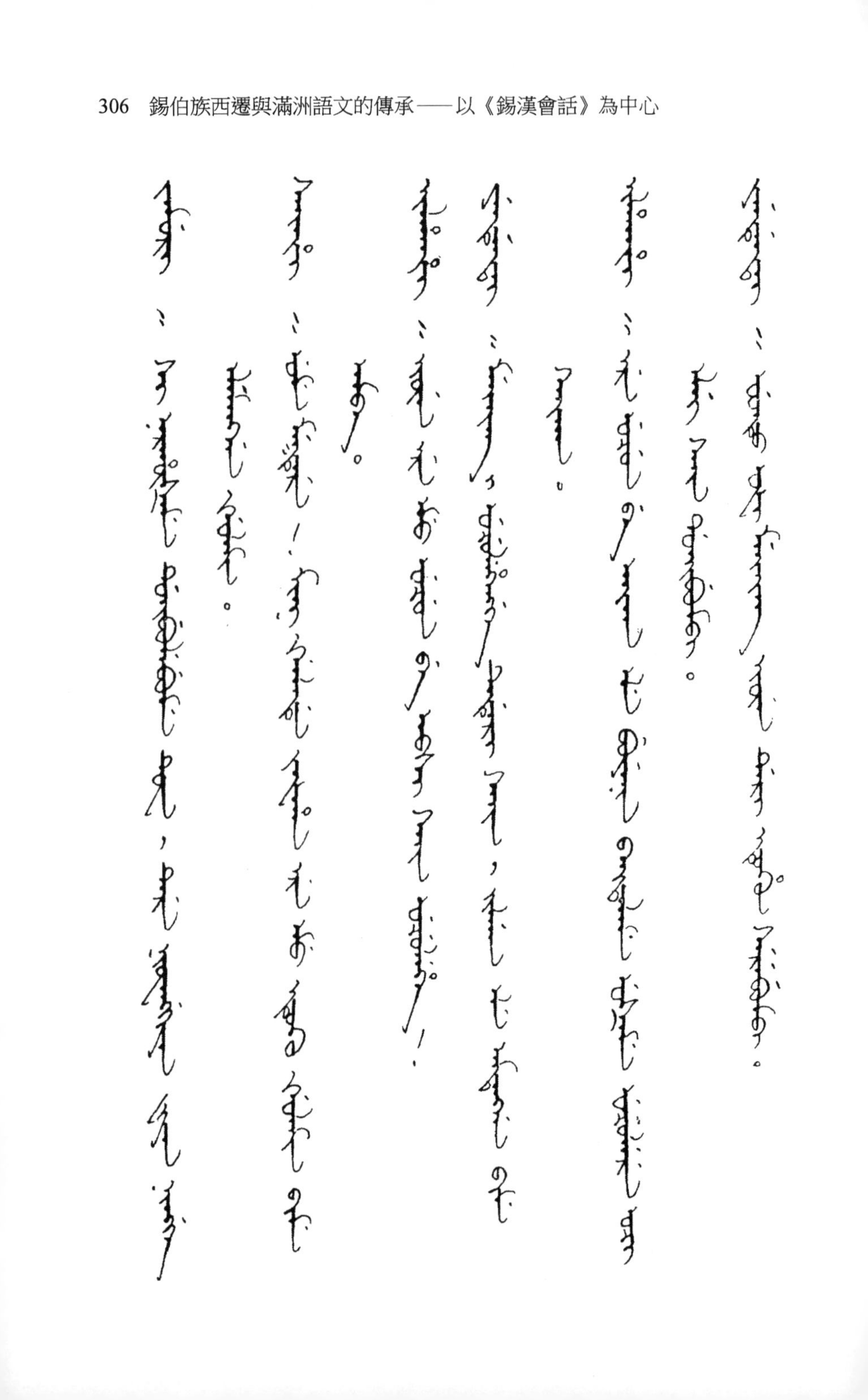

jamuri: si narhūšame duibulebume tuwa, tere niowanggiyan fiyan ningge elemangga golmin.

sainjy: ume mektere！ mini galade jafaha ere emu etuku golmin bime amba.

ilhanjy: iojen ere emu ucun be absi sain uculehe！

yendentai: meiing i uculehengge tederi sain, jilgan ele amtangga bime saikan.

ilhanjy: ere ucun be aika ele buyenin baitalame ušame uculere oci elei sain donjibumbi.

yendentai: uttu ofi meiing iojen deri etuhun serebumbi.

札木麗：你仔細地比一下，那件綠色的更長[1]。

賽因芝：別爭，我手裡的這件衣服又長又大。

伊爾汗芝：玉珍這支歌唱得多好！

尹登泰：梅英唱得比她好，聲音更甜美。

伊爾汗芝：這支歌如果唱得更富於表情，唱得更深沉一些，就更好聽了。

尹登泰：所以說梅英顯得比玉珍強。

---

[1]「那件綠色的更長」，錫伯文作"tere niowanggiyan fiyan ningge elemangga golmin"，意即「那件綠色的反而長」。

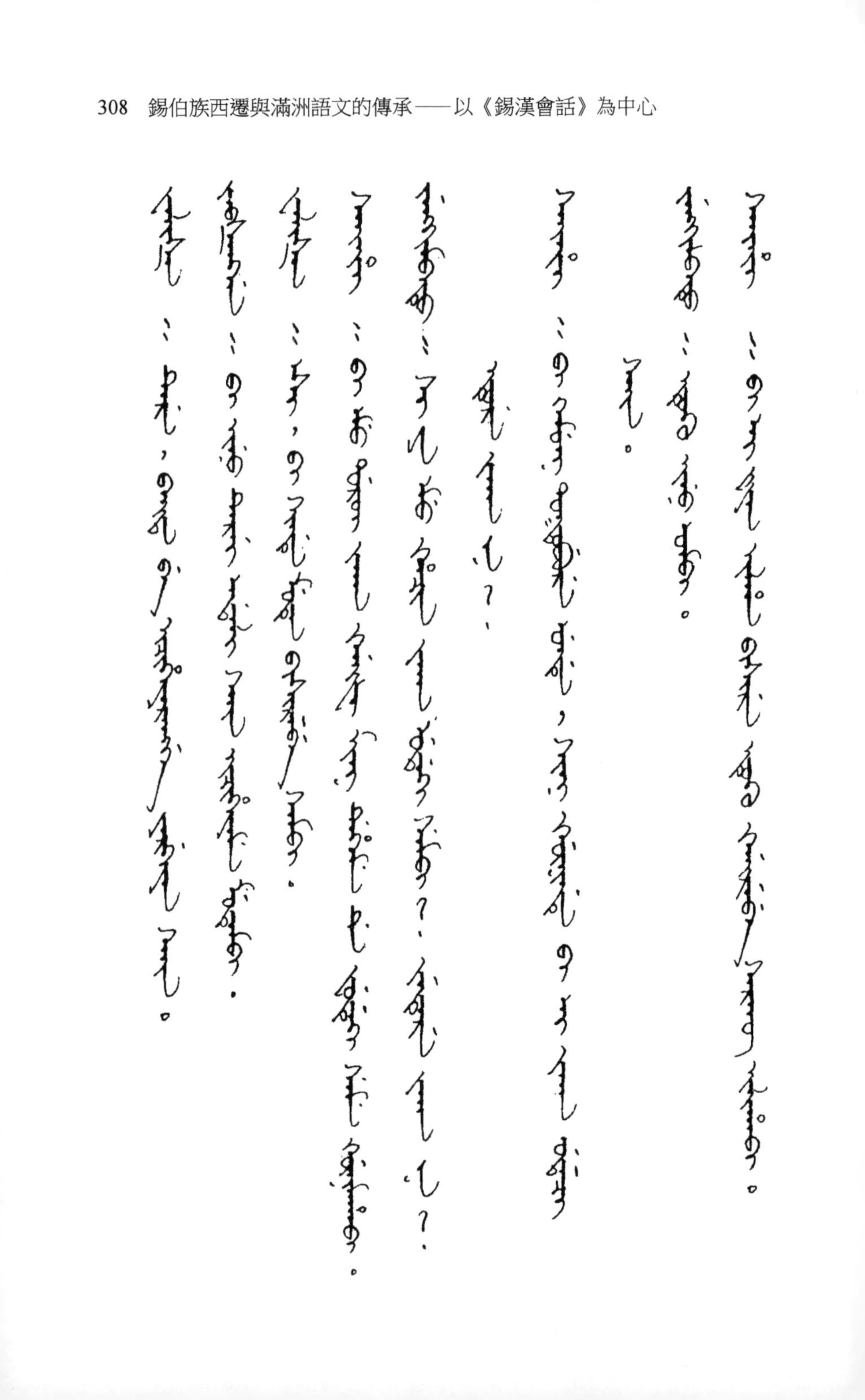

fališan: tere, baita be icihiyarangge yargiyan sain.

jabšangga: bi inu terei adali sain icihiyame mutembi.

fališan: esi, bi sinde muten bisirebe sambi.

sainjy: bi emu doroi jaka gaifi mini deheme de fudeki seme gūnimahabi.

jengkimbatu: si ya emu hacin jaka udaki sembi? jetere jaka na? eture jaka na?

sainjy: bi kemuni toktobure unde, sini gūninde bi ai jaka udaci sain?

jengkimbatu: etuku inu ombi.

sainjy: bi ai fiyan ilha bisire etuku gairebe sarkū ilihabi.

法立善：他事情幹得真好。

扎布尚阿：我也可以幹得像他一樣好。

法立善：當然啦，我知道你有能力。

賽因芝：我想買件禮物送給我姨媽。

真肯巴圖：你要哪種東西[1]？是吃的還是穿的？

賽因芝：我還沒拿定主意，你看我買什麼好呢？

真肯巴圖：衣服也行嘛。

賽因芝：我不知道該買什麼花色的衣服。

---

1 「你要哪種東西？」，錫伯文作“si ya emu hacin jaka udaki sembi?”，意即「你想要買哪一種東西？」

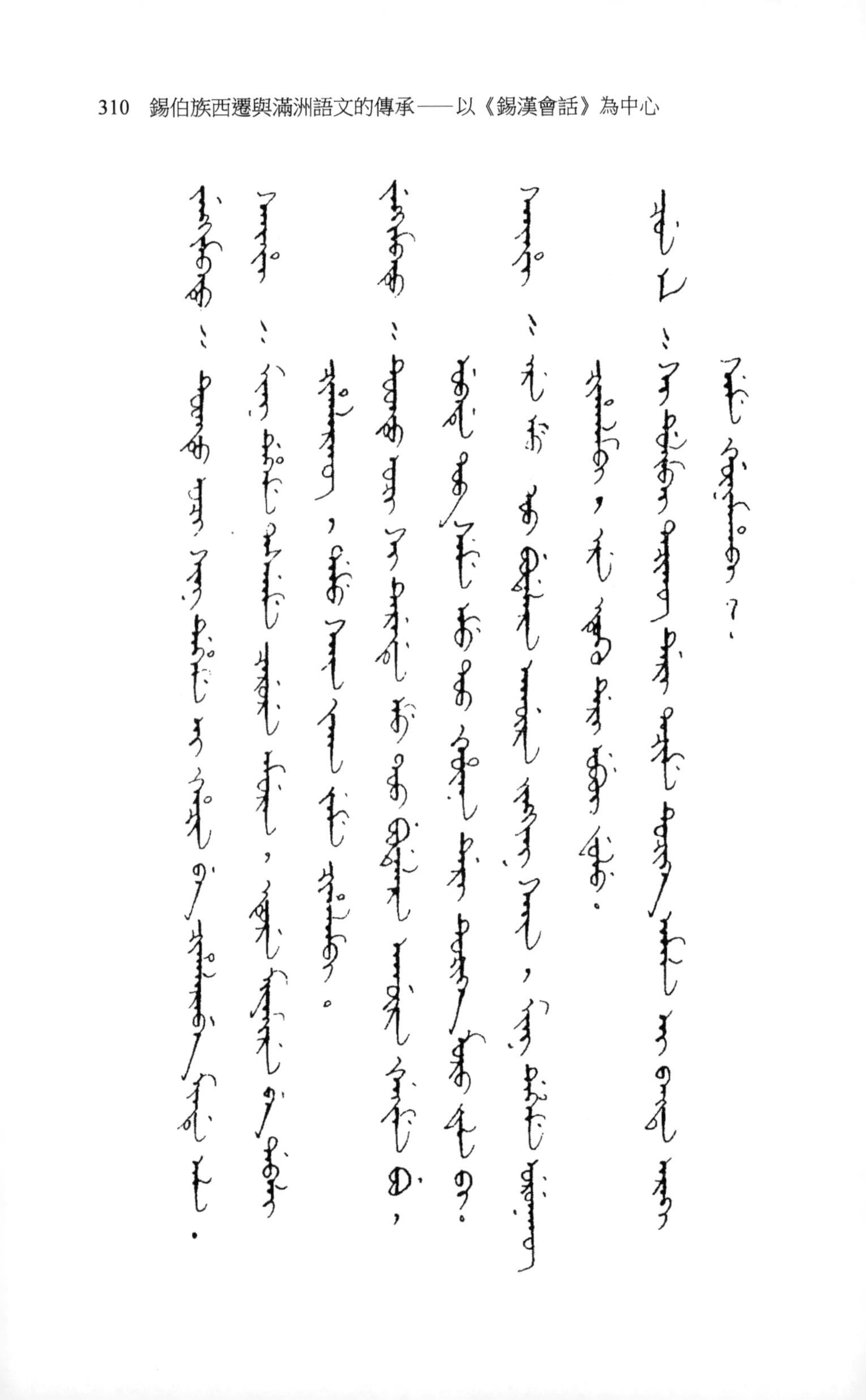

jengkimbatu: tuttu oci sini deheme ai hacin be cihalarabe minde ala?

sainjy: mini deheme tasgame carure amuran, eture miyamire be dabali cihalarkū, damu sain jaka jeme cihalambi.

jengkimbatu: tuttu oci si terede emu too budalara agūra gaime bu, ubade tob seme emu too hūnan deri tucike moro fila bi.

sainjy: ere emu too budalara agūra jingkini sain, mini deheme urunakū cihalambi, ere etuku deri ubui fulu.

cun el: si dulimbai tacikū deri tacime tucike amala ai baita araki seme gūnimahabi?

真肯巴圖：那你給說說你姨母喜歡什麼？

賽因芝：我姨母喜歡烹調，不太愛穿戴，可喜歡美食。

真肯巴圖：那樣的話，你們就給她買一套餐具[1]，這裡正好有一套湖南出產的餐具。

賽因芝：這套餐具真是好，我姨媽一定喜歡，這比買衣服強多了。

春兒：你中學畢以後[2]，打算幹什麼？

---

1 「你們就給她買一套餐具」，句中「你們」，錫伯文作"si"，意即「你」。

2 「你中學畢以後」，錫伯文作"si dulimbai tacikū deri tacime tucike amala"，意即「你中學畢業以後」，此脫落「業」。

jurgangga: bi amba tacikū de simneburebe belhemahabi, sirame inenggi emu daifu dangnaki seme gūnimbi.

cun el: sirame inenggi ai baita arara be sonjoro ergide, bi kemuni labdu bodohakūbi. tuttu bicibe bi emu tusangga niyalma oki seme gūnimbi.

jurgangga: sini niyamangga gisun i šanggan umai juken waka, sirame inenggi emu arasi ojoro be boljoci ojorkū.

cun el: bi beyei erdemu muten i eberi be sambi, aika mini beyei ergideri sonjoro oci, bi urunakū emu faksi erdemu be tacimbi.

朱爾尕阿：我準備考大學，我想將來當個醫生。

春兒：在選擇未來職業方面，我想得還不多。不過我想在世上要做個有益的人[1]。

朱爾尕阿：你的語文成績很不錯[2]，將來沒準兒能當個作家。

春兒：我知道自己缺少才能。如果讓我自己選擇的話，我一定去學一門技術。

---

1 「不過我想在世上要做個有益的人」，錫伯文作"tuttu bicibe bi emu tusangga niyalma oki seme gūnimbi"，意即「不過我想要做個有益的人」。

2 「你的語文成績很不錯」，句中「語文」，錫伯文作"niyamangga gisun"，《錫漢教學詞典》作「語文」；《錫伯語語匯》作「母語」、「語文」。

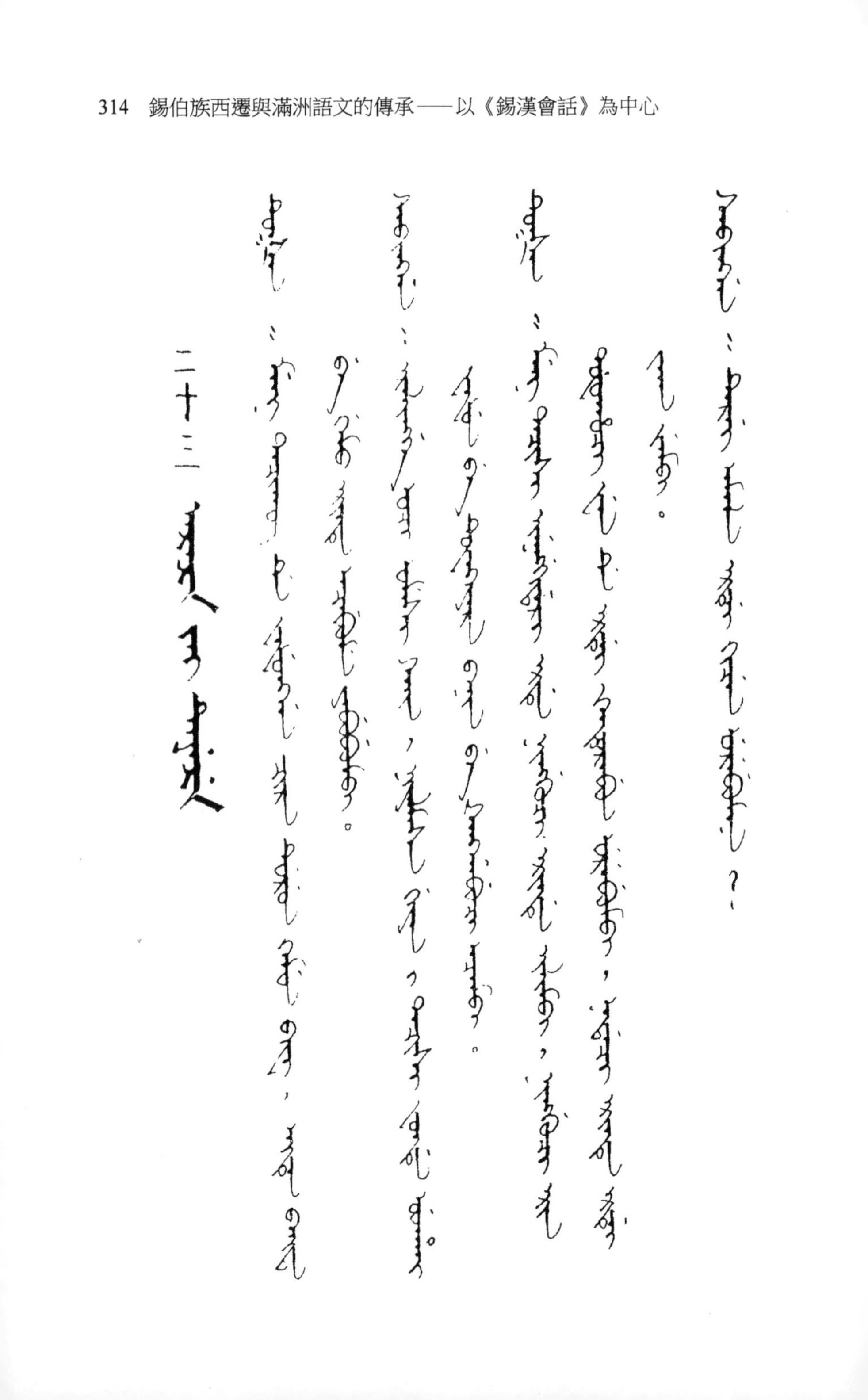

二十三

二十三、arara jai teyere

tukšan: meni tacikū de fafungga cira durun kemun bifi, eiten baita be gemu erinde acabume yabububumbi.

sabingga: eralingge oci umesi sain, niyalmasa giyan i tacisi fonde uthai fafun be tuwakiyara banin be šanggabuci acambi.

tukšan: meni tacisi inenggidari erde ningguci erinde ilimbi, ningguci erin tofohoci fen de erdei katurabun urebumbi, nadaci erinde erdei jaka jembi.

sabingga: terei amala erdei kicen urebumna?

二十三、作 息

圖克善：我們的學校有嚴格的制度，一切都要按時[1]。

薩賓阿：這樣很好，人們應該從學生時代就養成守紀律的習慣。

圖克善：我們學生每天早晨六點起床，六點十五分做早操，七點吃早飯。

薩賓阿：然後是早自習？

---

[1] 「一切都要按時」，錫伯文作"eiten baita be gemu erinde acabume yabububumbi"，意即「一切都要按時而行」。

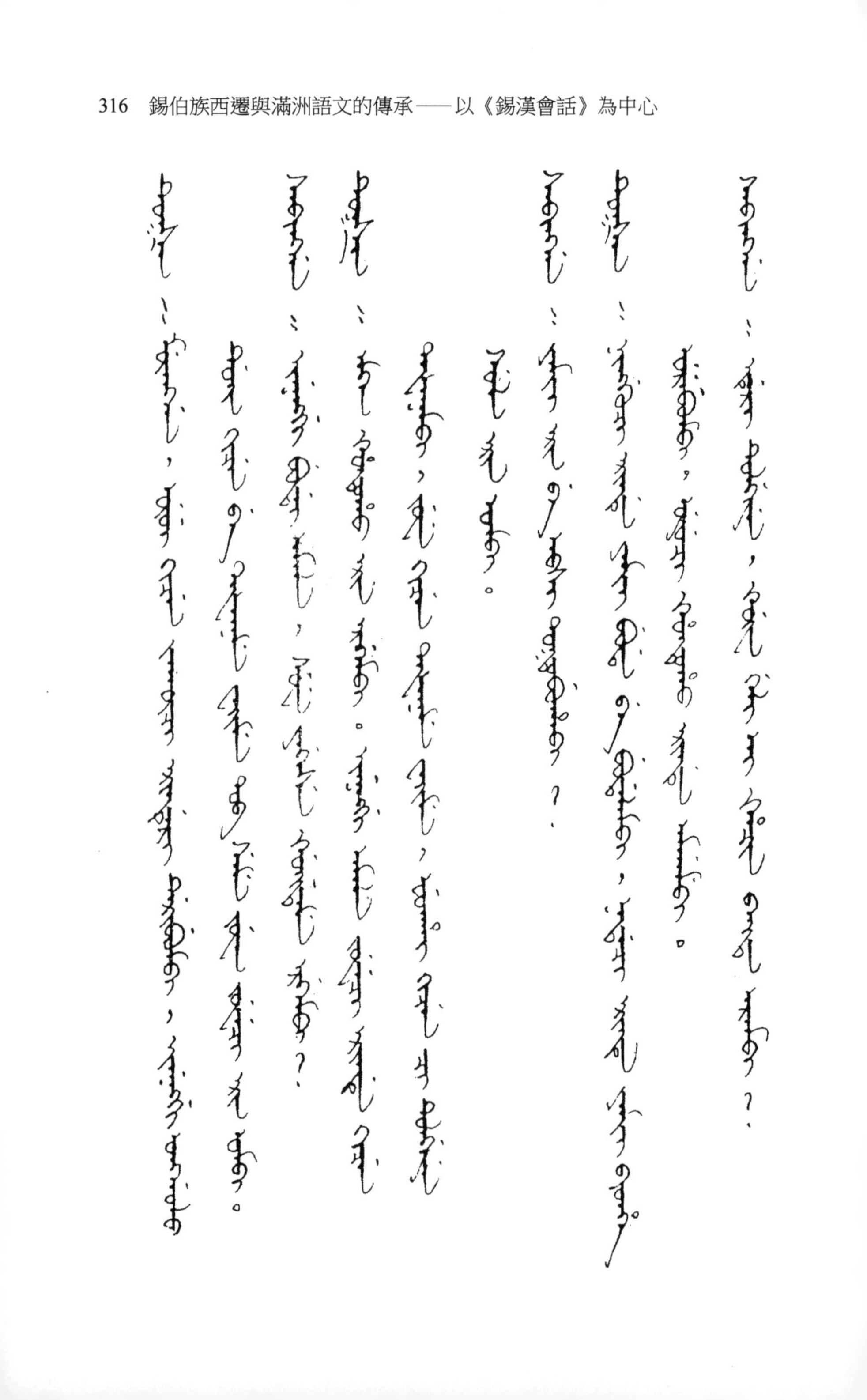

[illegible]

tukšan: mujangga, ujui kicen jakūci erinderi deribumbi. inenggi onggolo duin kicen be tafaname wajime tob seme juwan juweci erin ombi.

sabingga: inenggi budai amala, suwe yagese goidame ergembi?

tukšan: emken hontoho erin ergembi. inenggi amala juweci erinde kicen tafanambi, juwe kicen tafaname wajime, uthai kicen ci tulgiyen sula erin ombi.

sabingga: yamji erin be absi toktobuhabi？

tukšan: ningguci erinde yamji buda be budalambi, nadaci erinde yamji bithe urebumbi, uyuci hontoho erinde amgambi.

sabingga: ederi tulgiyen, gūwa geli ai hacin baita arambi?

圖克善：對，第一節課是從八點開始，上午四節課結束的時間正好是十二點。

薩賓阿：午飯後你們休息多長時間？

圖克善：休息一個半小時，下午兩點上課，上完兩節課，就是課外活動時間。

薩賓阿：晚上如何安排的？

圖克善：六點吃晚飯，七點上晚自習，九點半睡覺。

薩賓阿：除此之外，還幹什麼其他事？

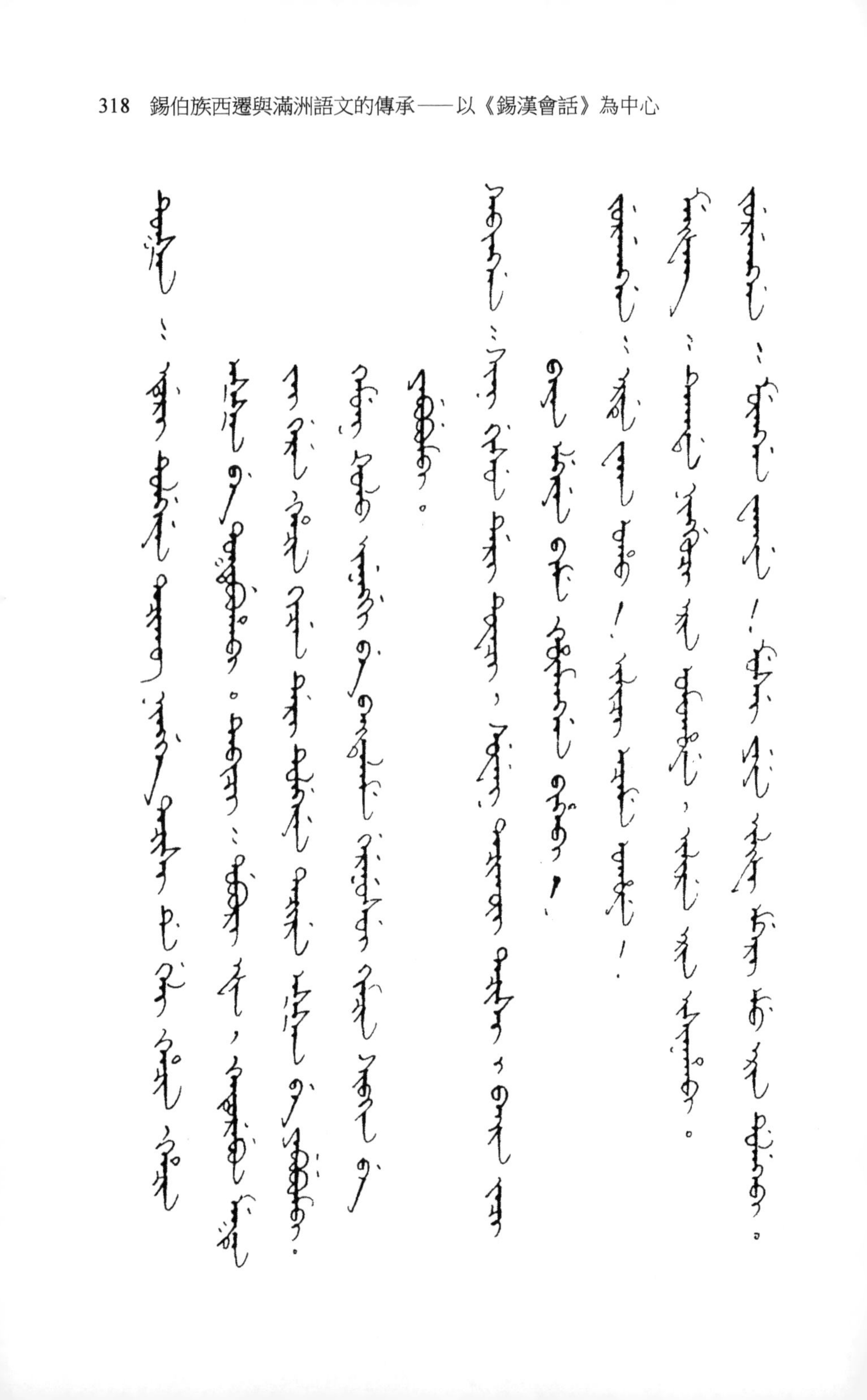

[illegible]

tukšan: ederi tulgiyen tacikū ningge tacisi de geli hacin hacin aššan be toktobuhabi. tebici, dobori efin, katurebun mekten jai geren hacin kicen deri tulgiyen tacire aššan be yabubumbi, kemuni šolo inenggi be baitalame gerenusui kimcin sibkin be yabubumbi.

sabingga: sini gisun deri tuwaci, suweni tacikūi tacisi i banjin jaci bayan elgiyen bime hūmangga bihebi！

jurgangga: erde waka oho, ilici acame ohoye！

meifang: takada ningguci erin omohoye, ilire erin isinahabi.

jurgangga: mujangga wakaye！ musei yeye ilifi emgeri emu erin dulekebi.

圖克善：除此之外，學校還為學生安排種種活動，譬如，開晚會，舉行體育比賽，開展各類課外活動。還利用假日進行社會調查。

薩賓阿：從你說的看來，你們學校的學生生活很豐富有趣呀[1]！

朱爾尕阿：不早了，該起床了。

美芳：馬上六點了，到起床的時間了。

朱爾尕阿：可不是嗎？爺爺起床都一個多小時了[2]。

---

[1] 「有趣」，錫伯文作“hūmangga”，意即「吸引人」。

[2] 「爺爺起床都一個多小時了」，錫伯文作“musei yeye ilifi emgeri emu erin dulekebi”，意即「咱們的爺爺起床已經過一個小時了」。

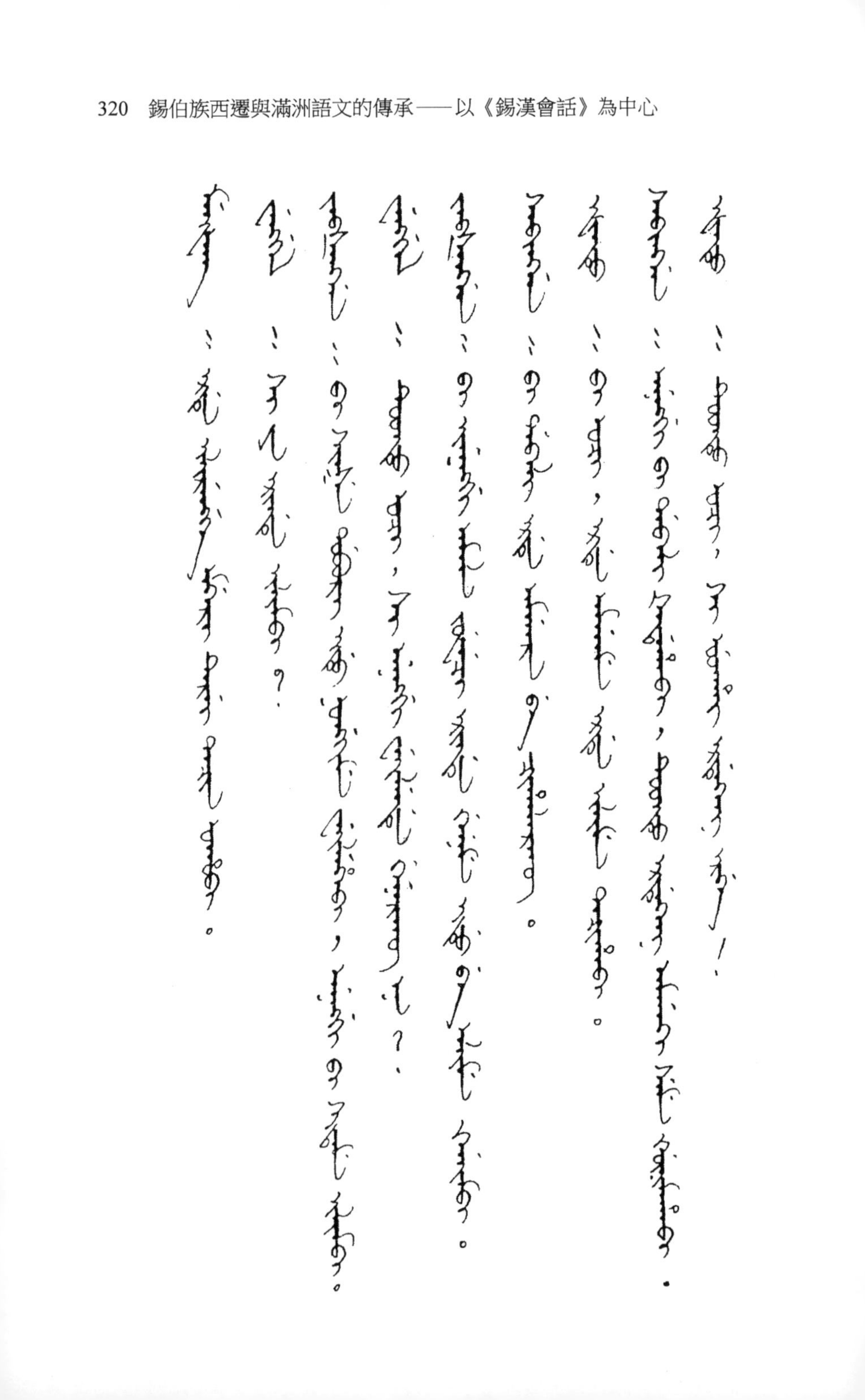

meifang: erde ilirengge emgeri terei tacin ohobi.

wenggel: si ya erinde ilimbi?

jabšangga: bi sikse dobori idu nonggime weilehebi, enenggi bi sitame ilimbi.

wenggel: tuttu oci, si enenggi weilende generkū na?

jabšangga: bi inenggi amala juweci erinde geneme idu be alime gaimbi.

sabingga: bi dabali erde amgara be cihalarkū.

efintu: bi oci, erde amgame erde ilime tacihabi.

sabingga: enenggi bi dabali šadahabi, tuttu erdekeni amgaki seme gūnimahabi.

efintu: tuttu oci, si uthai erdekeni erge！

美芳：早起已經成了他的習慣了。

文格：你什麼時候起床？

扎布尚阿：我昨天加了夜班，今天我晚起一會兒。

文格：那麼你今天不上班了嗎？

扎布尚阿：我下午兩點去接班。

薩賓阿：我不喜歡老早就睡[1]。

額芬圖：我可是習慣早睡早起了。

薩賓阿：今天我太累了，所以想早點睡了。

額芬圖：那麼你就早些安歇吧！

---

[1] 「我不喜歡老早就睡」，錫伯文作“bi dabali erde amgara be cihalarkū”，意即「我不喜歡太早睡」。

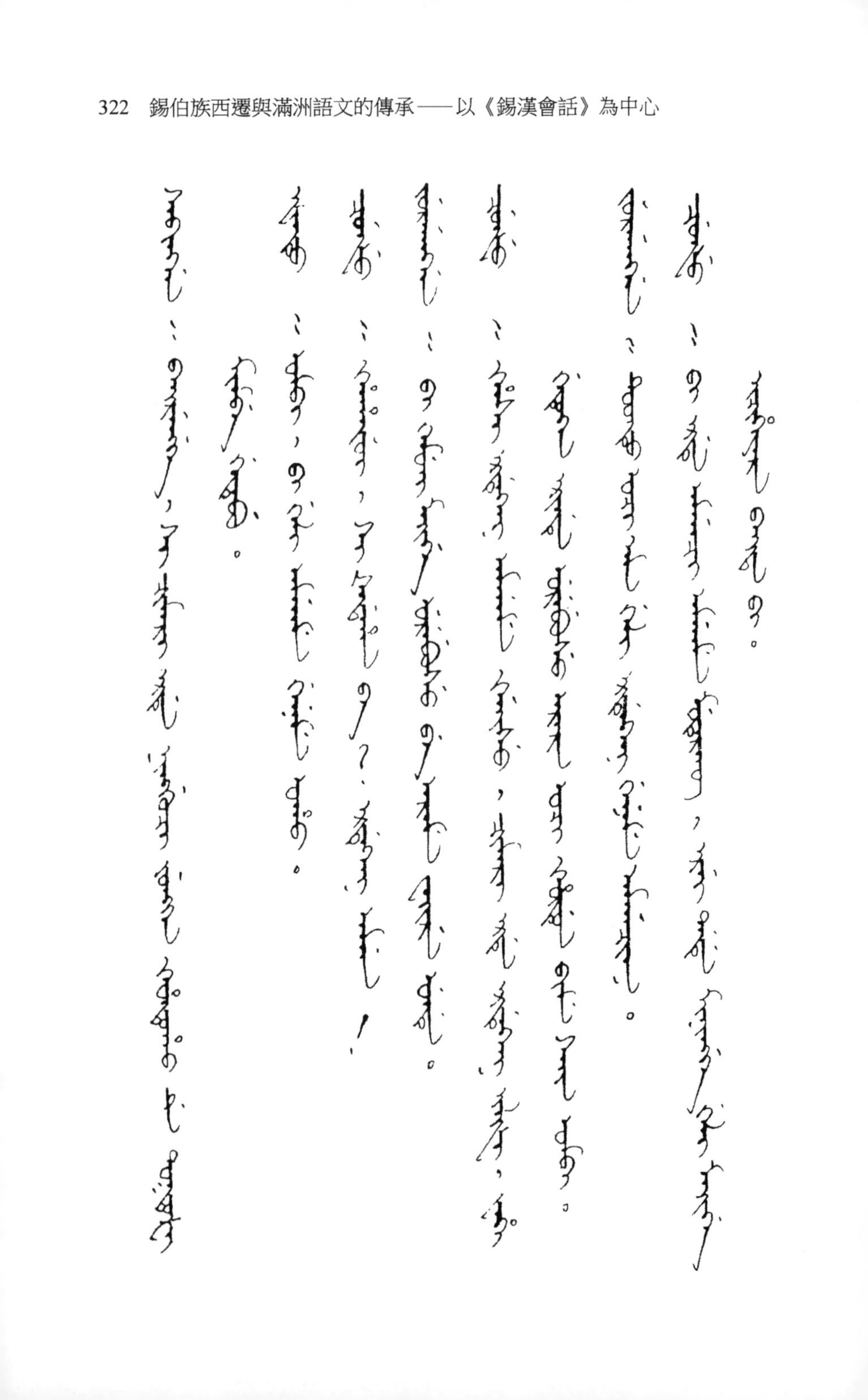

sabingga: bairengge, si cimari erde ningguci jungken hontoho de toktofi mimbe getebu.

efintu: ombi, bi geli amgame geneme oho.

cunfu: hahajui, si šadaha ba? erdekeni amga！

jurgangga: bi kemuni majige urebusu be arame wajire unde.

cunfu: hasi erdekeni amgame gaisu, cimari erde erdekeni ilifi, fehi getuken erinde urebusu arara oci hūdun bime sain ombi.

jurgangga: tuttu oci ama geli erdekeni geneme ạmgacina！

cunfu: bi erde amgaci amgame muterkū, erei dade miningge geli majige icihiyara baita bi.

薩賓阿：請你明天早上六點半準時叫醒我[1]。

額芬圖：行，我也要去睡了。

春夫：孩子，你累了吧？早點兒睡吧！

朱爾尕阿：我還有一點兒作業沒做完。

春夫：還是早些睡吧[2]。明天早上早點兒起床，頭腦清醒的時候，做起作業來，會又快又好。

朱爾尕阿：那爸爸你也早點兒去睡吧。

春夫：我睡早了睡不著，再說我還有點兒事要做。

---

[1] 「準時」，錫伯文作“toktofi”，意即「一定」、「務必」。

[2] 「還是早些睡吧」，錫伯文作“hasi erdekeni amgame gaisu”，句中“hasi”，《錫漢教學詞典》作“hasita”，意即「還是」。《蒙漢詞典》作“hasi”，意即「還是」，似為蒙古語借詞。滿文“hasi”，意即「茄子」。

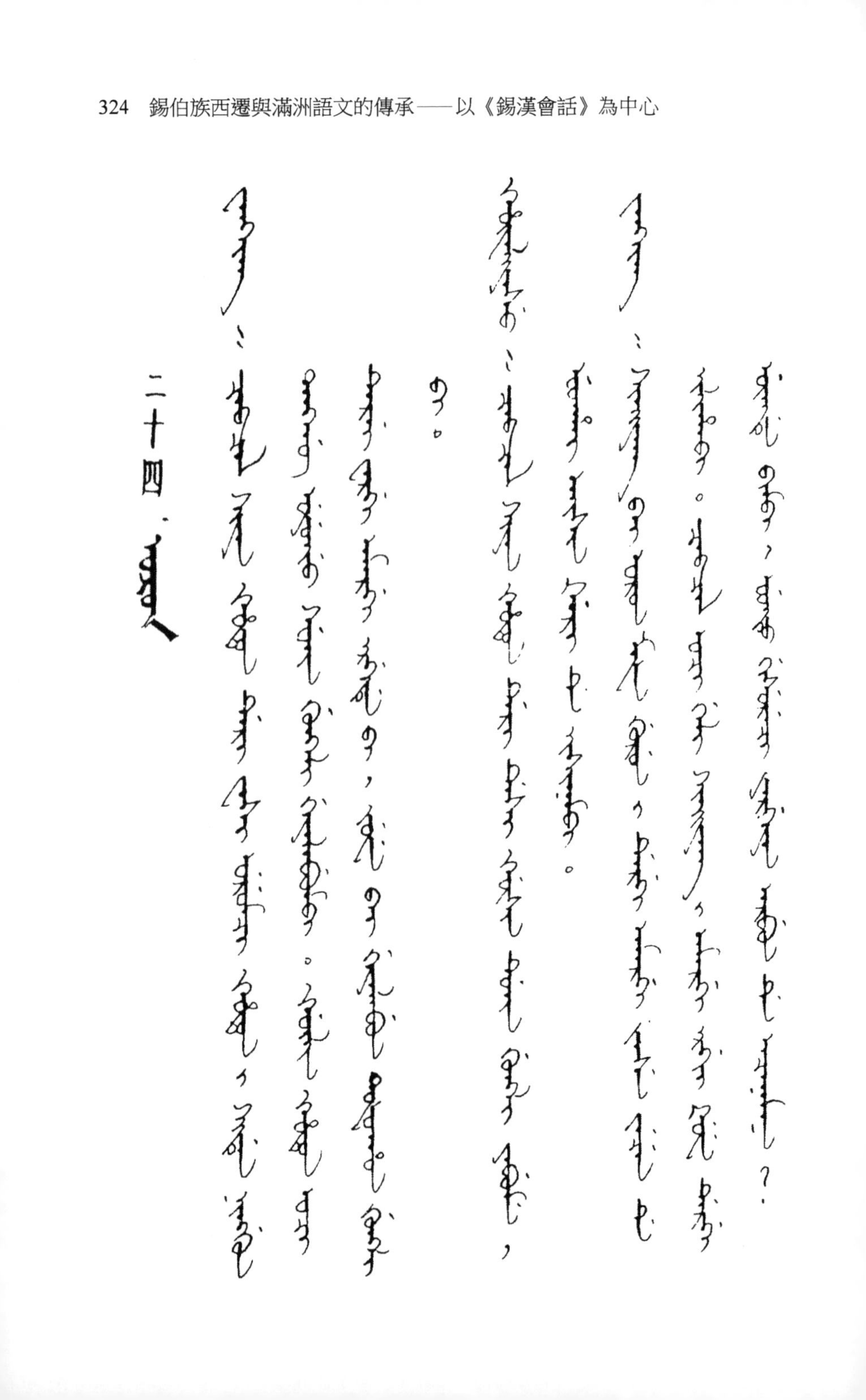

二十四、

二十四、oron

wanging: cabcal siyan hoton deri wasi urumci hoton i siden ninggun tanggū uyunju sunja gungli giyalabumbi. gūlja hoton oci terei wargi amargi ergide bi, juwe bai giyalabun tofohon gungli bi.

hūwaliyasu: cabcal siyan hoton deri desi gūsin duin gungli yabume, uthai aisin šeri de isinambi.

wanging: sinjiyang bai oron mafa gurun i dergi amargi jase jecen de ilihabi. cabcal oci geli sinjiyang i amargi ergi šuwe dergi ujande bimbi, uttu gisureci yargiyan arbun de acanamna?

二十四、位置

王英：察布查爾縣城東距烏魯木齊六百九十五公里，伊寧市在它的東北方向，兩地距離十五公里。

華里亞蘇：從察布查爾縣城往西三十四公里[1]，就到了金泉。

王英：新疆位於祖國的西北邊陲，察布查爾又處於新疆北部地區的最西端，這樣說符合實際情況吧？

1 「從察布查爾縣城往西三十四公里」，錫伯文作“cabcal siyan hoton deri desi gūsin duin gungli yabume”，意即「從察布查爾縣城往西走三十四公里」，此脫落「走」。

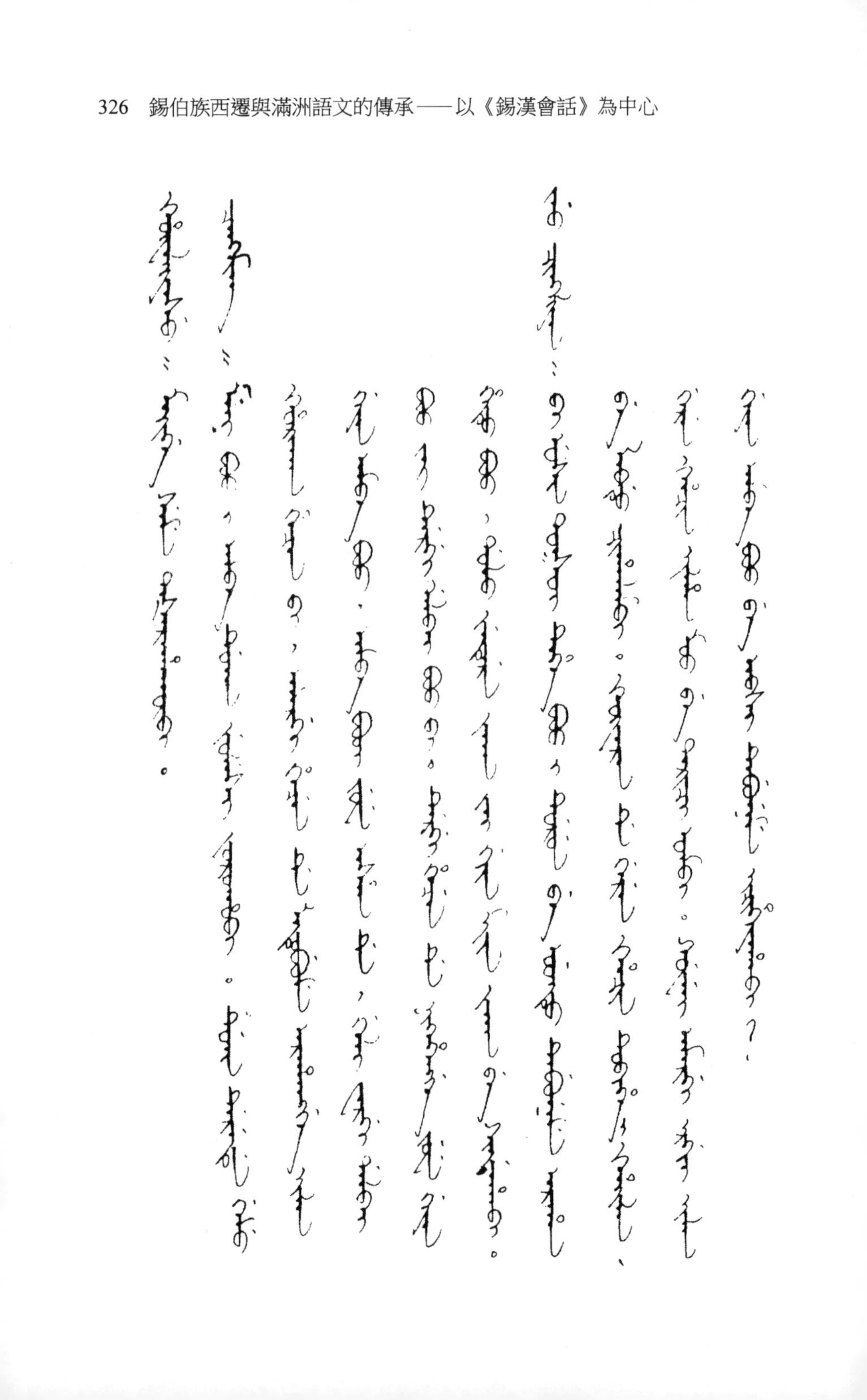

hūwaliyasu: majige seme tašarahakūbi.

cangming: meni boo i amba duka julesi forohobi. duin derede gemu horikan hecen bi, amargi hecen de latubume arahangge ilan giyan amba boo, amba booi juwe asha de, geli wargi dalbai boo jai dergi dalbai boo bi. dergi hecen de nikehengge juwe giyan hetu boo, dolo jetere jaka jai gija mija jaka be sindahabi.

jeo cingliyan: bi usin toksoi tehe boo i durun be uttu tebuneme araha be labdu cihalambi. kūwaran de geren hacin tubihe i hailan、 geren hacin ilha moo be tarici ombi. suweni amargi ergi ilan giyan amba boo be absi tebuneme icihiyahabi.

華里亞蘇：一點兒也不錯。

長明：我們家的大門朝南，四面有圍牆，靠北牆是連在一起的三間正房，正房兩側還有東耳和西耳房[1]。靠西牆是兩間廂房，靠東牆的是兩間庫房[2]，存放食品和雜物[3]。

周清廉：我挺喜歡農村住家的這種格局。院子裡可以種上各種果樹，各種花卉。你們北面三間正房是怎樣安排的？

---

[1] 「正房兩側」，錫伯文作“amba booi juwe asha de”，意即「在正房兩翼」。

[2] 「靠東牆的是兩間庫房」，此句錫伯文缺譯，茲補譯作“wargi hecen de nikehengge juwe giyan haša boo”。

[3] 「存放食品和雜物」，錫伯文作“dolo jetere jaka jai gija mija jaka be sindahabi”，意即「裡面存放食品和零碎雜物」。

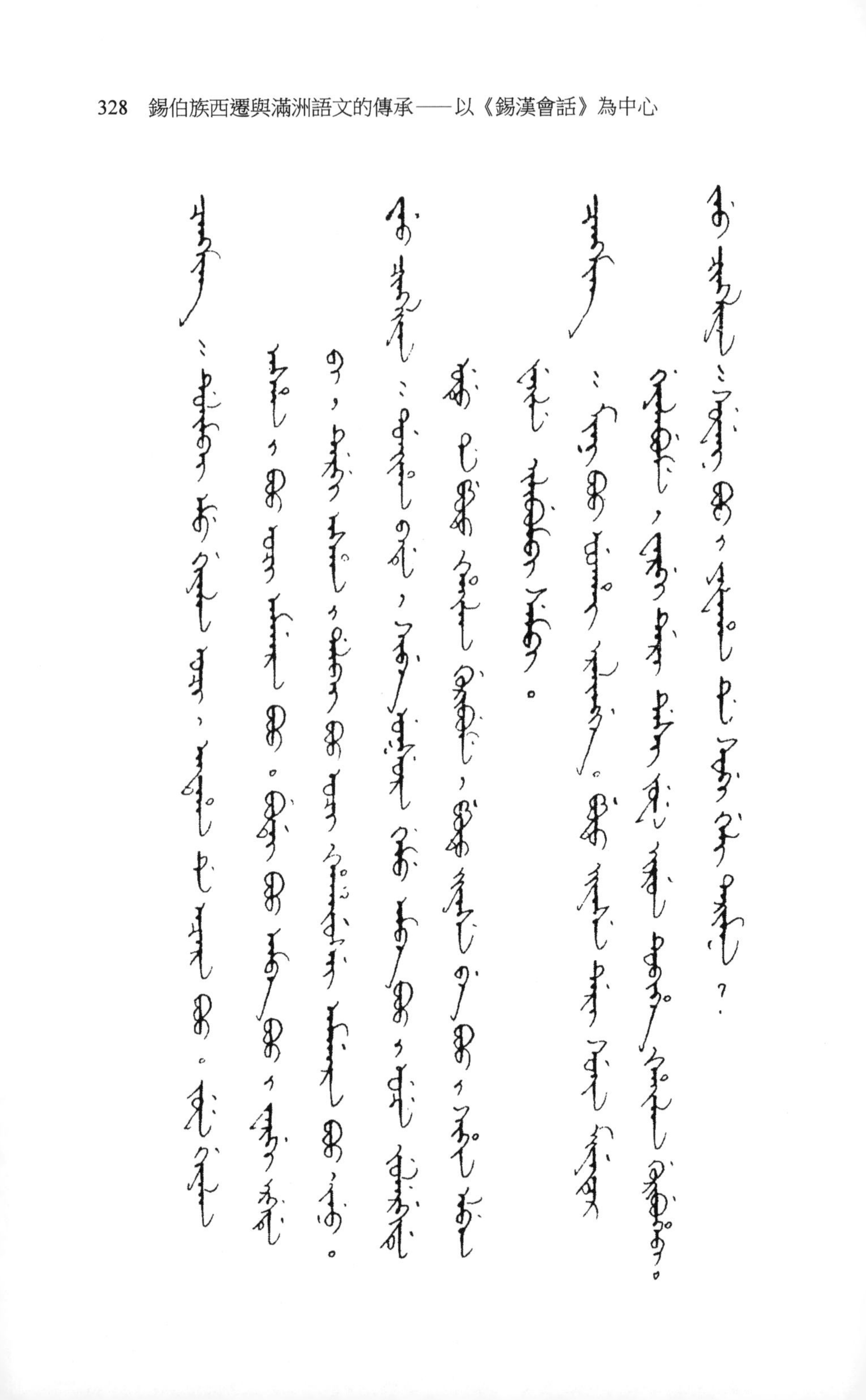

cangming: dulimbai emu giyalan oci, antaha de acara boo. juwe giyalan asha i boo oci amgara boo. budai boo amba boo i wargi ergide bi, dergi asha i dalbai boo oci hahajusei amgara boo inu.

jeo cingliyan: donjiha bade, sibe uksura gemu amba boo i uce julergide udu da puto hailan guribume, puto jiyase be boo i sihin elben fejile ilibumbi sembi.

cangming: mini boo uthai eralingge. puto jiyase deri sunja miyeter giyalabume, wargi deri desi juwe irun tubihe hailan guribuhebi.

jeo cingliyan: suweni boo i yafahan de sogi geli tarimna?

長明：正中間的一間是會客室，而兩側的兩間是寢室。廚房在正房的東側，西耳房則是男孩們的寢室。

周清廉：聽說，錫伯人都在正房的門前栽幾株葡萄，葡萄架就搭在房簷下[1]。

長明：我們家就是這樣。離葡萄架五米，從東向西，栽了兩排果樹。

周清廉：你們家園子裡也種菜嗎[2]？

---

1 「房簷」，錫伯文作“boo i sihin elben”，意即「房子的茅簷」。
2 「園子」，錫伯文作“yafan”，此作“yafahan”，誤。

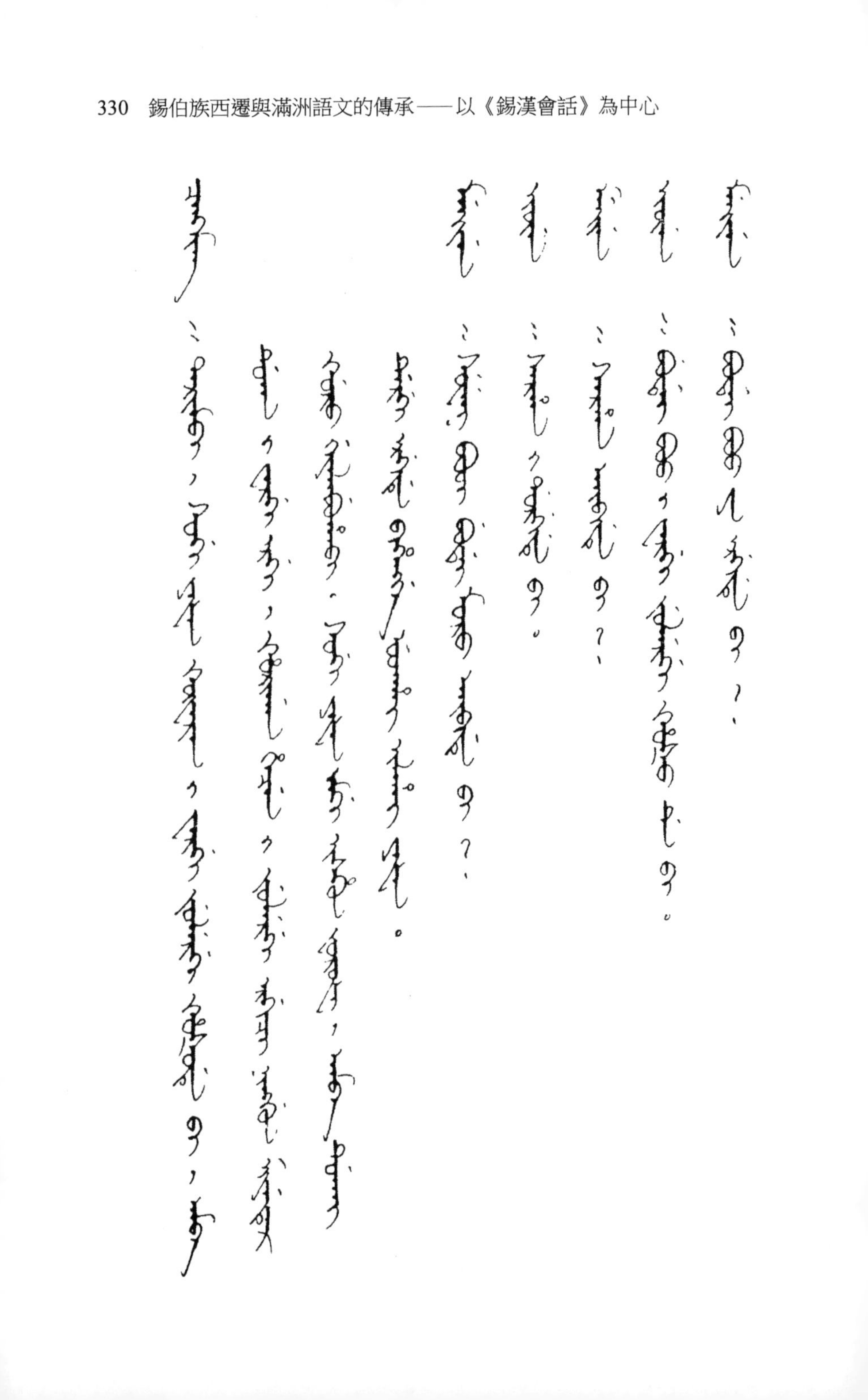

cangming: tarimbi, sogi yafan kūwaran i wargi julergi hošode bi, amba duka i wargi ergi, horigan hecen i julergi ergici ninggun miyeter goro giyalabuhabi. sogi yafan emgi ishun forofi, amba dukai dergi ergide bihengge uthai ilhai yafan.

meijen: suweni booi budai moro aibide bi?

iojen: sarha i dorgide bi.

meijen: sarha aibide bi?

iojen: budai boo i wargi julergi hošo de bi.

meijen: budai boo ya ergide bi?

長明：種呀！菜地在院子的東南角，在大門的東側，南距院牆六米，和菜地相對，在大門的西側就是花圃。

美珍：你家的飯碗在哪裡？

玉珍：在碗櫃裡[1]。

美珍：碗櫃在哪裡？

玉珍：在廚房的東南角上。

美珍：廚房在哪邊？

---

[1] 「碗櫃」，滿文作"sarhū"，意即「碗架」，此作"sarha"，異。

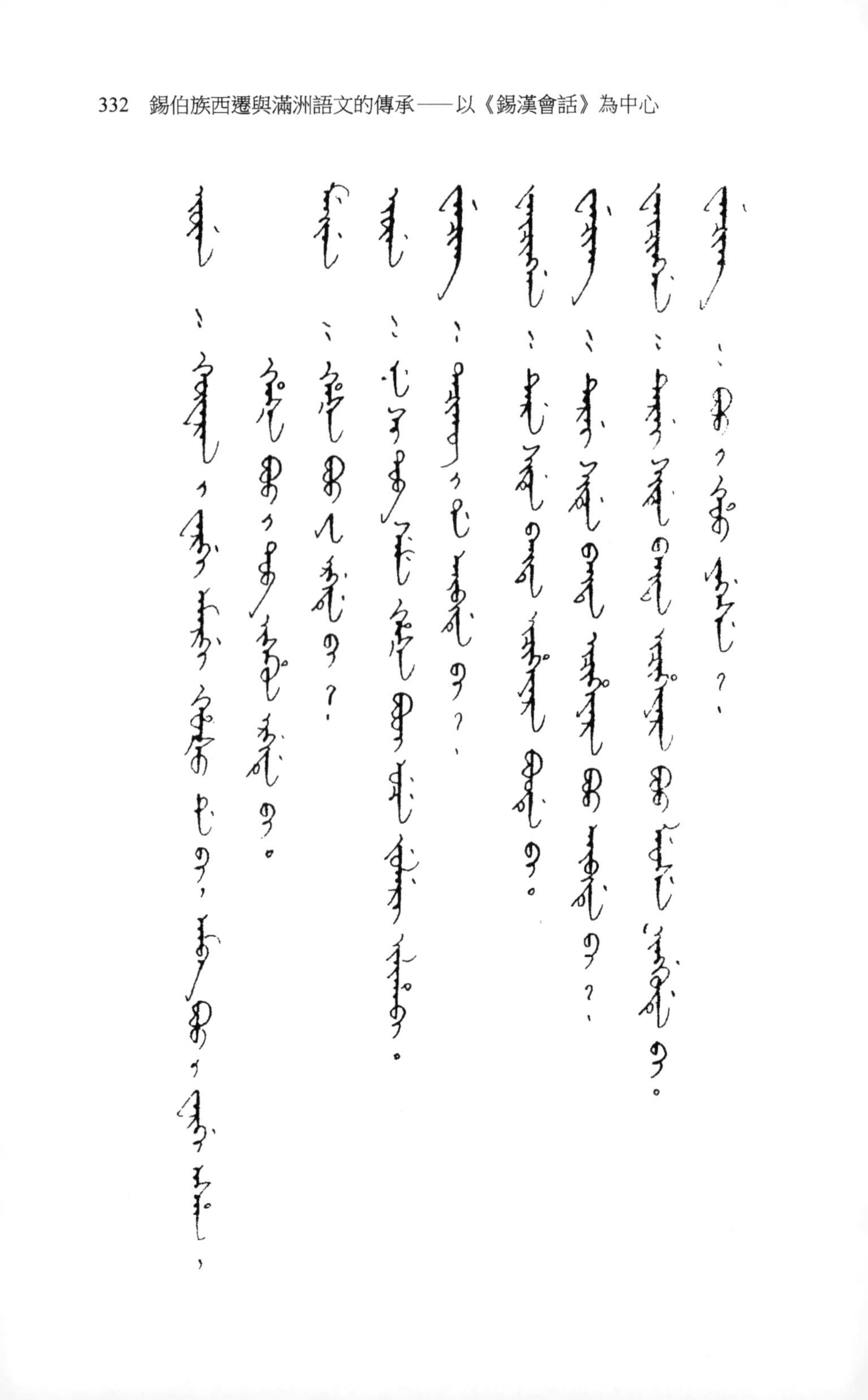

iojen: kūwaran i wargi amargi hošo de bi, amba boo i wargi asha, haša boo i tob ishun ergide bi.

meijen: haša boo ya ergide bi?

iojen: ne si tob seme haša booi uce juleri ilihabi.

wencing: tacikū i da aibide bi?

faicingga: tere siden baita icihiyara boode bi.

wencing: terei siden baita icihiyara boo aibide bi?

faicingga: terei siden baita icihiyara boo leose ninggude bi.

wencing: boo i hoo yagese?

玉珍：在院子的東北[1]，在正屋的東側，倉房的正對面。

美珍：倉房在哪裡？

玉珍：你現在就正站在倉房的門前。

文清：校長在哪兒？

法伊青阿：他在辦公室裡。

文清：他的辦公室在哪兒？

法伊青阿：他的辦公室在樓上。

文清：房間號碼是多少？

---

[1] 「在院子的東北」，錫伯文作“kūwaran i wargi amargi hošo de bi”，意即「在院子的東北角」。

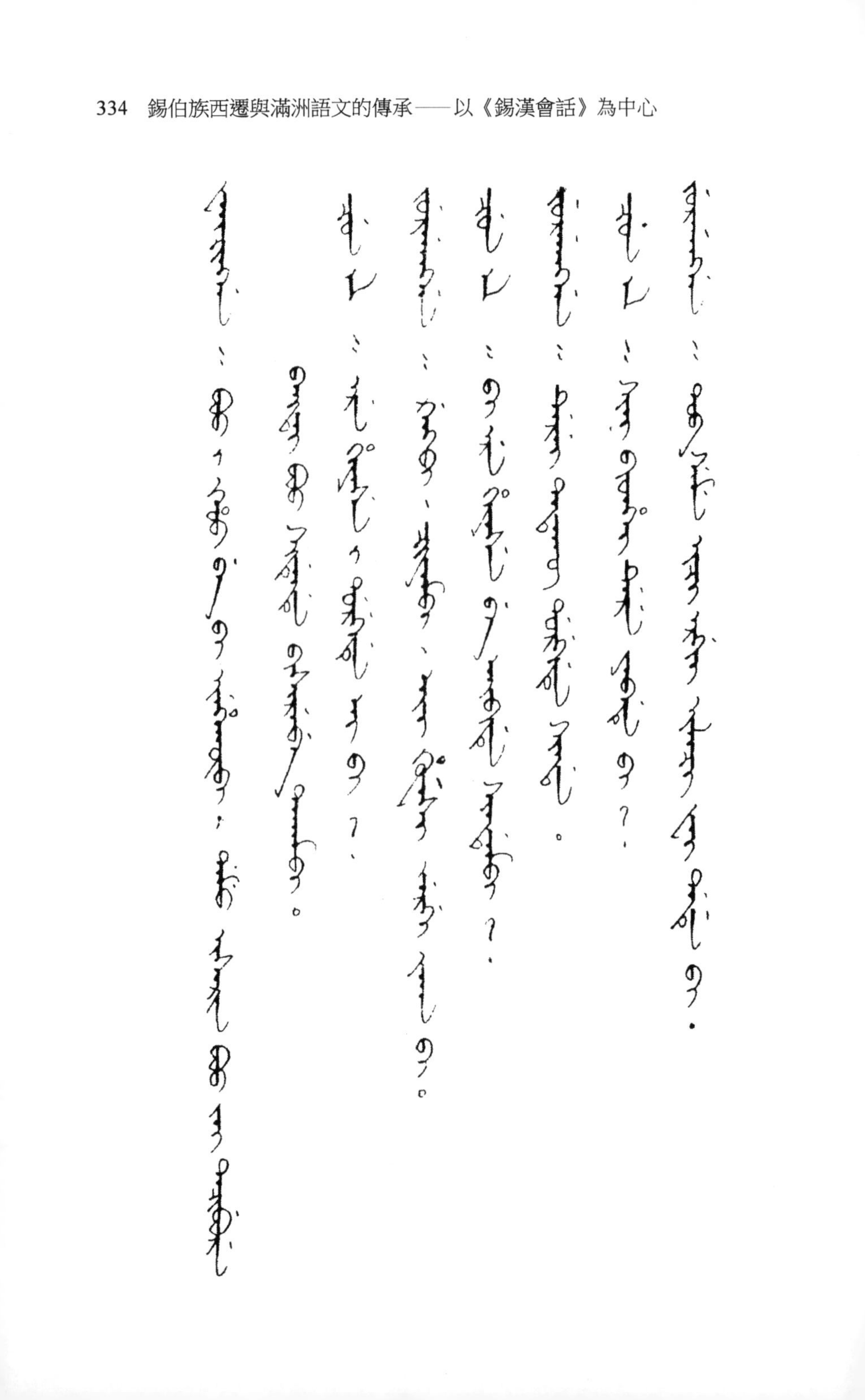

faicingga: boo i hoo be bi ejehekūbi, damu isarin boo jai tacibure baitai boo sidende bisirebe takambi.

cun el: ere hiyase i dorgide ai bi?

jurgangga: g'angbi、 ciyambi、 aji huwesi jergi jaka bi.

cun el: bi ere hiyase be aibide sindambi?

jurgangga: derei tatakū dorgide sinda.

cun el: sini bithei dere yabade bi?

jurgangga: tob seme ici ergii ilaci fai dade bi.

法伊青阿：房間號碼我不記得了，只知道是在會議室和教務科之間。

春兒：這個盒子裡是什麼[1]？

朱爾尕阿：有鋼筆、鉛筆、小刀等等。

春兒：我把這個盒子放在哪兒呢？

朱爾尕阿：放到書桌的抽屜裡。

春兒：你的書桌在哪兒？

朱爾尕阿：它正對著右邊第三個窗戶。

---

[1]「這個盒子裡是什麼？」，錫伯文作"ere hiyase i dorgide ai bi?"，意即「這個盒子裡有什麼？」。

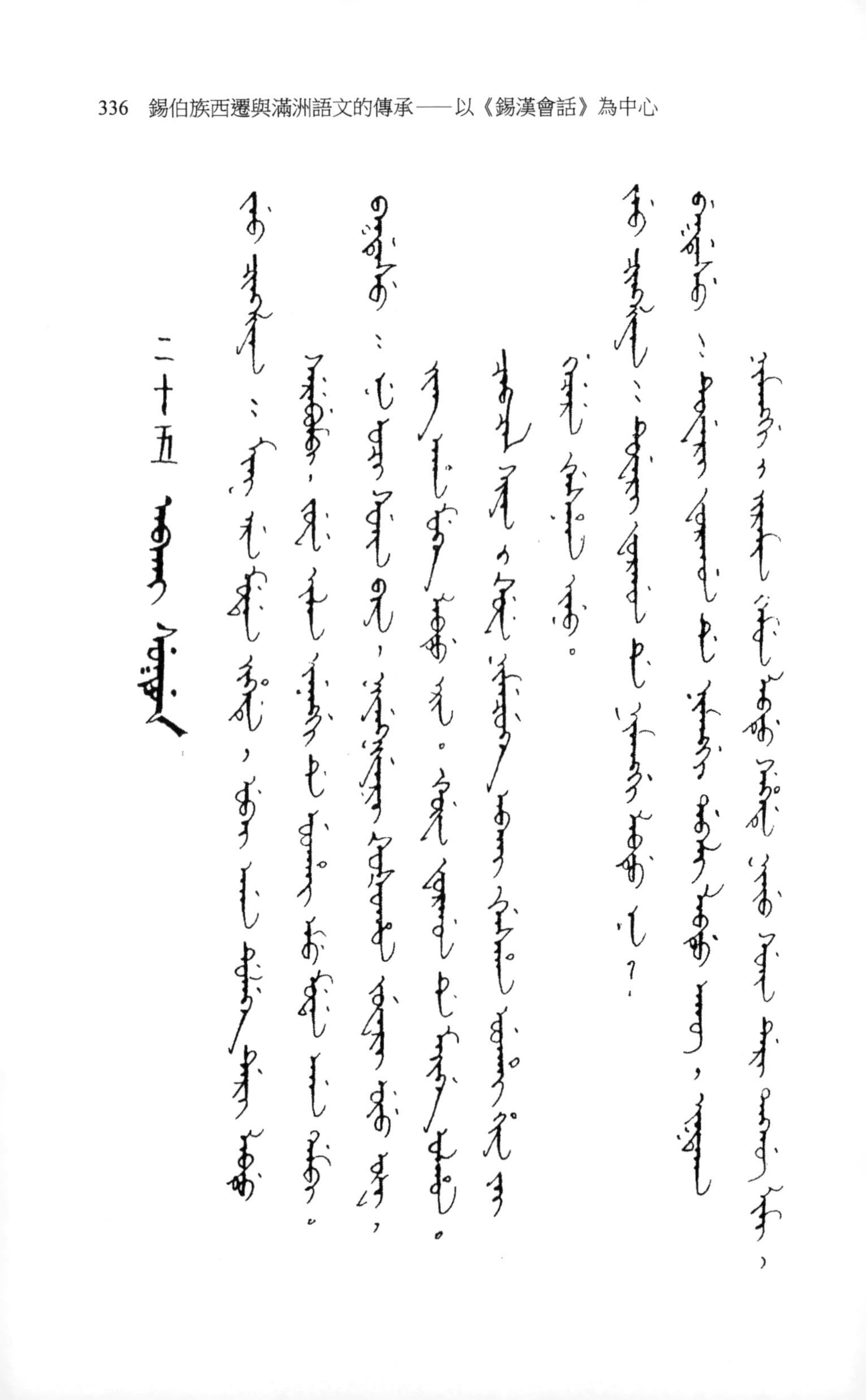

二十五 ᠣᠷᡳᠨ ᠰᡠᠨᠵᠠ

二十五、abkai sukdun

jeo cingliyan: mini ere mudan jihede, ubai aga duleke deri labdu serebumbi, juwe ilan inenggi de uthai emu mudan aga dambi.

bekdesu: ne oci sunja biya, niyengniyeri šošohon juwari uju ofi, jing aga muke labdu erin. gūwa forgon de majige olhon. cabcal siyan i šuwe nimecuke abkai gashan uthai hiya jai gecere gashan inu.

jeo cingliyan: tuweri forgon de nimanggi labdu na?

bekdesu: tuweri forgon de nimanggi dabali labdu akū, iktaka nimanggi i jiramin kemun labdu sehede ninju sunja deri tanggū limi,

---

二十五、天 氣

周清廉：我這次來，覺得這裡的雨水比過去多，兩三天就下一場雨。

伯克德蘇：現在是五月，春末夏初正是雨水多的時候。其他季節有點乾燥。察布查爾縣的最嚴重的自然災害就是乾旱和凍災[1]。

周清廉：冬季雪多嗎？

伯克德蘇：冬季雪不太多，積雪厚度至多是六十五至一百釐米，

---

[1] 「自然災害」，錫伯文作“abkai gashan”，意即「天災」。

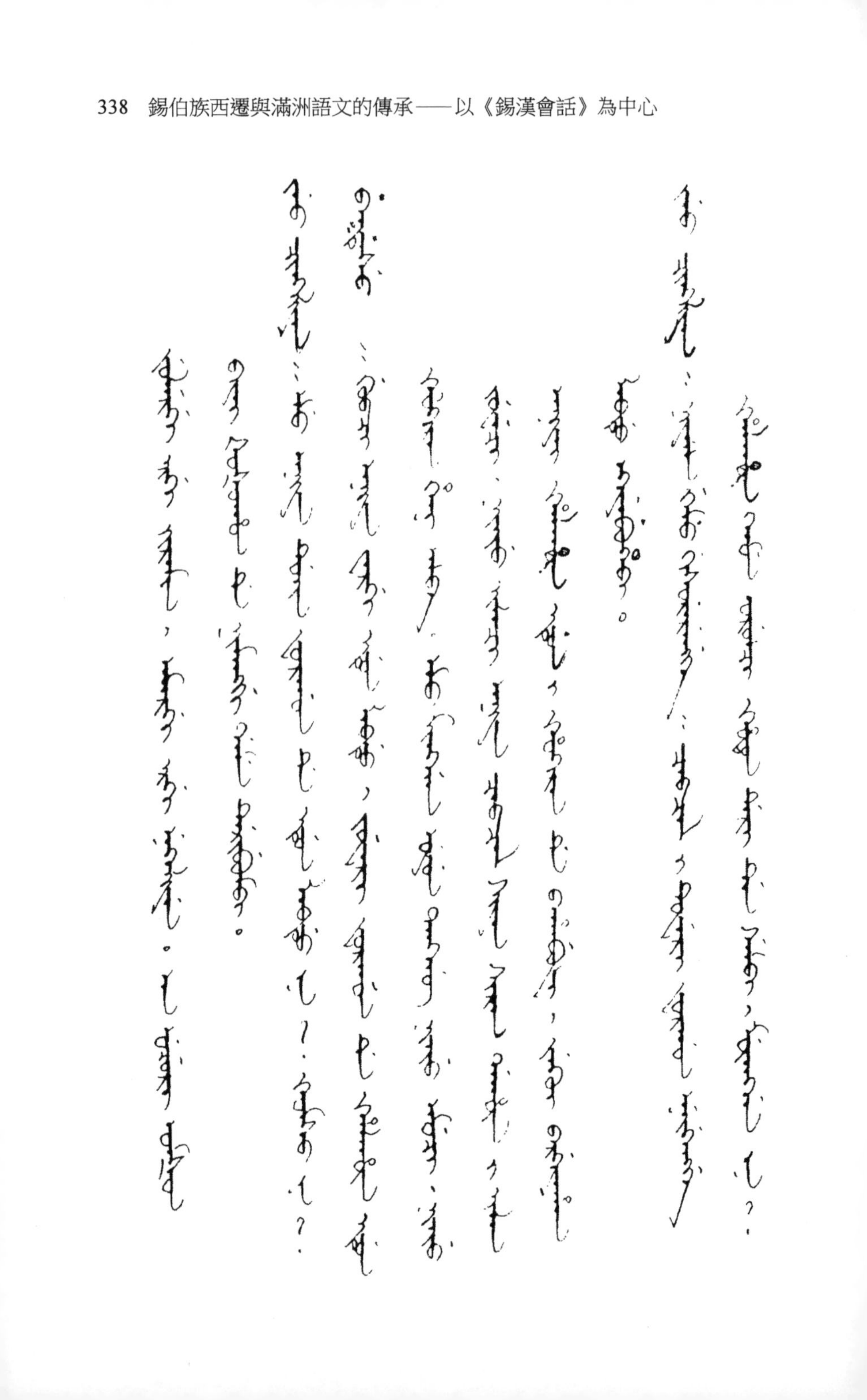

[illegible]

julergi ergi jiramin, amargi ergi nekeliyen. an ucuri omšon biyai šošohon de nimanggi dame deribumbi.

jeo cingliyan: emu aniya duin forgon de edun labdu na? komso na?

bekdesu: gubci aniya wargi edun labdu, juwari forgon de halhūn edun hokiran heni amba, emu minggan uyun tanggū ninju emuci、 ninju juweci、 ninju ilaci aniya cabcal siyan siran dahūn i ilan aniyai halhūn edun i hokiran de bahabufi, jekui bargiyahan labdu ekiyebuhebi.

jeo cingliyan: niyalma gemu gisurerengge, cabcal i tuweri forgon neigengge halhūn kemun urumci hoton deri den sembi, mujangga na?

南部厚，北部薄。一般是十一月下旬開始降雪。

周清廉：一年四季風多還是風少？

伯克德蘇：全年多東風，夏季的乾熱風危害較大[1]，一九六一、六二、六三年察布查爾縣連續三年遭乾熱風危害，糧食減產不少。

周清廉：人們都說，察布查爾的冬季平均氣溫比烏魯木齊高，是這樣嗎？

---

[1] 「危害較大」，錫伯文作“hokiran heni amba”，句中“hokiran”，《錫漢教學詞典》作“kokiran”，意即「損失」，此作“hokiran”，異。

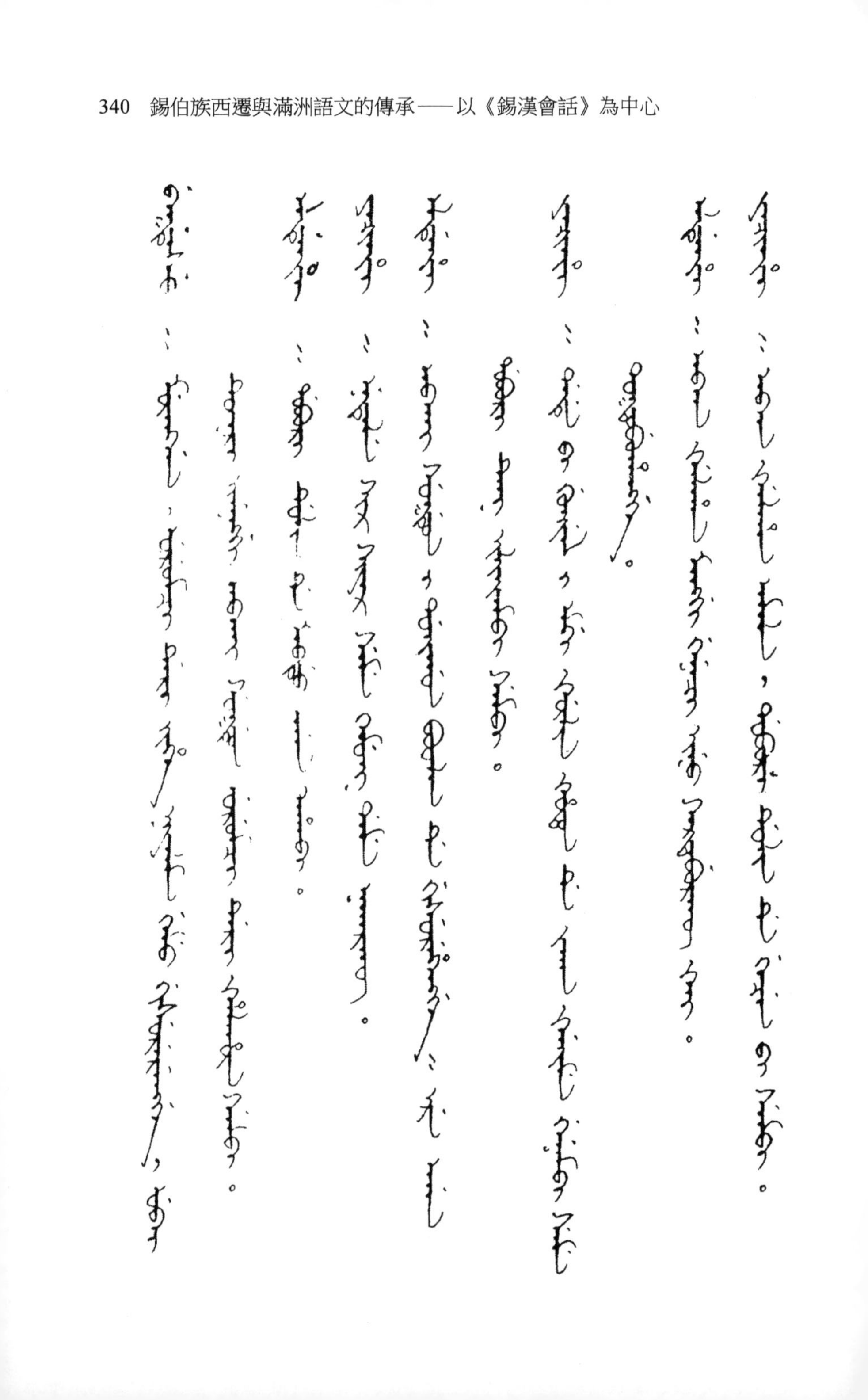

[illegible]

bekdesu: mujangga, urumci deri jihe niyalma gemu gisurerengge, ubai tuweri inenggi abkai sukdun urumci deri halhūn sembi.

eldenjy: dobori dulin de labdu aga dahabi.

yacinjy: netele sir siyar seme kemuni dame nakarkū.

eldenjy: abkai sukdun i doigon boolan de gisurehengge, ere aga dobori teni ilinjambi sembi.

yacinjy: dade bi guijel i emgi gūlja hoton de jaka gaime genembi seme toktobuhangge.

eldenjy: abka galaha manggi geneci inu sartaburkū kai.

yacinjy: abka galaha amala, dobori dulin de gecen bi sembi.

伯克德蘇：是這樣，從烏魯木齊來的人都說，這裡冬天室外天氣比烏魯木齊暖和[1]。

爾登芝：半夜下了不少雨。

雅琴芝：到這會兒，淅淅瀝瀝，還在下個不停。

爾登芝：天氣預報說，這雨要到晚上才停。

雅琴芝：本來我和桂貞約定一起去伊寧市買東西呢。

爾登芝：天晴了去也不礙事。

雅琴芝：天晴了，後半夜有霜凍。

---

[1] 「這裡冬天室外天氣比烏魯木齊暖和」，錫伯文作“ubai tuweri inenggi abkai sukdun urumci deri halhūn sembi”，意即「這裡冬天天氣比烏魯木齊暖和」。

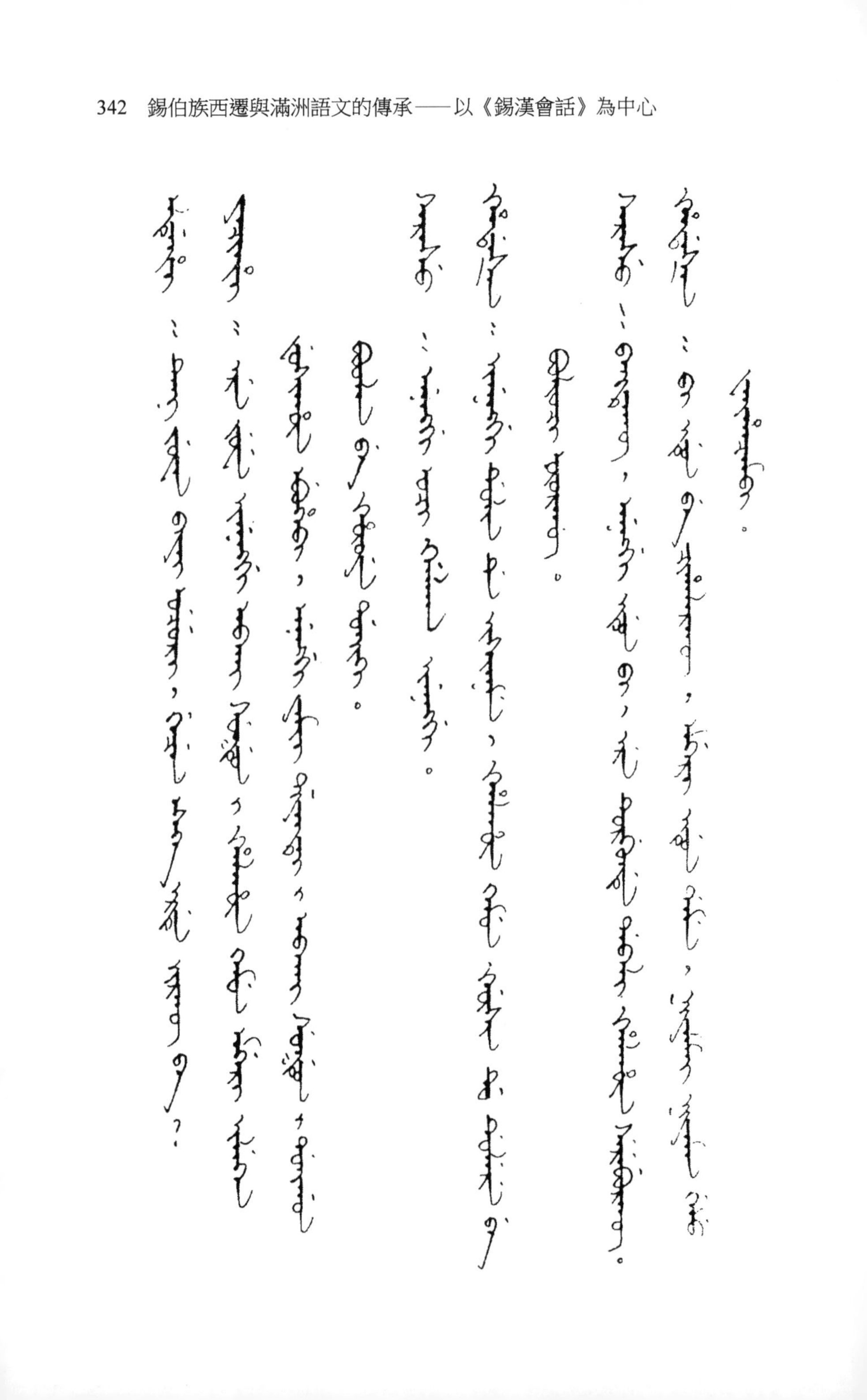

eldenjy: teni juwan biyai ucuri, gecen eske erde jirkū ba?

yacinjy: ere juwe inenggi abkai sukdun i halhūn kemun emgeri ileken fusihūn ebuhebi, enenggi yamji diyantai i abkai sukdun i doigon boolan be hojoye donjiki.

sarasu: enenggi oci galaka inenggi.

hadašan: inenggi dulin de isiname, halhūn kemun gūsin du dulere be boljoci ojorkū.

sarasu: baitakū, enenggi edun bi, ere turgunde dabali halhūn sereburkū.

hadašan: bi edun be cihalarkū, emgeri edun dame, niyalmai niyaman gemu faihacambi.

爾登芝：才十月份，霜凍不會來得這樣早吧？

雅琴芝：這兩天氣溫已經明顯的下降，今天晚上可得好好收聽電臺的天氣預報。

薩拉蘇：今天是個晴天。

哈達善：到了中午，氣溫說不定要超過三十度。

薩拉蘇：不要緊，今天有風，所以不會覺得太熱。

哈達善：我不喜歡風，一刮風，人心煩[1]。

---

[1] 「人心煩」，錫伯文作“niyalmai niyaman gemu faihacambi”，意即「人心都煩躁」。

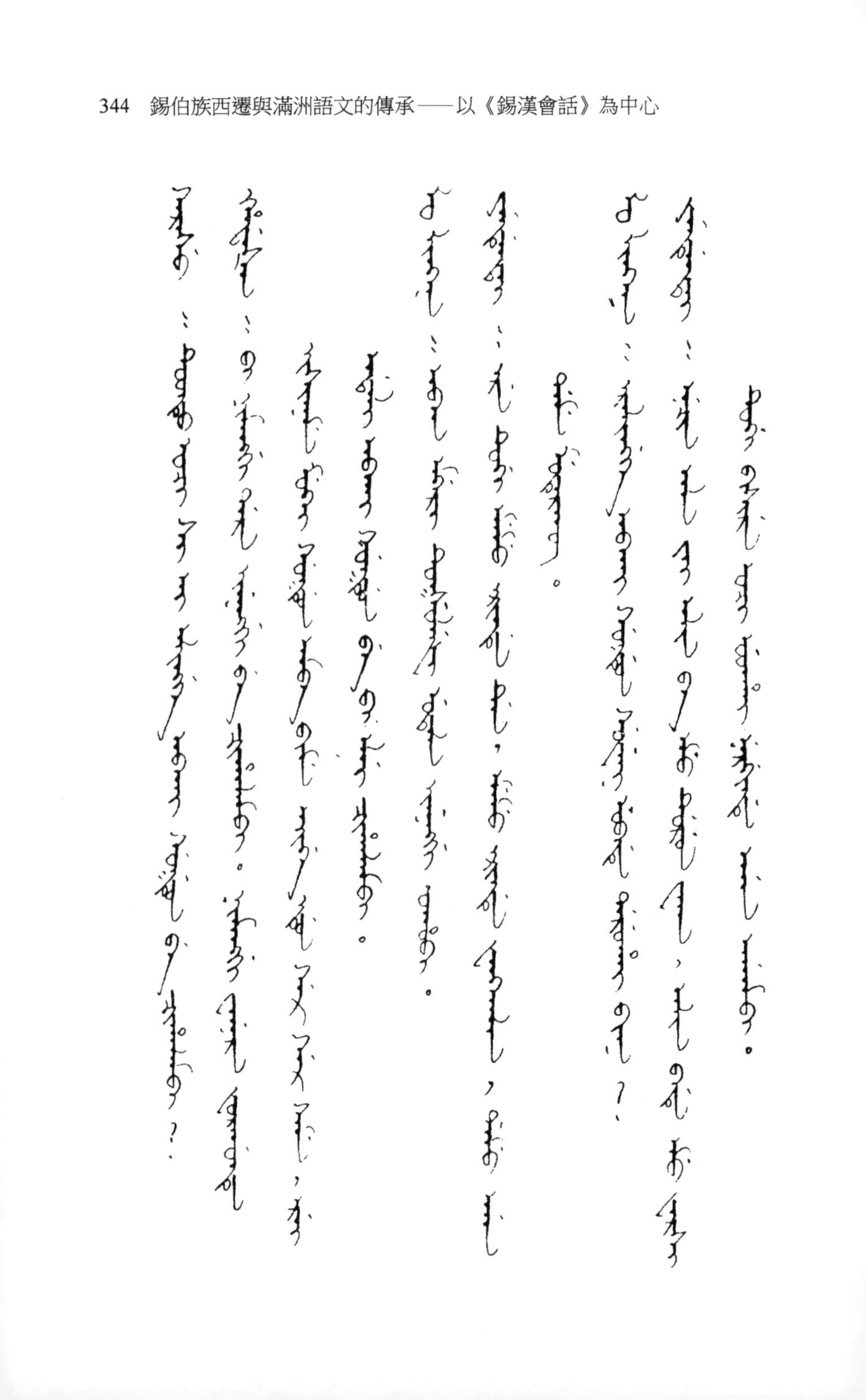

sarasu: tuttu oci si ai alingge abkai sukdun be cihalambi?

hadašan: bi nimanggi dara inenggi be cihalambi. nimanggi wenere forgonde isiname mukei sukdun amba bime ajige edun ser ser seme, erei adali abkai sukdun be bi elei cihalambi.

lo lingnan: abka emgeri tuksulefi utala inenggi ohobi.

yendentai: ere tugi ememu erinde den, ememu erinde fangkalan, damu aga dame muterkū.

lo lingnan: eralingge abkai sukdun suweni ubade daruhai bina?

yendentai: necin ala jai alin ba emu durun waka, alin bade emu farsi tugi bisire oci uthai nerginde aga agambi.

薩拉蘇：那你喜歡什麼樣的天氣呢？

哈達善：我喜歡下雪天，到了融雪季節，水氣大，微風習習，這樣的天氣，我更喜歡。

羅嶺南：天已經陰了好幾天了。

尹登泰：這雲彩有時高，有時低，可下不起雨來。

羅嶺南：你們這裡常有這樣的天氣嗎？

尹登泰：平原和山區不一樣。在山區，只要有一朵雲彩，就立刻下起雨來。

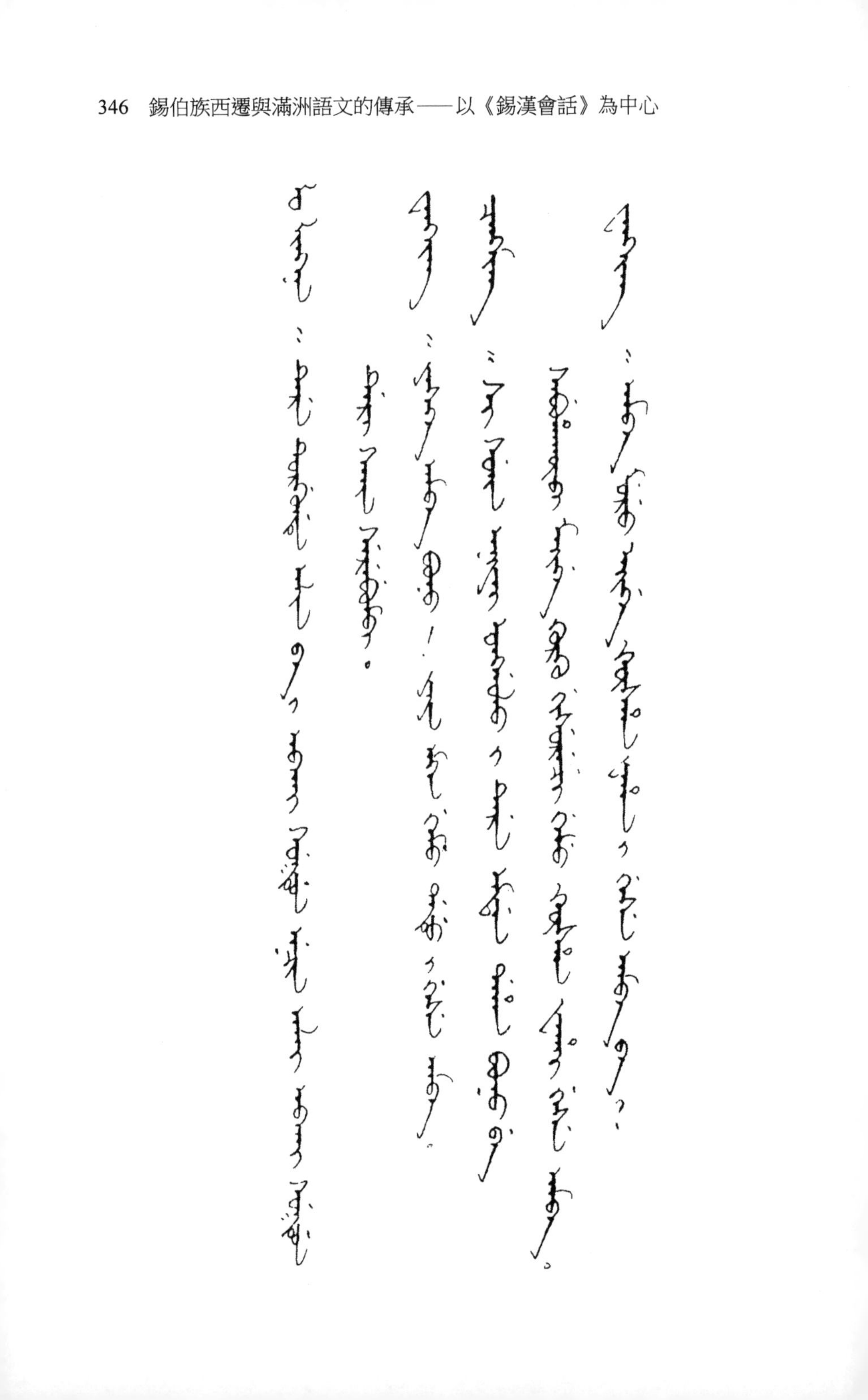

[illegible]

lo lingnan: tere turgunde alin ba i abkai sukdun necin alai abkai sukdun deri sain serebumbi.

wanging: yaske amba bono！ yaya emken gemu dadu i gese amba.

cangming: si sunja aniyai onggolo i tere emdan daha bono be sabuhakūbi majige kurku gisureci gemu kūsha fahai gese amba.

wanging: amba muru ajige kūsha faha i gese amba ba?

羅嶺南：所以山區氣候讓人覺得比平原的氣候好。

王英：好大的雹子[1]，個個有蠶豆那麼大[2]。

長明：你沒見過五年前的那場冰雹，誇張點兒說，都有核桃那麼大[3]。

王英：大概是像胡桃一般大小吧？

---

[1] 「好大的雹子」，句中「好大」，錫伯文作“yaske”，《錫伯語口語研究》作“yask”，又作“ya gese”，意即「多少」。

[2] 「個個有蠶豆那麼大」，錫伯文作“yaya emken gemu dadu i gese amba”，意即「個個都像大豆那麼大」。

[3] 「核桃」，滿文作“mase usiha”，錫伯文作“kūsha”，係蒙古語“gusiγ-a”借詞。

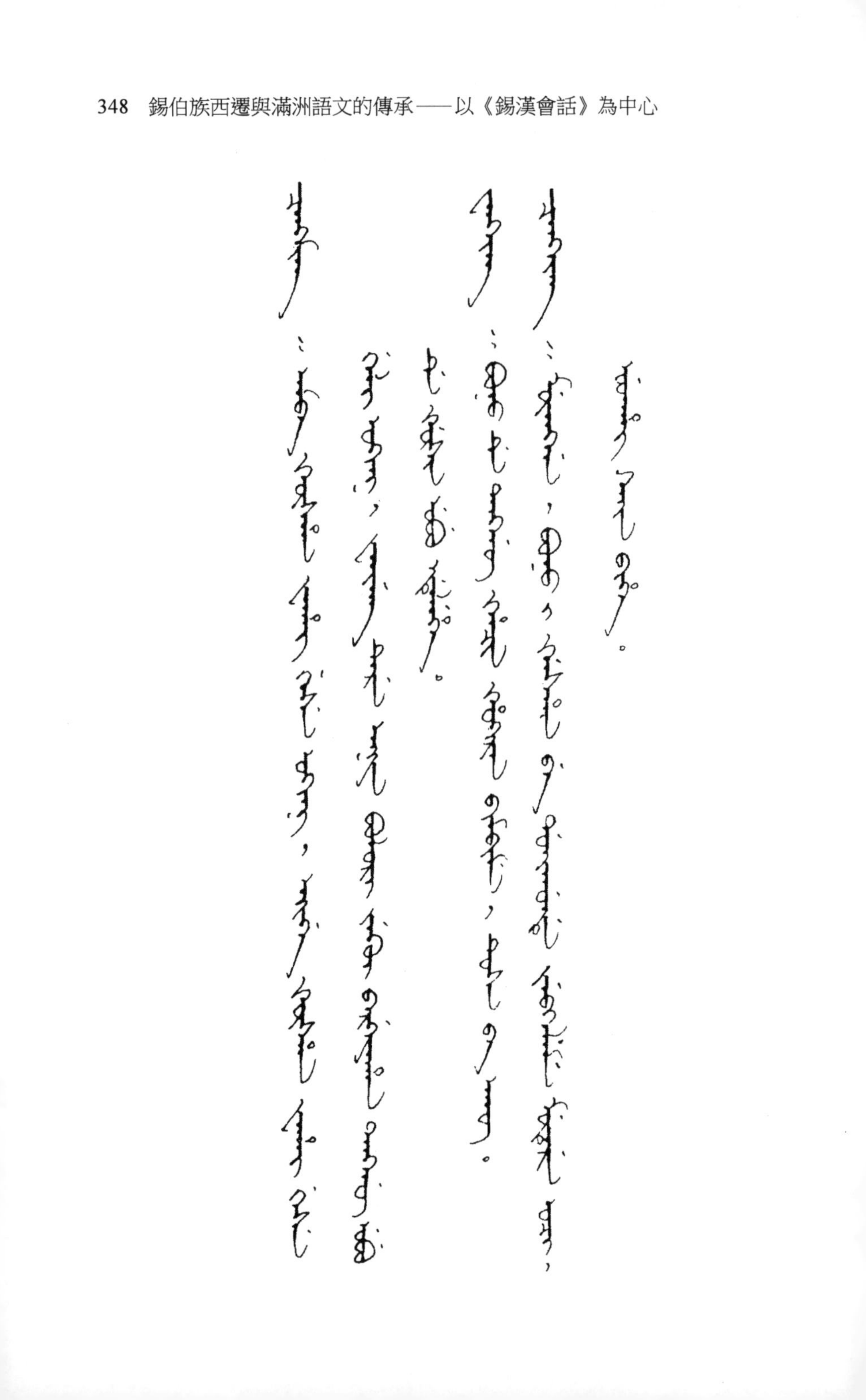

[illegible]

cangming: amba kūsha fahai gese okini, ajige kūsha fahai gese geli okini, fanjeng tere aniya bolori jekui bargiyahan tanggū ubu de gūsin ubu edelehe.

wanging: bono de tanggū hacin hokiran bimbime, tusa ba akū.

canging: mujangga, bono i gashan be doigonde jebkeleme mutere oci, uthai sain bihe.

長明：大核桃也好，小胡桃也好，反正那年秋糧減產了百分之三十[1]。

王英：雹子是有百害而無一利。

長明[2]：是呀！雹災能預防就好了。

---

1 「反正」，錫伯文作"fanjeng"，是漢語「反正」的音譯。

2 「長明」，錫伯文作"canging"，誤，當作"cangming"。

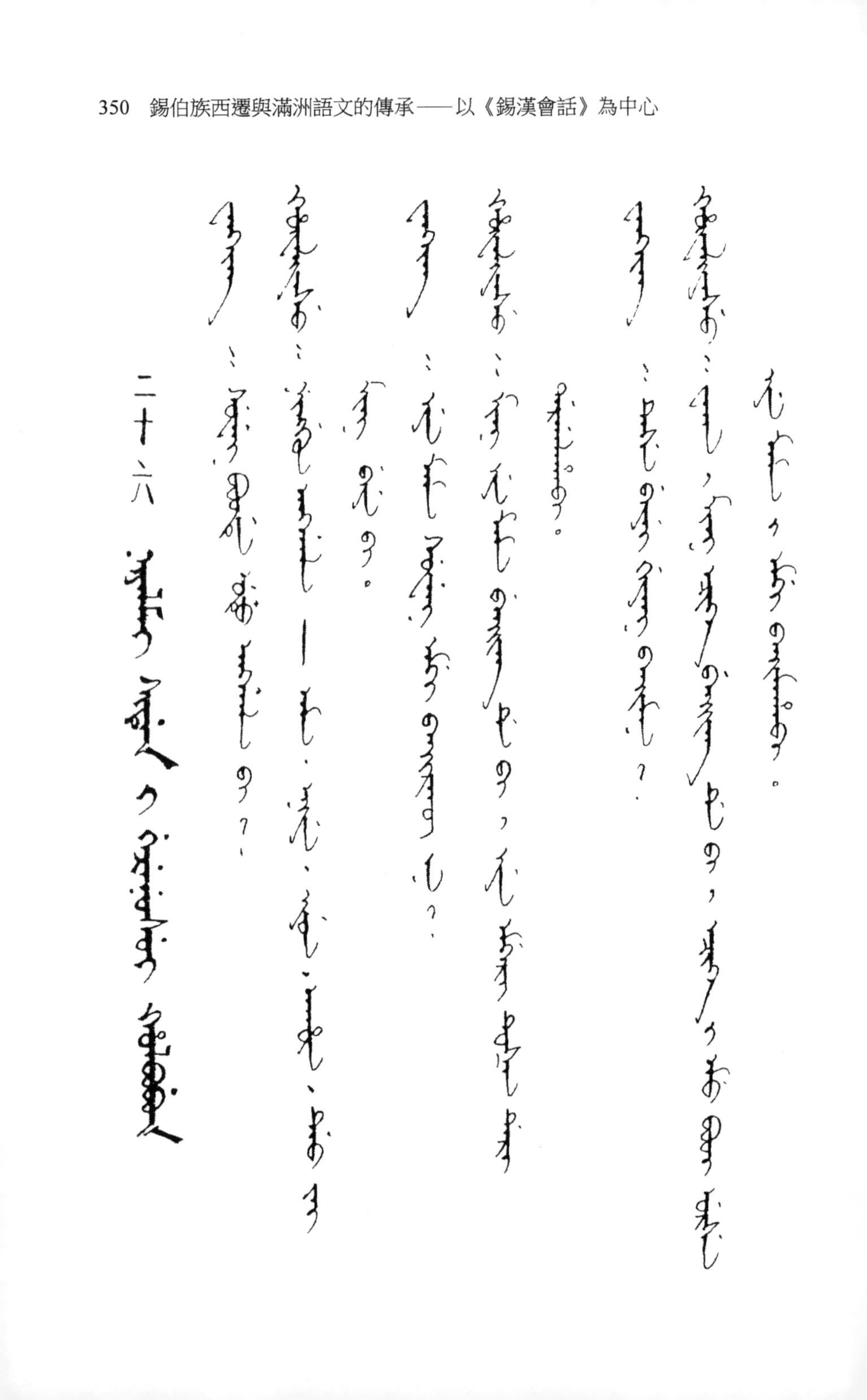

二十六 [illegible]

[illegible]

[illegible]

[illegible]

[illegible]

[illegible]

[illegible]

[illegible]

[illegible]

[illegible]

二十六、niyalmai siden i gerenusui holbobun

wanging: suweni boode udu anggala bi?

hūwaliyasu: ninggun anggala — ama、eniye、eyun、ahūn、deo jai mini beye bi.

wanging: eye mama suweni emgi banjirkū na?

hūwaliyasu: mini eye mama beijing de bi, eye emgeri tušan deri dargalahabi.

wanging: tese beyei giyani banjimna?

hūwaliyasu: waka, mini ecike beijing de bi, ecike i emu booi urse eye mama i emgi banjimahabi.

二十六、人的社會關係

王英：你們家有幾口人？

華里亞蘇：六口——爸爸、媽媽、姊姊、哥哥、弟弟和我。

王英：爺爺、奶奶不跟你們一起生活嗎？

華里亞蘇：我爺爺、奶奶在北京，爺爺已經退休了。

王英：他們自己過嗎？

華里亞蘇：不，我有個叔叔在北京，叔叔一家和爺爺、奶奶一起生活。

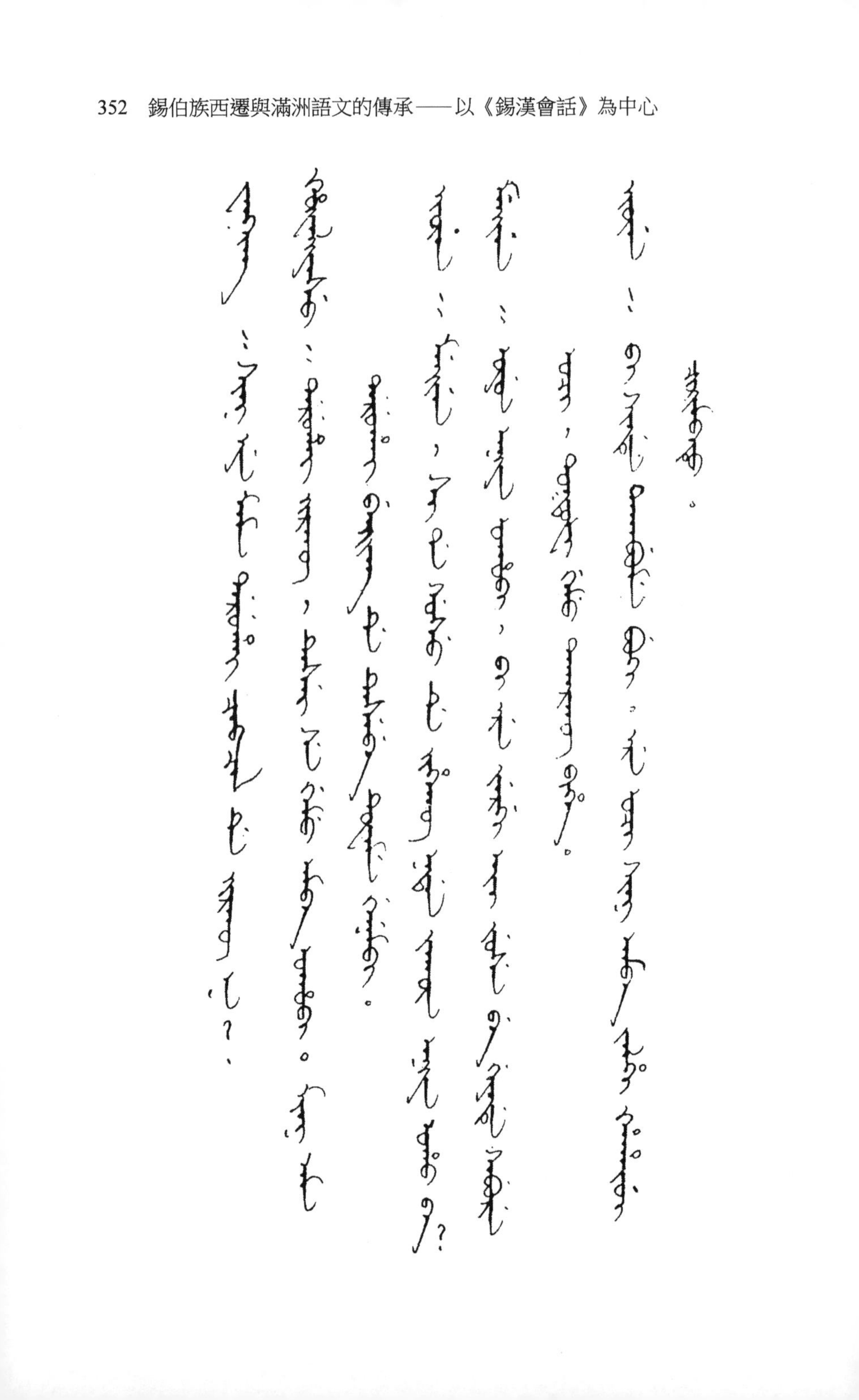

wanging: sini eye mama daruhai cabcal de jirkū na?

hūwaliyasu: daruhai jirkū, tesei se gemu amba ohobi. mini ama daruhai beijing de tesebe tuwame genembi.

iojen: meijen, si da susu de jihekū nadan jakūn aniya oho ba?

meijen: uyun aniya ohobi, bi ere jergi aji juse be giyade sabure oci, toktofi gemu takarkū bihe.

iojen: bi sinde takabume buki, ere oci sini amba jalhi hahajui cirimbatu.

王英：你的爺爺、奶奶不常回察布查爾來嗎？

華里亞蘇：不常來，他們都年紀大了。我爸爸常去北京看他們。

玉珍：美珍，你有七、八年沒回老家來了吧？

美珍：有九年了，這些孩子們我在街上見了，肯定都不認得。

玉珍：讓我來給你介紹介紹。這是你的大侄子奇林巴圖。

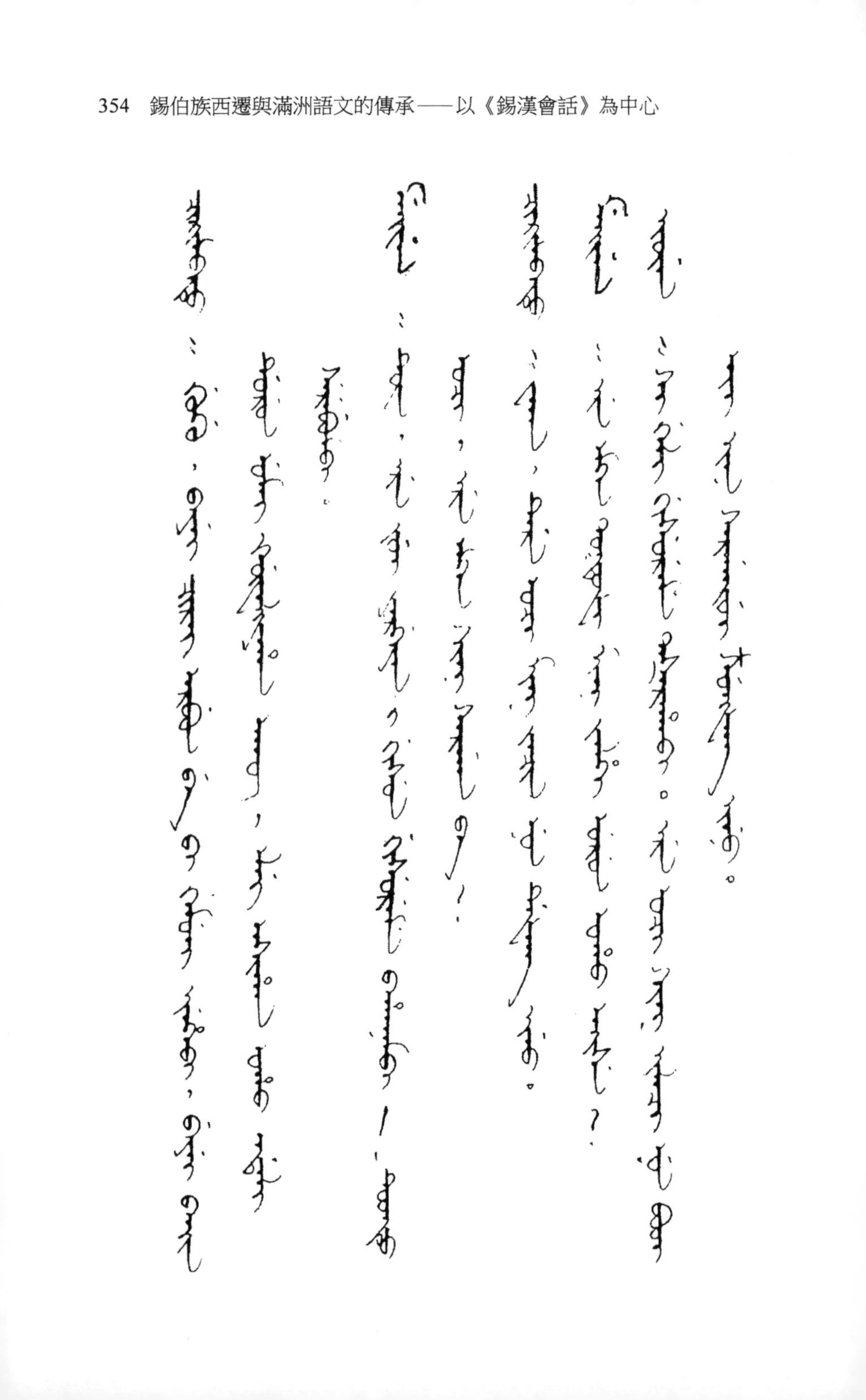

cirimbatu: gugu, beyei cirai arbun be bi kemuni ejehebi, beyei banjin durun umai gūwaliyaha akū, elei asihan oho adali serebumbi.

meijen: tuwa, ere jui yargiyan i gisun gisureme bahanambi ! tuttu oci, ere emken sini sargan ba?

cirimbatu:waka, tere oci mini jacin nun defang inu.

meijen: ere emken toktofi mini jalhi urun oho aise?

iojen: si geli gisureme tašarahabi. ere oci sini ilaci nun booi aji ina sarganjui ts'uifang inu.

奇林巴圖：姑姑，您的面容我還記得，您的樣子沒怎麼變，好像還更年輕了。

美珍：瞧，這孩子真會說話，那麼這位是你的妻子吧？

奇林巴圖：不對，他是我的二妹德芳。

美珍：這位肯定是我的侄媳婦囉？

玉珍：你又說錯了。這是你三妹家的小外甥女翠芳。

ᠰᠣᡵᡤᠣᡳ :: ᠰᡳ ᡝᠮᡨᡝ ᡨᡠᠮᡝᠨ ᠮᡝᠩᡤᡝᠨ ᠪᡝ ᠪᠠᡥᠠᠪᡠᡥᡳ ᠰᡳ ᡨᡝᡵᡝ ᡩᡝᠪᡝ

ᠪᠣᡳ ᠮᡝᡵᡤᡝᠨ ᠰᡝᡥᡝ。

ᠮᡝᠰᡝᠩᡤᡝ :: ᠪᡝ ᡤᡝᠨᡝᡥᡝ ᠮᡝᠩᡤᡝᠨ ᡥᠠᡳᠰᡳᠩᡤᠠ ᠮᡝᠰᡝ ᡤᡝᠮᡠ ᠪᡝᠴᡳ ᠮᡝᠩᡤᡝᠨ。

ᠪᡳᠮᡝ᠈ ᠮᡝᠩᡤᡝᠨ ᡩᡝᡵᡤᡳ ᠪᡝᡳᠯᡝᡥᡝ ᠮᡝᡥᡝᡳ ᠪᡝᡳᠴᡝ ᡝᠮᡝᡴᡝᡳ ᠮᡝᠩᡤᡝᠨ。

ᠮᡝᠰᡝᠨ :: ᠪᡠᡳᠪᡠᡥᡝ ᠮᡝᠰᡝ ᠪᡝᡳᠯᡝᡥᡝ ᡥᠣᠨᡳ ᠪᠣᡥᡳ ᠮᡝᡥᡝ !

ᠮᡝᠰᡝᠩᡤᡝ :: ᠪᠣᡥᡳ ᠪᠣᡥᡳ ᠮᡝᠰᡝ ᠮᡝᠩᡤᡝᠨ ᠪᠣᡥᡳ ᡥᡝᠮᡝ。

ᠮᡝᠨᡳ :: ᠪᡳ ᡥᡝᠮᡝᠮᡝ ᠪᡝᡳᠯᡝ ᠮᡝᠩᡤᡝᠨ ᠮᡝᠰᡝᠮᡝᡳ ᠪᡝᠰᡝᠮᡝ ᠪᠣᠮᡝ。

ᠪᡠᠩᡤᡠᡴᡳ :: ᡩᠣᠪᠣᠮᡝ ᠮᡝᠰᡝ᠈ ᡴᡝᠮᡠᠨᡳ ᠮᡝᠩᡤᡝᠨ ᠪᠣᡥᡳ ᠮᡝᡥᡝ ᡥᡝᠮᡝ。

hūwaliyasu: ere oci mini amba tacikū de yabuha erin i sain tacin gucu wanging inu.

jalungga: bi kejine uthai hūwaliyasu deri sini gebube donjime duleke bihe, enenggi simbe sabuhade yargiyan i ambula urgunjembi.

wanging: tuttu oci muse inu gucu oho！

jalungga: gucu i gucu oci naranggi gucu kai.

jalušan: be kemuni embade ninggun aniya weileme duleke bihe.

bekdesu: tuttu oci, suwe uthai gucu oho kai.

華里亞蘇：這位是我大學時代的同學王英，是我的好友[1]。

扎魯阿：我早就聽華里亞蘇說起過你，見到你，實在很高興。

王英：那麼咱們也成了朋友了！

扎魯阿：朋友的朋友還是朋友。

扎魯善：我們曾經一起工作過六年。

伯克德蘇：那麼你們是朋友囉。

---

1 「這位是我大學時代的同學王英，是我的好友」，錫伯文作"ere oci mini amba tacikū de yabuha erin i sain tacin gucu wanging inu"，意即「這位是我大學時代的好同學王英」。

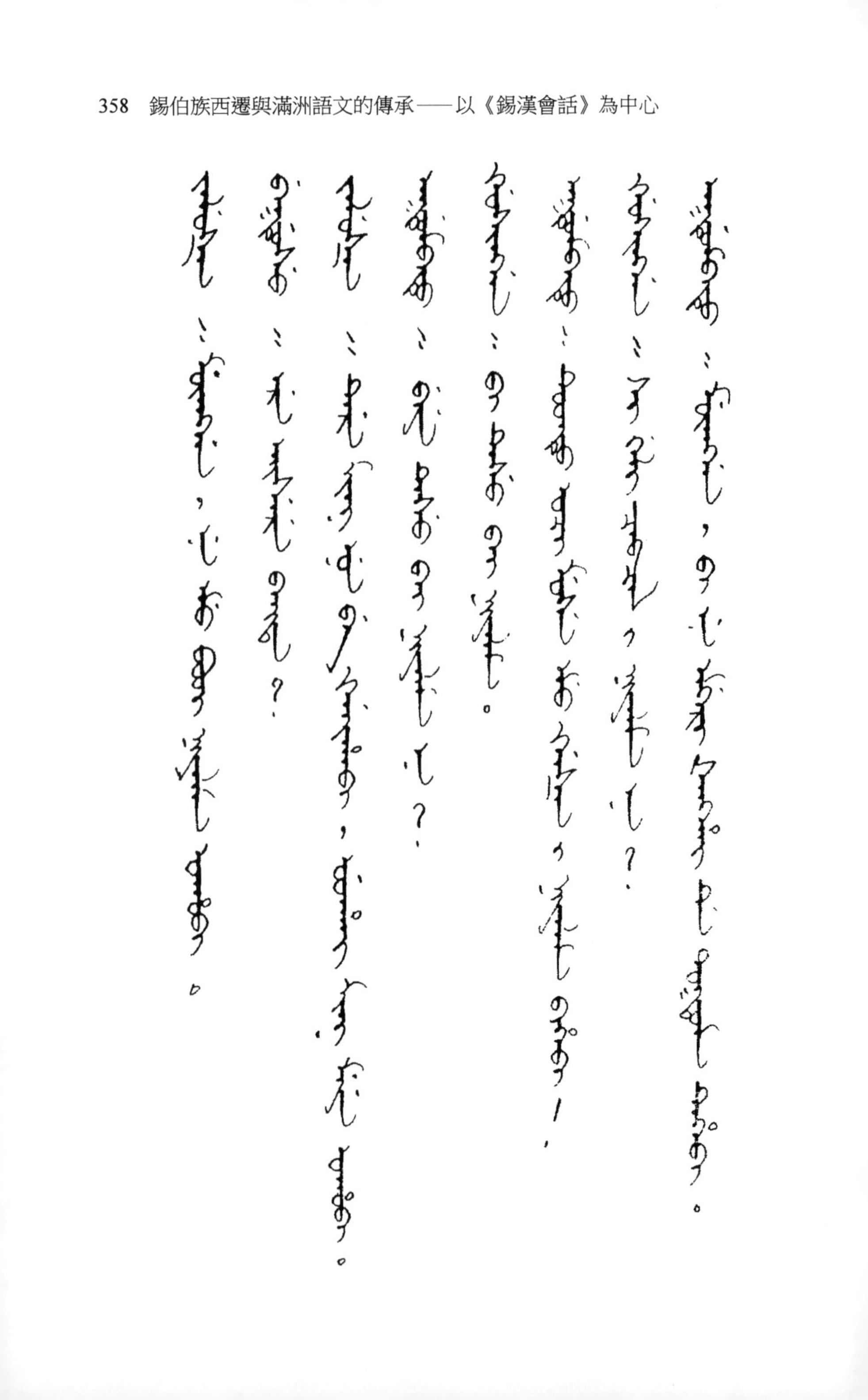

jalušan: mujangga, ne emu booi niyalma ohobi.

bekdusu: ere aisere baita?

jalušan: tere mini nun be gaihabi, uthai mini meye ohobi.

akdumbatu: beye tesu bai niyalma na?

gosingga: bi tesu bai niyalma.

akdumbatu: tuttu oci muse emu gašan i niyalma bihebi！

gosingga: si geli cabcal i niyalma na?

akdumbatu: mujangga, bi ne emgeri šanghai de toktome tehebi.

扎魯善：是的，現在成了一家人啦！

伯克德蘇[1]：這是怎麼回事？

扎魯善：他娶了我的妹妹，就成了我的妹夫啦！

敖登巴圖：你是本地人嗎？

郭興阿：我是本地人。

敖登巴圖：那咱們是同鄉囉！

郭興阿：你也是察布查爾人嗎？

敖登巴圖：是的，我現在在上海定居了。

---

1 「伯克德蘇」，錫伯文當作“bekdesu”，此作“bekdusu”，異。

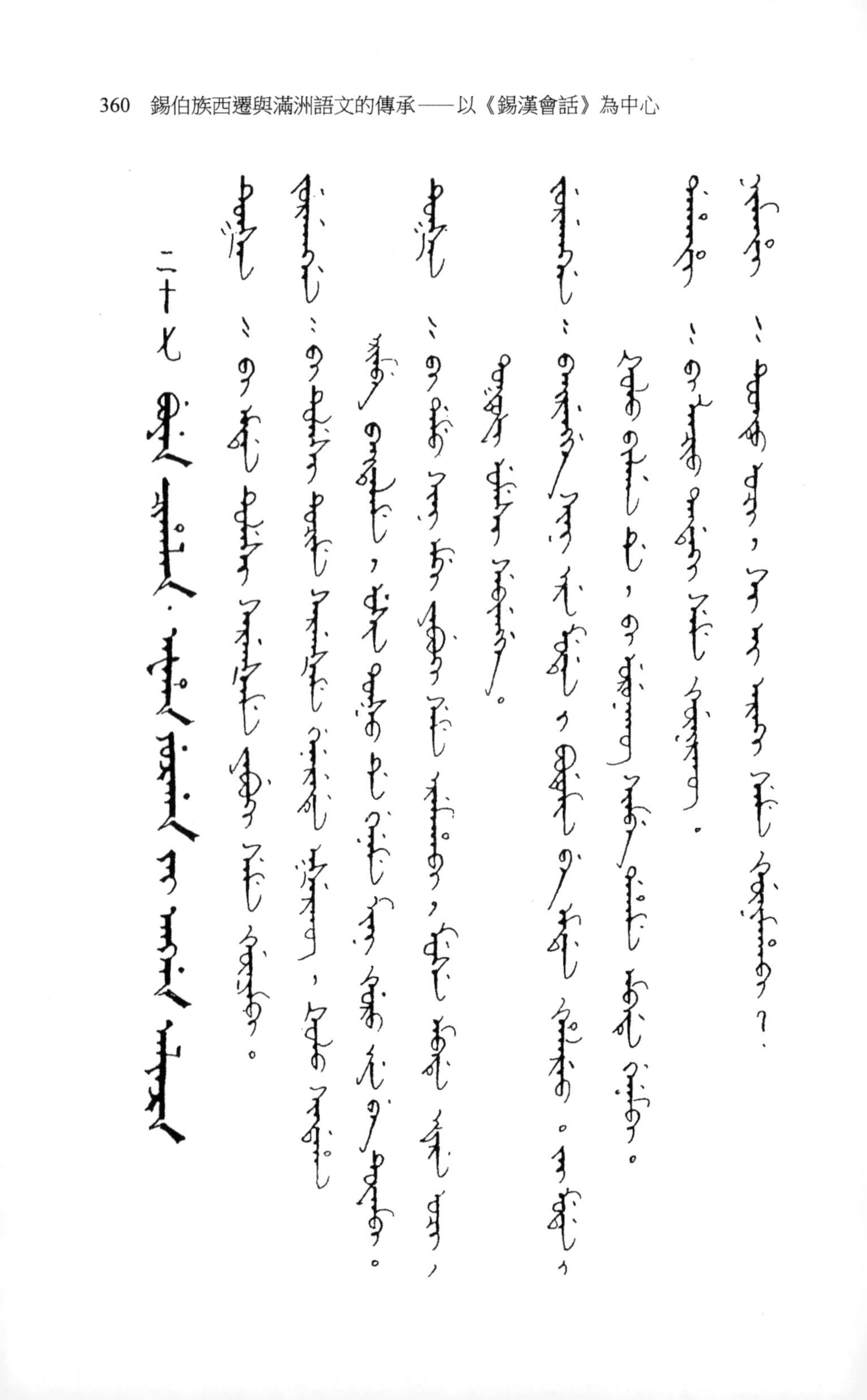

二十七

二十七、buyen cihalan、afaha jurgan jai angga aljara

tukšan: bi emdan tulesi sargašame yabuki seme gūnimbi.

jurgangga: bi tulesi tucime sargašame generede ekšerkū, šolo sindaha erimbe baitalame, usin tokso de geneme mini goro eye be tuwambi.

tukšan: bi damu sini emgi yabuki seme eremahabi, muse embade efire oci, toktofi umesi sebjengge.

jurgangga: bairengge sini ere mudan i bodomin be emdan halareo. jai mudan i šolo bilgan de, bi urunakū simbe dahame embade genembi.

dahanjy: bi lancio tandaki seme gūnirkū.

nimanjy: tuttu oci, si ai araki seme gūnimahabi?

二十七、意願、義務、允諾

圖克善：我要出去旅行。

朱爾尕阿：我不急於外出旅行，我要利用假期去農村看望外祖父。

圖克善：我只希望和你在一起，我們一塊兒玩，一定很愉快。

朱爾尕阿：我請求你這次改變一下計劃。下個假期我一定跟你一起去。

達安芝：我不想玩籃球了。

尼曼芝：那你想幹什麼？

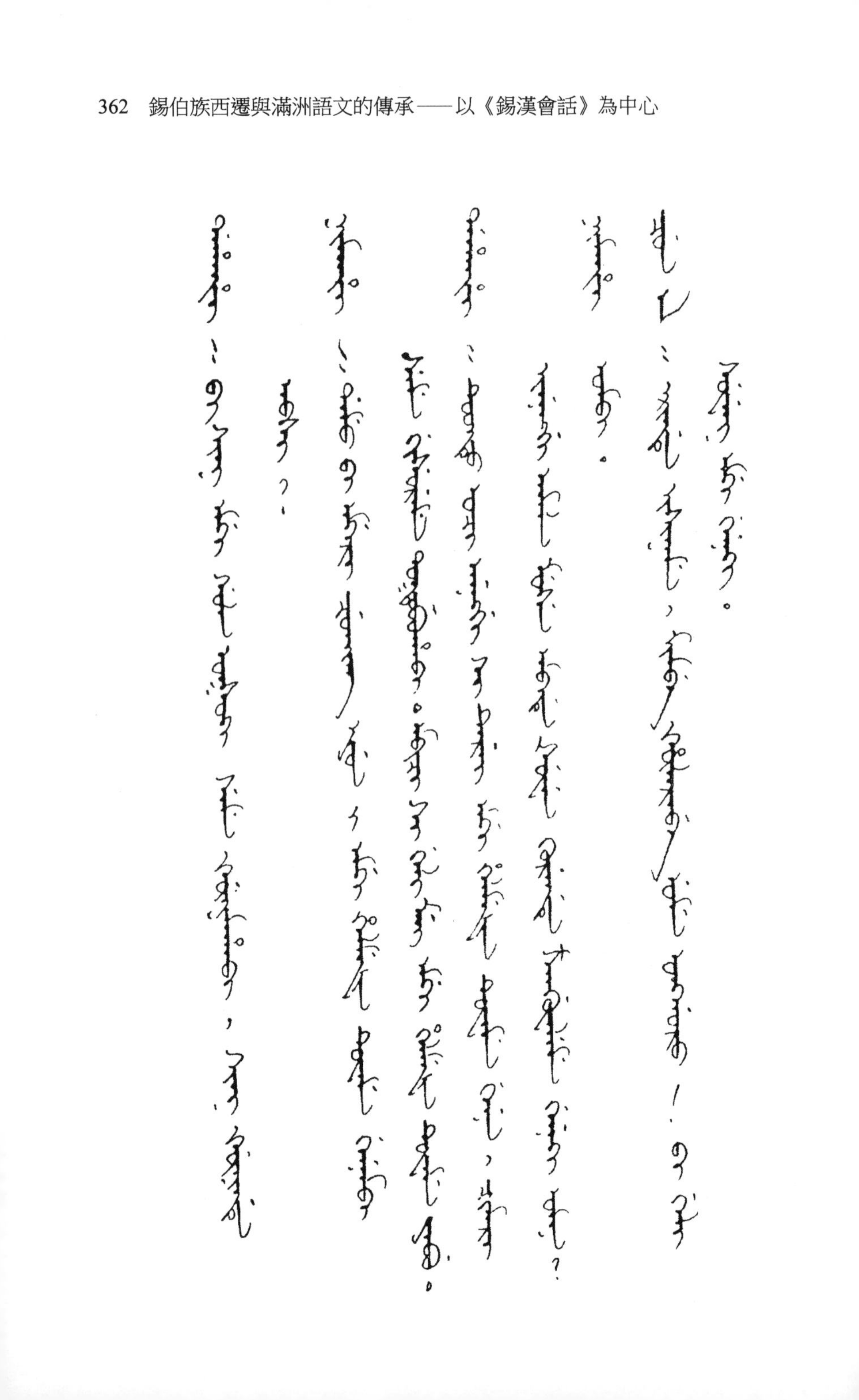

dahanjy: bi sini emgi sula oksoki seme gūnimahabi, sini gūninde absi?

nimanjy: damu bi emgeri cuning eyun i emgi helmefin tuwame genembi seme gisureme toktobuhabi. embici si geli meni emgi helmefin tuwame yabu.

dahanjy: tuttu oci enenggi si terei emgi helmefin tuwame gene, cimari inenggi amala muse embade šuwen kurende ts'anguwaleme geneki omna?

nimanjy: ombi.

cun el: erinde isiname, mimbe hūlarabe ume onggoro！ bi geli suweni emgi geneki.

達安芝：我想跟你一起散步，你看好不好？

尼曼芝：可是我已經和春英姐說好，要一塊兒去看電影。不然，你也跟我們一起去看電影吧。

達安芝：那麼你今天陪她去看電影吧，明天下午咱們一塊兒去參觀文化館行嗎？

尼曼芝：行。

春兒：到時候別忘了招呼我！我也要和你們一起去。

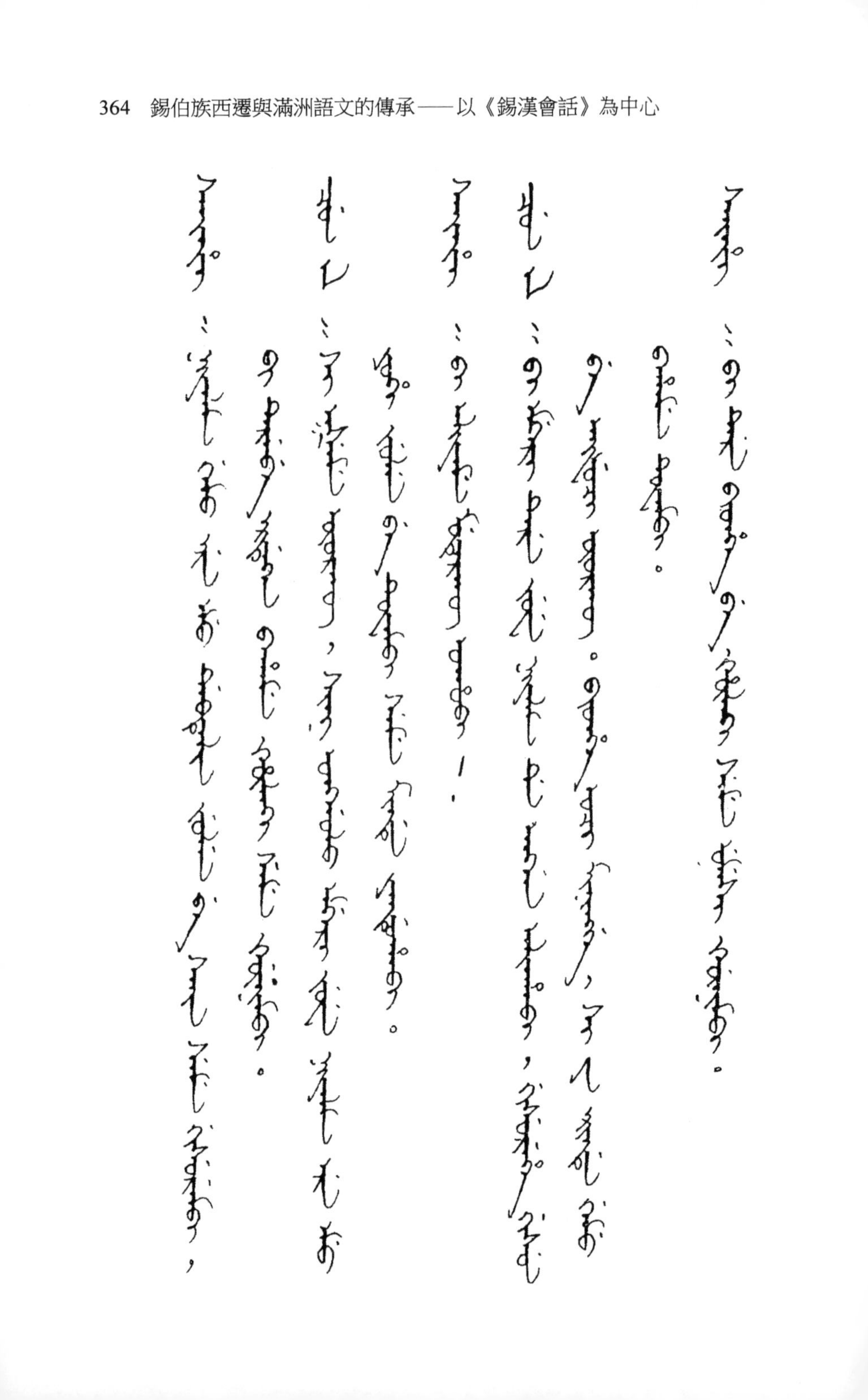

[illegible]

[illegible]

[illegible]

[illegible]

[illegible]

[illegible]

[illegible]

[illegible]

[illegible]

sainjy: niyalma gemu ere emu debtelin julen be sain seme gisurembi, bi terebe erdeken bahame hūlaki seme gūnimbi.

cun el: si ekšeme ojorkū, sini onggolo emgeri juwe niyalma ere emu yohi julen be tuwambi seme minde yanduhabi.

sainjy: bi aliyame muterkū ohobi！

cun el: bi emgeri tere juwe niyalma de angga aljahabi, gisurehe gisun be aifuci ojorkū. bithe oci miningge, si ya erinde gemu bahame tuwambi.

sainjy: bi tere bithe be hūlaki seme umesi gūnimbi.

賽因芝：都說這本小說好，我想早些讀到它。

春兒：你可急不得。在你之前已經有兩個人對我說過要看這部小說了[1]。

賽因芝：我等不及了呀！

春兒：我已經答應了那兩個人，不能說話不算數。書是我的，不管什麼時候，你都看得上。

賽因芝：我是很想讀那本書。

---

[1] 「對我說過」，錫伯文作“minde yanduhabi”，意即「央求過我」。

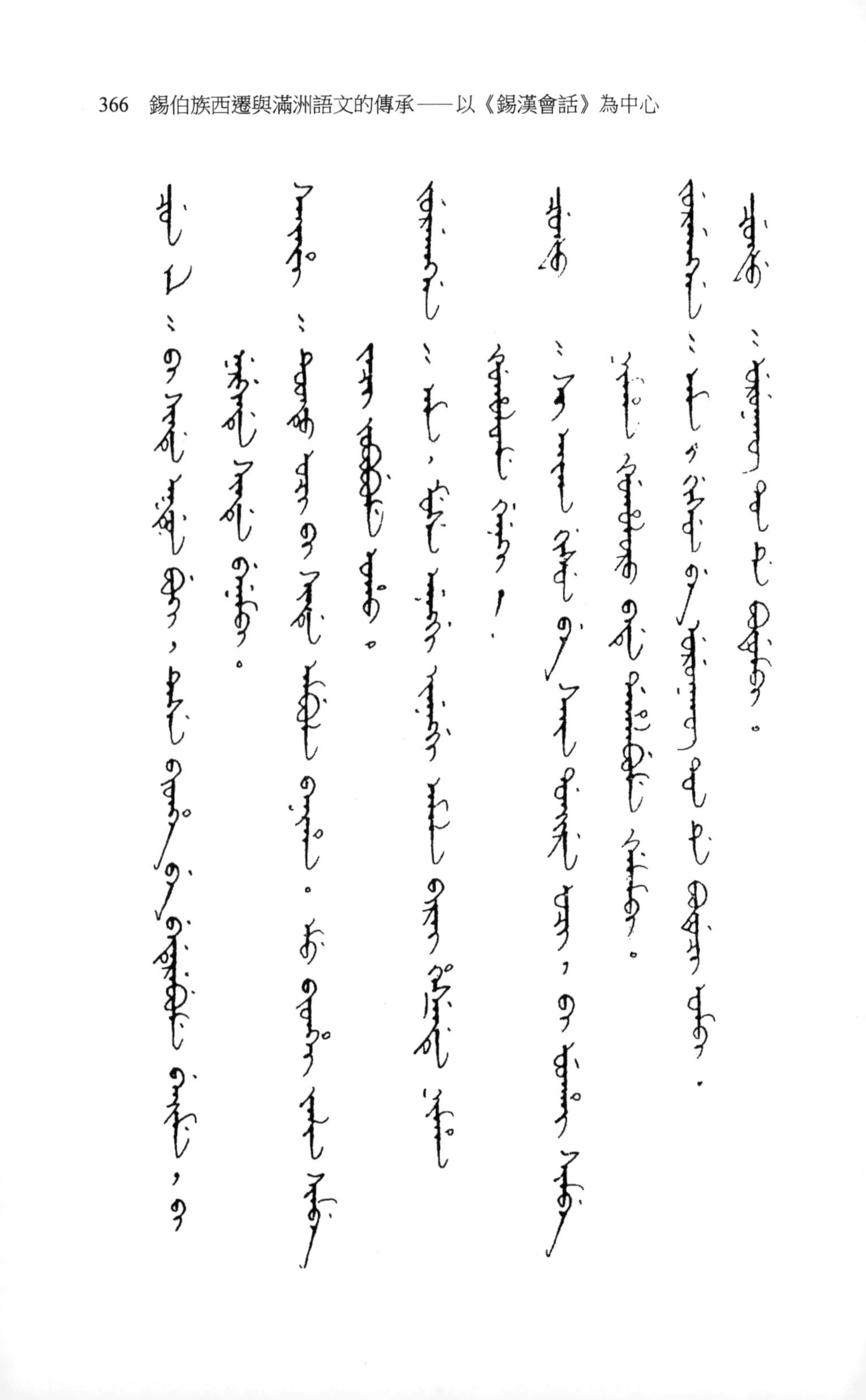

[illegible]

[illegible]

[illegible]

[illegible]

[illegible]

[illegible]

[illegible]

cun el: bi sinde akdun buki, tese bithe be bederebume benjime, bi nerginde sinde benembi.

sainjy: tuttu oci bi sinde ambula baniha. emu bithei jalin simbe jaci jobobume oho.

jurgangga: ama, muse enenggi inenggi amala birai hešende nimha goholome geneki !

cunfu: si aika gisun be sain donjire oci, bi uthai simbe nimha goholoro bade dahalabume gamambi.

jurgangga: ama i gisun be urunakū ton de bodoci ombi.

cunfu: urunakū ton de bodombi.

春兒：我向你保證，等他們把書還回來，我馬上給你送去。

賽因芝：那我太感謝你了。為了一本書太麻煩你了。

朱爾尕阿：爸爸，咱們今天下午到河邊去釣魚。

春夫：你如果好好聽話，我就帶你去釣魚。

朱爾尕阿：爸爸的話可一定得算數。

春夫：一定算數。

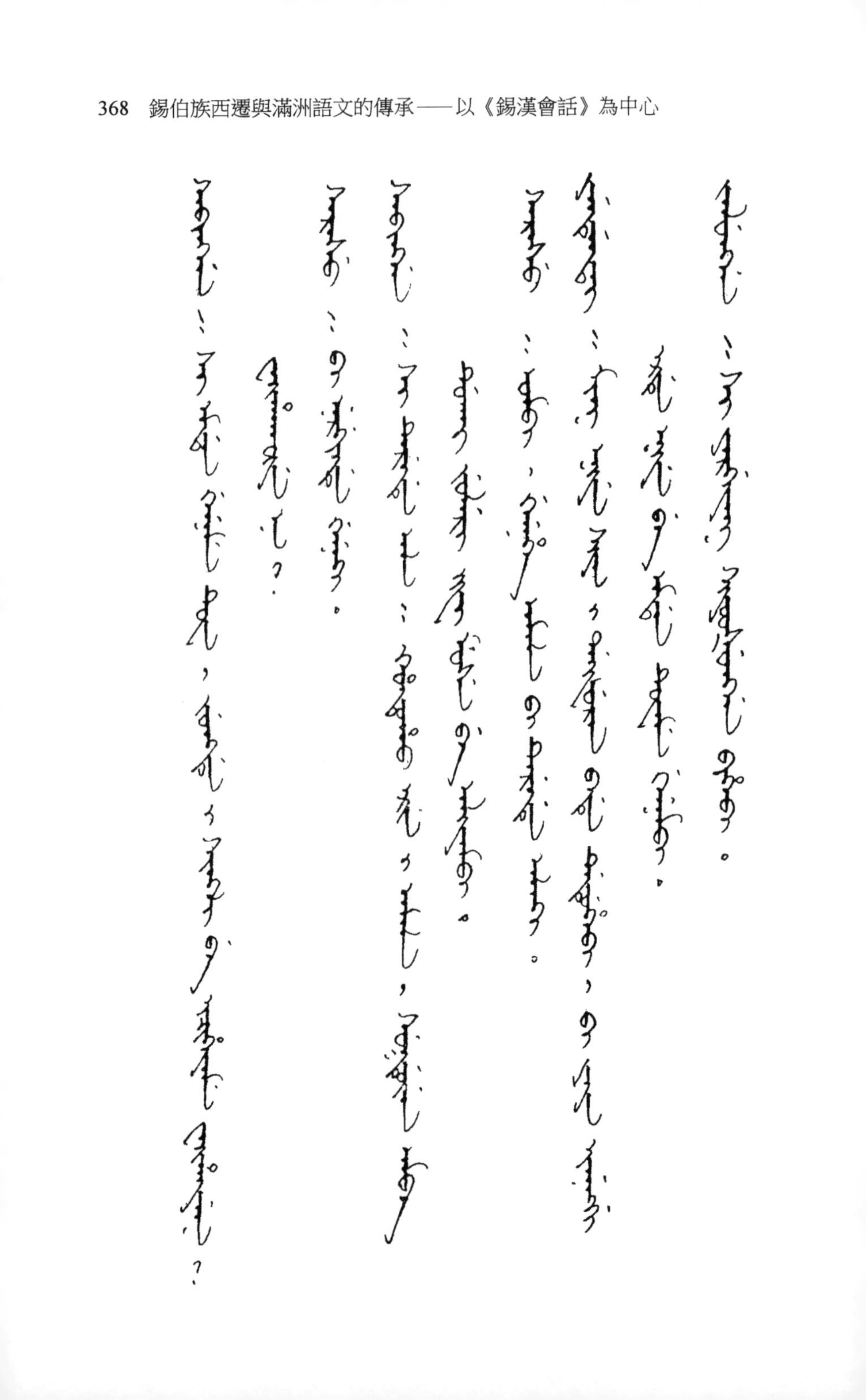

[illegible]

[illegible]

[illegible]

[illegible]

[illegible]

[illegible]

[illegible]

sabingga: si emdan geneme tuwa, jungde i singli be icihiyame wajihayena? wajihakūye na?

sarasu: bi nerginde geneki.

sabingga: si terede ala, hontoho erin i amala, sukdujen amba dukai juleri jifi muse be aliyambi.

sarasu: ombi, genehe amala bi terede alaki.

yendentai: mini eniye siyan i daifuran bade deduhebi, bi yaya inenggi erde eniye be emdan tuwame genembi.

jalungga: si yargiyani siyoošungga bihebi.

薩賓阿：你去看看[1]，忠德收拾好了行李沒有？

薩拉蘇：我就去[2]。

薩賓阿：你告訴他，半小時以後，汽車在大門口等我們。

薩拉蘇：行，我去了告訴他。

尹登泰：我母親在縣醫院住院，每天早上去看母親。

扎魯阿：你真孝順呀！

---

1 「你去看看」，錫伯文作“si emdan geneme tuwa”，意即「你去看一下」。

2 「我就去」，錫伯文作“bi nerginde geneki”，意即「我馬上就去」。

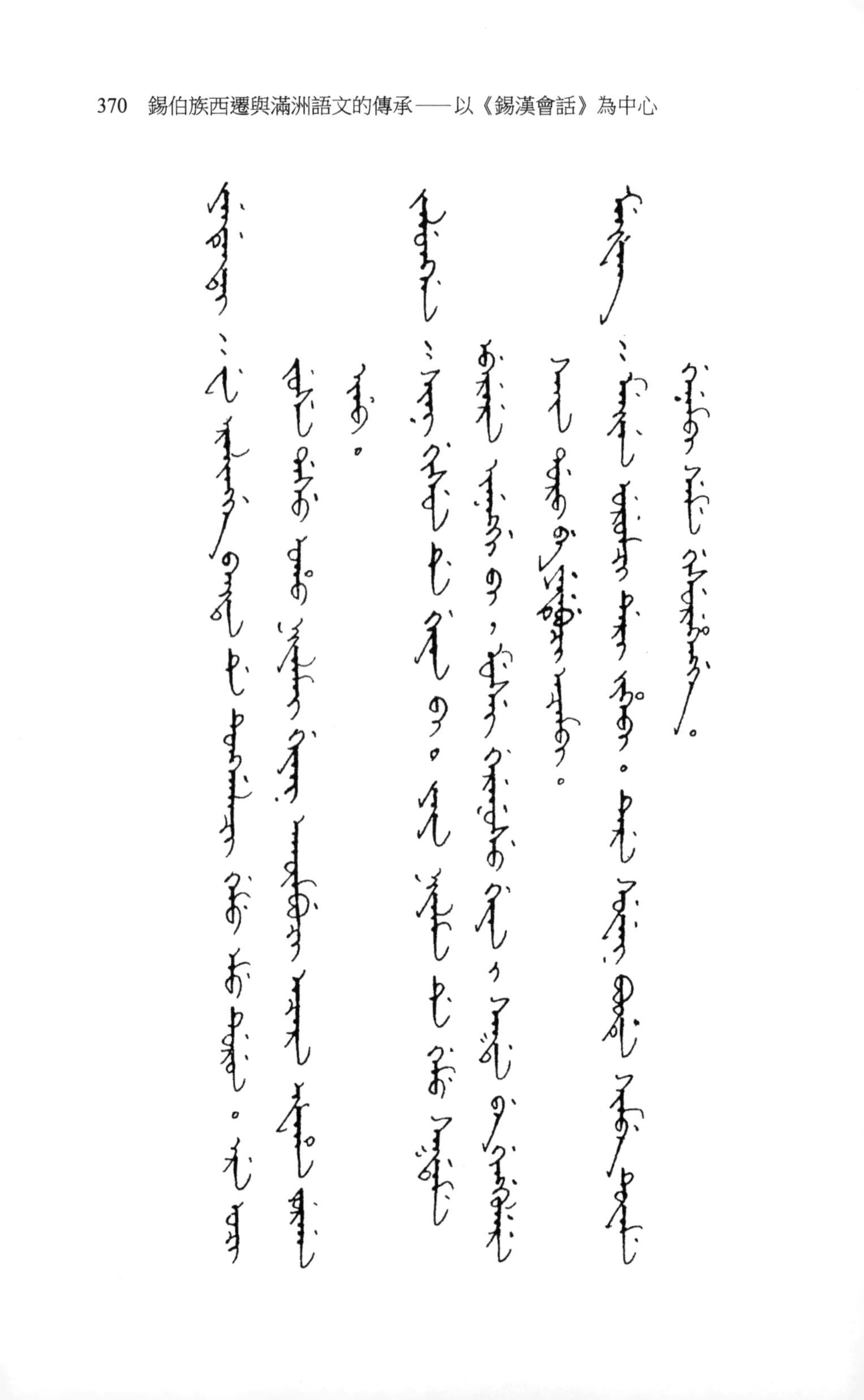

yendentai: we eralingge baita de tunggalaci gemu emu durun. ere oci juse dasu oho niyalmai giyani akūmbuci acara afaha jurgan inu.

jalungga: sini gisun de giyan bi. yaya niyalma de gemu sakdame eberere inenggi bi, musei gerenusu giyan i sakda be ginggulere sain doro be yendebuci acambi.

meifang: meijen urumci deri jihebi. tere suweni boode simbe tuwame genembi seme gisurehengge.

尹登泰：誰遇到這種事都一樣。這是做兒女的應盡的義務。

扎魯阿：你說得有道理。哪個人都有衰老的那一天，我們社會應該提倡敬老的美德。

美芳：美珍從烏魯木齊來了。她說要到你們家去看你。

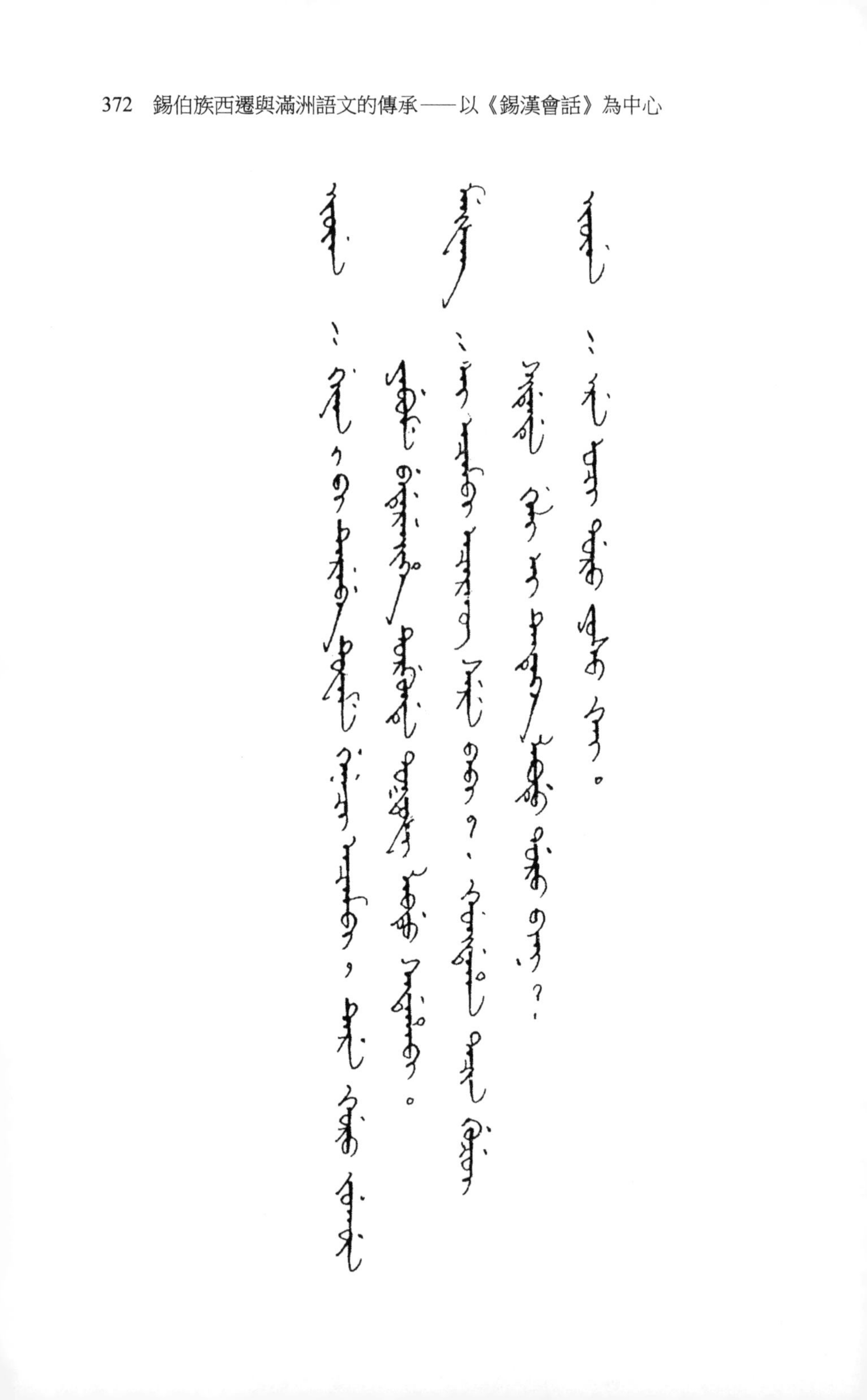

[illegible]

[illegible]

[illegible]

[illegible]

[illegible]

iojen: giyan i bi terebe tuwame geneci acambi. tere goro jugūn yabume bederenjihe turgunde toktofi labdu sadahabi.

meifang: ai acambi acarkū sere babi? goidaha tacin gucui sidende geli ai tenteke labdu doro bini?

iojen: ere oci doro yoso kai.

玉珍：是該我去看她。她從遠道兒回來，一定很累了[1]。

美芳：什麼該不該的？老同學之間哪兒還那麼多的禮？

玉珍：這是禮節嘛。

---

[1] 「累了」，錫伯文作“šadahabi”，意即「疲倦」，此作“sadahabi”，誤。

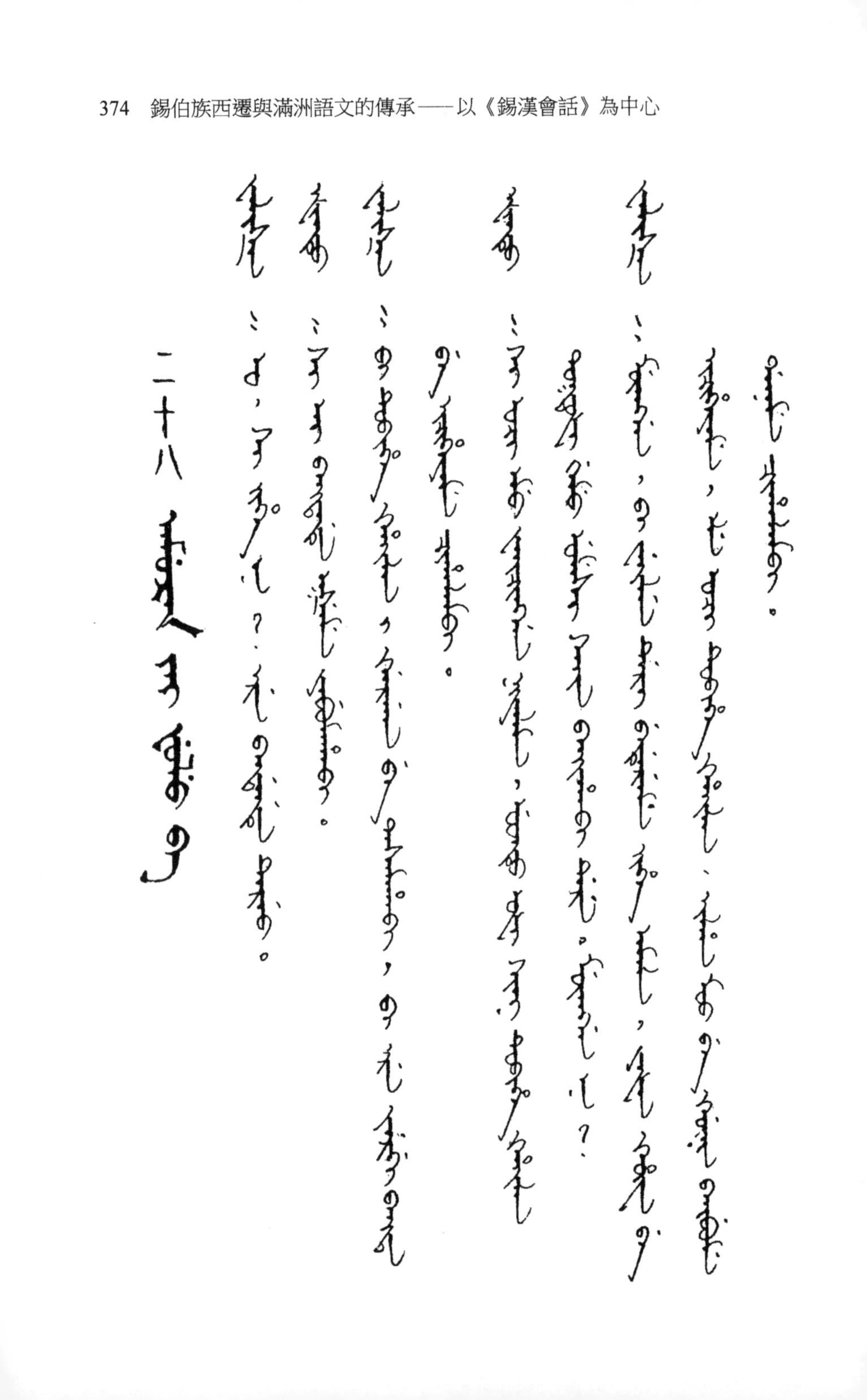

[illegible]

[illegible]

[illegible]

[illegible]

[illegible]

[illegible]

[illegible]

[illegible]

二十八 [illegible]

二十八、amuran jai fulu ba

fališan: o, si jihe na? ere bandande tereo.

efintu: si ai baitade ekšeme yabumahabi?

fališan: bi tubihe hailan i gargan be tasamahabi, bi ere jergi baita be icihiyame cihalambi.

efintu: si oci emu faicingga niyalma, uttu ofi sini tubihe hailan toktofi gemu umesi sain banjihabi dere. mujangga na?

fališan: mujangga, bi weilen deri bedereme jihe amala, yafan hūwa be icihiyame, ele oci tubihe hailan、 ilha moo be gūnin baibume daname cihalambi.

二十八、愛好和特長

法立善：哦，你來了？請坐在板凳上。

額芬圖：你在忙什麼呢？

法立善：我在為果樹修枝，我喜歡幹這些事。

額芬圖：你是個勤快人，所以你的果樹肯定都長得很好。是嗎？

法立善：是的，我下班回來以後，每天都收拾院子[1]，特別喜歡用心侍弄果樹花卉[2]。

1 「每天都收拾院子」，錫伯文作“yafan hūwa be icihiyame”，意即「收拾院子」

2 「特別喜歡用心侍弄果樹花卉」，句中「侍弄」，錫伯文作“daname”，意即「管理」、「照看」、「照顧」、「護理」。

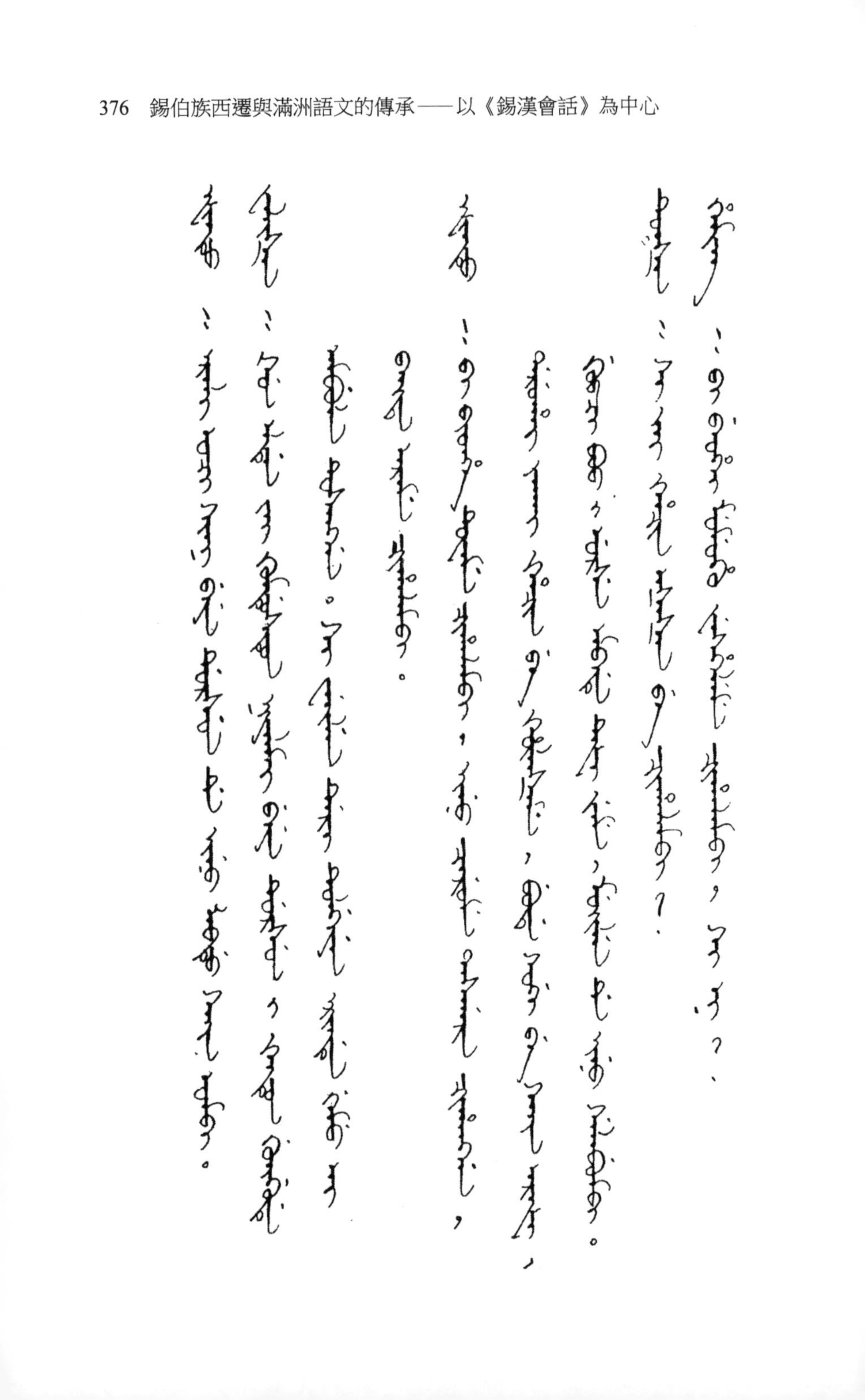

efintu: erali oci sini beye dursun de inu labdu sain ombi.

fališan: šun elden jai kumdustun niyalmai beye dursun i katun guigude ambula tusangga. si weilen deri tulgiyen erinde gemu ai baita arame cihalambi?

efintu: bi bithe tuwame cihalambi, inu carume tasgara cihangga, daruhai jakai hacin be hūlašame, buda sogi be sain arafi, gubci boo i urse embade tefi jeme, mujilen de inu selabumbi.

tukšan: si ai hacin ašašan be cihalambi?

heming: bi bethei mumuhu fesheleme cihalambi, si ni?

額芬圖：這樣對你的身體也大有好處。

法立善：陽光和空氣對人體健康非常有益。你在業餘時間都喜歡幹些什麼呢？

額芬圖：我喜歡看書，也喜烹調[1]，經常換個花樣，把飯菜做好，全家人坐在一起吃，心裡也暢快。

圖克善：你喜歡什麼運動[2]？

何明：我喜踢足球[3]，你呢？

[1] 「烹調」，錫伯文作“carume tasgara”，意即「烹炒」。

[2] 「運動」，錫伯文作“aššan”，此作“ašašan”，異。

[3] 「我喜踢足球」，錫伯文作“bi bethei mumuhu fesheleme cihalambi”，意即「我喜歡踢足球」。

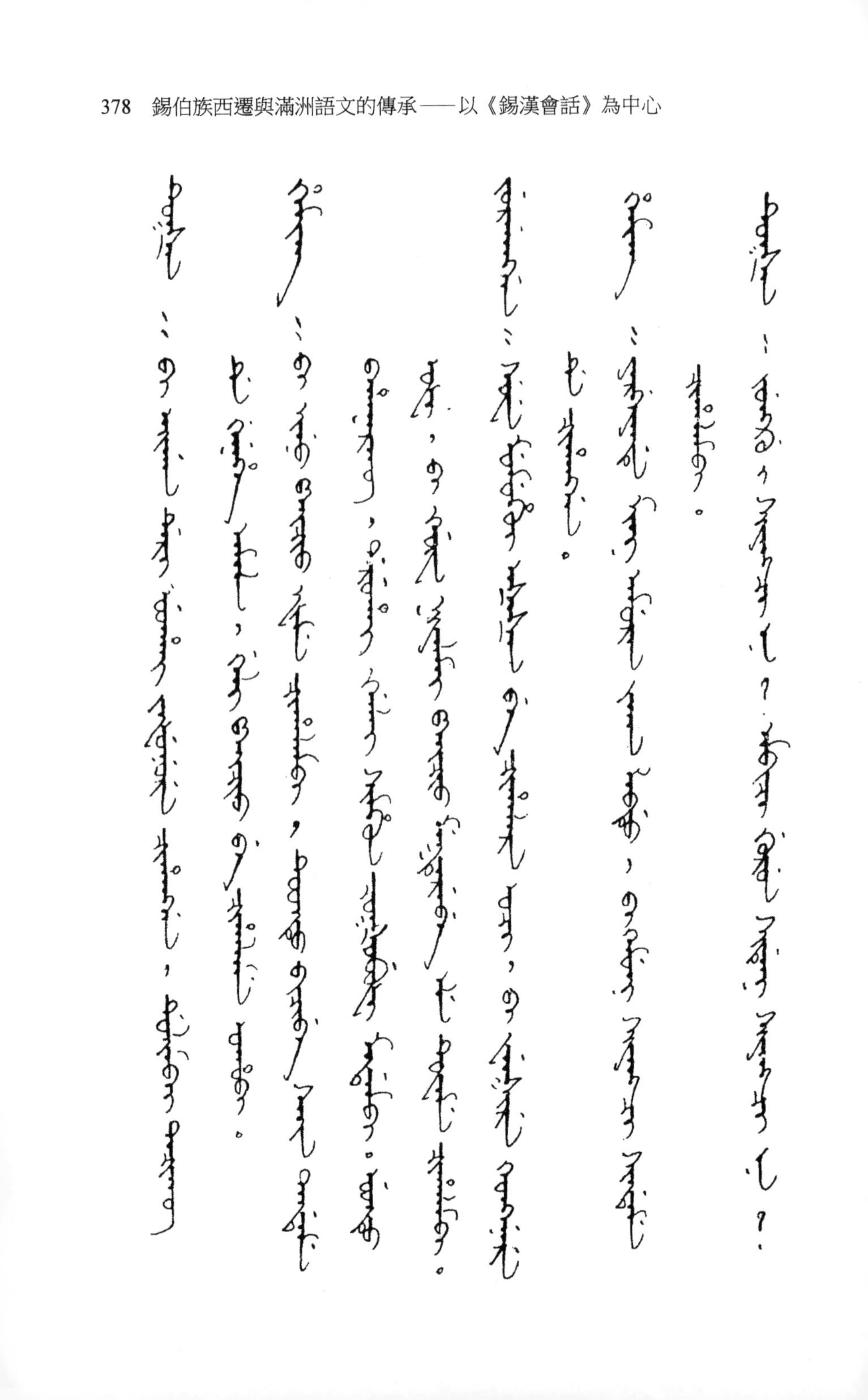

tukšan: bi ajigan deri uthai jafunure cihangga, dulimbai tacikū de genehe amala, geli paicio be cihalame ohobi.

heming: bi inu paicio efime cihalambi, tuttu bicibe sain tandame bahanarkū, daruhai galai simhun cokšobufi madambi. uttu ofi, bi gūwa niyalmai paicio mekterebe ele tuwame cihalambi.

jurgangga: suwe mumuhui ašašan be cihalara oci, bi feksire ketkenere de cihangga.

heming: yargiyande mini amuran jaka labdu, bi kemuni siyangci sindame cihalambi.

tukšan: jungg'o i siyangci na? embici gurun sideni siyangci na?

圖克善：我從小就喜歡摔跤，上了中學以後，又喜歡上了排球。

何明：我也喜歡排球[1]，可是打不好，常把手指頭戳腫了，所以更愛看別人賽排球。

朱爾尕阿：你們喜歡球類運動，我喜歡跑和跳。

何明：其實我的愛好很多，我還喜歡下象棋。

圖克善：是中國象棋還是國際象棋？

---

[1] 「我也喜歡排球」，錫伯文作“bi inu paicio efime cihalambi”，意即「我也喜歡玩排球」。

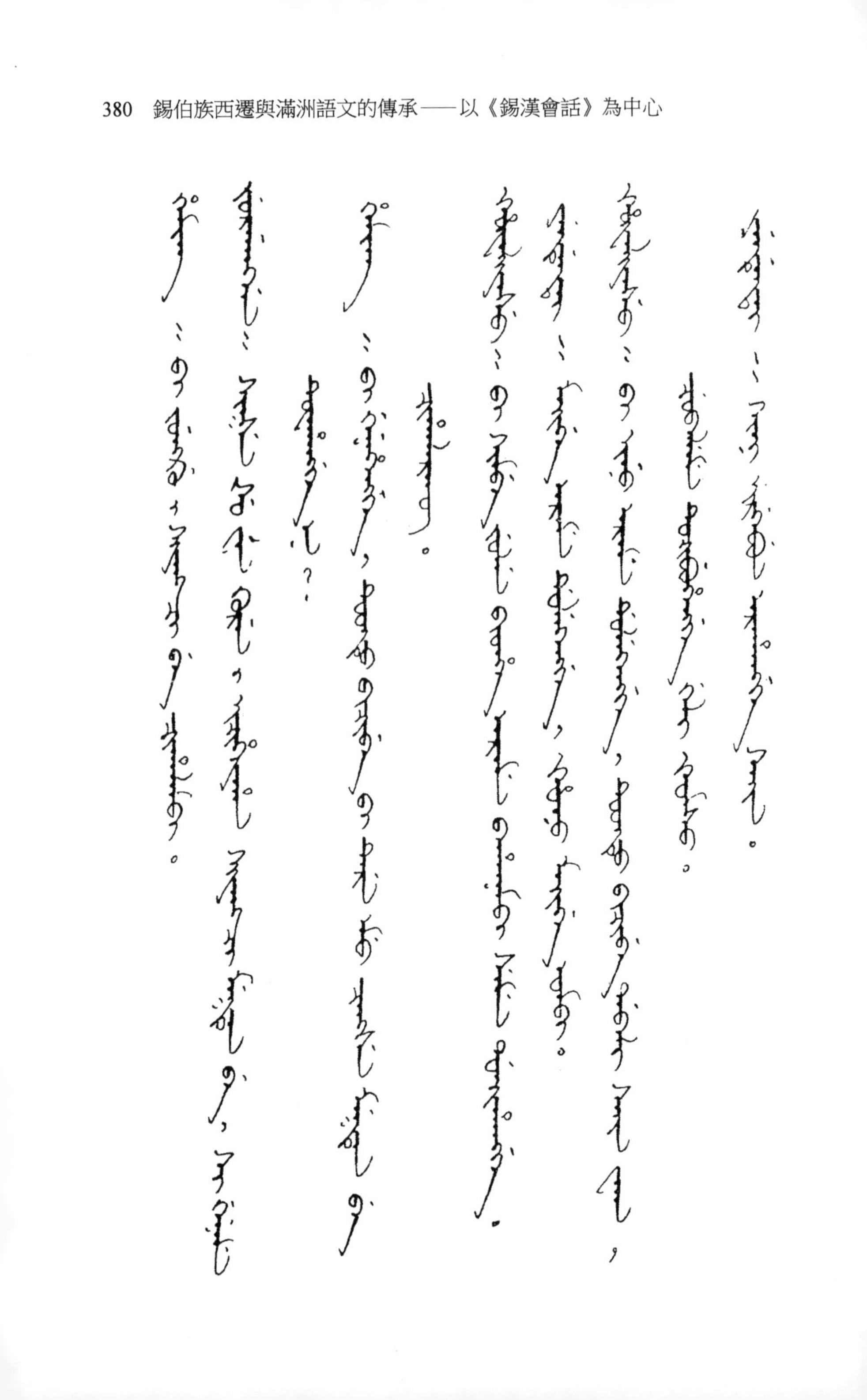

heming: bi jungg'o i siyangci be cihalambi.

jurgangga: sikse šu wen kuren i icihiyaha siyangci mekten be, si geneme tuwahangge na?

heming: bi genehengge, tuttu bicibe bi tere emu cangse mekten be cihalarkū.

hūwaliyasu: bi simbe julen bithe arame bahanambi seme donjihangge.

yendentai: majige arame dulekengge, hono majige ombi.

hūwaliyasu: bi inu arame dulekengge, tuttu bicibe dabali sain waka, cubanleme tucibuhengge geli komso.

yendentai: sini irgebun arahangge sain.

何明：我喜歡中國象棋。

朱爾尕阿：昨天文化館舉辦的象棋賽，你去觀戰了嗎？

何明：我去了，不過我不喜歡那場比賽。

華里亞蘇：我聽說，你會寫小說。

尹登泰：我寫過一些，還算不錯。

華里亞蘇：我也寫過，不過不怎麼好，發表的也不多[1]。

尹登泰：你的詩寫得好。

---

[1] 「發表的」，錫伯文作"cubanleme tucibuhengge"，意即「出版的」。

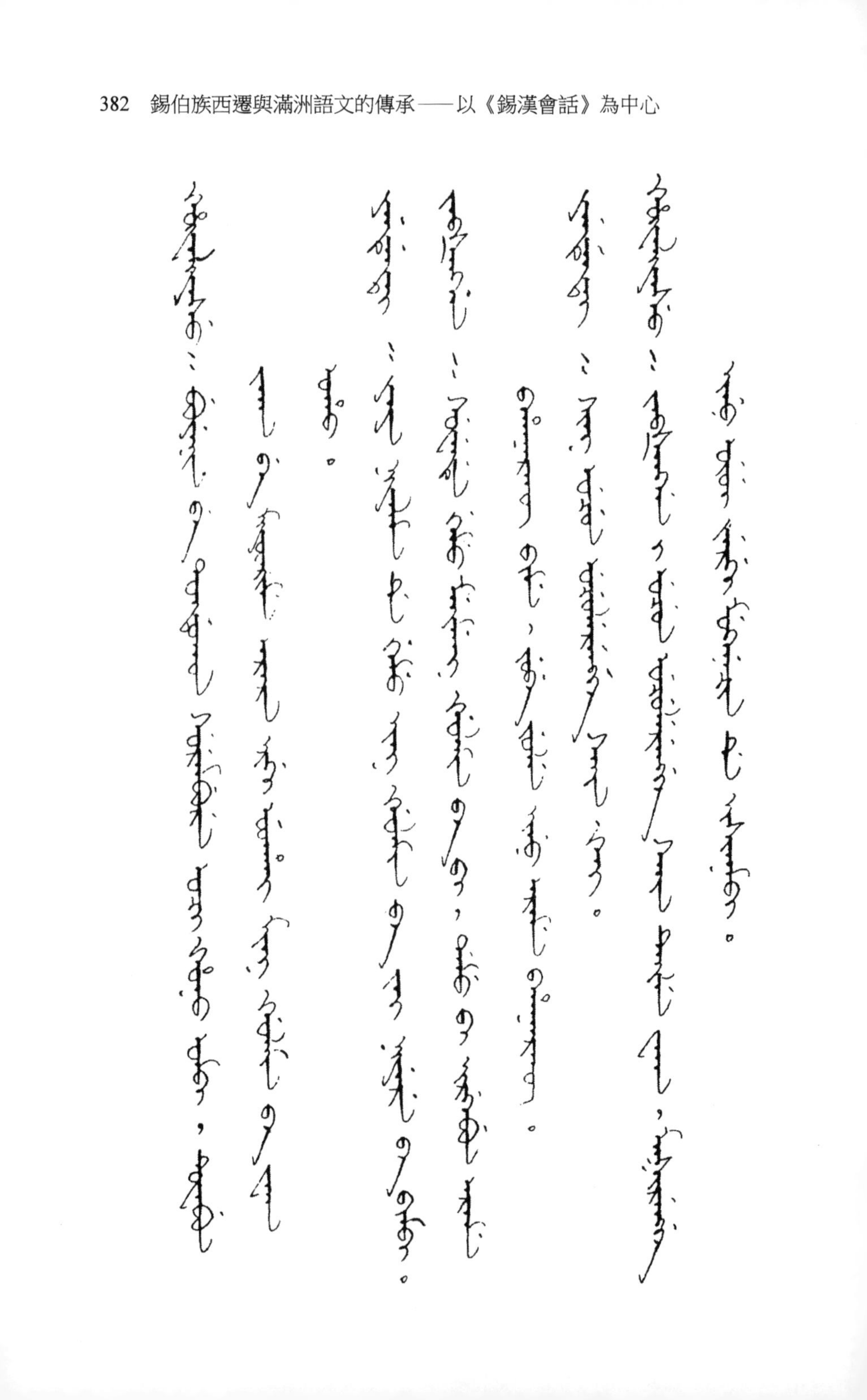

[illegible]

[illegible]

[illegible]

[illegible]

[illegible]

[illegible]

[illegible]

[illegible]

[illegible]

hūwaliyasu: buyenin be tondokon surembure oci hono ombi, tuwabun jaka be miyoorime arara ergi uthai mini golmin ba waka oho.

yendentai: yaya niyalma de gemu ini golmin ba jai niyere ba bimbi.

jabšangga: suwende gemu meimeni golmin ba bi, damu bi irgebun arame bahanarkū bime, jube julen inu arame bahanarkū.

yendentai: sini ucun uculerengge sain kai.

hūwaliyasu: jabšangga i ucun uculerengge sain teile waka, maksirengge inu ujui jergi mukenecin de isinambi.

華里亞蘇：直抒感情還可以，描寫景物就非我之所長了[1]。

尹登泰：任何人都是又有長處，又有弱點。

扎布尚阿：你們都各有擅長，我可是不會寫詩，也不會寫小說。

尹登泰：你唱歌唱得好。

華里亞蘇：扎布尚阿不只唱歌唱得好，跳舞也是一流水平[2]。

---

1 「描寫景物」，句中「描寫」，滿文作"nirume arara"，此作"miyoorime arara"，異。

2 「跳舞也是一流水平」，錫伯文作"maksirengge inu ujui jergi mukenecin de isinambi"，意即「跳舞也是達到一流水平」。

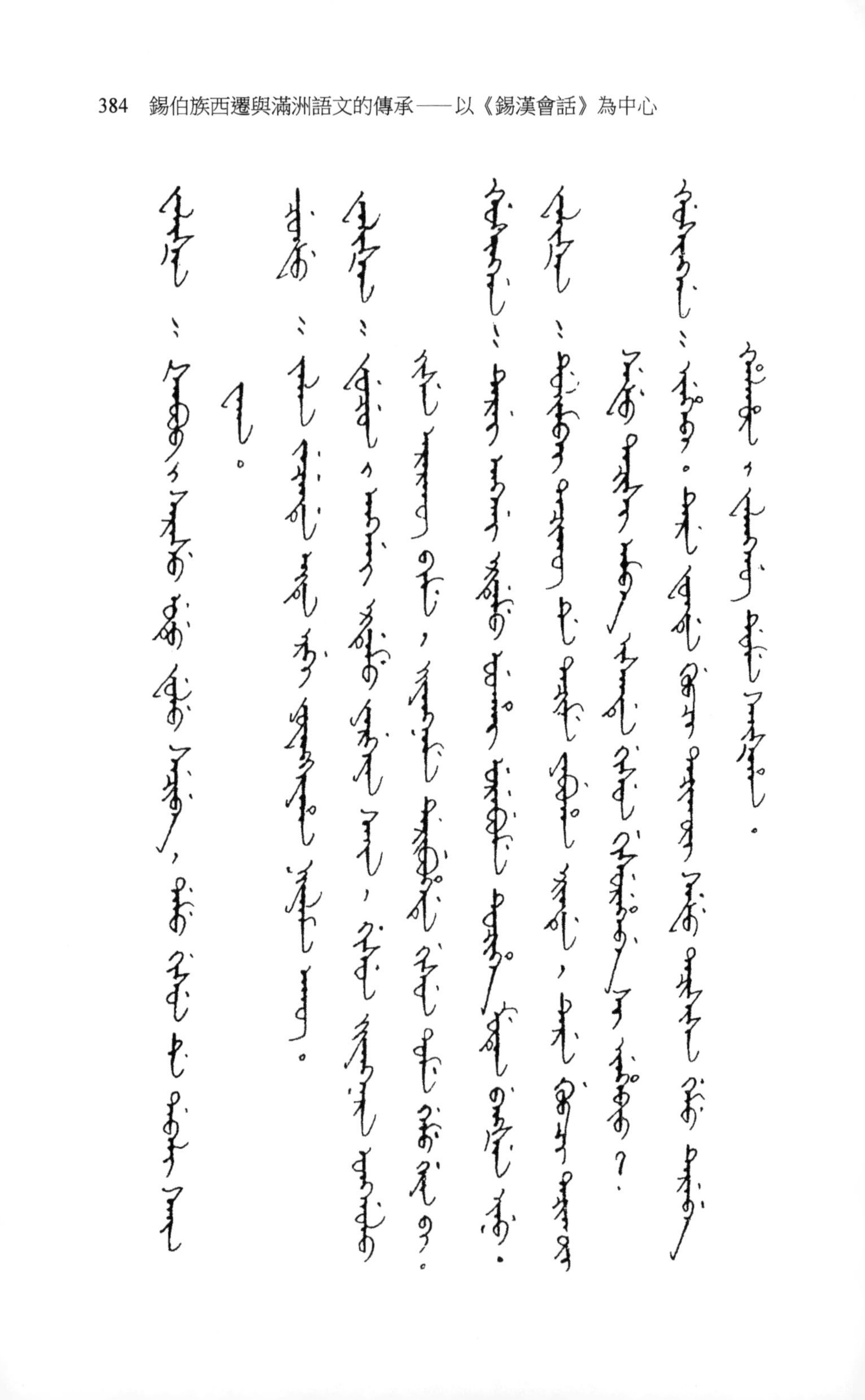

fališan: šanboo i sarasu udu fulu secibe, damu gisun de dabali sain waka.

cunfu: jalan jecende eiten ergi yowangkiyaha niyalma akū.

fališan: fucun i anggai erdemu yargiyan sain, gisun jiyangnara onggolo jise ararkū bime, jiyangname deribuhede gisun tome gemu giyan bi.

gosingga: terei anggai erdemu uthai urebume tucihe muten bengšen inu.

fališan: dulimbai tacikū de tacime yabuha erinde, tere gubci tacikūi sefu tacisi amba isande gisun gisurehebe si ejehebio?

gosingga: ejehebi. tere fonde gubci tacikūi sefu tacisisa gemu terebe halhūn i falanggū dume saišaha.

法立善：善保雖說知識豐富，却不善於言談。

春夫：世上沒十全十美的人[1]。

法立善：傅春的口才可真好，講話之前不打稿，說起來頭頭是道[2]。

郭興阿：他的口才也是練出來的本領。

法立善：還記得上學的時候[3]，他在全校師生大會上講話的情景嗎？

郭興阿：記得。當時全校師生都為他熱烈鼓掌。

---

1 「十全十美」，錫伯文作“yowangkiyaha”，《錫漢教學詞典》作“yongkiyan”，意即「完備的」、「圓滿的」。

2 「頭頭是道」，錫伯文作“gisun tome gemu giyan bi”，意即「每句話都有道理」。

3 「上學的時候」，錫伯文作“dulimbai tacikū de tacime yabuha erinde”，意即「上中學的時候」。

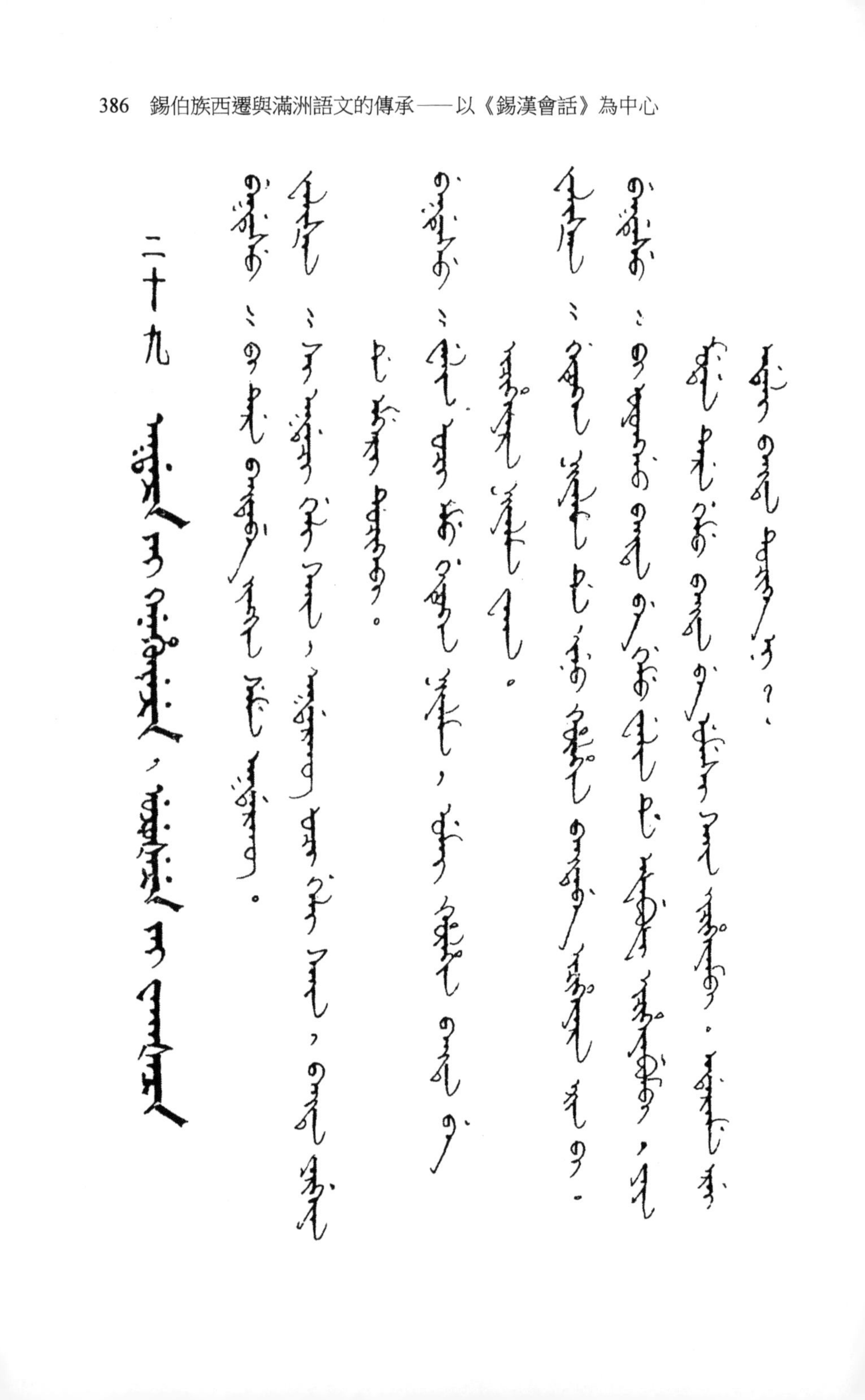

二十九

二十九、akdara jai kenehunjere. urušere jai wakašara

bekdesu: bi tere baitabe jingkin seme akdarkū.

fališan: si akdaci geli sain, akdarkū oci geli sain, baita yargiyan de emgeri tucikebi.

bekdesu: wenlin oci emu getuken niyalma, umai hūlhin baita be icihiyara niyalma waka.

fališan: getuken niyalma de inu hūlhin baitabe icihiyara erin bi.

bekdesu: bi oyonggo baita be gemu wenlin de afabufi icihiyabumbi, yaya mudan tere gemu baita be umesi sain icihiyambi. adarame erei adali baita tucike ni?

二十九、相信和懷疑、肯定和否定

伯克德蘇：我不相信那事是真的。

法立善：你相信也好，不相信也好，事情確實已經發生了。

伯克德蘇：文林是個聰明人，不是幹傻事的人。

法立善：聰明人也有幹糊塗事的時候。

伯克德蘇：我把一些重要事情都交給文林去辦，每回他都能把事情辦得很好。怎麼出了這樣的事？

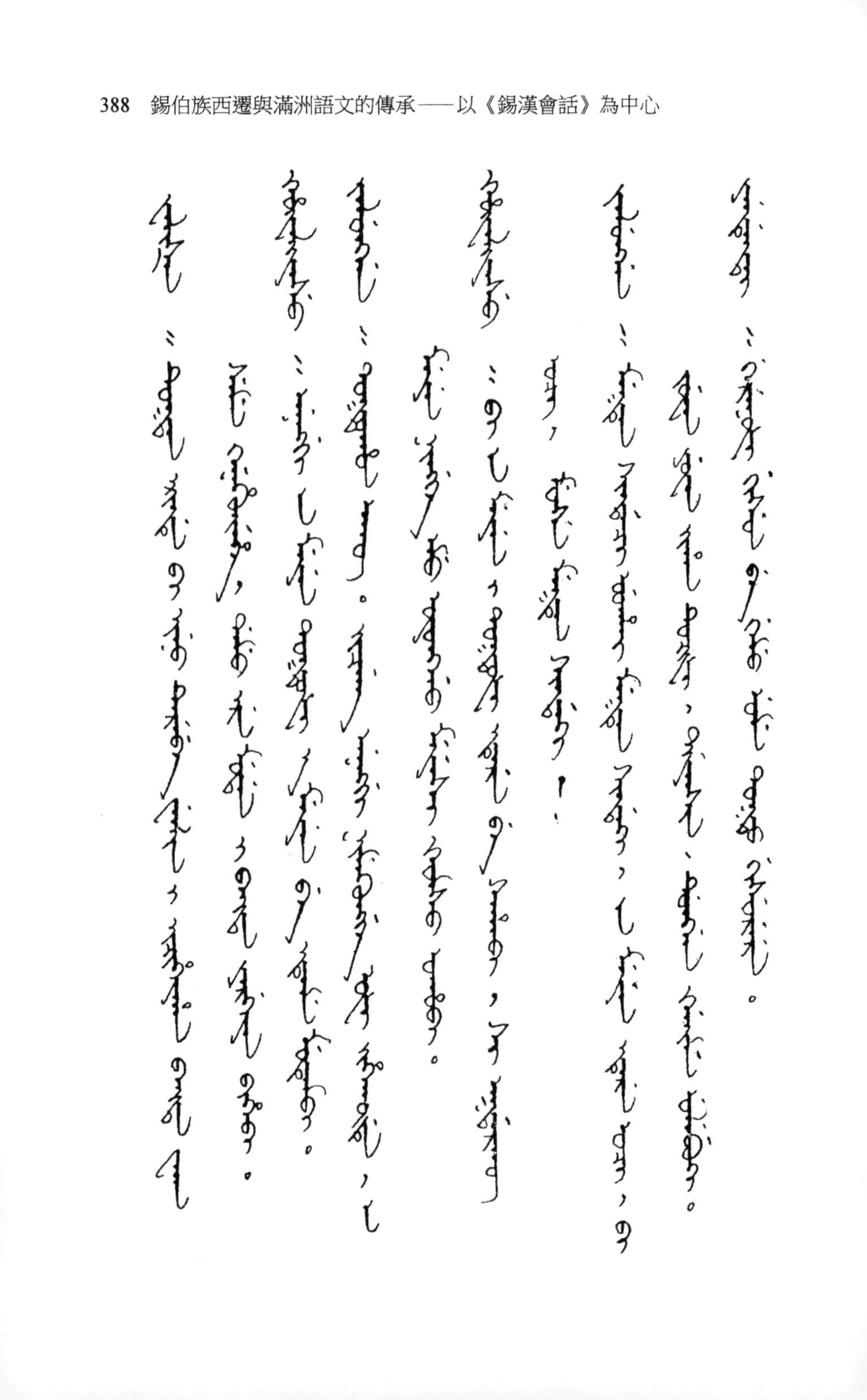

fališan: tuktan erinde bi inu terebe wenlin i icihiyaha baita waka seme kenehunjehe, damu ere mudan i baita yargiyan bihebi.

hūwaliyasu: enenggi a meyen toktofi e meyen be eteme mutembi.

jalungga: toktohon akū. jiceng enenggi nimekungge ofi jihekūde, a meyen ningge emu oyonggo meyesi komso ohobi.

hūwaliyasu: bi a meyen i toktofi etere be sahabi, si akdarkū oci, muse mekten sindaki！

jalungga: mekten sindaci uthai mekten sindaki, a meyen etere oci, bi juwan yuwan jiha tucifi, diyansin、dungga gaime ulebuki.

yendentai: gerenofi gisun be gemu ume tokto gisurere.

法立善：開始的時候，我也懷疑那不是文林幹的事，但這回的事真實的[1]。

華里亞蘇：今天甲隊一定能贏乙隊。

扎魯阿：不一定，吉成今天有病沒來，甲隊缺了個主力隊員。

華里亞蘇：我看準甲隊贏，不信咱們打個賭。

扎魯阿：打賭就打賭，甲隊要是贏了，我出十塊錢買點心、西瓜吃[2]。

尹登泰：大家都不要把話說死。

---

[1] 「但這回的事真實的」，錫伯文作“damu ere mudan i baita yargiyan bihebi”，意即「但這回的事是真實的」，此脫「是」。

[2] 「買點心、西瓜吃」，錫伯文作“diyansin、dungga gaime ulebuki”，意即「要買點心、西瓜給人吃」。

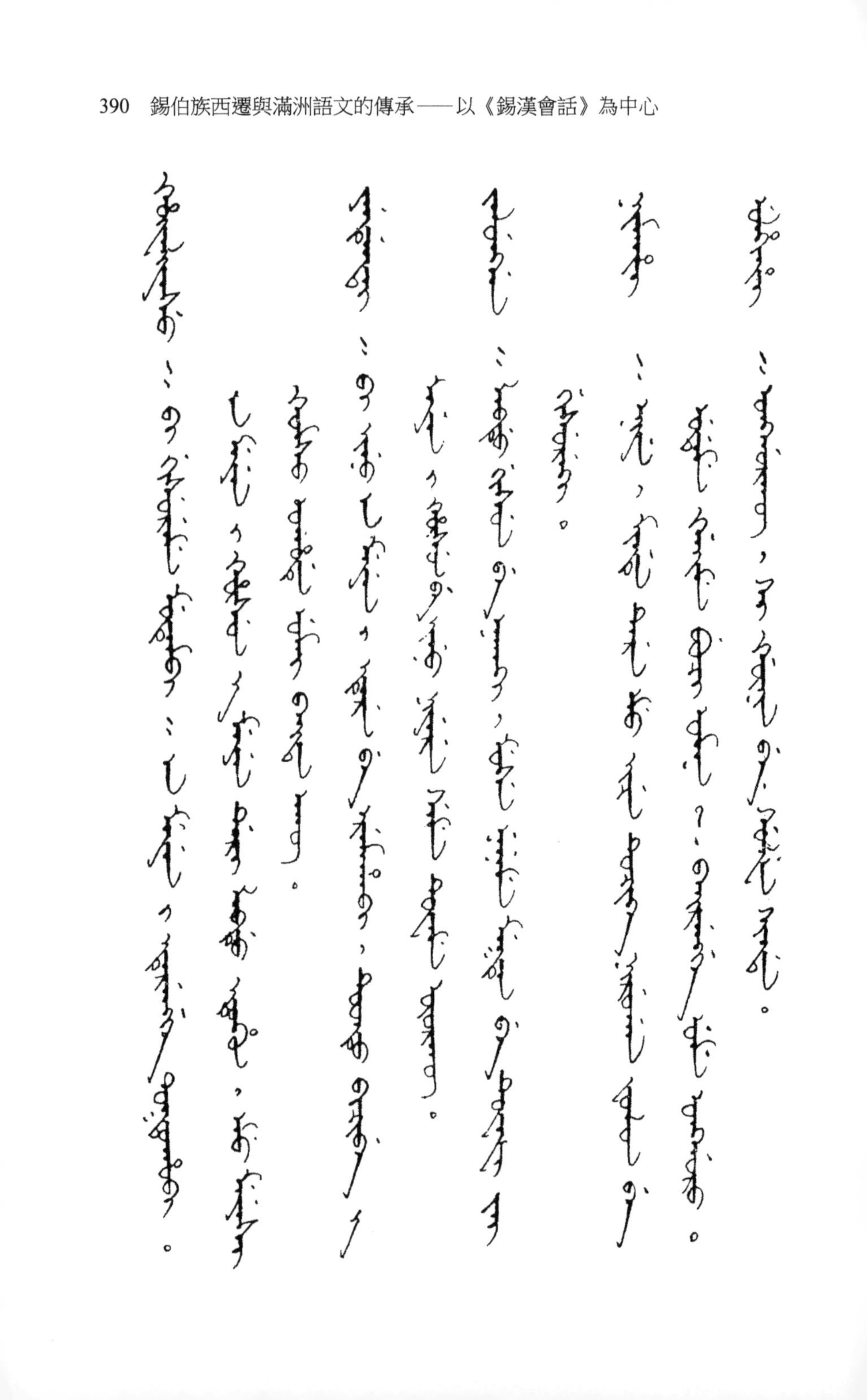

hūwaliyasu: bi gisureme mutembi、 a meyen i eterengge toktohobi. a meyen i hūsun e meyen deri labdu etuhun, emu meyesi komso ohode umai baita akū.

yendentai: bi inu a meyen i etere be eremahabi, tuttu bicibe e meyen i hūsun be inu niyere seme tuwame ojorkū.

jalungga: labdu gisun be nakaki, muse neneme mekten be tuwafi jai gisureki.

nimanjy: eniye, minde tere emu ice tucike nirugan folon be udame gaime buci omna? bairengge ume onggoro.

ulhinjy: onggorkū, si gūnin be sulfa sinda.

華里亞蘇：我敢說，甲隊贏定了。甲隊的力量比乙隊強得多，少一個隊員也沒啥。

尹登泰：我也是希望甲隊取勝，不過乙隊的力量也不能低估。

扎魯阿：不要多說了，咱們先看了比賽再說吧。

尼曼芝：媽媽，你把那本新出的畫報給我買回來好嗎？請你不要忘了。

烏爾星芝：忘不了，你放心吧。

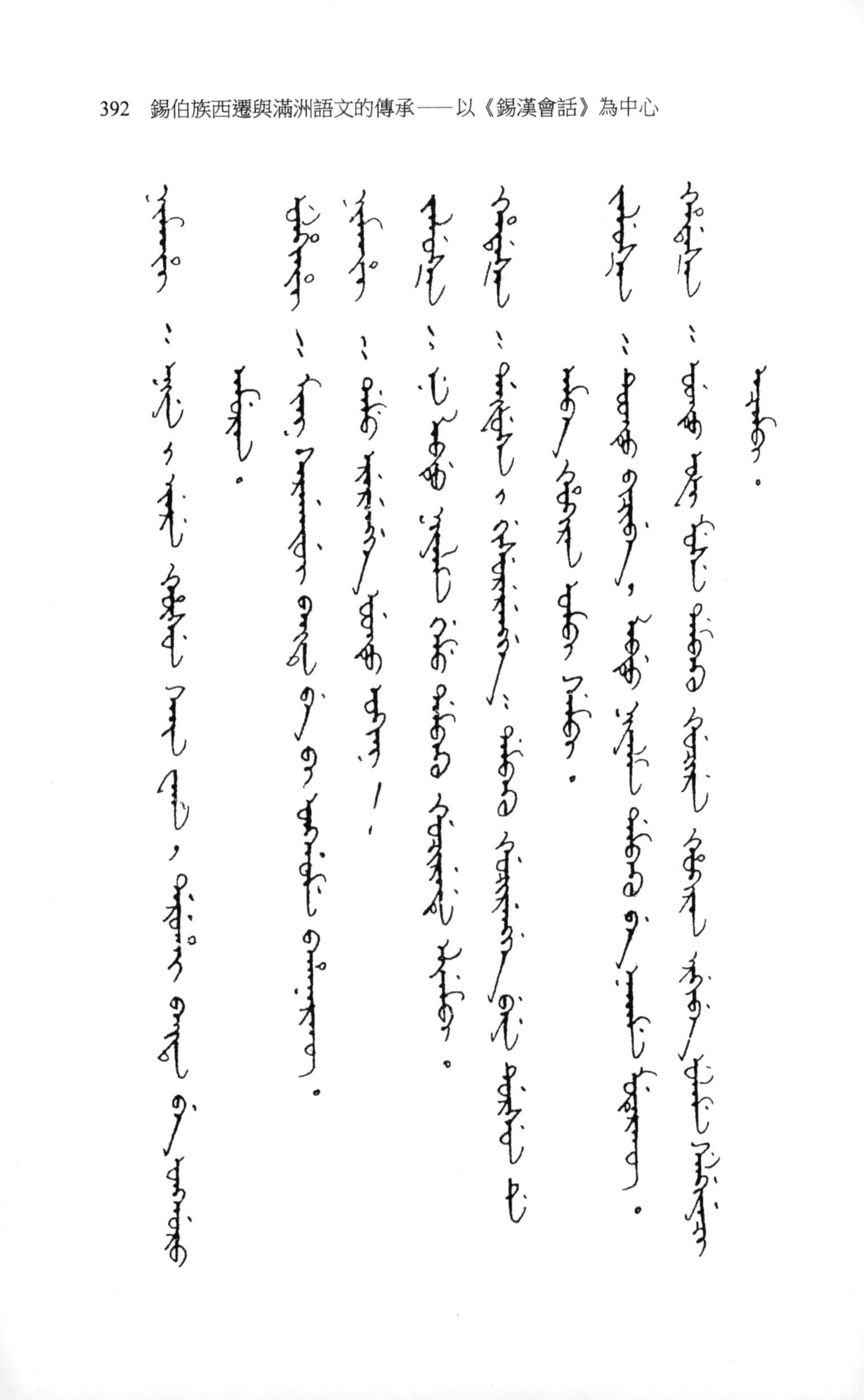

[illegible]

nimanjy: eniye i ejere hūsun sain waka, daruhai baita be onggoro amuran.

ulhinjy: mini sarganjui baita be bi onggome bahanarkū.

nimanjy: damu ererengge uttu okini.

jalušan: ne labdu niyalma gemu dambaku gocirerede eljembi.

hadašan: daifuse i gisurerengge, dambaku gocirengge beye dursun de amba hokiran ombi sembi.

jalušan: tuttu bicibe, labdu niyalma dambaku be nakame muterkū.

hadašan: uttu ofi muse dambaku gocire hokiran ergibe ulame selgiyeci acambi.

尼曼芝：媽的記性不好，常愛忘事兒。

烏爾星芝：我女兒的事我不忘。

尼曼芝：但願如此。

扎魯善：現在許多人都反對抽烟。

哈達善：大夫們說：抽烟對身體害處很多[1]。

扎魯善：可是好多人戒不掉烟。

哈達善：所以我們要大力宣傳吸烟的危害。

---

[1] 「抽烟對身體害處很多」，錫伯文作"dambaku gocirengge beye dursun de amba hokiran ombi sembi"，意即「抽烟對身體害處很大」，句中「害處」，《錫漢教學詞典》作"kokiran"，此作"hokiran"，異。

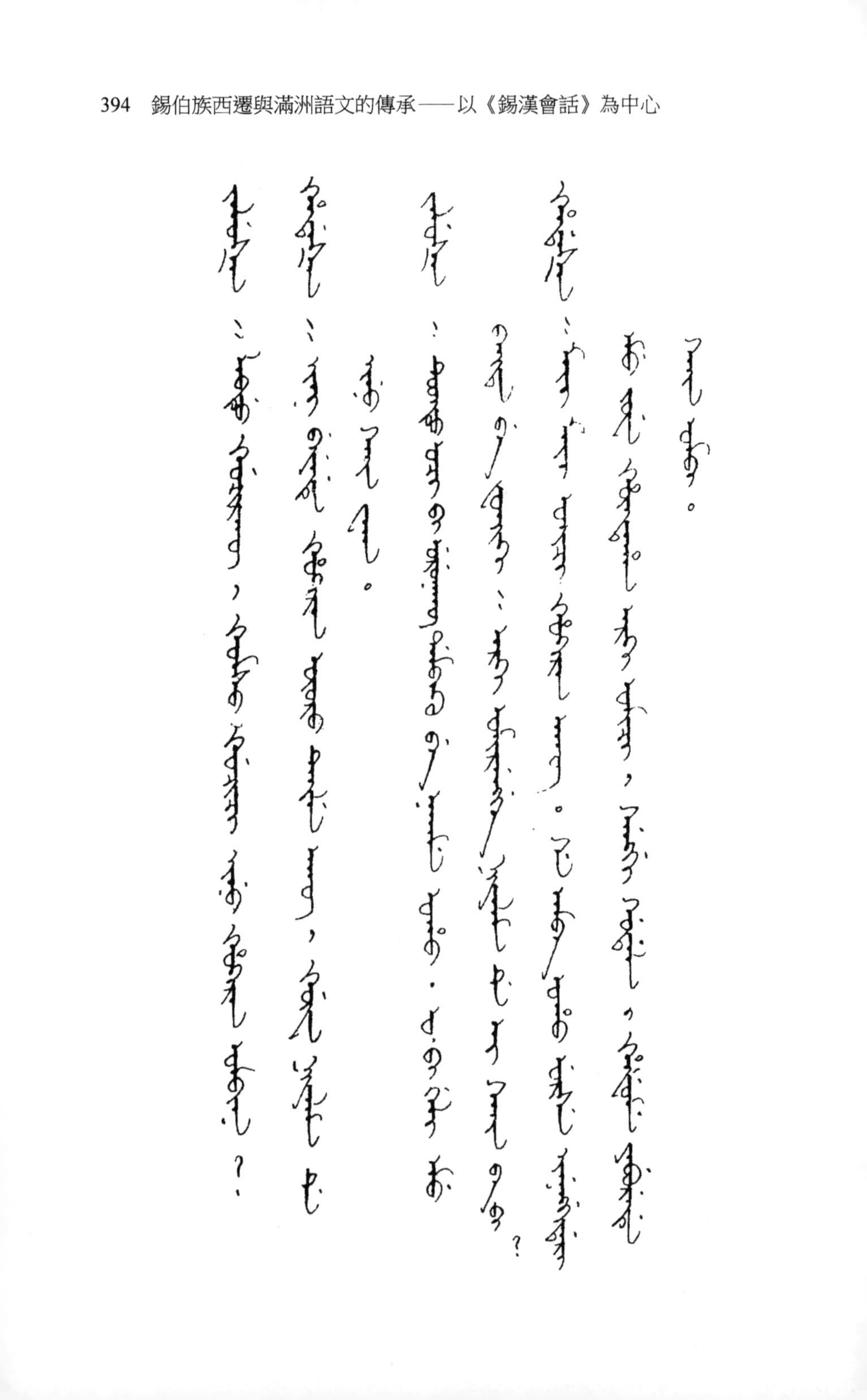

jalušan: labdu gocirkū, komso gocici inu hokiran ombina?

hadašan: ini beyede hokiran ojoro teile akū, gūwa niyalma de inu sain waka.

jalušan: tuttu oci bi urunakū dambaku be nakame oho. o, bi geli emu baita be fonjiki, arki omirengge niyalma de ai sain ba bi ?

hadašan: maji maji omici hokiran akū. se amba oho urse inenggidari emu juwe hūntahan arki omici, senggi sudala i hafume yaburede sain ombi.

扎魯善：不多抽，少抽也有害嗎？

哈達善：不但危害自己的身，對別人的身體也不好[1]。

扎魯善：那我一定把烟戒了。噢，我再問件事：喝酒對人有什麼好處？

哈達善：少少地喝，沒有害處。年齡大的人每天喝上一兩盅酒，對血液流通有好處[2]。

---

1 「對別人的身體也不好」，錫伯文作"gūwa niyalma de inu sain waka"，意即「對別人也不好」。

2 「血液」，錫伯文作"senggi sudala"，意即「血脈」。

ᠠᠨᡨᠠᡥᠠ : [illegible]

ᠪᠣᡳᡤᠣᠵᡳ : [illegible]

ᠠᠨᡨᠠᡥᠠ : [illegible]

ᠪᠣᡳᡤᠣᠵᡳ : ᠪᡳ [illegible]

jalušan: ememu niyalma inenggidari arkibe dabali labdu omime soktombi. eralingge oci toktofi beye dursun de tusa akū.

hadašan: eralingge niyalmai yabun be bi cihalarkū. arki omirede urunakū kemun bici ombi.

jalušan: dambaku gocirkū, arki be komso omirebe neneme muse yabubume deribufi, amala teni genefi gūwa niyalma be tafulaki.

hadašan: bi sini gisurehe be urušembi.

扎魯善：有的人天天飲酒過多，一喝就要喝醉。這樣肯定對身體不利。

哈達善：這類人的行為我不喜歡。喝酒一定要有節制。

扎魯善：不抽烟，少喝酒，先從咱們自身做起，然後再去勸別人。

哈達善：我同意你的意見。

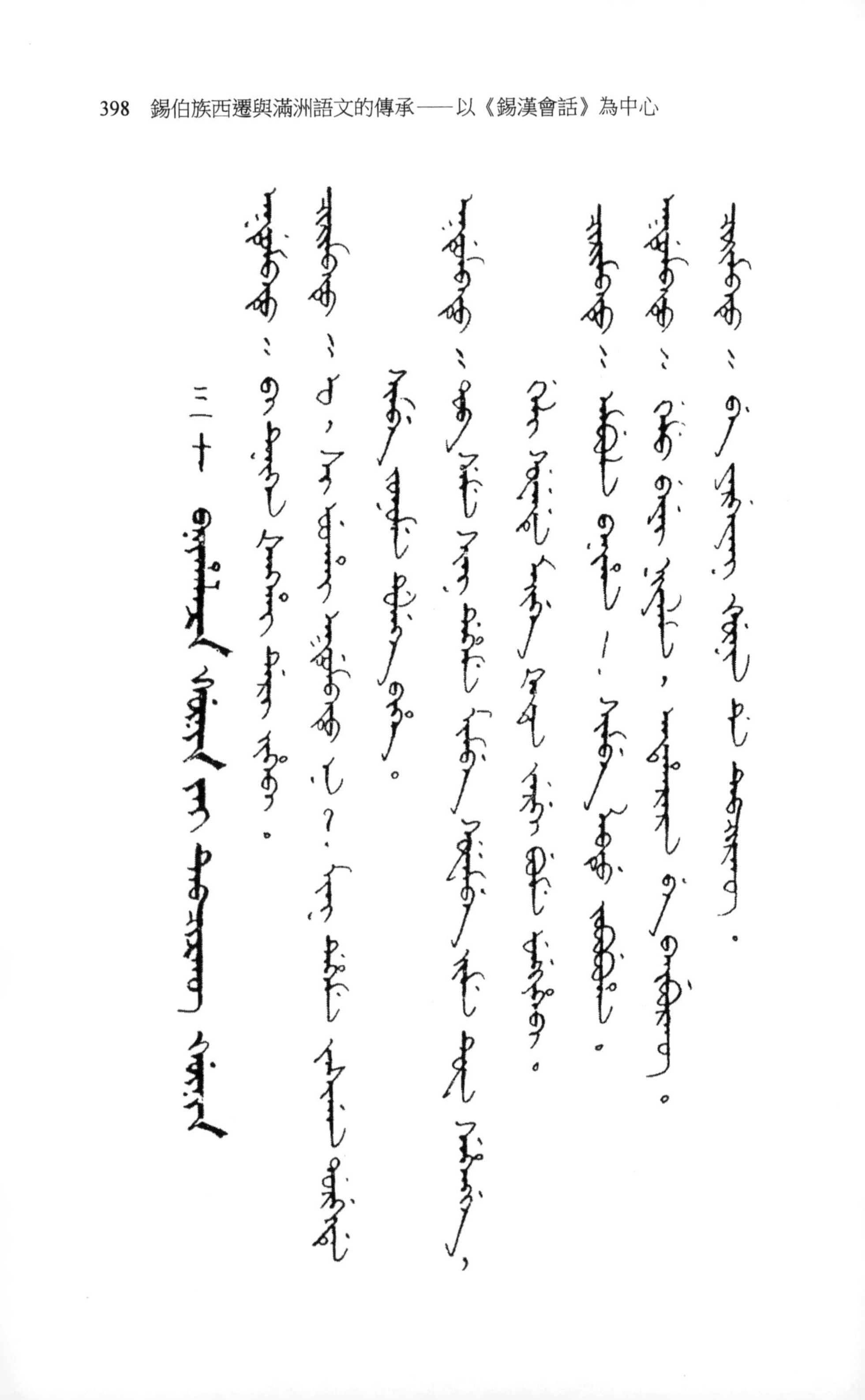

[illegible]

二十 [illegible]

三十、banihalara gūnin jai tebcirkū gūnin

akdumbatu: bi teniken šanghai deri jihebi.

cirimbatu: o, si uthai akdumbatu na? mini deheme jasigan dorgide simbe jonome duleke bihe.

akdumbatu: tob seme sini deheme mimbe suwembe jime tuwa sehengge, geli suwende majige šatan jergi bume unggihebi.

cirimbatu: ambula baniha！ simbe labdu jobobuha.

akdumbatu: gemu beyei niyalma, antahara be baiburkū.

cirimbatu: be yargiyani gūnin de tebcirkū.

三十、謝意和歉意

敖登巴圖：我才從上海來。

奇林巴圖：噢，你就是敖登巴圖嗎[1]？我姨媽在信裡提到了你。

敖登巴圖：正是你姨媽讓我來看你們一家，還讓我給你們帶來一些糖果。

奇林巴圖：多謝了，太麻煩你了。

敖登巴圖：都是自己人，不必客氣。

奇林巴圖：我們心裡實在過意不去。

---

[1] 「敖登巴圖」，錫伯文作"akdumbatu"，漢字音譯可作「阿克敦巴圖」。

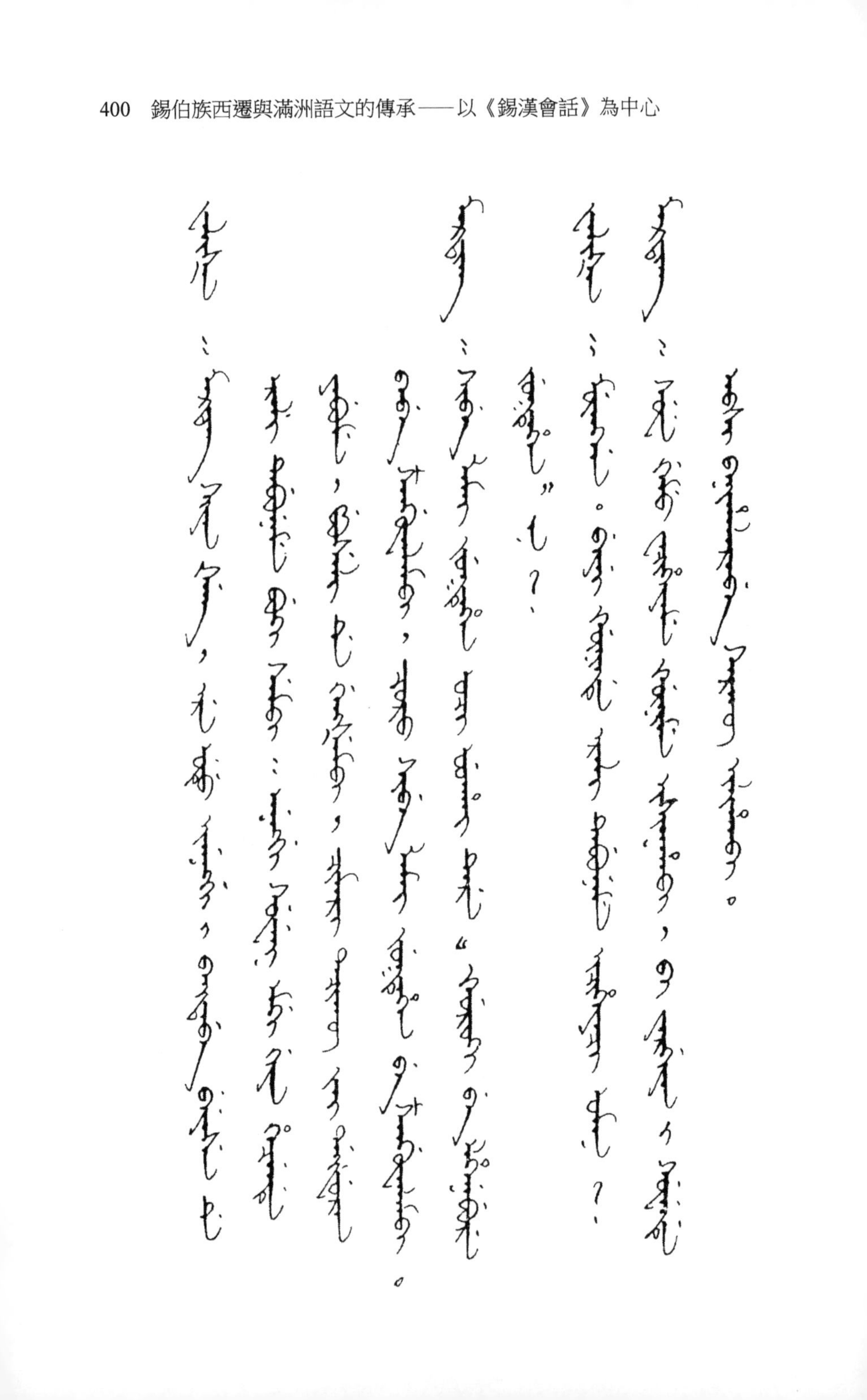

fališan: marting siyan šeng, ere udu inenggi i baitabe beyese de erali tebuneme buki sembi. enenggi suweni emgi giya hecende yabume, puseli de gengšembi, cimari tacikū jai daifuran babe ts'anguwanlambi. coro sibe lamai juktehen be ts'anguwanlambi.

marting: sibe lamai juktehen oci uthai tere "goroki be elhenebure juktehen" na?

fališan: mujangga. beyei gūninde erali tebuneme icihiyaci omna?

marting: suwe gemu wacihiyame gūnime isinahabi, bi yargiyan i suwende absi banihalarabe sarkū ilihabi.

法立善：馬丁先生，這幾天的事是這樣為您們安排的：今天陪你們在街上走走，逛逛商店，明天參觀學校、醫院，後天參觀錫伯喇嘛廟。

馬丁：錫伯喇嘛廟就是那「靖遠寺」嗎？

法立善：對，您看這樣安排行嗎？

馬丁：你們想得太周到了[1]，我真不知道怎麼感謝你們才好。

---

[1] 「你們想得太周到了」，錫伯文作"suwe gemu wacihiyame gūnime isinahabi"，意即「你們都想得太周到了」。

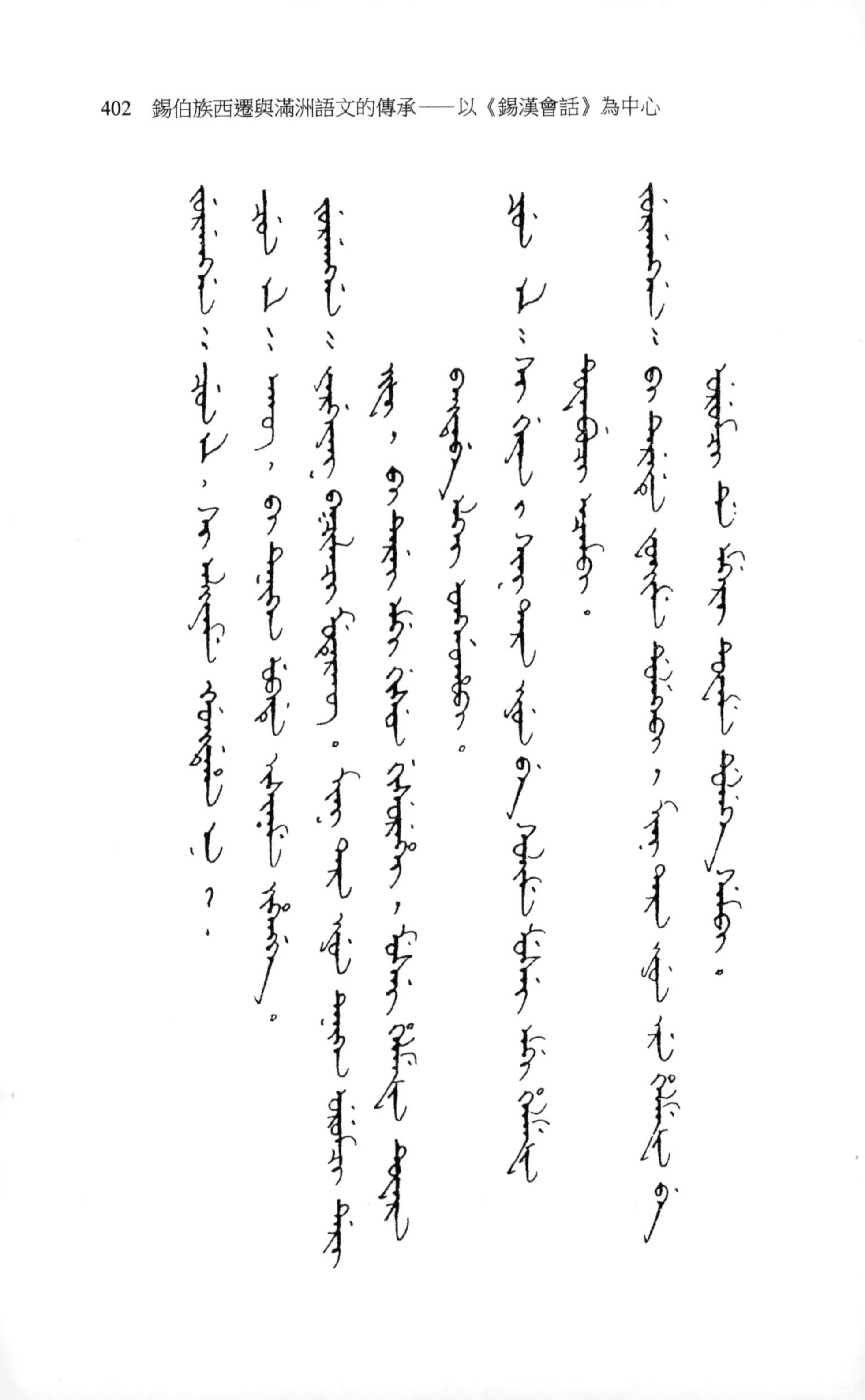

jurgangga: cun el, si aliyame goidaha na?

cun el: akū, bi teniken ubade isiname jihengge.

jurgangga: yargiyani bakcilaci muterkū. mini tara eyun teniken urumci deri jifi, bi terei emgi gisun gisurehei, musei helmefin tuwara baitabe elkei onggohobi.

cun el: si giyan i sini tara eyun be solime musei emgi helmefin tuwabuci acambi.

jurgangga: bi terede fonjime dulekebi, mini tara eyun ere helmefin be urumci de emgeri tuwame duleke sembi.

朱爾尕阿：春兒，你等久了吧？

春兒：沒有，我才到這兒。

朱爾尕阿：真是抱歉。我表姊才從烏魯木齊來，我跟她說着話，差點兒把咱們看電影的事忘了。

春兒：你該請你表姊跟咱們一塊看電影。

朱爾尕阿：我問過她了，我表姊說，這電影她在烏魯木齊看過了。

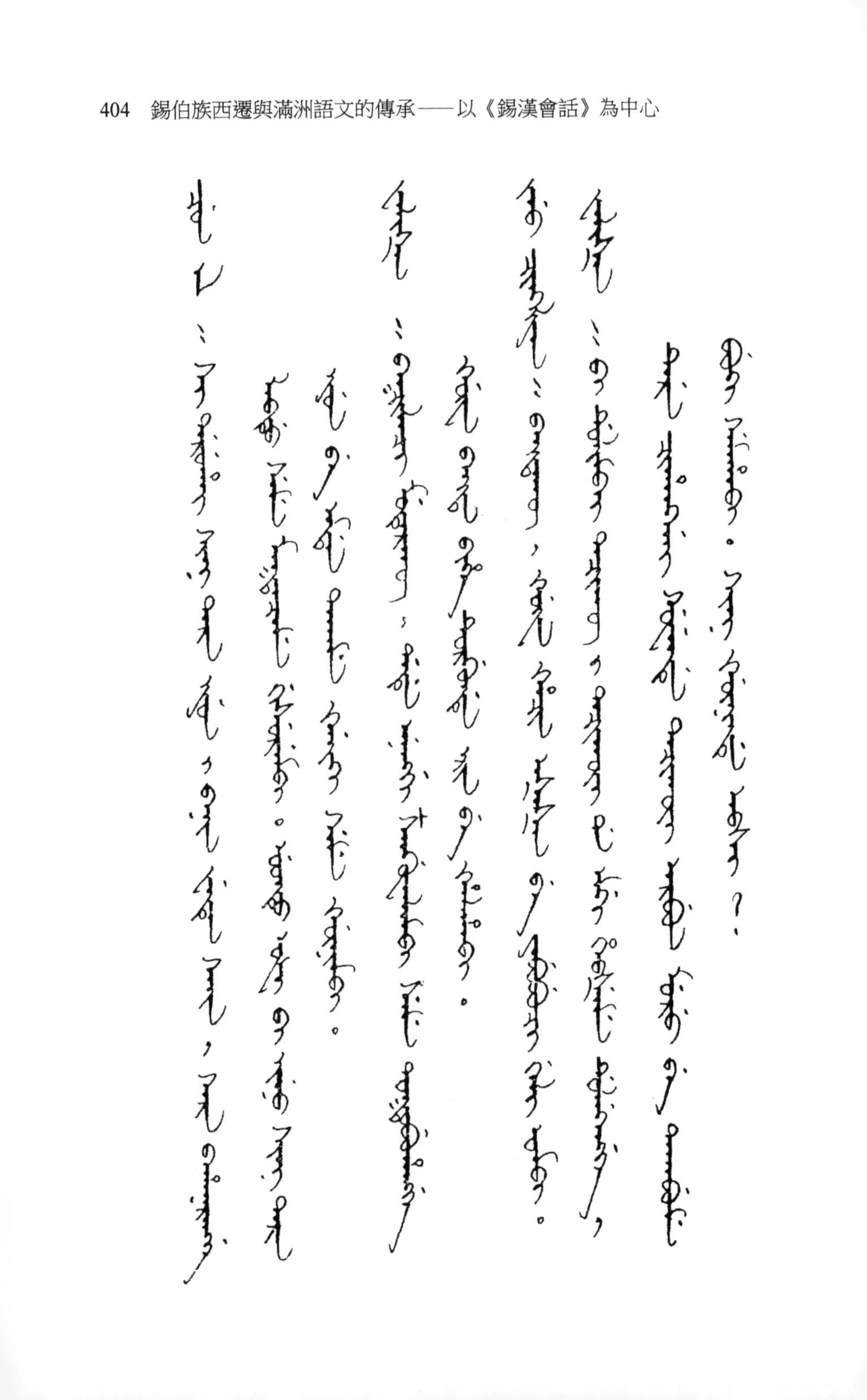

cun el: si daruhai sini tara eyun i banin feten sain, sara bahanarangge labdu seme maktacame gisurembi. uttu ofi bi inu sini tara eyun be emdan takame gaiki seme gūnimbi.

fališan: bakcilaci muterkū, dade enenggi ts'anguwanlambi seme toktobuhangge gūwa baita bihe turgunde erin be halahabi.

jeo cingliyan: baitakū, gūwa hacin ašašan be yabubuci geli ombi.

fališan: bi dulimbai tacikū i tacikūi da emgi hebšeme dulekengge, tere cihanggai suwende tacikūi arbun muru be takabume buki semahabi. sini gūninde absi?

春兒：你總誇你表姊人品好，懂的東西也多，所以我也想認識一下她。

法立善：對不起，原來訂的今天參觀，因為有別的事，改期了。

周清廉：沒關係，換個其他活動也行。

法立善：我和中學校長談過[1]，她說願意為你們介紹學校情況。你看怎麼樣[2]？

---

[1] 「我和中學校長談過」，句中「談過」，錫伯文作“hebšeme dulekengge”，意即「商量過」。

[2] 「你看怎麼樣？」，錫伯文作“sini gūninde absi?”，意即「你的意思怎麼樣？」。

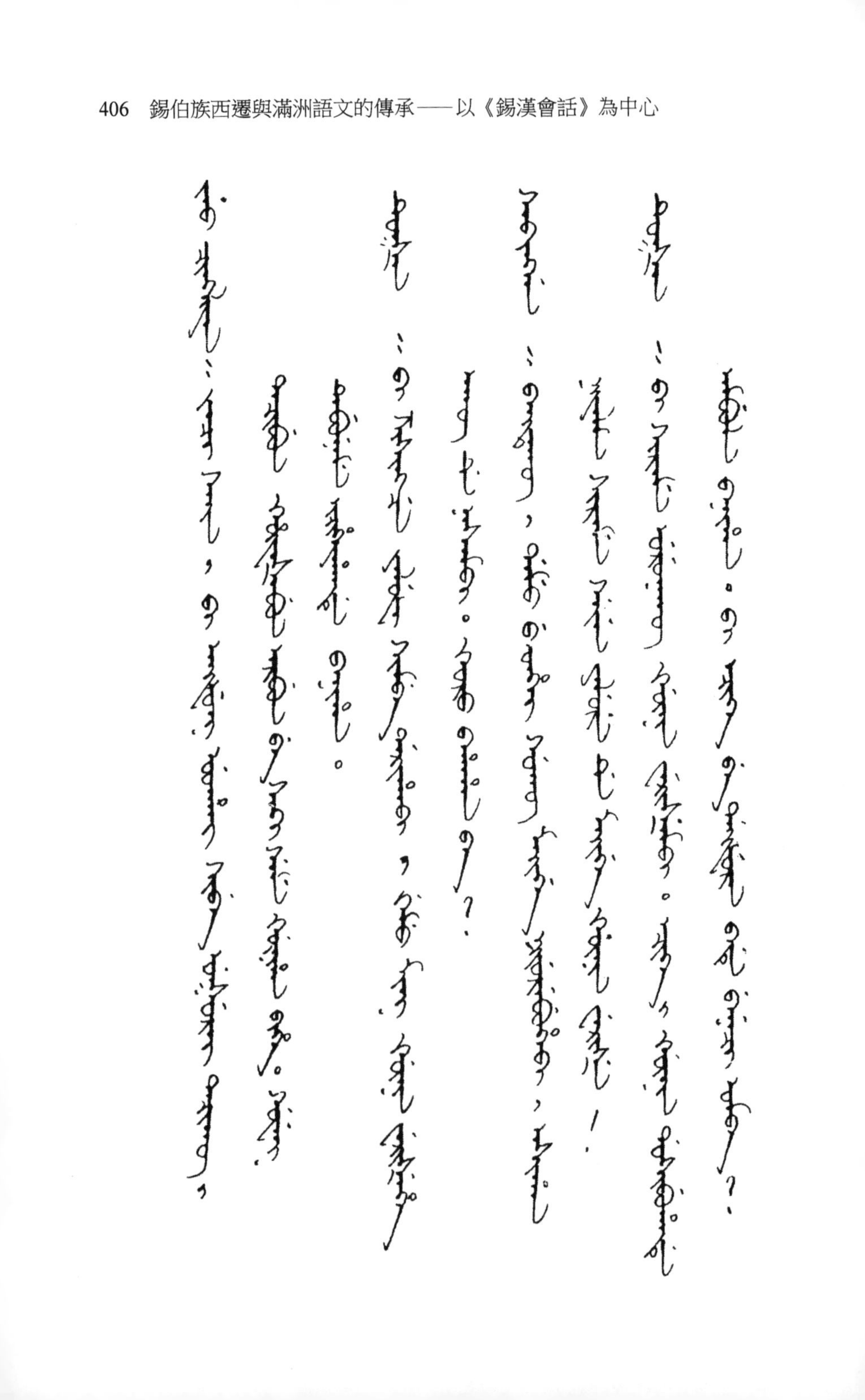

jeo cingliyan: jaci sain, bi aifuni uthai sibe uksurai tacikū i tacibun hūwašabun arbun be saki seme gūniha bihe. suweni tebuneme icihiyahade baniha.

tukšan: bi dzisingce yalufi simbe darihabi, gemu mini gūnin werišehe akū de nasambi. koro bahaha ba?

sabingga: baitakū, damu bethei sukū majige nijurebuhebi, asihan niyalma sirame sejen yalure de majige gūnin weriše！

tukšan: bi sirame urunakū gūnin werišembi. ecike i gūnin dosibuhade ambula baniha. bi ecike be daifuran bade beneci omba?

周清廉：太好了，我早就想了解錫伯族的學校教育呢，謝謝你們的安排。

圖克善：我的自行車撞上您了，都怪我不留神，傷得怎麼樣？

薩賓阿：沒什麼，不過是腿上擦破點皮。年輕人，以後騎車小心點兒！

圖克善：我今後一定注意。多謝大叔提醒。我送大叔上醫院吧？

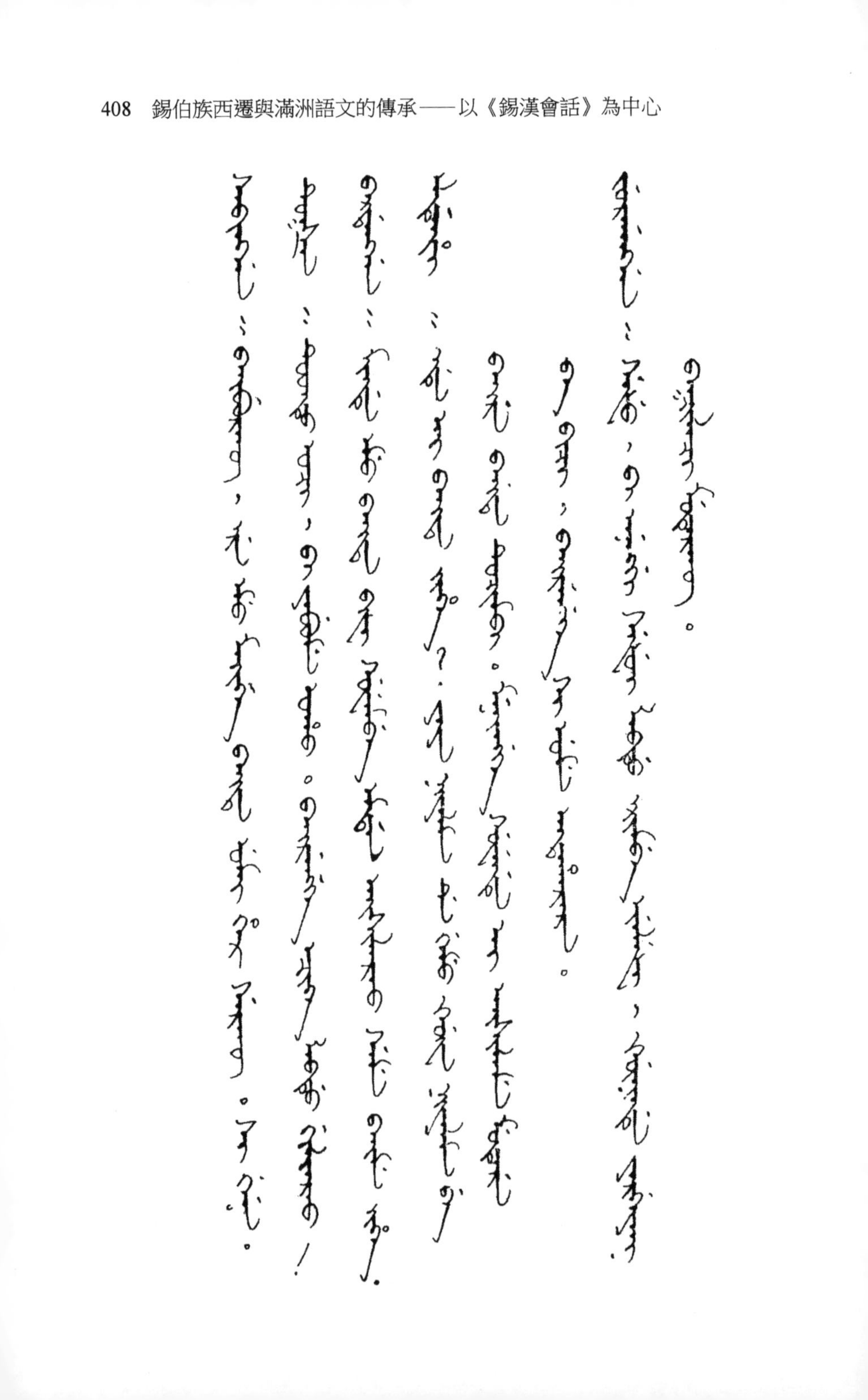

sabingga: baiburkū, ere emu majige baita umai her serkū. si gene.

tukšan: tuttu oci, bi yabume oho. bairengge ecike labdu giljarao!

bardangga: minde emu baita bifi suwembe emdan aisilarao seme baime jihe.

eldenjy: ede ai baita jihe? yaya niyalma de gemu gūwa niyalma be baire baita tucimbi. meningge suwende ai aisilame mutere ba bici, bairengge si ume antaharara.

jurgangga: sefu, bi enenggi sefui labdu erimbe ejelefi, gūninde yargiyani bakcilaci muterkū.

薩賓阿：不必了，這點兒小傷不算什麼[1]？你走吧！

圖克善：那我走了。請大叔多多原諒[2]。

巴爾當阿：我有一件事來求你們幫一次忙。

爾登芝：這有什麼呢？什麼人都會有需要別人幫忙的事。我們要是有什麼幫得上忙的地方，請你不要客氣。

朱爾尕阿：老師，我今天佔了您好多時間[3]，真是抱歉。

---

1 「這點兒小傷不算什麼？」，句中「小傷」，錫伯文作"majige baita"，意即「小事」。

2 「請大叔多多原諒」，句中「請原諒」，滿文作"giljareo"，此作"giljarao"，異。

3 「我今天佔了您好多時間」，句中「您」，錫伯文作"sefu"，意即「老師」。

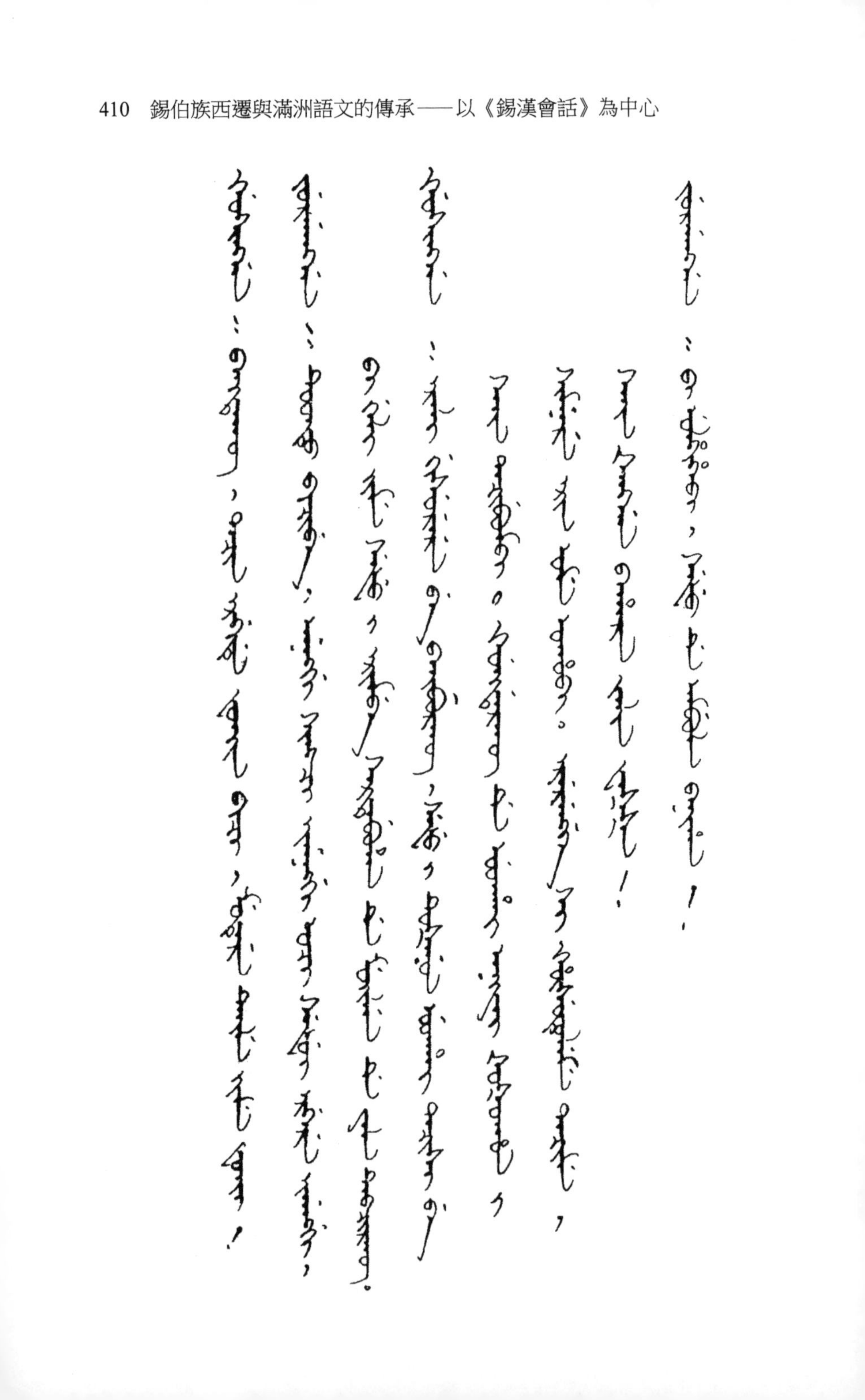

[illegible]

[illegible]

[illegible]

[illegible]

[illegible]

[illegible]

[illegible]

[illegible]

gosingga: baitakū, tacin ergide fonjin bici, mutere teile jime fonji!

jurgangga: tuttu bicibe, enenggi singci inenggi oci sefui ergere inenggi, bi geli jime sefu i erimbe sartabuha de mujilen de yala tebcirkū.

gosingga: erali gisurere be baiburkū, sefu i tušanun uthai tacisi be sain tacibumbi. goidarkū de uthai aniyai šošohon i simnere erin ome ohobi. ererengge si hūsutuleme tacime, sain šanggan bahara jalin fāšša!

jurgangga: bi ulhihebi, sefu de ambula baniha!

郭興阿：沒關係，學習上有問題，儘管來問。

朱爾尕阿：可今天是星期天，應該是老師休息的日子，我又來佔了老師的時間[1]，心裡真過意不去。

郭興阿：不要這麼說，老師的責任就是教好學生嘛。馬上要期末考試了[2]，希望你努力學習，爭取獲得好成績！

朱爾尕阿：我明白了。多謝老師！

---

[1] 「我又來佔了老師的時間」，錫伯文作"bi geli jime sefu i erimbe sartabuha"，意即「我又來耽擱了老師的時間」。

[2] 「馬上要期末考試了」，句中「馬上」，錫伯文作"goidarkū de"，意即「不久」。

格登山之碑（乾隆二十年五月）